MARIE LAURENCIN

1883-1956

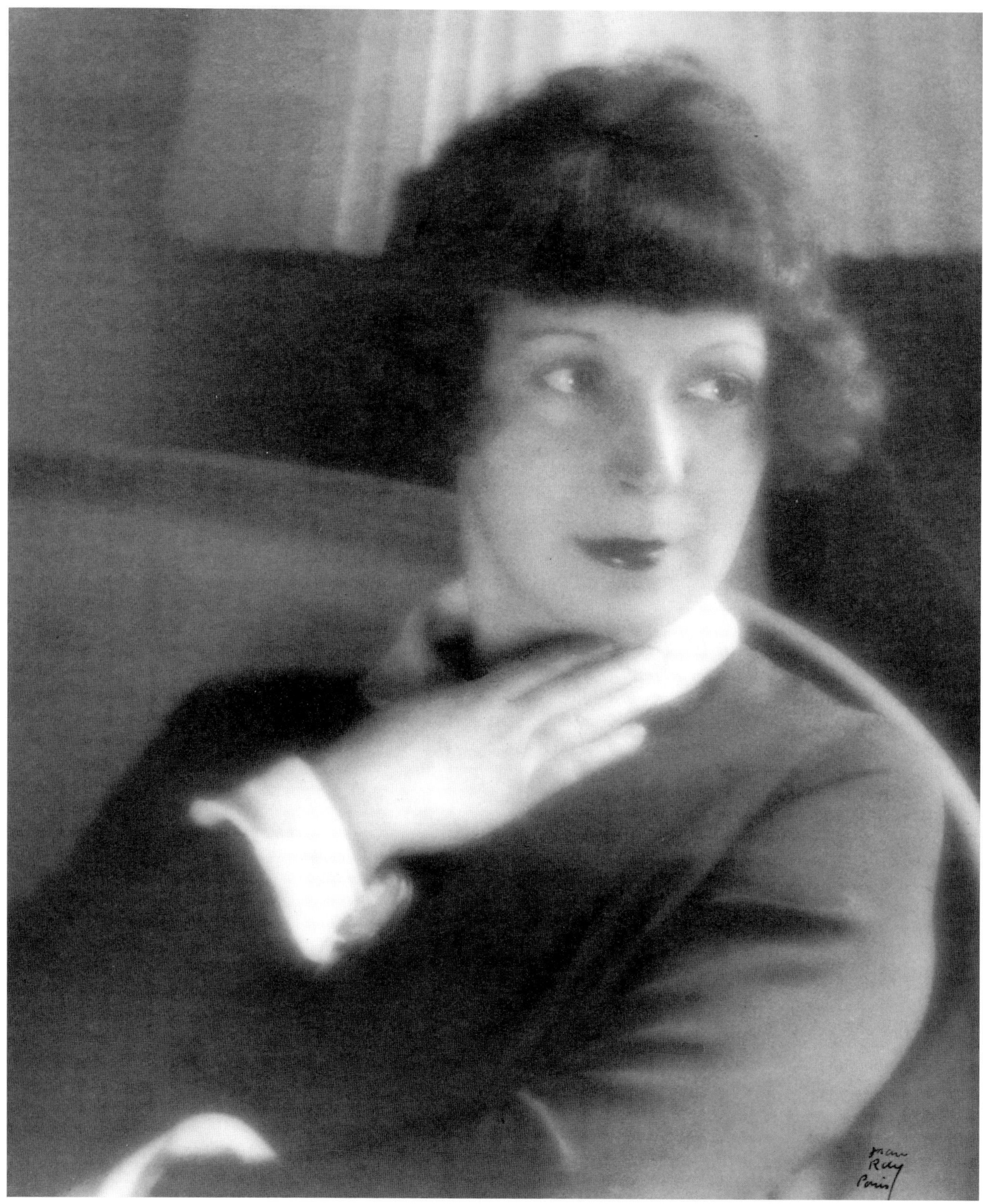

Photo
par Man Ray
1927

Fondation Pierre Gianadda
Martigny, Suisse

Marie Laurencin

CENT ŒUVRES DES COLLECTIONS DU MUSÉE MARIE LAURENCIN AU JAPON

Commissaire et auteur du catalogue de l'exposition
Daniel Marchesseau

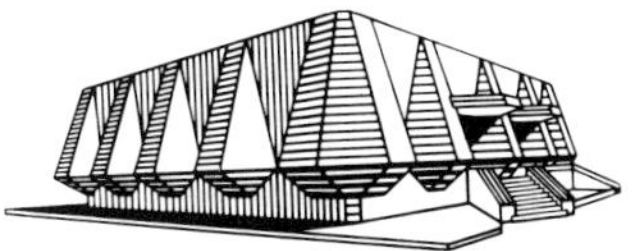

27 novembre 1993 - 6 mars 1994
Tous les jours de 10 h à 12 h et de 13 h 30 à 18 h

Patronage

L'exposition
MARIE LAURENCIN
Cent œuvres des Collections du Musée Marie Laurencin au Japon

est placée sous le haut patronage de

M. Adolf Ogi
Président de la Confédération suisse

M. Jacques Toubon,
Ministre français de la Culture et de la Francophonie

et de

Son Excellence M. Tisato Cato,
et l'Ambassade du Japon à Berne

Son Excellence M. Bernard Garcia,
Ambassadeur de France à Berne

Son Excellence M. Jenö C.A. Staehelin,
Ambassadeur de Suisse à Tokyo

Son Excellence M. Loïc Hennekinne,
Ambassadeur de France à Tokyo

La Fondation du Japon, Tokyo

La Fondation Pierre Gianadda remercie, pour son soutien,
la Délégation valaisanne à la Loterie de la Suisse romande

Remerciements

La Fondation Pierre Gianadda tient à exprimer sa profonde reconnaissance au Musée Marie Laurencin, au Japon, qui, par sa générosité et son attachement à la mémoire du peintre, a permis la réalisation de cette exposition.

Sa gratitude s'adresse plus particulièrement à:

M. Masahiro Takano, président

M. Hirohisa Takano-Yoshizawa, directeur-secrétaire général

Aux membres du Comité scientifique du Musée Marie Laurencin:

M. Shinichiro Nakamura, président du Conseil, écrivain

M. Yoshio Abe, professeur à l'Université du Jyochi (Sophia University), Tokyo

M. Hirotaroo Higuchi, président de Asahi Breweries Limited, Tokyo

M. Masuo Ikeda, artiste

M. Mitsuhiko Kuroe, historien d'art et restaurateur

M. Daniel Marchesseau, conservateur des musées de la Ville de Paris

M. Kazutami Watanabe, professeur à l'Université du Rikkyo (St Paul's University), Tokyo

M. Masahiro Takano, président de la Green Cab Corporation, Tokyo

M. Hirohide Takano, directeur général de la Green Cab Corporation, Tokyo

M. Soichi Izumi, censeur de la Green Cab Corporation, Tokyo

Aux collaboratrices du Musée Marie Laurencin:

Mme Misako Honda, conservatrice

Mlle Reiko Tomiyasu, conservatrice

Mme Mayako Gotoh, conservatrice

et à:

M. Takatomo Ii, président de la Galerie Deux SA, Tokyo

Mme Takako Ichinose, assistante

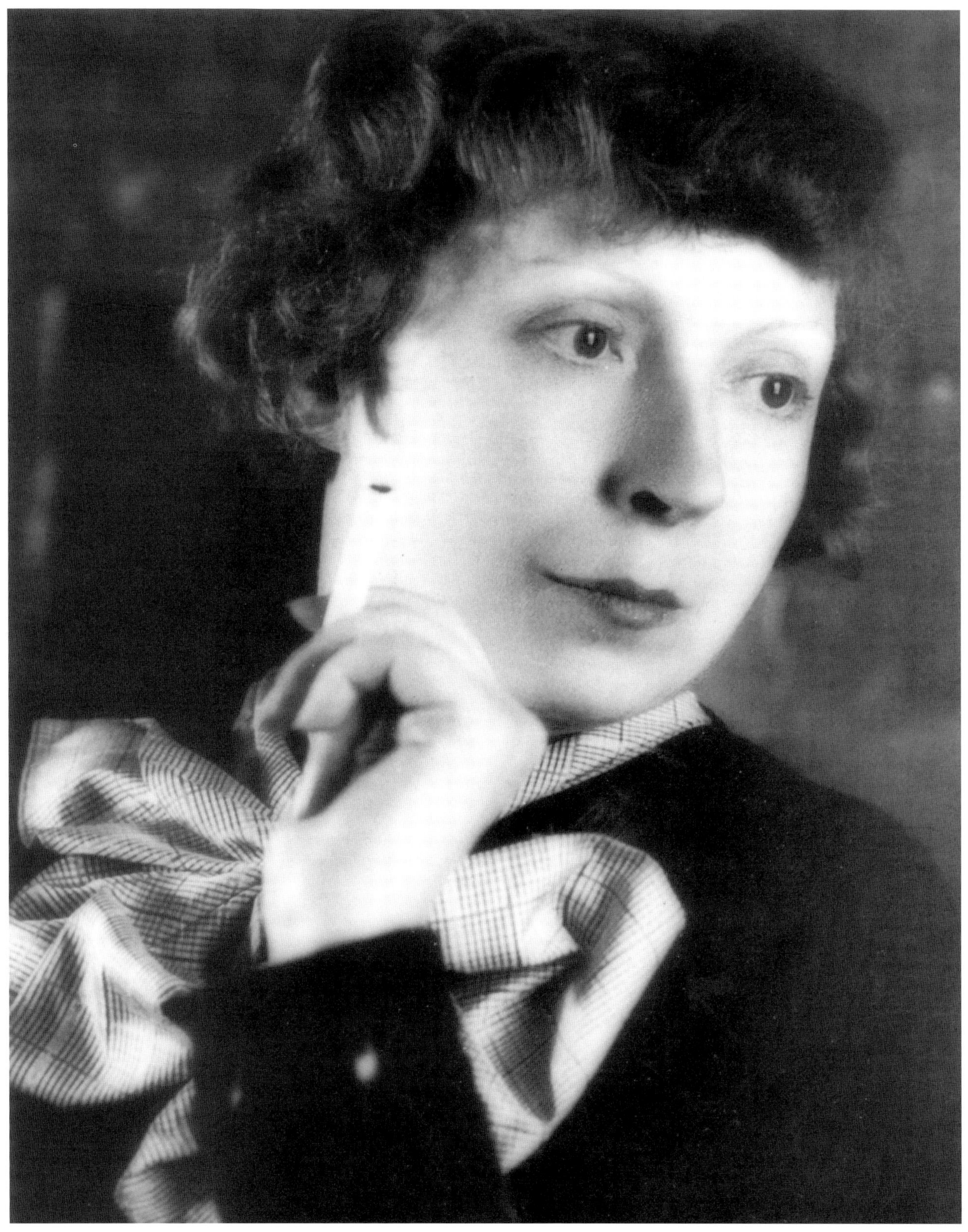

Marie
Laurencin,
vers 1925

Cette Française qui nous vient du Japon...

A quelque trois heures de train de Tokyo, non loin de la petite ville de Chino, un charmant lac niché au creux d'un délicieux vallon boisé... C'est là que M. Masahiro Takano a créé, il y a tout juste dix ans, le Musée Marie Laurencin.
Qu'est-ce qui a bien pu inciter un homme d'affaires nippon à s'intéresser, il y a plus de vingt-cinq ans, à cette femme – Européenne de surcroît – dont l'œuvre n'était guère reconnu? Est-ce parce que les tons légers et subtils des aquarelles de Marie Laurencin rappellent les délicats pétales des fleurs de cerisiers qui, au Japon comme nulle part ailleurs, confèrent au printemps la splendeur d'une saison éternelle?
M. Takano s'est attaché à défendre la mémoire d'une artiste injustement méconnue, en réunissant des œuvres majeures: une centaine de peintures, de nombreuses aquarelles, un ensemble exceptionnel de dessins, la quasi-totalité de l'œuvre gravé, des livres illustrés et une précieuse documentation sur Marie Laurencin et son temps. Ensuite, il a décidé de les montrer au public dans un espace superbe qu'il a lui-même conçu et réalisé. Enfin, il a confié à Daniel Marchesseau le soin de rédiger le catalogue raisonné de l'œuvre peint, où plus de 1300 tableaux sont reproduits. Et déjà le supplément à cet ouvrage ainsi que le catalogue des œuvres sur papier sont en préparation. C'est, je pense, assez dire l'engagement personnel de ce mécène qui reconnaît en la peinture occidentale une source importante d'inspiration culturelle, en nous permettant de redécouvrir une des voix les plus originales de l'art de ce siècle.
Cette année 1993, qui marque le quinzième anniversaire de notre Fondation, aura été placée sous le signe de la *femme*. En effet, après les merveilleuses *Baigneuses* et *Danseuses* de Degas, nos visiteurs découvriront les délicats portraits féminins qui ont jalonné la carrière de Marie Laurencin.
Voilà cent dix ans naissait cette femme étonnante, à une époque où l'art était de toute évidence l'affaire des hommes. On préféra voir en elle l'inspiratrice de quelques beaux poèmes d'Apollinaire plutôt qu'une créatrice. Longtemps jugées trop fragiles ou trop gracieuses, ses œuvres ne connurent pas le succès de celles de ses collègues et amis contemporains: à ce jour, Marie Laurencin n'a été exposée qu'une seule fois dans un musée européen: en 1957, un an après sa mort, à la Kunsthalle de Düsseldorf.
Lorsque j'ai visité le Musée Laurencin, j'ai été séduit d'abord par la rigueur et le professionnalisme avec lesquels l'espace avait été pensé, mais surtout par la qualité et le choix des œuvres présentées qui permettent une approche tout autre de l'artiste que celle généralement ressentie lorsqu'on voit ici et là un tableau isolé: la confrontation des diverses peintures exposées, plus particulièrement celles de la jeunesse de Marie Laurencin, apporte un démenti évident à la réputation uniquement séduisante de son art, la plaçant de façon définitive parmi les expressions importantes de son époque.
Nous tenons ici à exprimer toute notre reconnaissance à M. Masahiro Takano, président du Musée Marie Laurencin, ainsi qu'à M. Hirohisa Takano-Yoshizawa, directeur du Musée Marie Laurencin, pour la confiance et la générosité qu'ils nous ont témoignées en se séparant durant de longs mois des pièces maîtresses de leurs collections. Nos remerciements s'adressent également à Daniel Marchesseau, commissaire de l'exposition et auteur de ce catalogue, car nul mieux que lui ne pouvait nous guider à travers l'œuvre de Marie Laurencin qu'il a savamment répertorié et qu'il présente à notre Fondation avec une très grande compétence.

Léonard Gianadda
Président de la Fondation
Pierre Gianadda

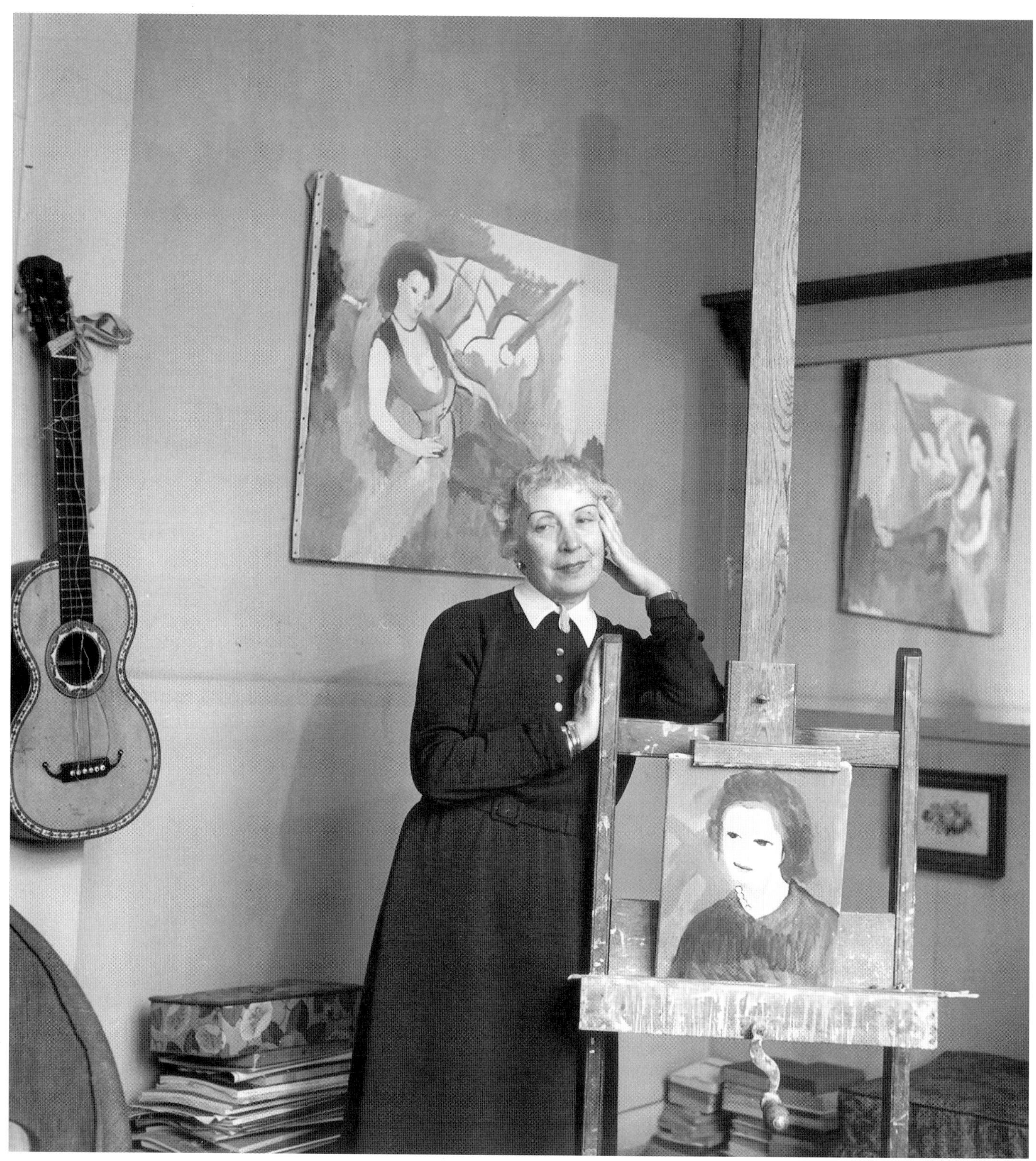

L'artiste dans son atelier de la rue Vaneau, en 1952 (Cliché «Réalités», Paris)

Message

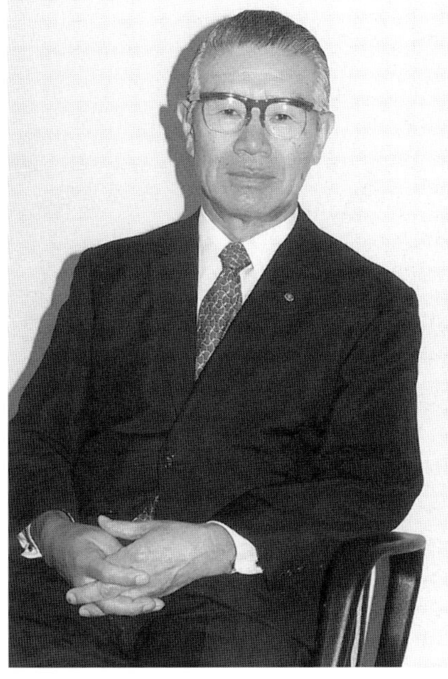

L'organisation de la présente exposition par la Fondation Pierre Gianadda, à Martigny, revêt une très grande signification. Ce sera en effet la première vraie rétrospective Marie Laurencin présentée en Europe, où naquit l'artiste.
Lorsque, il y a déjà plus de vingt ans, j'ai vu pour la première fois des œuvres de Marie Laurencin, j'ai été fasciné par leur beauté, une beauté faite d'élégance et d'une nuance de tristesse. C'est alors que commença ma vie de collectionneur de Marie Laurencin.
A Paris, au début de ce siècle, le monde artistique envisageait un grand changement, le Fauvisme et le Cubisme gagnant de plus en plus de terrain. Jeune étudiante en peinture, Marie Laurencin connut de jeunes artistes d'avant-garde et devint, pour ainsi dire, leur fleur adorée. Bien qu'influencée par Picasso, Braque, Rousseau et Apollinaire, elle se créa, par son sens esthétique original, son propre style et elle obtiendra une place très assurée dans le milieu de l'art, celle d'une des rares femmes peintres que la France moderne ait connues.
Ayant vécu les deux guerres mondiales, et mené une vie mouvementée, Marie Laurencin a peint des œuvres rigoureuses, fines, pleines de sensibilité, comme seule une femme peut les imaginer. Son style a varié selon les époques. Mais ses femmes, d'une beauté ensorcelante et dont la candeur dégage toujours un parfum de France, semblent vivre dans un monde de rêveries.
Tous ceux qui viendront visiter cette exposition seront sûrement enchantés par le Musée imaginaire de Marie Laurencin et reconnaîtront l'importance de cette artiste. Ses œuvres, exposées à Martigny, en Suisse, dans cette Europe qui est son pays natal pour ainsi dire, procureront des impressions légèrement différentes de celles que nous éprouvons lorsqu'elles sont exposées dans notre Musée au Japon. Ainsi nous permettront-elles une nouvelle approche de son univers personnel.
Je remercie tous ceux qui ont apporté leur concours à l'organisation de cette rétrospective qui revêt à nos yeux une importance extrême. Je présente mes amicales pensées à M. Léonard Gianadda, président de la Fondation Pierre Gianadda et remercie tout particulièrement M. Daniel Marchesseau, notre ami, qui a bien voulu assumer la responsabilité artistique de ce projet comme commissaire de l'exposition.
Je souhaite vivement que tous les visiteurs puissent admirer du fond du cœur le monde de Marie Laurencin dans tout son rayonnement, au fil de toute sa carrière, en regardant ces œuvres que nous avons choisies, avec passion.

Masahiro Takano
Président du
Musée Marie Laurencin
Tateshina, Japon

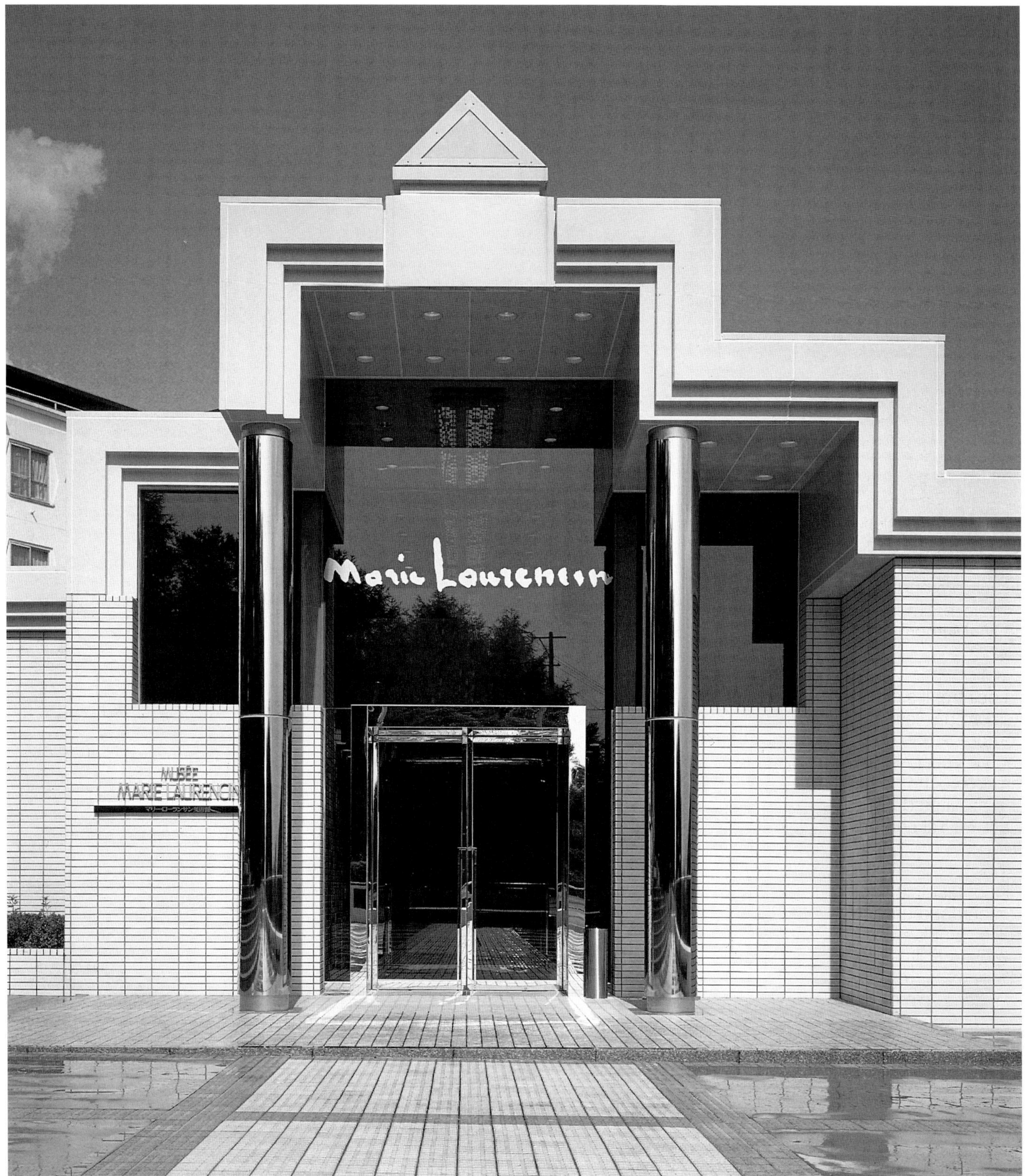
Marie Laurencin
MUSÉE
MARIE LAURENCIN
マリー・ローランサン美術館

Le Musée Marie Laurencin

«La peinture de Marie Laurencin doit se regarder dans la lumière la plus pure et la plus transparente», a souhaité, voici plus de dix ans, le fondateur et actuel président du musée, M. Masahiro Takano.
Inauguré en juillet 1983, voici donc, présenté en quelques lignes, le seul musée au monde à être consacré à Marie Laurencin, cette importante artiste française.
Notre musée est situé dans une station estivale de montagne créée dans les années trente, au début de l'ère Syowa, pour la haute société, sur le plateau de Tateshina, situé à environ 200 km au nord-ouest de Tokyo.
M. Masahiro Takano est lui-même né dans cette région – la préfecture de Nagano – en 1922.
C'est lors d'une mission officielle en 1970 à Paris qu'il découvrit l'œuvre de Laurencin, dont les modèles – aux yeux noirs empreints de mélancolie – l'ont immédiatement séduit: la subtilité des coloris traduisant, pour lui, un romantisme poétique et sensible. Ainsi commença-t-il rapidement à s'entourer de peintures et d'aquarelles du peintre, avant d'imaginer un jour de lui consacrer un musée tout entier.
Une première galerie d'exposition connut, dès son ouverture, un succès immédiat: en deux ans, plus de 120 000 visiteurs affluèrent dans cette région très isolée. Dès lors, M. Takano décida d'élaborer un second projet, singulièrement plus vaste et plus ambitieux: le nouveau musée, adjacent à un grand hôtel, propriété de M. Takano, situé dans un très beau cadre de verdure et d'eau faisant partie d'un parc national protégé.
L'actuel bâtiment doit son architecture de béton, verre et pierre naturelle, d'esprit postmoderne, à une équipe composée de M. Mamoru Satoh, architecte du bureau Taisei Construction S.A., et de MM. Kenji Ishihara et Kasuo Kosaku, projeteurs du cabinet d'études Nomurakogeisya. En enrichissant les collections – déjà considérables – du musée, M. Masahiro Takano s'est fixé deux objectifs, auxquels répond la muséographie choisie: faire connaître l'œuvre mais aussi la vie du peintre. Il s'est par ailleurs entouré d'un comité scientifique, étroitement associé à la vie du musée.
Aujourd'hui, les collections se composent de 88 peintures, 26 aquarelles, 21 dessins, 195 gravures, 51 livres illustrés, de nombreux documents et d'une large iconographie. Récemment, un très important ensemble de dessins de jeunesse est venu les enrichir: 528 œuvres sur papier, de techniques diverses, conservées pendant près de quatre-vingts ans par une famille proche de l'artiste.
Les activités du musée sont multiples: participation à des expositions itinérantes, archives, pédagogie et publications... Ainsi, M. Takano, répondant à la vocation première du Musée Marie Laurencin, a édité en 1986 le Catalogue raisonné de l'œuvre peint, établi par Daniel Marchesseau, conservateur des musées de la Ville de Paris, et commissaire de la présente exposition.
L'incontestable succès du Musée Marie Laurencin a récemment conduit M. Masahiro Takano à voir encore plus grand en l'entourant d'un jardin de sculptures. Inauguré en 1989, le Tateshina Open Air Museum s'étend sur 10 hectares d'espace boisé. En plus des 70 bronzes du grand sculpteur japonais Seibbo Kitamura, on peut y admirer des œuvres de Rodin, Renoir et Balthasar Lobo, ainsi qu'un troupeau des célèbres moutons de François-Xavier Lalanne.
L'ensemble, regroupant l'hôtel, le musée et le parc, s'appelle aujourd'hui «Artland». Il a reçu près de 300 000 visiteurs l'année dernière et fait la fierté du plateau de Tateshina et de la ville voisine de Chino.
Puissent nos amis occidentaux, qui auront apprécié les Collections du Musée Marie Laurencin à la Fondation Pierre Gianadda, venir bientôt les revoir de façon très différente dans le site et l'espace que M. Masahiro Takano leur a consacrés.

Hirohisa Takano-Yoshizawa
Directeur et secrétaire général
Musée Marie Laurencin

Marie Laurencin, peintre de la nuance, aimée des Japonais

Le peintre nippon Tai Kanbara, toujours prompt à faire connaître au Japon les mouvements artistiques qui se déroulaient à Paris au début de ce siècle, a consacré, en 1927, avec passion et un profond respect, un premier texte d'introduction à un album de reproductions de Marie Laurencin, publié alors par les Editions Atelier à Tokyo. Ce fut le premier texte japonais sur cette artiste. Depuis lors, bien d'autres écrits lui ont été consacrés et de nombreuses expositions ont été organisées au Japon, manifestations qui toutes ont connu un immense succès.

Le Musée Marie Laurencin au Japon est le seul au monde consacré à cette artiste. En juillet 1993, nous avons célébré son dixième anniversaire. Malgré son isolement – au fond d'un site montagneux seulement accessible par la route –, il a déjà reçu plus d'un million de visiteurs, ce qui montre bien l'attachement tout particulier que le public japonais voue à ce peintre légendaire.

Cependant, je ne pense pas qu'il y ait une corrélation directe entre la sensibilité exprimée par l'artiste et l'âme japonaise. Marie Laurencin eut, certes, un intérêt réel pour la culture japonaise, en particulier pour l'ukiyo-e (l'estampe). La mode du japonisme à la fin du XIXe siècle lui était connue, et elle eut, dans sa bibliothèque, de nombreux ouvrages sur la civilisation et la littérature nippones. Elle en fut même légèrement influencée.

Le cœur japonais bat cependant différemment. Depuis des siècles, il trouve le plaisir de la vie dans la nature. Le pays, isolé par la mer, change au rythme des saisons. Les cinq sens sont sollicités. La délicatesse du vert d'une feuille, le bleu du ciel, les modulations d'un chant d'oiseau, la mélodie du vent, le cri d'un grillon, la température de l'eau, le souffle de l'air sur la peau participent tous à cette sensibilité si particulière de l'émotion japonaise. C'est ainsi que s'est formé, au fil des siècles, un style de beauté proprement japonais. Cette plénitude a cependant, peu à peu, dominé les sentiments d'une manière très conservatrice – et rigoureuse. Durant l'époque Edo (1603-1867), le Japon, s'étant totalement fermé à tout contact avec l'étranger («Sakoku»), a élaboré une culture stylistique très raffinée, inspirée de l'esprit régissant le code de chevalerie des samouraïs («Bushido»).

Avec la restauration de Meiji en 1867, la pression européenne et américaine modifia les valeurs ancestrales de la politique, de la vie et de la culture. Ce changement ne survint pas uniquement sous l'influence exercée par les Occidentaux. Il trouva une source inattendue dans l'expression d'un désir insoupçonné, voulu et réalisé par les Japonais eux-mêmes. Nombre d'entre eux ont alors admiré le monde industriel, le style de vie et la culture du monde occidental. Ils les ont acceptés globalement, presque sans condition, comprenant que c'était une façon de rejeter les règles selon lesquelles ils avaient jusqu'alors vécu.

Mais peut-on vraiment renoncer totalement, du jour au lendemain, à ses critères premiers? Naturellement non. Les Japonais ont alors peu à peu assimilé la civilisation occidentale, tout en l'interprétant à leur manière, en revenant à certains de leurs modes de jugement. Ils ont ainsi forgé leur propre esthétique et leur modernité.

On imagine aujourd'hui aisément ce qu'a dû représenter, pour nombre de Japonais, la révolution artistique en Europe à l'aube du XXe siècle: une mutation excitante, mais totale, difficile donc à appréhender selon leur propre mode d'interprétation, le système européen établissant alors la renommée de Marie Laurencin, la reconnaissance de son talent, l'intensité des mouvements qu'il faisait naître; tout cela était totalement nouveau, et posait bien des questions. Il fallut ainsi que les Japonais adoptent un changement radical de mentalité pour apprécier tout à la fois le romantisme, le réalisme, l'impressionnisme, les néo-impressionnistes, les nabis, avant les fauves et les cubistes. Comment diriger son regard selon qu'il s'agit d'une œuvre de Camille Corot ou d'Edouard Manet, d'Auguste Renoir ou de Claude Monet, de Vincent Van Gogh ou de Paul Gauguin, d'Henri de Toulouse-Lautrec ou de Georges Seurat, de Pablo Picasso ou de Georges Braque, d'Henri Matisse ou d'Amedeo Modigliani, de Fernand Léger ou de Marie Laurencin?

Bien des Japonais savent aujourd'hui reconnaître l'identité stylistique de chacun de ces artistes. Mais trois peintres retiennent en particulier leur attention: Renoir, Monet, Laurencin, ceux-là mêmes qui ont privilégié dans leur palette les tons les plus nuancés, pâles et légers.

Aussi n'est-il pas exagéré de dire que chaque exposition de l'un de ces peintres est un succès garanti. Ainsi s'explique le grand nombre d'événements qui leur sont consacrés, et l'attention considérable des acheteurs japonais en ventes publiques. Renoir et Laurencin sont incontestablement les artistes préférés du public nippon, en raison du lyrisme dans le

traitement de leurs modèles. Tous deux sont considérés comme particulièrement représentatifs de l'histoire de l'art français. Le charme qui se dégage de leurs peintures évoque Paris, son école, sa société, et enfin sa culture, si différente de la nôtre et si riche, comme complémentaire, fondée sur une sensibilité, une mentalité, un sens de l'histoire. Culture libre, vivante, curieuse, ouverte. C'est vers une telle culture qu'aimeraient se diriger aujourd'hui certains Japonais. Il y a, chez ces artistes, une réponse plastique semblable à des problèmes picturaux différents, celle-là même que goûte le public japonais: le sens de la nuance, du ton, de la valeur chromatique. C'est précisément à cette dimension intime qu'aspiraient, sans savoir comment l'exprimer, les Japonais dans leur propre arrière-plan culturel.
Il faut également souligner la place si particulière de Marie Laurencin au sein de son époque et du milieu artistique parisien. Cette marginalité, fondée sur l'originalité de son style comme sur sa sensibilité féminine, fut aussi l'un des éléments déterminants dans l'approche de son art par les Japonais.
A ce propos, nous pouvons la comparer à une artiste américaine – sa contemporaine – qui, elle, figure plus clairement dans les manuels d'histoire de l'art, et dont on sait l'influence qu'elle eut sur l'art contemporain: Georgia O'Keeffe. Eh bien, Georgia O'Keeffe n'a pas, loin s'en faut, la même renommée que Laurencin auprès des Japonais. Ces deux femmes ont pourtant bien des points communs: Marie Laurencin, née à Paris en 1883, et Georgia O'Keeffe, née dans le Wisconsin (USA) en 1887, ont toutes deux connu, dans leurs années de formation, un génie masculin: le poète Guillaume Apollinaire pour l'une, l'artiste Alfred Stieglitz pour l'autre. D'abord soutenues par eux, elles ont ensuite pris leur indépendance, comme femmes et comme peintres, et ont donné libre cours à leur inspiration selon l'évolution de leur facture. Ajoutons que l'une comme l'autre ont su exprimer, chacune à sa manière, l'esprit et la tradition de son pays natal, et dévoiler une forme de beauté jusque-là inconnue. Elles ont su représenter, avec une stylistique totalement personnelle, un nouveau genre qui leur appartient en propre, fondé sur leur vision purement féminine. Ainsi, les tons de Georgia O'Keeffe me semblent totalement féminins, tout en exprimant directement une tendresse et une naïveté qui touchent le spectateur au plus profond de lui-même. Chez Laurencin, il n'y a cependant pas la même violence que chez O'Keeffe. Sa palette est également féminine, mais ne recourt pas au même registre chromatique, et n'exprime donc pas des sentiments de même nature.
Si O'Keeffe a exprimé le fait d'être femme, Laurencin représente le charme de la beauté tel qu'il est rêvé par les femmes. Elle oblitère la laideur. Ainsi s'opposent ces deux grandes artistes. Ainsi peut s'expliquer leur différence de notoriété au Japon.
L'art de Laurencin tient du rêve, de l'inaccessible, voire du surnaturel. Le public nippon y a vu une des formes les plus raffinées de la culture européenne telle qu'il l'a imaginée, idéalisée. Une culture de rêve, différente de celle qu'il a continué aveuglément à introduire sur son archipel depuis la Deuxième Guerre mondiale.
A travers les différents courants culturels occidentaux de ce siècle, un certain nombre de lettrés japonais ont su relever ce sentiment nourricier. Ainsi Daigaku Horiguchi a-t-il souligné à ses compatriotes la nécessité d'imaginer avant de voir et d'amplifier ses expressions poétiques. Ainsi prédomine, chez Laurencin, par l'intermédiaire de son écriture et de son coloris, un sentiment comme l'illusion, conservé au cœur de chacun de nous.
Ce sens-là du beau, que possèdent tous les Japonais, allié à leur curiosité pour une culture différente de la leur, a, en outre, été enrichi par l'interprétation que leur en ont donnée certains hommes de lettres. Nul doute que c'est faute de ce type de soutien que Berthe Morisot – femme peintre considérable elle aussi – n'a, pour l'instant, pas trouvé au Japon la place qui lui revient de droit.
Depuis plus de dix ans, la plupart des visiteurs qui se sont pressés au Musée Marie Laurencin, sur le plateau de Tateshina, après avoir franchi les montagnes boisées du cœur de l'archipel nippon, s'attendent à voir essentiellement des peintures exécutées par l'artiste au soir de sa vie. Tous sont alors surpris, puis émus, par les nombreuses œuvres que nous conservons de la jeunesse et de la maturité de Marie Laurencin, œuvres dont ils ignoraient tout. C'est en effet l'une des richesses de ce musée que de réunir des peintures de toute la carrière du peintre, et de permettre ainsi une vision plus complète de son génie pictural, une connaissance approfondie de son art.
M. Léonard Gianadda a voulu être le premier à exposer dans un musée occidental ces œuvres que l'on verra donc pour la première fois réunies. Il a choisi ainsi de faire entrer cette peinture dans l'histoire de l'art. Nous lui exprimons notre reconnaissance et notre admiration.
Notre ami M. Daniel Marchesseau, conservateur au Musée d'Art moderne de la Ville de Paris et commissaire de cette exposition, par sa connaissance de l'œuvre de Marie Laurencin, qu'il étudie depuis plus de vingt ans, a souligné la place essentielle qu'elle occupe dans l'évolution de l'art français de ce siècle.
J'ai la conviction qu'un tel hommage, rendu par la Fondation Pierre Gianadda tant à mon père, Masahiro Takano, collectionneur éclairé, qu'à la mémoire de Marie Laurencin, sera également pour le Musée Marie Laurencin – comme pour les autres musées japonais – l'occasion d'un nouvel élan.
Tel est en tout cas mon vœu le plus cher et le plus amical auprès des visiteurs de cette exposition et des lecteurs de ce catalogue.

Hirohisa Takano-Yoshizawa
Directeur et secrétaire général
Musée Marie Laurencin

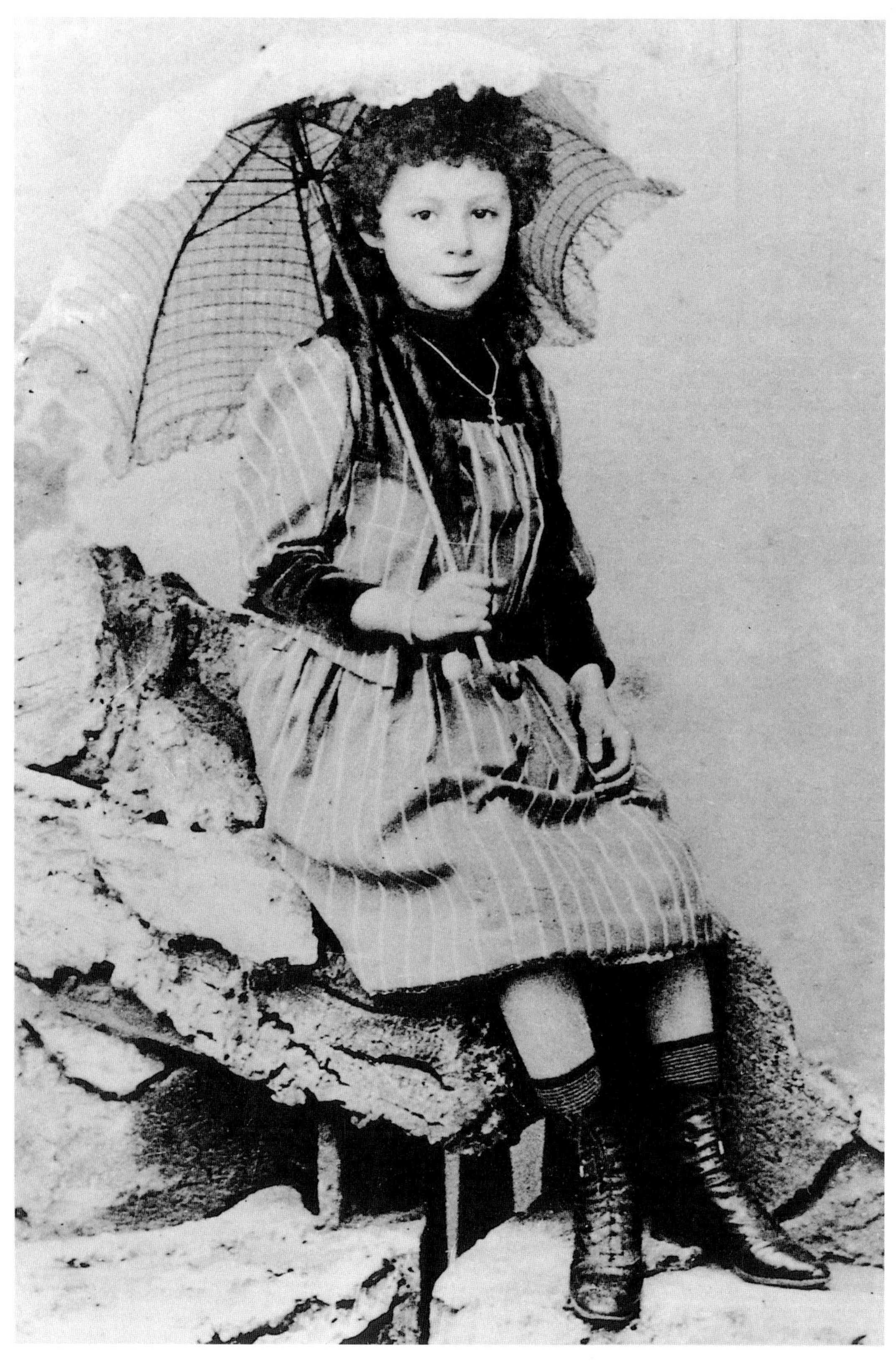

Marie Laurencin enfant
vers 1890

Marie Laurencin – Plume et pinceau ou les variations d'une artiste

par Daniel Marchesseau

Marie Laurencin, l'honneur de notre temps...

(Guillaume Apollinaire)

Le carnet des nuits: c'est en 1942, en pleine occupation, que Marie Laurencin publia, en Belgique, pour la première fois, ses souvenirs retraçant essentiellement son enfance et ses effrois en peinture. Carnet des nuits – Livre d'heures: évocations croisées, en demi-tons, comme aquarellées, murmurées à mi-voix, dont on ne sait – à l'instar de ses œuvres – démêler l'imaginaire de la pose, l'esquisse du repentir. Ces propos mélancoliques et délicieux rappellent ceux d'un journal intime en forme de scrap-book ou l'un de ces keepsakes de Kate Greenaway qu'elle prisait tant. Ils nous livrent une image toute en contradictions, offertes en gages de vérité et en leurres d'innocence.

Parisienne – elle s'en glorifiera –, enfant naturelle – elle ne le cachera point –, Marie ne fut que tardivement reconnue à sa naissance par sa mère Pauline Laurencin.

D'origine modeste, Pauline, fille d'un forgeron normand – mais de souche savoyarde séculaire –, était une simple employée (de maison?) de vingt-trois ans en 1883, venant sans doute d'arriver à Paris, lorsqu'elle fut séduite – situation banale pour une femme qui ne l'était point – par un homme de vingt-deux ans plus âgé qu'elle, Alfred Toulet, alors contrôleur principal des contributions, bourgeoisement marié à la nièce du général Tisserant, Eugénie Bougeat.

Ce futur député de Péronne (Somme) est bien le «père non dénommé» à l'état civil de Marie Laurencin, comme le confirme la dédicace manuscrite suivante: «A ma petite cousine Marie Laurencin, fille d'Alfred Toulet, Marie Toulet, 27 Septembre 1913» sur la page de garde d'un opuscule[1] consacré aux frères Toulet. On y lit: «Pendant sa longue maladie, Alfred Toulet se confessa à plusieurs reprises. [...] Il n'a pas toujours été le chrétien qu'il fut à la fin de son existence. Il s'égara jusqu'à oublier la pratique de la religion. Il avait rompu pendant quelque temps avec les saines traditions...»

Marie Laurencin ne vérifia donc officiellement l'identité de son père qu'à l'âge de trente ans, tandis qu'il était mort depuis huit ans[2], alors que sa propre mère venait également de disparaître.

Elle ne l'avait jamais vraiment bien connu: seulement évoque-t-elle une silhouette en redingote et chapeau haut de forme, au timbre grave, lui prodiguant quelques conseils lors de ses courtes apparitions au domicile Laurencin. «Marie avait neuf ans. Une mère lointaine et charmante qui parlait très peu, et un père qui, de temps en temps, aimait instruire sa fille et s'occuper de ses études.»[3] Rappelons que, jusqu'en 1912, la recherche en paternité était interdite en France par le Code Napoléon. Combien terrible et infamant était alors considéré l'adultère d'une jeune femme ayant fabriqué un bâtard!

Marie, «aux cheveux d'africaine»[4] dus à une lointaine et mystérieuse ascendance créole, vécut d'abord rue de Chabrol, puis boulevard de la Chapelle à Paris. Elle entra – sans doute grâce à une pension versée par son père – au Lycée Lamartine, institution réputée, laïque (puisque enfant naturelle) et non point religieuse comme l'aurait voulu la tradition bourgeoise d'alors. Son éducation, stricte sans jamais être sévère, fut longtemps régie par les sentiments de culpabilité d'une jeune mère, belle, silencieuse et grave, digne et sacrifiée devant le fruit de ses amours coupables. De l'effet de miroir déformant – que ne pouvait manquer d'observer la mère sur sa fille – naquit lentement un lien particulier, tressé de reproches, de ferveur et de confiance mutuelle: «Cette fille adorait sa mère et c'est de cet amour que la grâce lui est venue»[5] et «C'était une sorte d'alliance subtile entre ces deux êtres, peut-être une farce contre l'élément masculin»[6].

Cette étrange intimité maternelle, aux pénombres d'abat-jour, conduira Marie, bientôt adulte, à chérir la compagnie des femmes en qui elle trouvera une complicité souriante et entendue. On ne saurait donc gommer le saphisme dont elle fit, avec Gertrude Stein, Nathalie Barney et d'autres figures de renom, l'une des composantes de sa vie. Elle aimait d'ailleurs à rappeler que l'univers spécifiquement masculin lui resta toujours étranger.

De ses premières années, Marie Laurencin garda, avec le goût de la lecture et de l'écriture, celui du silence, d'une réelle modestie et, plus profondément, du secret et de son

1 Abbé Louis Deberly: *Deux enfants de Picardie*, Auch, 1909 (Fonds Laurencin, Bibliothèque littéraire Jacques Doucet, Paris).

2 A Vichy en 1905.

3 *Le carnet des nuits*.

4 André Salmon, *Souvenirs sans fin*.

5 Document manuscrit, Bibliothèque littéraire Jacques Doucet.

6 *Le carnet des nuits*.

contraire: la confidence. Sa peinture reflète cette dualité: dire sans raconter, évoquer sans préciser. Devant le chevalet, elle se cherche elle-même. Son étrange beauté, sa personnalité, l'acuité de son regard reflètent son narcissisme anxieux dans les autoportraits successifs qu'elle brosse durant plus de trente ans, ou les multiples variations autour d'un modèle, qui sont autant de sujets de questions et de projections.

Marie Laurencin, femme peintre, est également femme de lettres. Son talent littéraire très personnel est rapidement reconnu d'un cercle d'initiés.

Henri-Pierre Roché le note dès les premiers billets encore enfantins qu'elle lui adresse en 1903.

En 1909, Guillaume Apollinaire l'encourage à publier deux poèmes, *Hier* et *Présent*, signés du pseudonyme mystificateur de Louise Lalanne qu'elle partage avec lui, dans la revue de poésie *Les Marges* éditée à Paris par Eugène Monfort.

En 1917, à Barcelone, Francis Picabia choisit plusieurs poésies pour la revue *391*. L'une d'elles sera reprise dans son *Petit bestiaire*[7] en 1926.

En 1932, Albert Flament – chroniqueur reconnu, puis rédacteur en chef du quotidien parisien *L'Intransigeant* – réunit un ensemble de *Pensées, remarques et réflexions de Marie Laurencin* sous un titre évocateur: *Marianna*[8].

Quant à son *Carnet des nuits*[9], il réunit de petits textes ou des poèmes qu'elle écrivait rapidement, avec autant de bonheur qu'elle dessinait. Ses dernières poésies – souvent réminiscentes de son enfance – emplissent toute la page d'une écriture fine et régulière, ornée de profils de jeunes filles et d'oiseaux, en enluminures d'aujourd'hui, et chantent des mots d'esprit avec un ton qui lui appartient en propre (repr. ci-contre):

Je me souviens des temps anciens
où toutes elles ont brodé une rose
En fredonnant un air
Qui faisait pleurer leurs filles

Enfin, Marie entretiendra toute sa vie d'importantes correspondances. Les corpus majeurs restent ceux adressés à Nicole Groult et à Marcel Jouhandeau. Ces lettres sont interdites de publication – de par sa volonté expresse. Laurencin y parle parfois d'elle-même, comme de sa mère qu'elle évoque souvent, à la troisième personne. Cette distance est celle que lui imposent ses origines et son parcours si singulier au sein d'une famille artistique dont elle ne s'est jamais sentie totalement solidaire, en raison même de ce manque de confiance en elle dont elle souffrit toujours.

S'identifiant à son époque, elle la représente à travers son monde imaginaire, charmant ainsi toute une intelligentsia parisienne, plus littéraire que mondaine, dont elle sut se faire aimer.

Sincère, spontanée, fantasque, déconcertante, inventive avec grâce: voilà bien des mots que l'on retrouve sous la plume de ses amis écrivains et poètes. Ils disent assez cette femme volontiers diserte, épistolière dans l'âme, conteuse, somme toute, de ses rêves plus que de ses chagrins. Ils pardonnent volontiers celle qui maquille, pour sa carrière et par coquetterie, sa vraie date de naissance[10] et son profil d'adolescente ingénue.

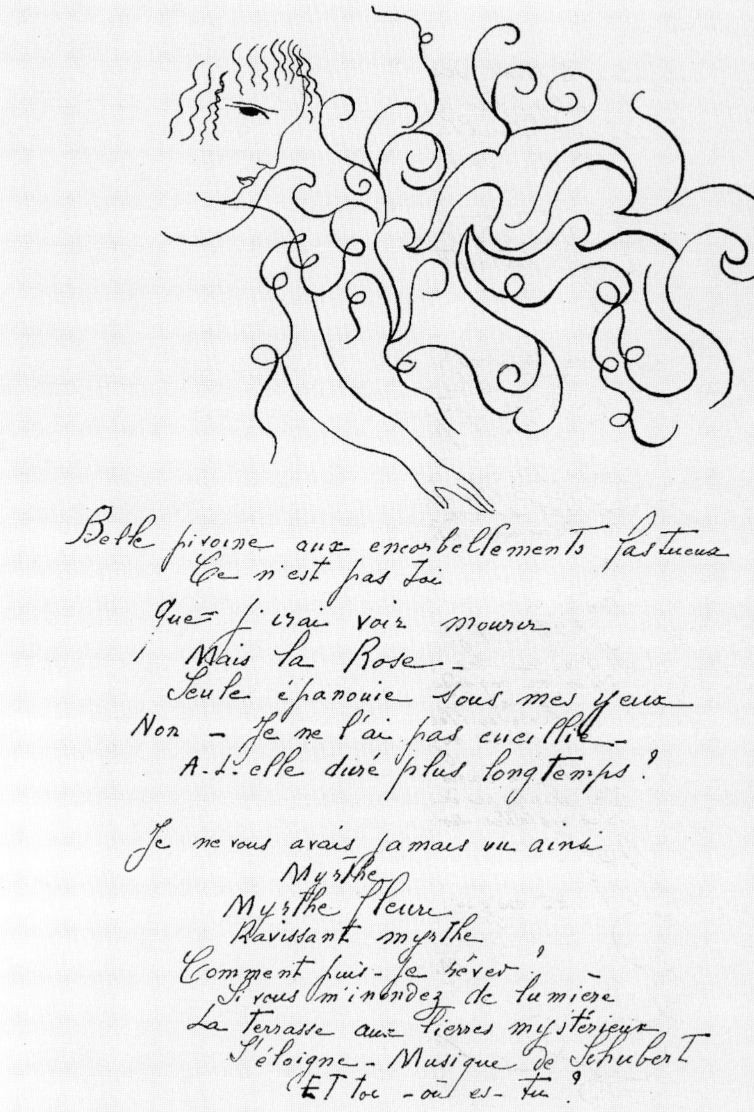
Belle pivoine aux encorbellements fastueux
Ce n'est pas toi
Que j'irai voir mourir
Mais la Rose –
Seule épanouie sous mes yeux
Non – Je ne l'ai pas cueillie –
A-t-elle duré plus longtemps ?

Je ne vous avais jamais vu ainsi
Myrthe
Myrthe fleurie
Ravissant myrthe
Comment puis-je rêver ?
Si vous m'inondez de lumière –
La Terrasse aux Pierres mystérieuses
S'éloigne – Musique de Schubert
ET toi – où es-tu ?

Poème écrit par Marie Laurencin, vers 1946

[7] Poèmes et lithographies, de Marie Laurencin, ouvrage publié par François Bernouard, Paris.

[8] Voir le catalogue des livres illustrés par Marie Laurencin, p. 210.

[9] D'abord édité en 1942 par la *Nouvelle Revue de Belgique* à Bruxelles, il est revu et corrigé, l'année de sa mort, en 1956, publié par Pierre Cailler, à Genève.

[10] Marie Laurencin est née en 1883, et non en 1885 comme elle le disait. L'acte de naissance le prouve.

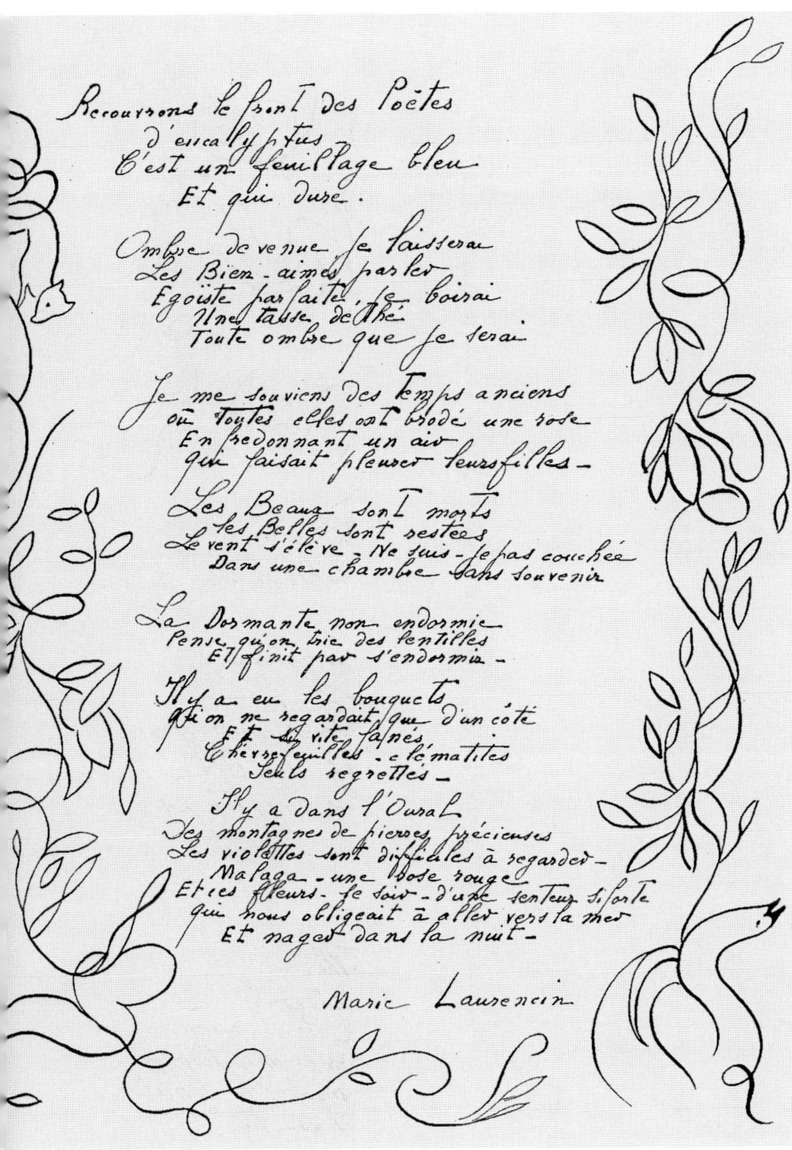
Recouvrons le front des Poètes
d'eucalyptus
C'est un feuillage bleu
Et qui dure.

Ombre devenue je laisserai
Les Bien-aimés parler
Egoïste parfaite, je boirai
Une tasse de thé
Toute ombre que je serai

Je me souviens des temps anciens
où toutes elles ont brodé une rose
En fredonnant un air
qui faisait pleurer leurs filles –

Les Beaux sont morts
les Belles sont restées
Le vent s'élève – Ne suis-je pas couchée
Dans une chambre sans souvenir

La Dormante non endormie
Pense qu'on trie des lentilles
Et finit par s'endormir –

Il y a eu les bouquets
qu'on ne regardait que d'un côté
Et si vite fanés
Chèvrefeuilles – clématites
Seuls regrettés –

Il y a dans l'Oural
Des montagnes de pierres précieuses
Les violettes sont difficiles à regarder –
Malaga – une Rose rouge
Et ces fleurs – le soir – d'une senteur si forte
qui nous obligeait à aller vers la mer
Et nager dans la nuit –

Marie Laurencin

Et pourtant! Marie Laurencin «que bien des hommes connurent sur le bout du doigt» (Francis Picabia[11]) voulut, toute sa vie, séduire, dans sa vie amoureuse, comme dans sa carrière picturale.

De Henri-Pierre Roché, l'auteur de *Jules et Jim*, à Guillaume Apollinaire, du graveur Jean-Emile Laboureur au jeune baron Thankmar von Münchhausen, d'Otto von Wätjen – qu'elle épousera – à Alexis Léger[12], de Nicole Groult à Yvonne Crotti, de Philippe Berthelot[13] à son platonique chevalier servant Armand Loewengard[14], quels voyages amoureux célèbres et choisis! Mais la femme illustre qu'elle était devenue sut toujours demeurer fidèle à sa palette, à son chevalet, à elle-même.

Encore ses amours furent-elles – peut-être ainsi le voulait l'époque? – moins charnelles que sensuelles, «tendres comme le souvenir» – pour reprendre le vers que Guillaume Apollinaire dédia, après sa rupture avec Marie, à Madeleine Pagès.

Nimbées de pudeur, ses liaisons sonnèrent, pendant un quart de siècle, de 1905 à 1930, cristallines – sinon, loin s'en fallut, toujours harmonieuses. Selon ses inclinations, elles s'épanouirent, fraîches comme l'enfance, dénuées de tout ordinaire, scellées d'ambivalence et de secret.

N'avoua-t-elle pas un jour à son vieux complice André Salmon: «Des lettres d'amour, j'en conserve de beaucoup plus belles que celles de Guillaume [...] Quand je mourrai, je veux qu'au cercueil, ma tête repose sur un coussin bourré de mes lettres d'amour.»[15]

Ce n'est qu'à sa maturité, avec l'arrivée chez Marie de «la chaste Suzanne» – selon le mot perfide de Marcel Jouhandeau[16] – que devait s'éteindre, à son contact, et au triste regret de tous, la flamme rayonnante de son esprit fantasque. Marie Laurencin, apaisée au soir de sa vie par Suzanne Moreau – comme Eugène Delacroix l'avait été par Jenny Le Guillou, sa servante-maîtresse –, choisit, l'âge venant, de se satisfaire dans le goût assouvi d'un confort domestique sans passion.

Après un court passage à Sèvres où sa mère la destinait à la peinture sur porcelaine, elle entre en 1903 à l'Académie Humbert. Georges Braque, son condisciple, qui disait l'y avoir connue «en nattes» – comme on dit «en cheveux» –, déconcerté par son langage comme par la qualité de ses dessins, l'emmène le premier au Bateau-Lavoir.

Son esprit de décision teinté d'impertinence, sa liberté de vues la font également remarquer par un jeune courtier, qui deviendra, un temps, son mentor: Henri-Pierre Roché, personnage haut en couleur, défenseur de Picasso, Duchamp, Brancusi...

Après quelques effigies de sa mère – alors son seul modèle (dessins cat. n°s 74, 75, 76) –, ses premiers autoportraits[17] (cat. n°s 2 et 3, 1905) et de rares paysages (cat. n° 1), Laurencin limite ses choix thématiques (1905-1907) à des bouquets (cat. n° 4) et à des natures mortes[18] (cat. n° 5), le plus souvent peints sur de petits panneaux de bois.

Ni la lumière ni l'espace ne l'intéressent, durant cette première période, encore académique. Mais sa palette

11 Article de Picabia "Vues de dos", Paris-Journal, 6 avril 1923. Cette citation et les suivantes de Francis Picabia proviennent de: "Francis Picabia", *Ecrits*, Belfond éd., Paris, 1978.

12 Il choisira Saint-John Perse comme nom de plume.

13 Secrétaire général au Quai d'Orsay.

14 Neveu et bras droit de l'antiquaire Lord Duveen.

15 *Souvenirs sans fin*.

16 *Hommage à Marie*.

17 Le Musée de Grenoble et le Musée d'Art moderne de la Ville de Paris conservent deux toiles importantes.

18 Barnes Foundation, Merion.

soutenue, sa facture appliquée renforcent des volumes bientôt cernés de maniérisme (*Diane à la chasse*, cat. nº 10). Elle s'initie à la gravure et visite régulièrement le Louvre. En mai 1907, Pablo Picasso – peut-être averti par Georges Braque qu'il avait lui-même rencontré deux mois auparavant – aperçoit la jeune fille dans la boutique du marchand Clovis Sagot, 46, rue Laffitte, et la présente aussitôt à Guillaume Apollinaire – autre enfant naturel. «Elle a le visage sombre et enfantin de celles qui sont destinées à faire souffrir. Et parmi sa grâce aux mains qui se redressent pour repousser, elle manque de cette noblesse que les poètes ne pourraient pas aimer car elle les empêcherait de pâtir. J'ai vu ta femme, te dis-je. Elle est la laideur et la beauté; elle est comme tout ce que nous aimons aujourd'hui. Et elle doit avoir la saveur de la feuille de laurier.»[19]

Le coup de foudre est immédiat: «Elle est gaie, elle est bonne, elle est spirituelle et elle a tant de talent. C'est un petit soleil. C'est moi en femme» (Apollinaire[20]). Leur liaison durera près de cinq ans, riche mais orageuse: Marie, casanière, accentuant ses caprices, et Guillaume, tyrannique, pouvant être brutal.

C'est au contact des amis de Guillaume, dès 1907, qu'elle entre véritablement dans ce qui deviendra, en propre, son mode de peinture: le portrait. Gertrude Stein l'évoquera simplement[21]: «Elle regarde minutieusement chaque tableau, un par un, le nez contre la toile; ou plutôt seulement ceux à sa portée, les examinant de près, avec son face-à-main, centimètre par centimètre. Elle ignore les œuvres placées trop haut. "Enfin, dit-elle, pour ce qui me concerne, je préfère les portraits et c'est bien naturel, puisque je suis moi-même un Clouet." Et c'était parfaitement vrai, elle était un Clouet. Elle avait le corps mince et anguleux des femmes françaises du Moyen Age telles qu'on les voit dans les miniatures. Elle parlait d'une voix mélodieuse, joliment haut placée. Elle s'assit près de Gertrude Stein sur le divan et lui raconta l'histoire de sa vie, disant comment sa mère, qui avait toujours, d'instinct, rejeté les hommes, mais avait longtemps été la maîtresse d'un personnage important, avait accouché d'elle, Marie Laurencin.»

Outre sa propre effigie, Guillaume gardera plusieurs de ces premiers portraits (*André Salmon*, cat. nº 9; *Pablo Picasso*, dessin, nº 81). Apollinaire impose Marie Laurencin dans sa vie comme dans les nombreux organes de presse auxquels il collabore. «Depuis cinq mois, Tristouse Ballerinette était devenue la maîtresse de Croniamantal qu'elle aima passionnément pendant huit jours. En échange de cet amour, le lyrique garçon l'avait rendue glorieuse et immortelle à jamais en la célébrant dans des poèmes merveilleux...»[22]

L'exigence reconnue du poète conduit le peintre à mûrir un style encore hésitant, aux côtés de ses contemporains. «Entre les fauves et les cubistes, prise au piège, petite biche»[23], elle cultive son inspiration, essentiellement féminine et narcissique (autoportraits, 1908, cat. nº 6 et nº 7), mais se libère de tout académisme – voire du japonisme finissant – et trouve une stylistique propre, «pleine de grâce», encore empreinte du symbolisme de Pierre Louÿs[24]. Elle découvre, face aux œuvres de Picasso, Braque, Matisse, Derain, Rousseau, une acuité de trait dont ses peintures en grisaille des années 10-12 marqueront l'épanouissement.

Ses compositions, d'abord réduites au seul visage (1908), s'ouvrent bientôt en compositions plus complexes (1909). *Les invités* ou *Groupe d'artistes*[25] (repr. p. 20) relate l'amitié qui lie Guillaume tenant un livre, Marie, une fleur à la main, Pablo Picasso, de profil, et sa compagne Fernande Olivier, souriante, opportunément assise devant un bouquet chamarré qui la coiffe d'une capeline de fleurs (cf. portrait de *Madame Pickaçoh*, cat. nº 80). Cette toile, où les figures se détachent sur un fond monochrome uniforme, fut alors achetée par Gertrude Stein chez qui venait Guillaume Apollinaire. Miss Stein allait régulièrement avec Alice Toklas au «jour» de Marie et de sa mère, rue La-Fontaine, et devint ainsi sa première collectionneuse. La toile fut tout de suite accrochée dans son salon de la rue de Fleurus, parmi les superbes Matisse, Picasso et Braque qu'elle et son frère Leo avaient, les premiers, su acquérir. Ce *Groupe d'artistes* fut donc vu, sitôt terminé, par les nombreux amis, artistes ou collectionneurs venus de tous les horizons fréquenter ce haut lieu parisien de culture internationale. Nul doute qu'un John Quinn ou un Franck Crowninshield, amateurs américains éclairés qui posséderont quelques années plus tard des œuvres – parmi les meilleures – de l'artiste, la découvrirent d'abord chez les Stein. Gertrude Stein vendit en 1925 «cette toile étrange»[26], aux célèbres sœurs Claribel et Etta Cone, de Baltimore, qui la léguèrent, avec un ensemble exceptionnel de tableaux du XXᵉ siècle, au musée de leur ville.

Fin 1909, Apollinaire entre en possession de la deuxième version – élargie – de cette fresque d'une époque. Elle est sans doute alors sa composition la plus ambitieuse: *Réunion à la campagne*[27] (repr. p. 21). La toile est d'abord accrochée dans le petit appartement d'Auteuil, rue Gros – où le poète s'est installé pour être dans le voisinage des Laurencin, mère et fille. Quelques années plus tard, et malgré la rupture des amants, l'œuvre trônera dans son salon du boulevard Saint-Germain.

Les acteurs de cette peinture d'«histoire» sont: Gertrude Stein (hommage du peintre à un amateur éclairé), Marguerite Gillot[28], une muse coiffée de fruits, Guillaume Apollinaire,

19 Apollinaire, *Le Poète assassiné*, 1916.
20 Louise Faure-Favier, *Souvenirs sur Apollinaire*.
21 Autobiographie d'Alice B. Toklas.
22 *Le Poète assassiné*.
23 Jean Cocteau, *Eventail de Marie Laurencin*.
24 L'une de ses premières eaux-fortes s'appelle d'ailleurs *Les chansons de Bilitis*.
25 Première version d'*Apollinaire et ses amis*, Musée de Baltimore.
26 Autobiographie d'Alice B. Toklas.
27 Musée national d'Art moderne, en dépôt au Musée Picasso, Paris.
28 Poétesse dont Laurencin fera un grand portrait en 1912, qu'elle exposera l'année suivante à l'Armory Show.

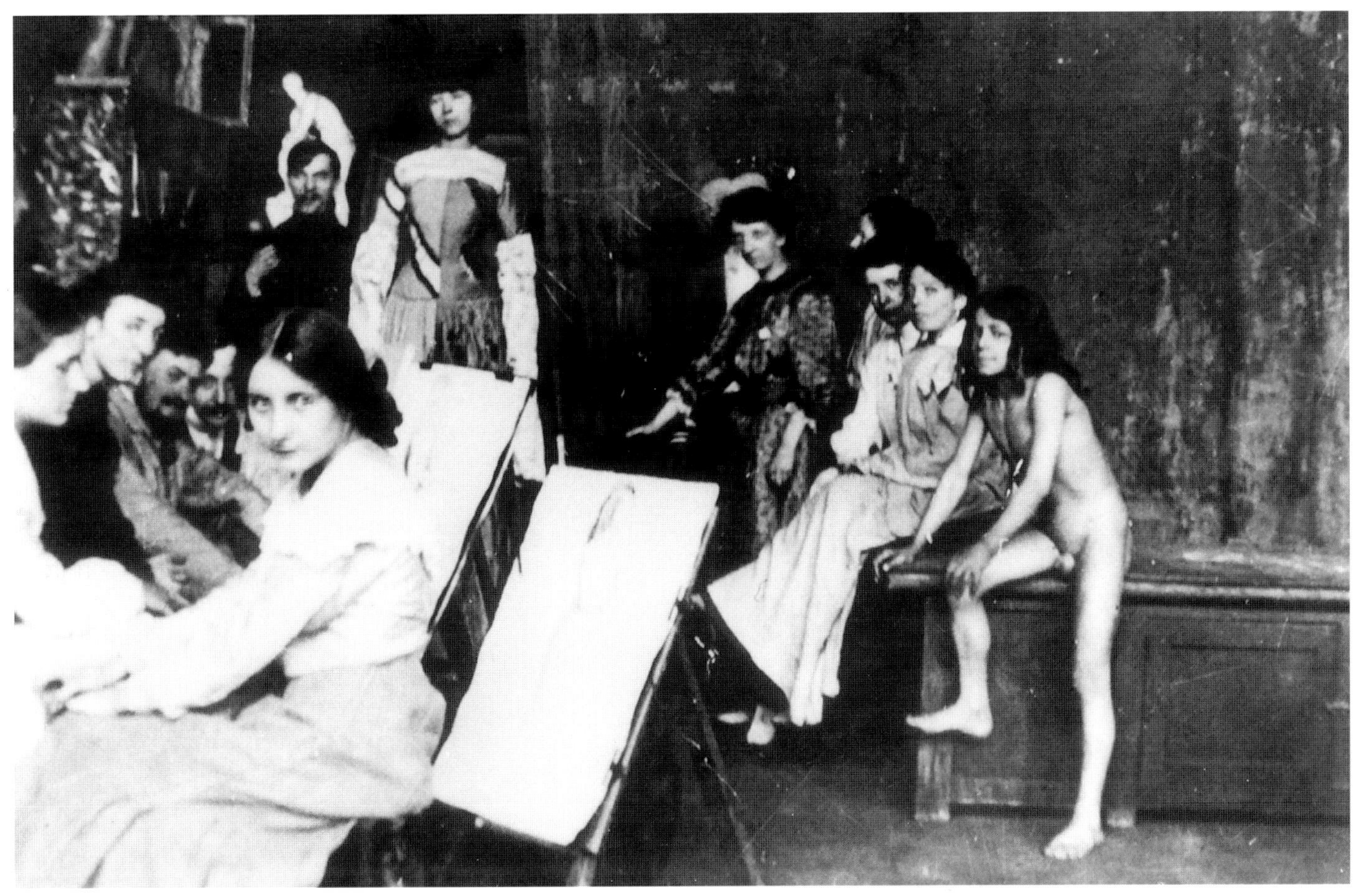

Marie Laurencin, debout à gauche, à l'Académie Humbert, Paris, vers 1905.

Pablo Picasso, qu'elle peint ici pour la troisième fois (!)[29], Fernande Olivier – avec laquelle Marie aura d'abord des relations amicales avant de se brouiller définitivement –, le poète Maurice Cremnitz et... l'artiste elle-même, nonchalamment assise en retrait, le bras levé comme devant un chevalet imaginaire, en signe de bienvenue.

Les deux maîtres qu'elle se reconnaît alors, et auxquels Guillaume n'hésite pas à la comparer (cf. p. 52), ceux qui l'ont le plus marquée, sont Henri Rousseau et Pablo Picasso. Leur double influence apparaît ici clairement. Le statisme des figures cubisantes s'impose, en premiers plans de camaïeux bruns et verts, terres de Sienne mordorées, sciemment cernées d'un noir de jais. L'influence réelle de Picasso transparaît dans la mise en page ambitieuse – pari pris sur *Les Demoiselles d'Avignon* – qui coordonne les effigies familières en aplats sur un fond d'éléments de paysage – le pont de Passy, immortalisé dans *Le pont Mirabeau* – où s'inscrivent également une nature morte en bouquet, une couronne de fruits en guise de coiffe et, pour la première fois, un artifice pictural qui deviendra légendaire dans le monde imaginaire laurencinesque: une biche – allusion, sans doute métamorphosée, à la petite chienne de Picasso, Frika, figurant dans la première version.

Une photographie[30] de Marie Laurencin devant *L'Homme à la mandoline*, dans l'atelier de Pablo Picasso, en 1911 (repr. p. 22), confirme, sans aucune ambiguïté, l'importance extrême que la jeune artiste reconnaissait à celui auquel elle attribua, sur un dessin, le titre nobiliaire et moqueur de «Peintre du Roy» (le «Roy» étant peut-être Guillaume?).

La correspondance Picasso-Apollinaire fait d'ailleurs souvent allusion à leurs rencontres, comme en témoignent ces curieux mots du peintre espagnol à l'écrivain d'origine italo-polonaise: «Viens avec Marie Laurencin née à Paris – 32 rue Lafontaine Paris»[31], qui disent de façon elliptique combien

[29] Il existe un premier portrait de Picasso, vers 1908, tête de profil, peinte sur bois, préparatoire au tableau de Baltimore (coll. privée, USA).

[30] Musée Picasso, Paris.

[31] Lettre du 4 avril 1910. Correspondance Apollinaire-Picasso, Paris, 1913.

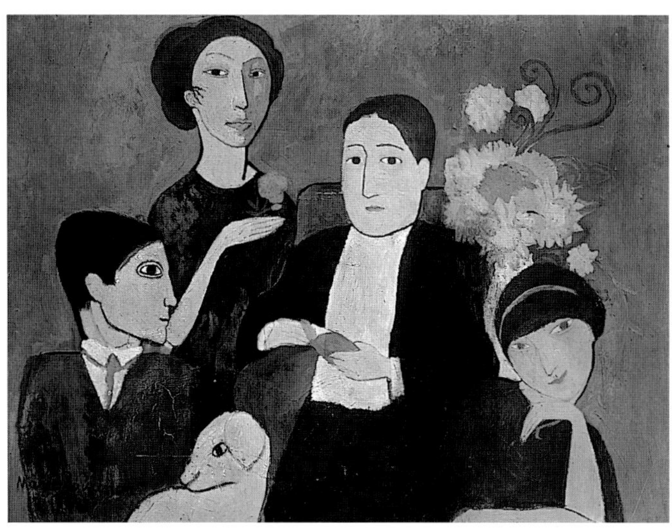

Les invités ou groupe d'artistes **Apollinaire et ses amis**: 1re version 1908. Musée de Baltimore

l'art de Marie lui semble loin de ses propres recherches. Laurencin ne fut jamais «cubiste» au sens radical du terme – même si le terme de «période cubiste» peut, à juste titre, être employé. Elle ne subit, par ailleurs, guère d'influence de l'«art nègre» dont s'étaient entourés Guillaume et ses amis. Enfin, sa participation au manifeste écrit par Gleizes et Metzinger, *Du Cubisme* (1913), fut modeste.
A Montmartre, puis à Montparnasse – à la Closerie des Lilas où régnaient Paul Fort et Jean Moréas –, tout un milieu littéraire adopte Marie Laurencin, suivant l'admiration inconditionnelle du poète «mal-aimé»: *André Salmon* (cat. nº 9), *Jean Royère*[32] (cat. nº 8), André Billy, Paul Léautaud, avant Gaston Gallimard, André Gide... Elle participe notoirement au banquet offert en l'honneur du Douanier Rousseau au Bateau-Lavoir, et peint pour André Salmon son *Portrait nuptial*.
Les compagnons de ces années de bohème acquièrent ses huiles par dons, achats ou échanges: Pablo Picasso *(La songeuse)*[33], Roger de La Fresnaye (*Autoportrait*, 1908, cat. nº 6), José Théry[34] (*Autoportrait*, 1905, cat. nº 3)... Aux côtés de Louis Süe et André Mare, elle participe, avec quatre petits trumeaux, à la décoration de *La Maison Cubiste* (cf. photo p. 23) dessinée par Raymond Duchamp-Villon (*Tête de femme*, cat. nos 15 et 16, 1912)[35].
Le couturier et mécène Jacques Doucet, conseillé alors par Max Jacob, réunit ses premières gravures avant d'accrocher dans son studio de Neuilly, *La pianiste* (cat. nº 20) et *Femme au chien et au chat* (cat. nº 30). Paul Poiret, chez qui elle pratique l'escrime avec Raoul Dufy, l'invite à ses fêtes avec sa sœur Nicole Groult. Rolf de Maré, fondateur des Ballets Suédois («les seuls qui OSENT», dira Picabia)[36], se laisse séduire chez Wilhem Uhde par *Les jeunes filles*[37] et lui commande le portrait de son ami, *Nils von Dardel* (cat. nº 19). Henry Barbazanges lui ouvre la galerie qui porte son nom (financée par Paul Poiret) en 1912 pour sa première exposition personnelle[38]. Marie Laurencin se lie également avec Berthe Weil, installée à Montmartre, puis avec Daniel-Henry Kahnweiler, jeune Allemand ayant épousé une Française, arrivant de Londres pour devenir marchand de tableaux et éditeur d'art. C'est lui qui publia en 1908 la première œuvre d'Apollinaire, *L'Enchanteur pourrissant* illustré de bois gravés d'André Derain. Quinze ans plus tard, en 1925, il sera l'éditeur d'un de ses célèbres livres illustrés, *Brigitte ou la Belle au bois dormant*, écrit par Marcel Jouhandeau, enrichi par son amie Marie de quatre lithographies[39].
Sergueï Stschoukine, Alfred Barnes, Alphonse Kahn, Marcel Kapferer, tout ce qui compte dans le microcosme des amateurs de l'époque, acquièrent ses œuvres chez Paul Rosenberg à Paris ou chez Alfred Flechtheim et Paul Cassirer en Allemagne.
Marie Laurencin participe enfin aux grandes expositions d'avant-garde, au Sturm à Berlin, à l'Armory Show à New York, à l'As de Carreau à Moscou.

Mais la liaison avec Guillaume Apollinaire prend fin en juin 1912, après des mois de détérioration, dont *Le pont Mirabeau*, ce poème de «fin d'amour»[40], porte la plainte discrète et prémonitoire:

Sous le pont Mirabeau coule la Seine
Et nos amours
Faut-il qu'il m'en souvienne
La joie venait toujours après la peine
....
L'amour s'en va comme cette eau courante
L'amour s'en va
Comme la vie est lente
Et comme l'Espérance est violente

En 1913, lorsque meurt prématurément sa mère – héroïne s'il en fut de son panthéon personnel –, Marie Laurencin, âgée de trente ans, s'est imposée, jeune, au monde des arts. Elle est un membre reconnu à part entière des créateurs de l'époque, quand bien même l'influence d'Apollinaire lui aura donné une célébrité – notamment par *Les Peintres Cubistes* – dont elle n'aurait pas rêvé. Son art culmine avec trois toiles majeures qui sont autant d'évoca-

32 Fondateur de la revue *La Phalange*.
33 Musée Picasso, Paris.
34 Avocat de Guillaume Apollinaire dans l'affaire du vol des statuettes hispano-romaines du Louvre.
35 Une troisième toile se trouve à la Winnipeg Art Gallery, Canada.
36 Programme de *Relâche*, publié dans La *Danse*, novembre 1924.
37 Toile qu'il offrira cinquante ans plus tard au Moderna Museet de Stockholm.
38 Avec Robert Delaunay (cf. préface de F. Fleuet, p. 48).
39 Ed. Galerie Simon, Paris.
40 Guillaume Apollinaire, *Alcools*.

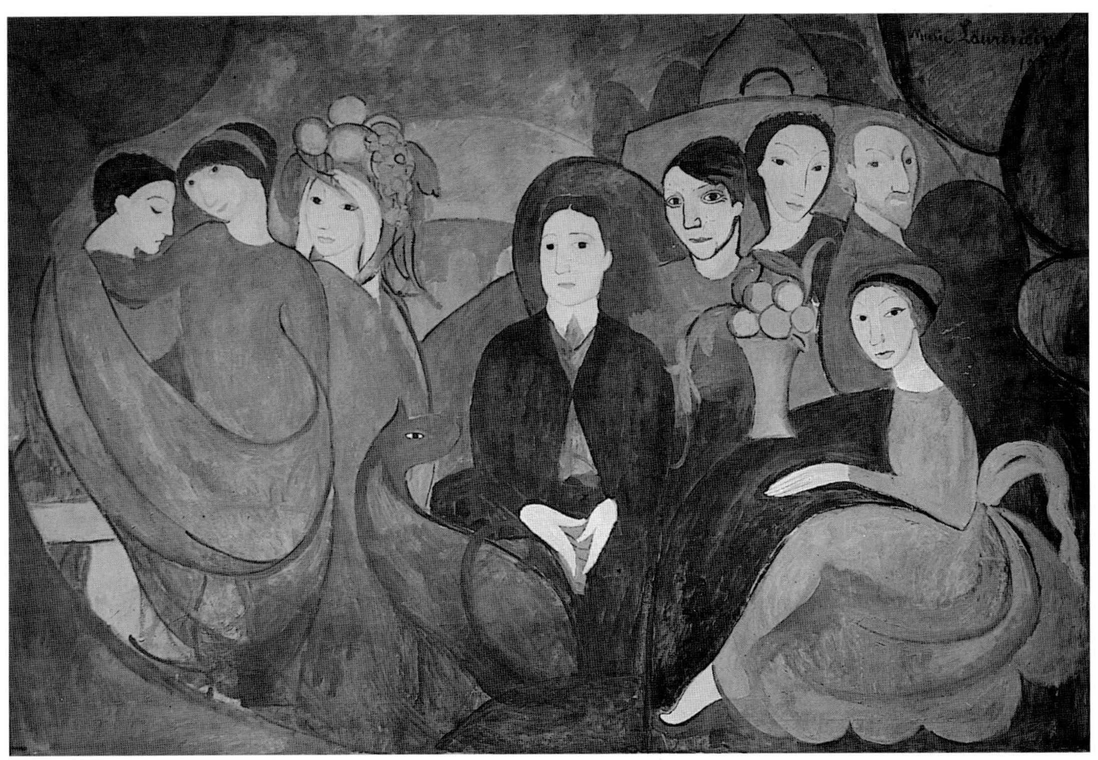

Apollinaire et ses amis:
2e version 1909 ou
Réunion à la campagne
Musée Picasso, Paris

tions de son amitié grandissante pour Nicole Groult: le *Portrait de Nicole* (cat. nº 60) commandé par son mari le décorateur André Groult, *Les deux sœurs au violoncelle* (cat. nº 17) et le grand *Bal élégant ou la Danse à la campagne* (cat. nº 21), symphonie sophistiquée de gris où dansent les deux amies, gracieuses et provocantes, légèrement dénudées, accompagnées au luth par une musicienne de fantaisie. Prenant ainsi pour thème le couple élégiaque féminin de Marie dans un cadre champêtre, cette toile majeure fait, cinq ans plus tard, contrepoint à la *Réunion à la campagne* centrée sur Guillaume.

Marie vient alors de perdre les deux êtres les plus chers de son existence. Elle doit affronter seule son destin. Une brève liaison avec Jean-Emile Laboureur, une ultime tentative de réconciliation avec l'auteur d'*Alcools*[41], préludent alors à une rencontre, déterminante pour son proche avenir, organisée à Montparnasse par Henri-Pierre Roché: celle d'Otto von Wätjen, dilettante francophile allemand, baron fortuné de surcroît et peintre à ses heures – il a étudié, comme Marie, Francis Picabia et Georges Lepape, à l'Académie Humbert. Elle l'épouse à Paris quelques jours seulement avant que n'éclate la Grande Guerre. Ils vivront ensemble cinq années d'exil, et divorceront peu après.

Celle qui avait été, un temps, méjugée abusivement comme la muse d'un poète, cède désormais la place à une Marie Laurencin plus volontaire, qui rencontrera d'autres épreuves avant de connaître à nouveau, de par la fidélité de ses proches, le succès auquel elle aspirait.

Les quatre années passées en Espagne seront en quelque sorte hachées. De Madrid à Málaga, en passant par Barcelone et la côte des Asturies, les Wätjen ne peuvent se fixer. Soupçonné d'abord d'espionnage, au bénéfice de l'Allemagne pour lui, de la France pour elle, le couple se détériore. Otto, épris de sa femme mais désœuvré, s'adonne à la boisson. Le mariage devient rapidement houleux. Marie ne doit son équilibre – précaire – qu'à la correspondance très intime qu'elle échange, tout au long de ces années, avec Nicole Groult qui viendra en Espagne à deux reprises la consoler. Leur amitié amoureuse permettra à Marie de peindre et d'exprimer sa solitude et son désespoir dans une tendre complicité.

Son seul réconfort pictural en Espagne est la visite régulière du Prado et sa découverte de Goya. Quoique la presse madrilène ait réservé un accueil très chaleureux à l'«hôtesse illustre», «délicate artiste qui sait mieux que personne exprimer la sensibilité féminine et l'élégance»[42], Marie vit totalement isolée de la communauté artistique espagnole. Elle peint peu et lentement. *La prisonnière* (cat. nº 31) est un calque de ses chagrins, tandis que *L'Infante* (cat. nº 26) idéalise la jeune Cecilia de Madrazo.

Une suite inachevée de petites œuvres sur carton, *Les rois et les reines*, laisse bientôt place à d'assez grands formats,

[41] Provoquée à Villequier par Louise Faure-Favier et André Billy.
[42] Cité par Maria Lluisa Borras, *Picabia*, Paris, 1985.

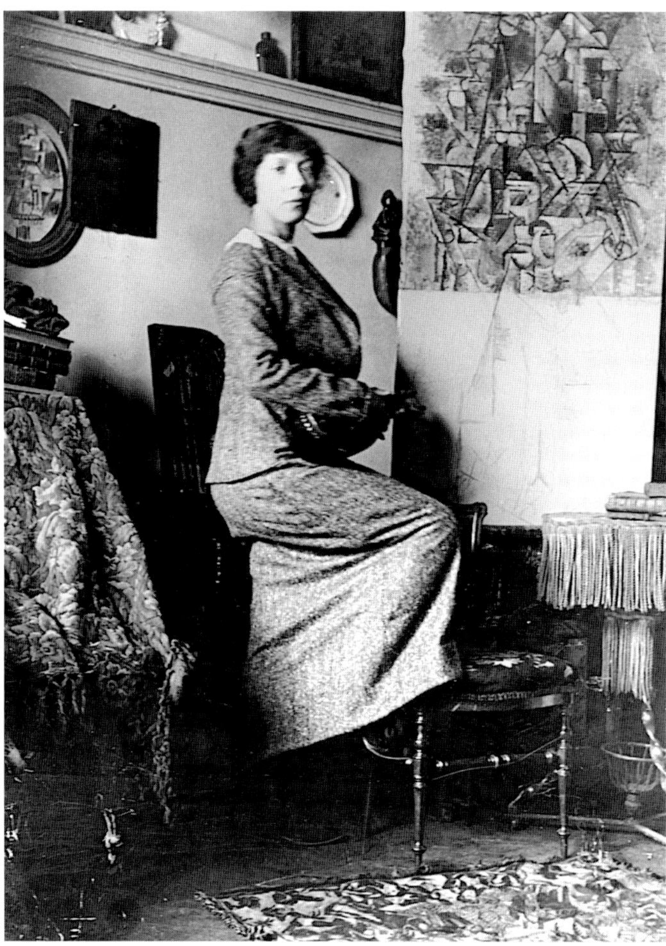

Marie Laurencin, photographiée par Picasso dans l'atelier du 11, bd de Clichy, automne 1911, avec **Homme à la mandoline**. Document Musée Picasso, Paris

figures solitaires dans des intérieurs (*Femme au chien et au chat*, 1916, cat. nº 30) et des écrins de végétation (*La jeune fille au palmier*, 1915, cat. nº 28).

Nicole, durant toutes ces années, fait la liaison avec les amis parisiens restés fidèles à Marie. Guillaume Apollinaire, combattant sur le front d'Argonne, lui envoie, dédicacé «à la Baronne von Wätjen», le *Médaillon toujours fermé*[43] – titre bien révélateur – avant de lui adresser l'un des 25 exemplaires de son recueil *Case d'Armons*, polycopiés en pleine guerre, dans des conditions que l'on imagine.

Henri-Pierre Roché lui achète quelques œuvres. La guerre terminée, il sera l'agent du grand avocat new-yorkais John Quinn – l'un des plus célèbres collectionneurs de l'époque –, et ne lui vendra pas moins de neuf tableaux[44].

Quinn écrira à Roché: «Ce que j'aime chez Marie Laurencin, c'est qu'elle peint comme une femme, tandis que la plupart des femmes peintres semblent toujours vouloir peindre comme des hommes, et le résultat est désastreux.»[45]

La lumière de l'Espagne permet à Laurencin d'élargir considérablement sa palette et de trouver les premières harmonies de bleus et de roses qu'elle adoptera peu à peu, renonçant désormais aux gris, aux noirs et aux bruns de sa première période.

La fréquentation d'autres exilés parisiens, Albert Gleizes et sa femme Juliette Roche, Francis Picabia et sa femme Gabrielle Buffet, Robert et Sonia Delaunay, Arthur Cravan, Olga Sakharoff, Valentine de Saint-Point... la stimule. L'antiquaire Josep Dalmau, installé sur les Ramblas de Barcelone, expose douze de ses œuvres, en 1916, à côté du... *Nu descendant un escalier* de Marcel Duchamp, montré là pour la première fois au public.

Elle écrit son désespoir en exil (cf. p. 70) et publie quelques poèmes, dans la revue créée par Marius de Zayas, imprimée par Dalmau: *391*, où Picabia la croque une première fois en ventilateur (*Marie*)[46]: «La roue supérieure représente l'élément féminin et, en tournant, met en mouvement la roue inférieure ou l'élément masculin, ici une roulette facilement identifiable comme un autoportrait.»[47] Il exécute ensuite un portrait Dada de *Marie Laurencin* beaucoup plus élaboré: *Four in hand*[48] (repr. p. 191): «L'épure correspond au dessin d'un propulseur. Le *Portrait* révèle les pensées, les sensations du peintre, conformément à ce qu'il avait déclaré réaliser en 1913 dans ses tableaux abstraits. Il y introduit des inscriptions empruntées aux pages roses du Petit Larousse en faisant clairement allusion à sa vie à Barcelone, mais à présent le mécanisme sexuel est plus complexe car le ventilateur (élément féminin) met en mouvement la roue dentée inférieure qui, à son tour, par une chaîne de bicyclette, transmet ce mouvement à une autre bobine.»[49]

De Paris, enfin, le jeune André Breton – dévoué à Apollinaire – lui écrit son admiration dans un long texte totalement anti-Dada (cf. p. 68).

Quelques semaines avant la mort de Guillaume Apollinaire, Marie achève son premier autoportrait «en peintre»: *La Femme-Cheval* (1918, cat. nº 32) – «mon portrait en peintre avec la main qui tient un pinceau», toile emblématique et sombre, dont l'image enveloppée, comme suraiguë, est seulement adoucie par la présence familière de deux colombes et d'un lionceau: huile particulièrement achevée, de la meilleure veine – comme la plupart de celles exécutées en exil –, qui marque un tournant dans sa prise de conscience en peinture et ponctue définitivement, après

[43] Suite de sept poèmes qu'Apollinaire reprendra dans *Calligrammes*.
[44] Parmi eux, *La jeune fille au palmier* (cat. 28), *La jeune fille aux chats ou Princesse P...* (cat. 35), *Le Zèbre* (Musée de Tel-Aviv), *La Femme-Cheval* (cat. 32) et *Femmes dans la Forêt* (Coll. Hammer, Los Angeles County Museum).
[45] Cf. *Marie Laurencin – artist and muse*, par Douglas K. S. Hyland et Heather Mc Pherson, 1989.
[46] Coll. Bibliothèque littéraire Jacques Doucet.
[47] Maria Lluisa Borras, *Picabia*, 1985.
[48] M.N.A.M., Paris.
[49] Maria Lluisa Borras.

quatre années de doute et de solitude, sa carrière de femme peintre. On y lit comme une affirmation, une profession de foi.

La Danse (1919, cat. nº 34) est la première grande composition de la nouvelle période qui s'ouvre, la guerre ayant enfin trouvé son terme. Marie semble y apparaître doublement: debout, tendrement enlacée dans un pas de deux pudique avec l'amie d'un soir et, assise sur une balustrade, dans l'ombre d'un rideau qui révèle également une compagne parée d'un turban. *La Barque* (cat. nº 36) reprend un croquis pour l'illustration du livre de Louise Faure-Favier, *Ces choses qui seront vieilles* (1919). Mais Guillaume Apollinaire, qui en était le sujet, est ici remplacé par une autre complice pour une traversée imaginaire.

Marie Laurencin, quittant l'Espagne, séjourne près de dix-huit mois en Allemagne, dans la famille de son mari. Elle retrouve chez sa belle-mère, ses belles-sœurs, un univers affectif – pourtant troublé par la révolution spartakiste – qui la rassure. Plusieurs tableaux naîtront, dont *Femme et enfant à la raquette* (cat. nº 38), portrait de sa nièce par alliance, et *Diane* (cat. nº 42), un des seuls paysages de cette période, dite allemande, qui anticipe sur la *Composition* de la Collection Chester Dale[50].

Après quelques mois de passion pour Yvonne, la femme du peintre Jean Crotti[51], Marie Laurencin retourne à Paris. «Pour célébrer son retour, les poètes composèrent cet *Eventail* de Marie Laurencin, qu'édita Gaston Gallimard pour son plaisir personnel.»[52] Elle divorce. Paul Rosenberg inaugure sa galerie rue La-Boétie et lui signe un nouveau contrat. Laurencin va dès lors s'imposer sur la scène parisienne et devenir la femme peintre par excellence, l'égale d'une Colette en littérature, d'une Gabrielle Chanel en couture, tandis que l'écrivain Alexis Léger[53], le diplomate Philippe Berthelot[54], puis Georges Denis[55] traversent sa vie. Elle s'éloigne du monde des arts pour gagner celui des lettres. Certains, en cette période post-Dada, la critiquent ouvertement: «Tout est de l'art: l'amour est de l'art; offrir une tasse de thé, c'est de l'art, comme les tableaux de Marie Laurencin sont de l'art à côté des images d'Epinal, bien que ces images aient plus de santé et de fraîcheur» (Francis Picabia[56]). Fêtée par cette société des «Années Folles», elle reçoit de Serge de Diaghilev sa première commande pour

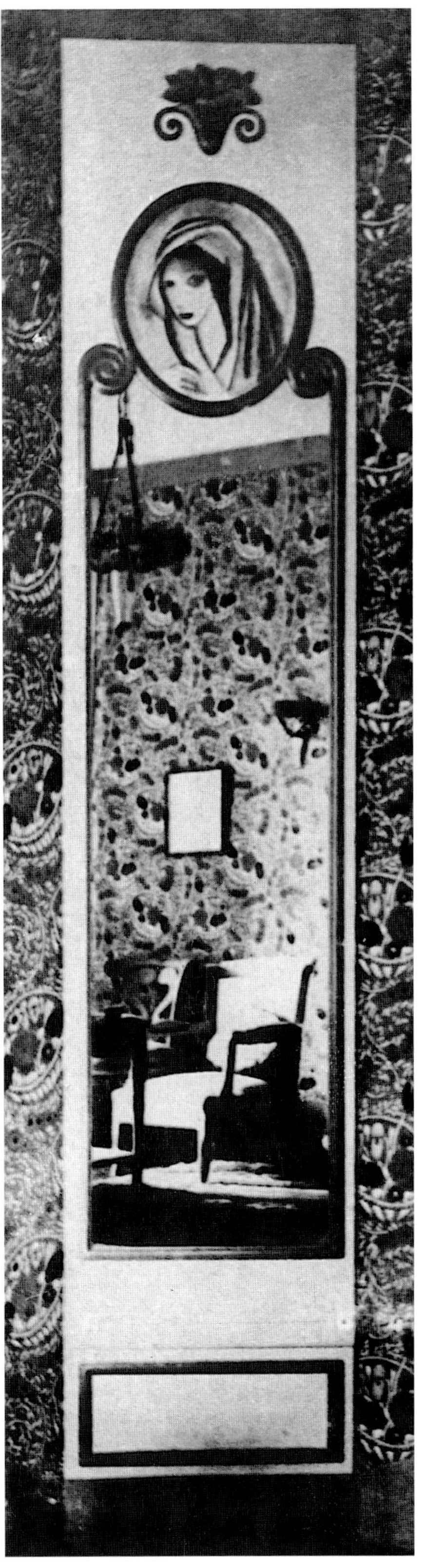

Trumeau pour la **Maison Cubiste**. Le médaillon en haut est l'un des quatre peints par Marie Laurencin. Le Musée Marie Laurencin en possède deux: cat. nºs 15 et 16

[50] National Gallery, Washington, D.C.

[51] Après son divorce avec Yvonne Chastel, le peintre Jean Crotti épousera Suzanne Duchamp, l'unique sœur des frères Duchamp: Marcel Duchamp, Jacques Villon et Raymond Duchamp-Villon (mort en 1918).

[52] André Salmon, *Souvenirs sans fin*.

[53] Saint-John Perse en littérature. Il était alors secrétaire des Affaires étrangères à Paris, avec Paul Morand.

[54] Né en 1866, il fut nommé en 1920 secrétaire général du Quai d'Orsay. Nous renvoyons le lecteur à la biographie que lui a consacrée Jean-Luc Barré, *Le seigneur chat* (Plon, Paris, 1988).

[55] Jeune journaliste sportif à *L'Intransigeant*.

[56] "Sur les bords de la scène", article dédié à Ambroise Vollard, "Les potins de Paris", 3 février 1922.

le théâtre: le décor et les costumes pour un «ballet d'atmosphère»[57]: *Les Biches*, sur une musique de Francis Poulenc et une chorégraphie de Nijinska (1923). Ce sera un triomphe que Jean Cocteau, auteur de l'argument, décrira: «Oui, la musique de Poulenc est distante. Elle dédaigne, elle s'exhibe à moitié nue, elle arrive à force de ne pas se comprendre aux mêmes fins que la perversion. [...] Il manquait Marie Laurencin. Son décor et ses costumes tombent à pic. Ils soulignent carrément les choses. Nous avons toujours ressenti devant les toiles de ce peintre, la tristesse de comprendre que les plantes, que les animaux ne nous aiment pas et ne s'occupent pas de nous. Un baiser suffirait peut-être pour rompre ce charme. Qui l'oserait mettre sur des museaux. Imaginez ce que combinent de luxe naïf et de primeurs cruelles un tel peintre et un tel musicien.»[58]

«Marie Laurencin a pu être intéressante autrefois, mais le grand monde, la noblesse, les bas de soie et les fourrures l'ont perdue» (Francis Picabia[59]). Ainsi Marie est-elle sournoisement attaquée lorsque la renommée multiplie les commandes mondaines: portraits de Nancy Cunard, Coco Chanel[60], Mme Paul Guillaume[61], la baronne Gourgaud[62], la comtesse Pecci-Blunt... En réalité, elles sont beaucoup moins nombreuses qu'on ne le croit, et souvent de petits formats, comme ses portraits d'enfants: Charles et Pierre Gimpel[63], Anne-Françoise Mare[64], Cécile de Rothschild[65]... Ils datent, pour beaucoup, de la période qui suit le retour de l'artiste à Paris: 1922-1924, tandis qu'elle doit refaire sa vie et... la gagner.
Contrairement à Picasso qui demanda quatre-vingts séances de poses à Gertrude Stein[66], Marie brosse assez rapidement ses modèles, pour la plupart féminins. Elle les drape de voiles de fantaisie, les entoure d'artifices chromatiques: un animal imaginaire, des fleurs, un jouet, une guitare de quatre sous. Trois, quatre séances en général suffisent. A celles ou ceux qui ne trouvent pas le résultat ressemblant, elle réplique: «Mes femmes sont d'abord des filles et elles deviennent toutes des princesses.»[67]
Marie Laurencin représente l'idéal du goût français à l'Exposition des Arts décoratifs de 1925. Elle est alors l'artiste femme la plus reconnue au monde... Chester Dale, Helena Rubinstein, Somerset Maugham, la princesse Murat... s'entourent de ses œuvres.
Conseillée par Laboureur, elle grave à l'eau-forte et illustre de nombreux textes. «Marie Laurencin doit illustrer Edgar Poe, vraiment Helleu aurait été encore plus indiqué» (Francis Picabia[68]).
Elle vend alors un cuivre 3000 francs, un dessin 600 francs, une aquarelle 1000 francs, un petit portrait 5000 francs (1924). Le succès venant, elle devient bientôt fortunée.
Son modelé raffiné s'éternise selon une gamme colorée inimitable de gris tourterelle, de mauves exquis, de roses éteints ou flamboyants, de verts jade, de pâles outremers et de lumineuses laques de garance. Les clefs de son accomplissement culminent dans des toiles ambitieuses (*La vie de château*, cat. nº 49) et charmantes (*Le baiser*, cat. nº 53), soulignant de candeur ou de perversité les allégories de Lesbos. A l'instar de Colette qui publia *Ces plaisirs qu'on dit...*, Laurencin sait faire vibrer l'ambiguïté et l'imposer, par sa singulière alchimie en peinture, avec sérénité.
Après la crise de 1929, Marie Laurencin s'isole du milieu et de la critique artistiques, vivant de plus en plus dans son monde intérieur. Paul Morand[69], qui posséda plusieurs de ses œuvres (cf. cat. nº 40), écrivait déjà, cruellement, en janvier 1924, à Irène Lagut[70]: «Marie L. c'est la poésie et la peinture du 6e au-dessus de l'entresol, mais c'est le verbe de la concierge; du pinceau au balai. Je le lui ai dit.»
Au crépuscule de sa vie, la qualité de son abondante production décline, nourrie d'une imagerie rétrécie au champ visuel d'une artiste gravement atteinte de myopie. Elle s'entoure de poètes moins exigeants pour sa peinture que ne l'avait été Guillaume.
Reste cependant pour l'histoire tout un monde de rêveries dont la grâce élégiaque ne saurait masquer l'indiscutable rigueur. L'aura de Marie Laurencin, aujourd'hui, près de quarante ans après sa disparition, s'inscrit parmi les plus originales et les plus attachantes – pourquoi le nier? – de la première moitié du siècle.

D. M.

[57] Le mot est de Francis Poulenc.
[58] Jean Cocteau, *Le coq et l'arlequin*.
[59] *Chez Francis Picabia*, interview signée R. J., *Paris-Journal*, 9 mai 1924.
[60] Donation Walter-Guillaume, Musée de l'Orangerie, Paris.
[61] Donation Walter-Guillaume, Musée de l'Orangerie, Paris.
[62] Deux versions, M.N.A.M., Paris.
[63] Fils de l'antiquaire René Gimpel et Florence Duveen.
[64] Fille du décorateur André Mare.
[65] Fille de Robert de Rothschild.
[66] 1906, The Metropolitan Museum, New York.
[67] René Gimpel, *Journal d'un collectionneur*.
[68] "Littérature", 2e série, nº 5, 1er octobre 1922.
[69] Secrétaire des Affaires étrangères, à Paris, jusqu'en 1925.
[70] Illustratrice plus que peintre, contemporaine de Marie Laurencin.

PEINTURES

Portrait

Sa devise: Aime le luxe.
Très fière d'être née à Paris.
Sait tous les airs de Sylvie *de Gérard de Nerval.*
N'aime ni les discours, ni les reproches, ni les conseils,
pas même les compliments.
Mange vite, marche vite, lit vite,
Peint très lentement.
Lorsqu'on dit: Comme c'est beau,
détourne la tête.
Les prénoms de ses tableaux sont ses noms préférés.
Celui de Marie lui va bien.

Marie Laurencin
Le Journal, 19 octobre 1936

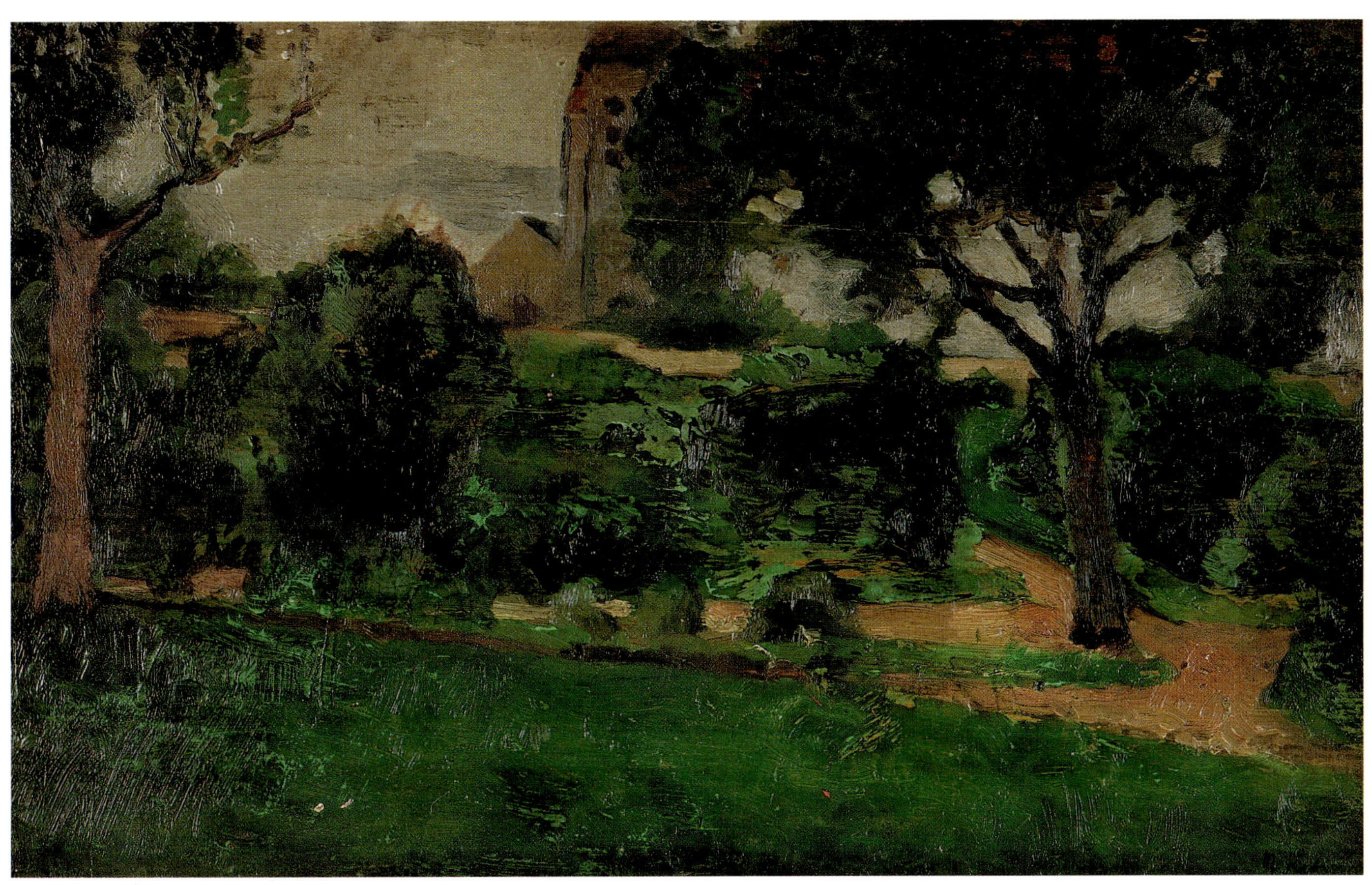

1
Paysage
vers 1904-1905
Huile sur bois
26 × 40 cm
Ancienne collection:
Guillaume Apollinaire, Paris

M. Gilbert Boudar, neveu de Mme Jacqueline Guillaume Apollinaire, – dernière muse et seule épouse du poète mort en 1918 –, a décrit ses impressions sur les toiles qui ornaient l'appartement au dernier étage du 202, boulevard Saint-Germain à Paris, où lui-même a passé une grande partie de son enfance:

Je n'ai aucun souvenir de ce Paysage. Je l'ai trouvé, me semble-t-il, dans une malle, par hasard. Marie et Guillaume n'avaient peut-être pas jugé primordial de l'accrocher quelque part...

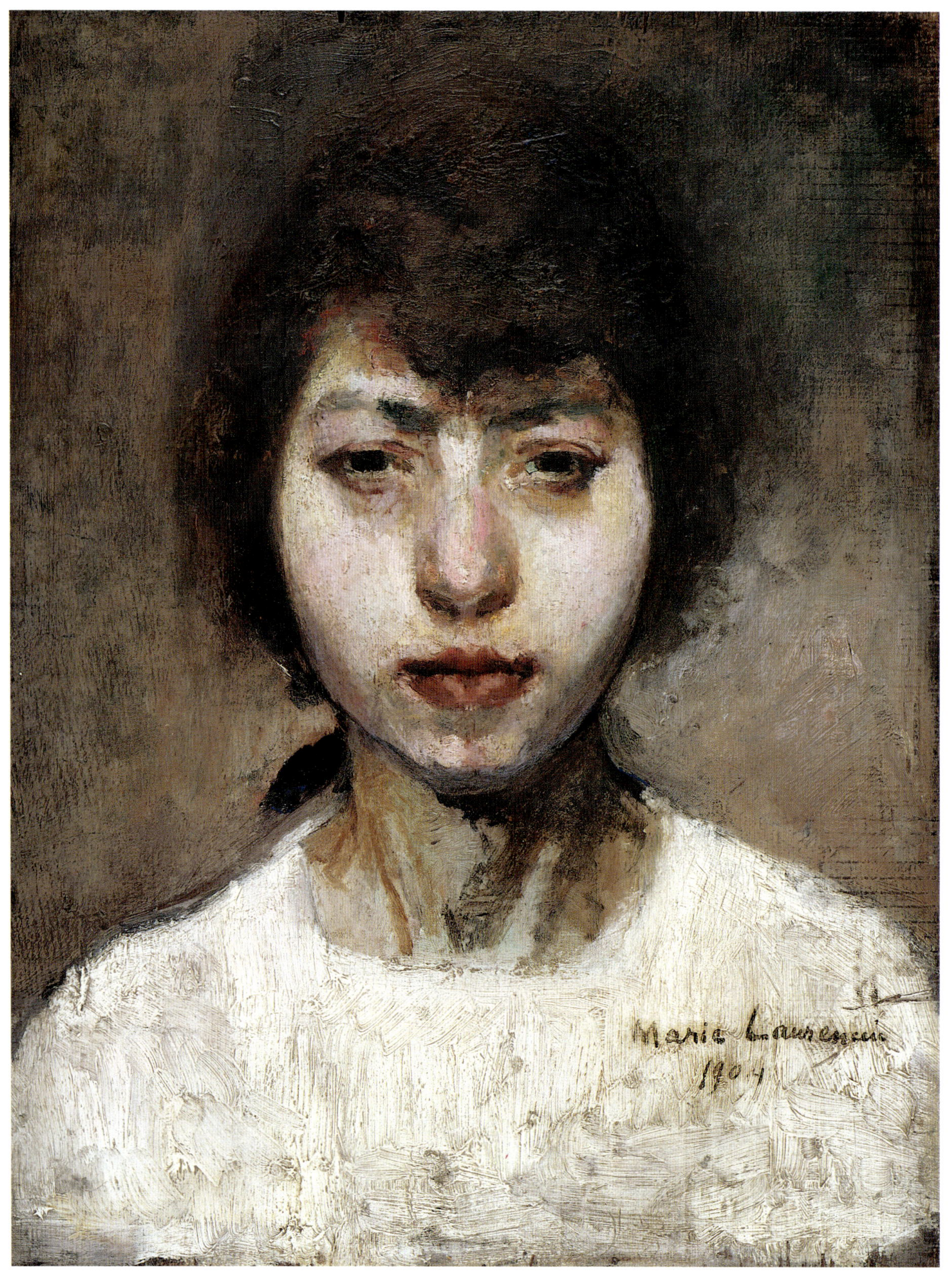

2
Autoportrait
1904
Huile sur bois
40 × 30 cm
Anciennes collections:
Henry Lapauze, Paris
Florence J. Gould,
Paris - New York

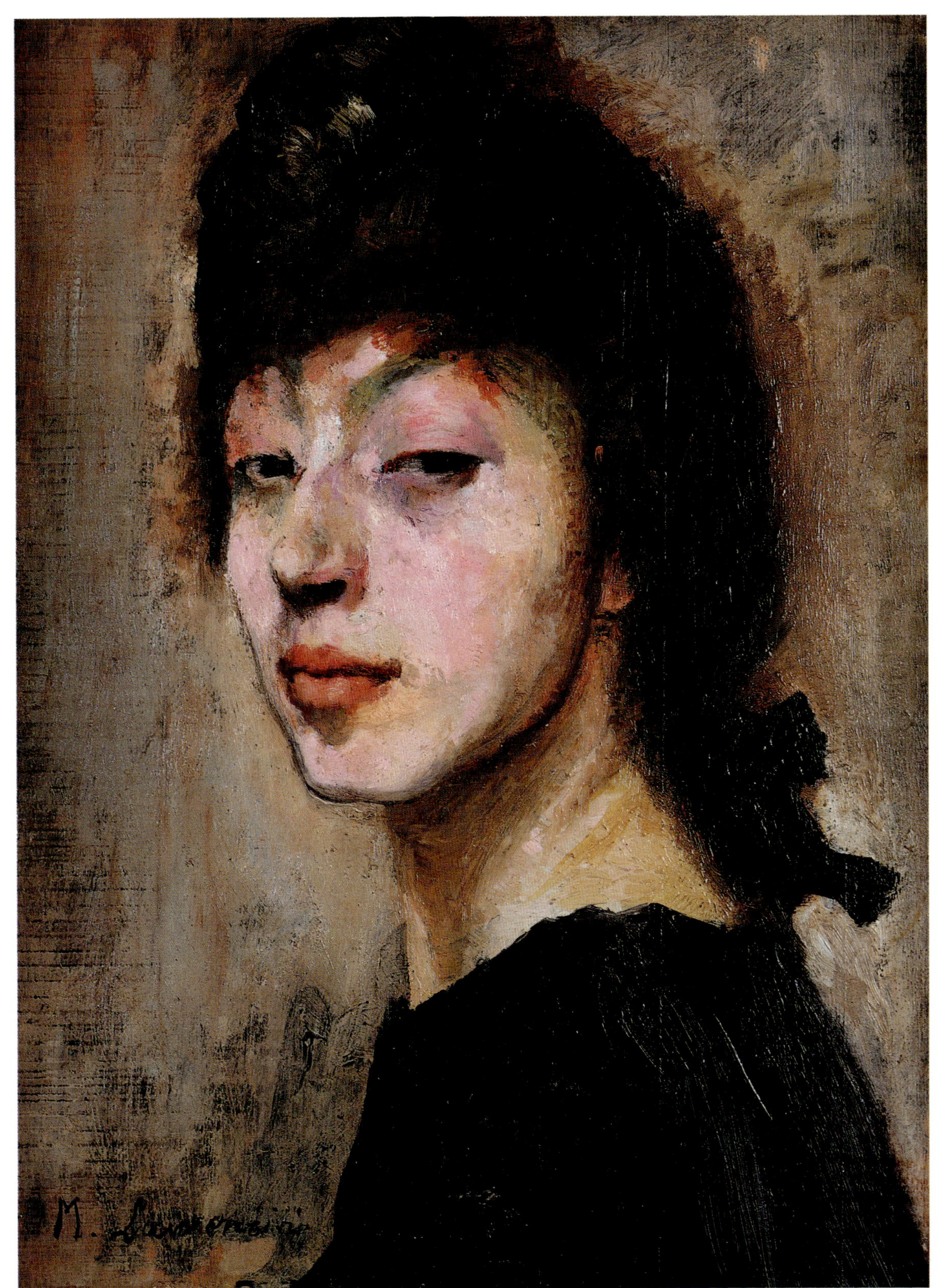

3
Autoportrait
vers 1905
Huile sur panneau
40 × 30 cm
Ancienne collection:
José Théry, Paris

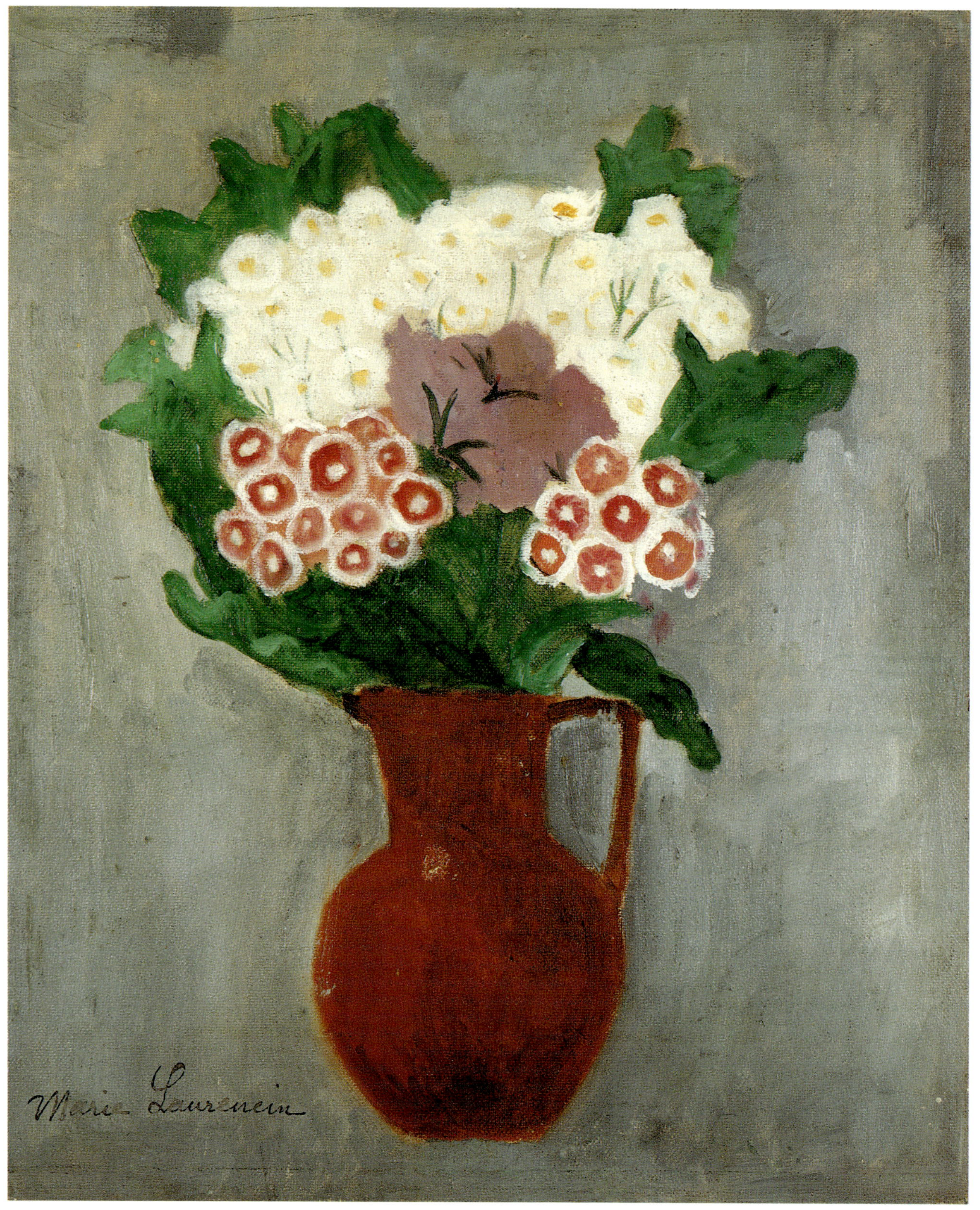
Marie Laurencin

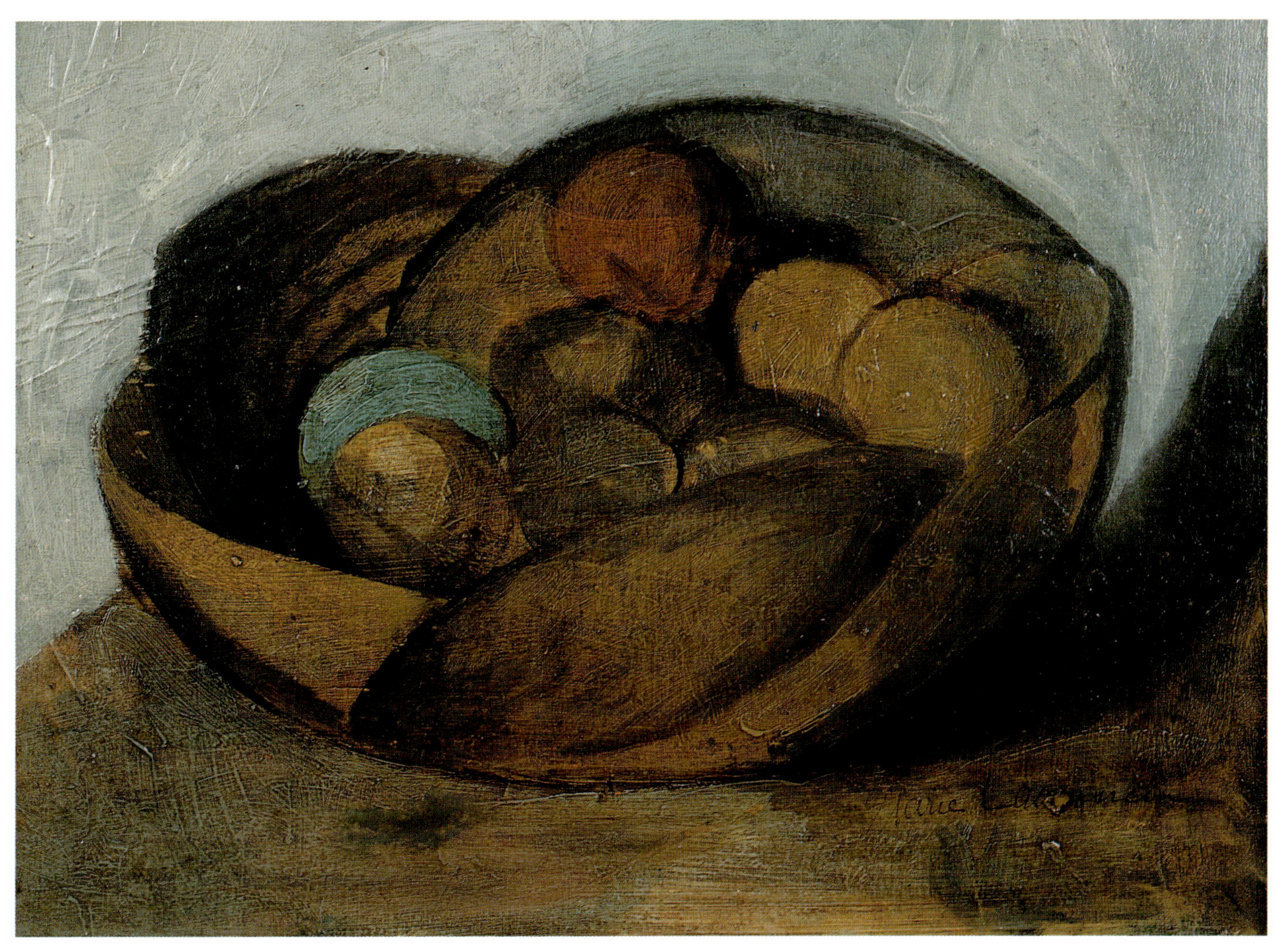

5
Corbeille de fruits
vers 1907-1908
Huile sur toile
24 × 33 cm
Ancienne collection:
Galerie Alfred Flechtheim,
Berlin - Düsseldorf

4
Fleurs dans un vase
vers 1906-1907
Huile sur panneau
39,5 × 32 cm
Ancienne collection:
Paul Guillaume, Paris

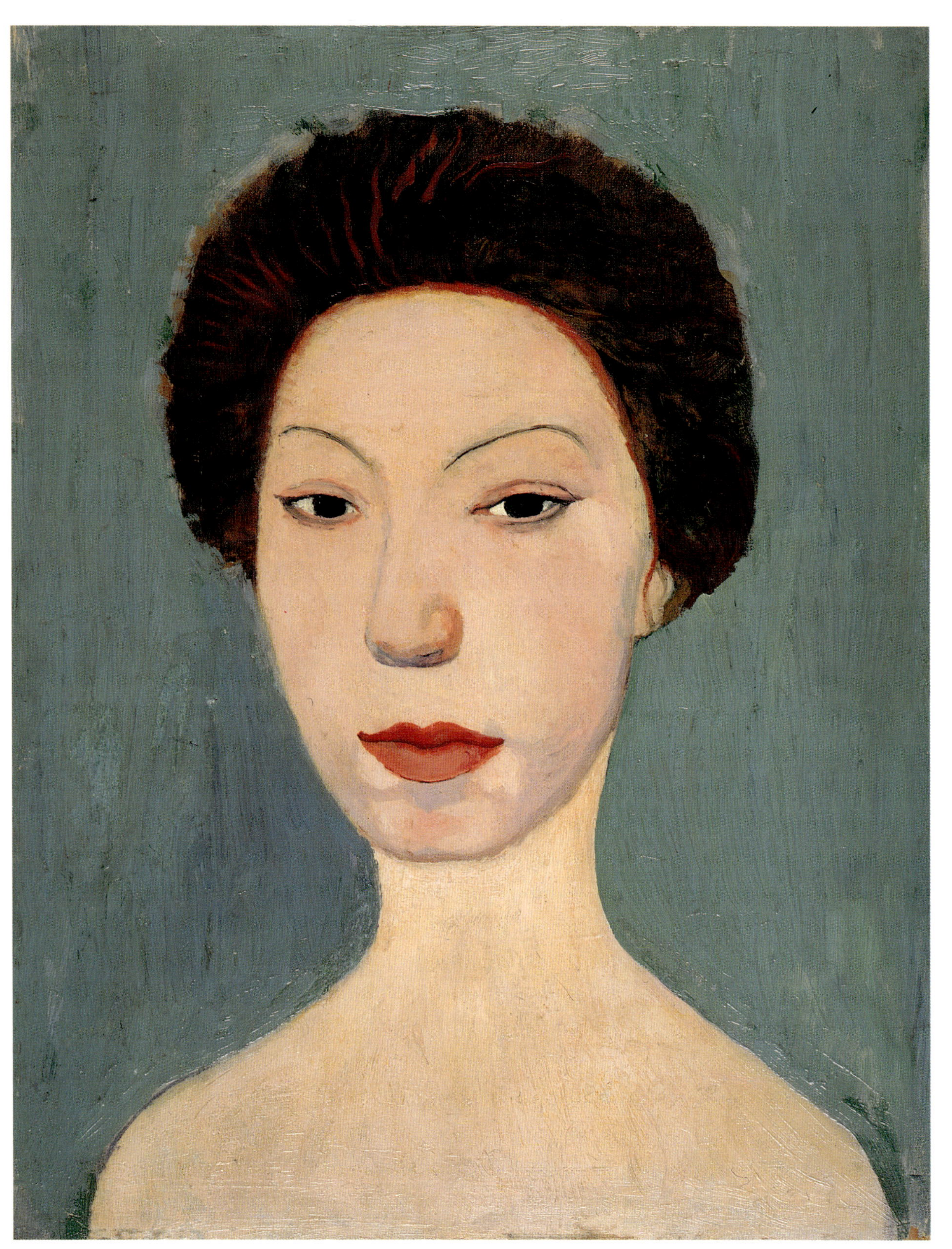

6
Autoportrait
vers 1908
Huile sur bois
41 2 31 cm
signé et annoté au dos p
l'artiste: *tableau retouche*
les cheveux, le fond,
le 21 novembre 1950
annoté au dos par Georg
de Miré: *Marie Laurencin*
avait offert ce tableau
à Roger de La Fresnaye
en 1913 ou 1914
Anciennes collections:
Roger de La Fresnaye
Georges de Miré

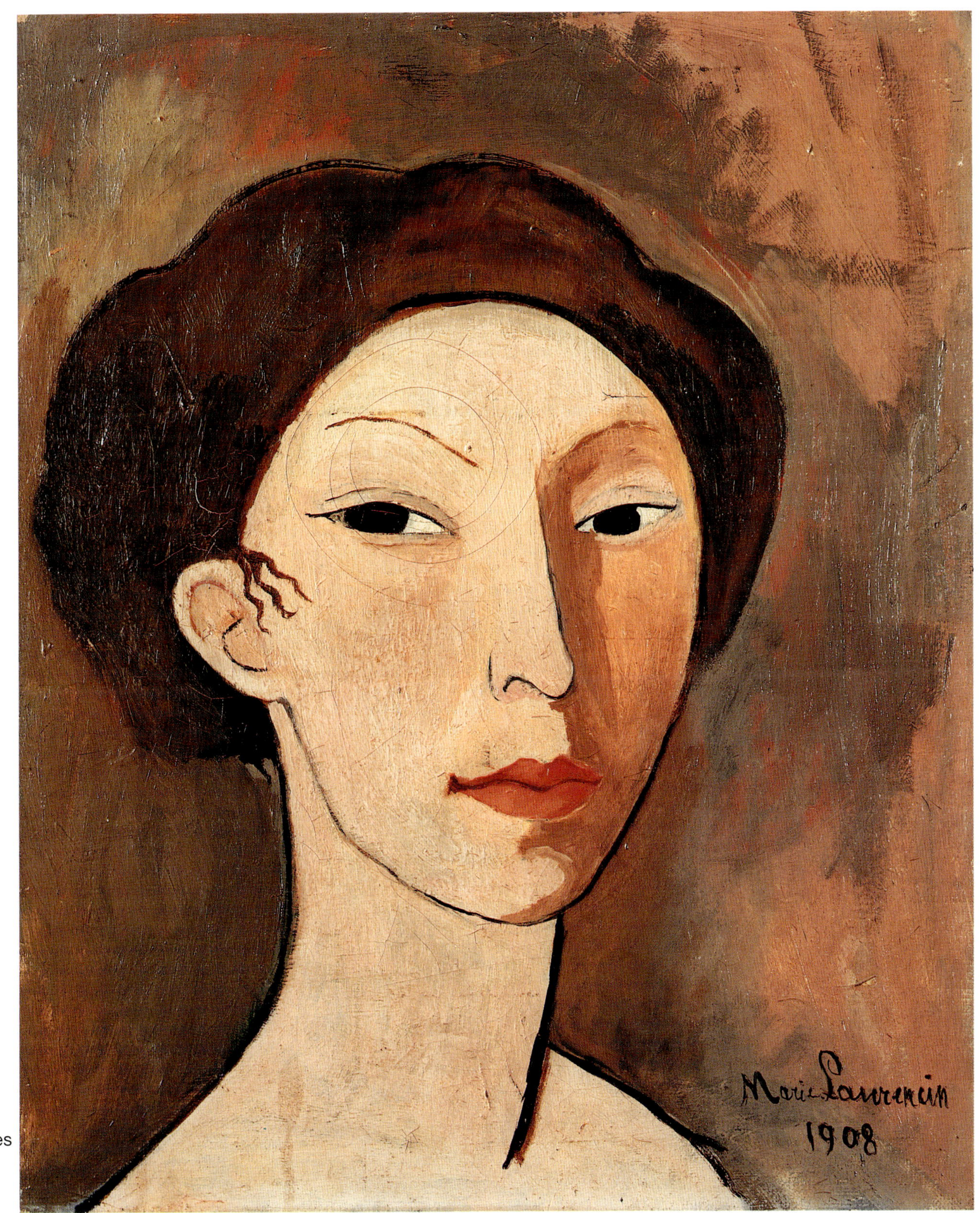

7
Autoportrait
Etude pour
Les invités ou
groupe d'artistes
1908
Huile sur toile
40 × 32 cm

Je ne trouve pas de mots pour bien définir la grâce toute française de Mlle Marie Laurencin. Sans avoir aucun des défauts virils, elle est douée du plus grand nombre de qualités féminines...
Elle a la conscience des différences profondes qui existent entre l'homme et la femme: différence d'origine, différence d'idéal. La personnalité de Mlle Laurencin vibre dans l'allégresse. La pureté est son domaine, elle y évolue librement.

Guillaume Apollinaire
Le Salon des Indépendants,
Revue des Lettres et des Arts, Mai 1908

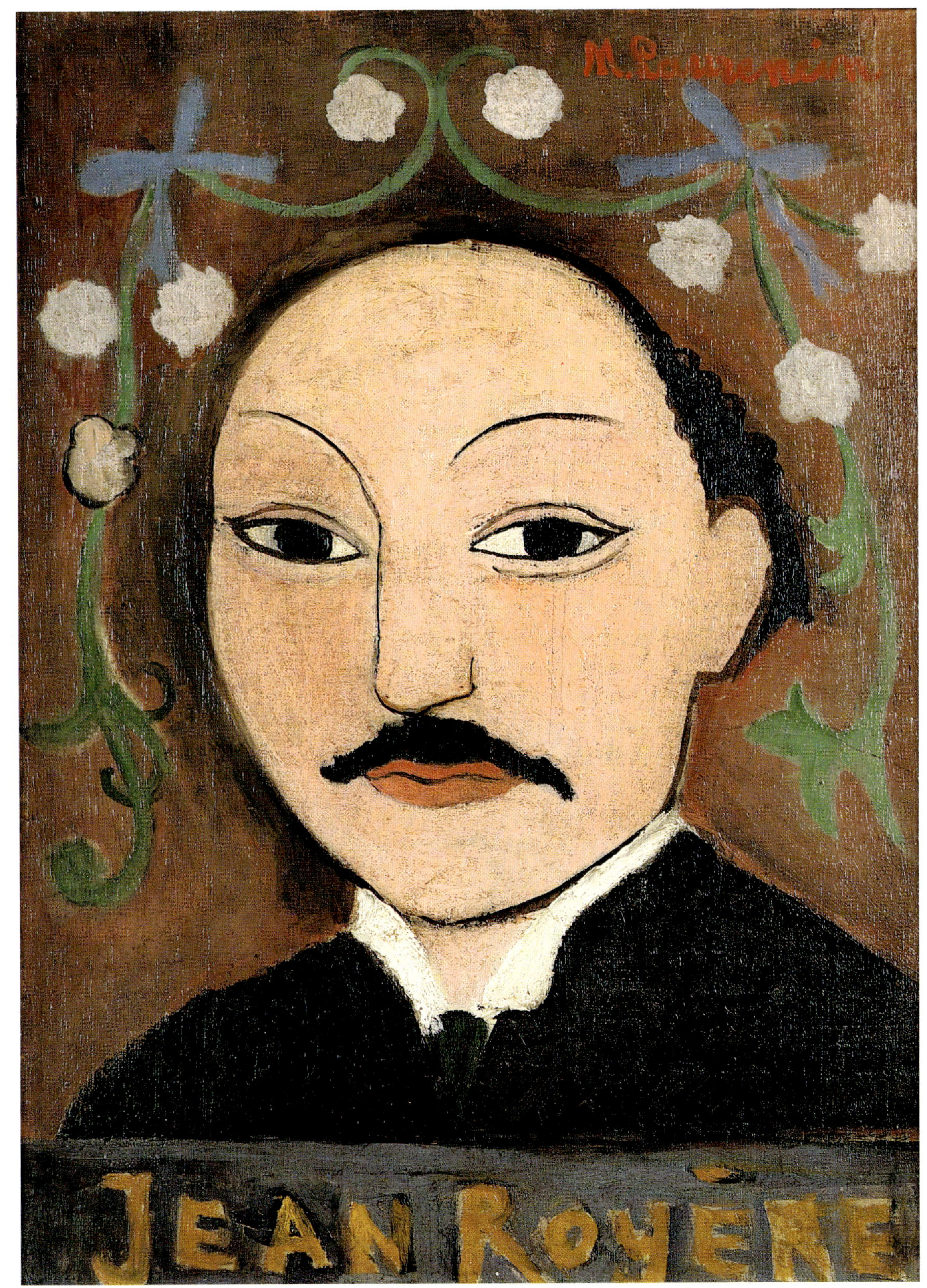

8
Jean Royère
1908
Huile sur bois
33 × 23,5 cm

Je ne suis pas un peintre de portraits. Et ce que je fais n'est pas très ressemblant. Aussi m'est-il agréable que mes meilleurs portraits représentent des poètes et des écrivains: Guillaume Apollinaire, André Salmon, et d'autres – et non pas des «mondains».

Marie Laurencin
Combat, 3 juillet 1952

9
André Salmon
vers 1908
Huile sur bois
35 × 25 cm
Ancienne collection:
Guillaume Apollinaire, Paris

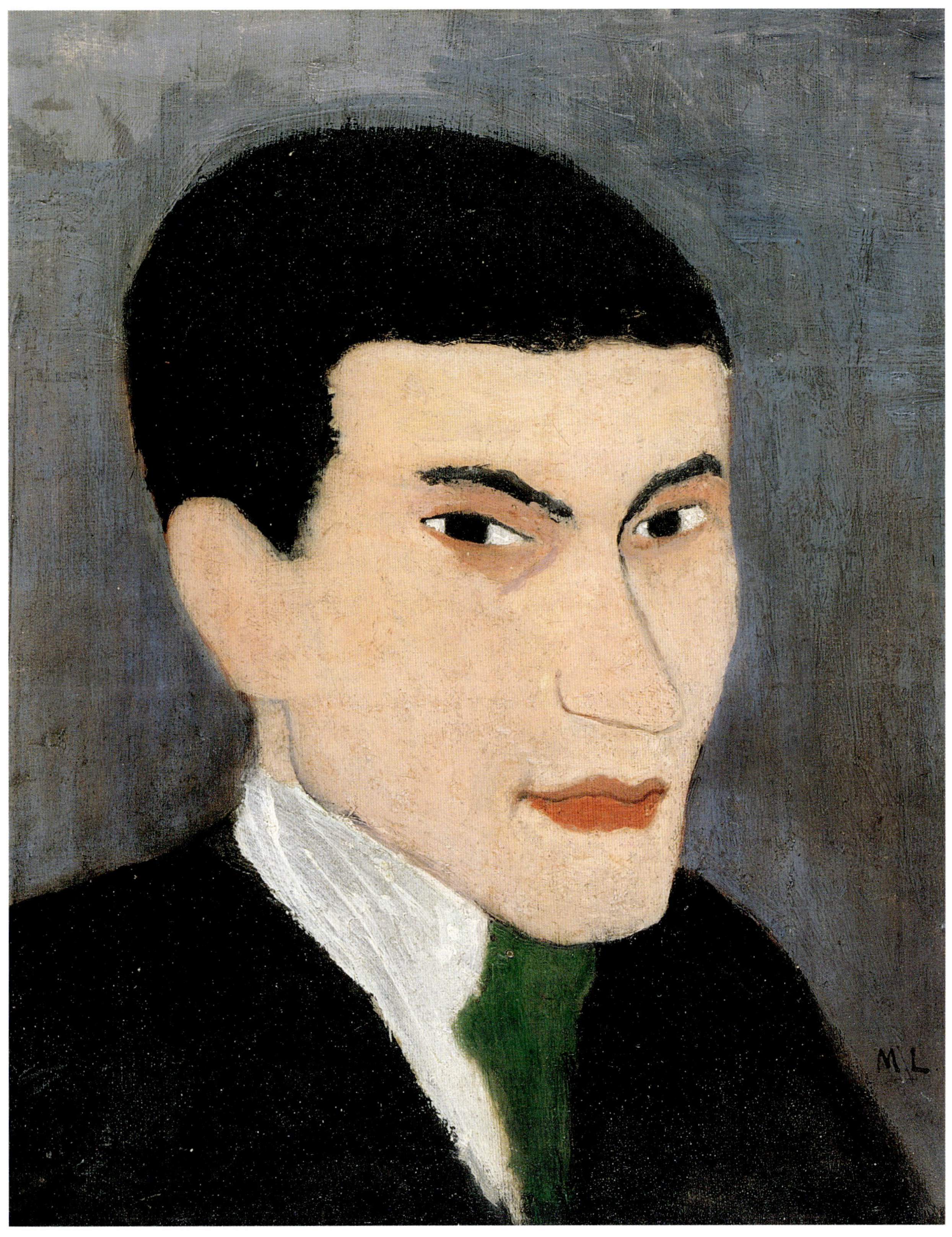
M.L.

Gilbert Boudar, neveu de Mme Apollinaire, se souvient de ce tableau dans l'appartement du poète:

Diane à la chasse. Ce tableau s'est promené un peu partout dans l'appartement, notamment dans la salle à manger, mais en bonne place toujours, au-delà des années.
Ce que m'en disait Mme Apollinaire ?
Mme Apollinaire n'évoquait pas le passé. C'était probablement son jardin secret auréolé de la personnalité de l'homme si tôt disparu, dont elle percevait les résonances à travers les manifestations qui se déroulèrent çà et là depuis ce 9 novembre 1918. C'était une femme discrète, avisée, ayant du caractère. Dans mon jeune âge, quand je vivais avec elle, son décor, son milieu m'envoûtaient. Je vivais là, près d'elle, un peu comme dans un rêve et je ne posais pas de questions. D'ailleurs Mme Apollinaire ne parlait jamais de sa propre enfance. Je crois qu'elle repoussait ardemment les allusions à ce temps-là.
J'avais trop la conscience de cette âme mystérieuse pour la désobliger.

1984

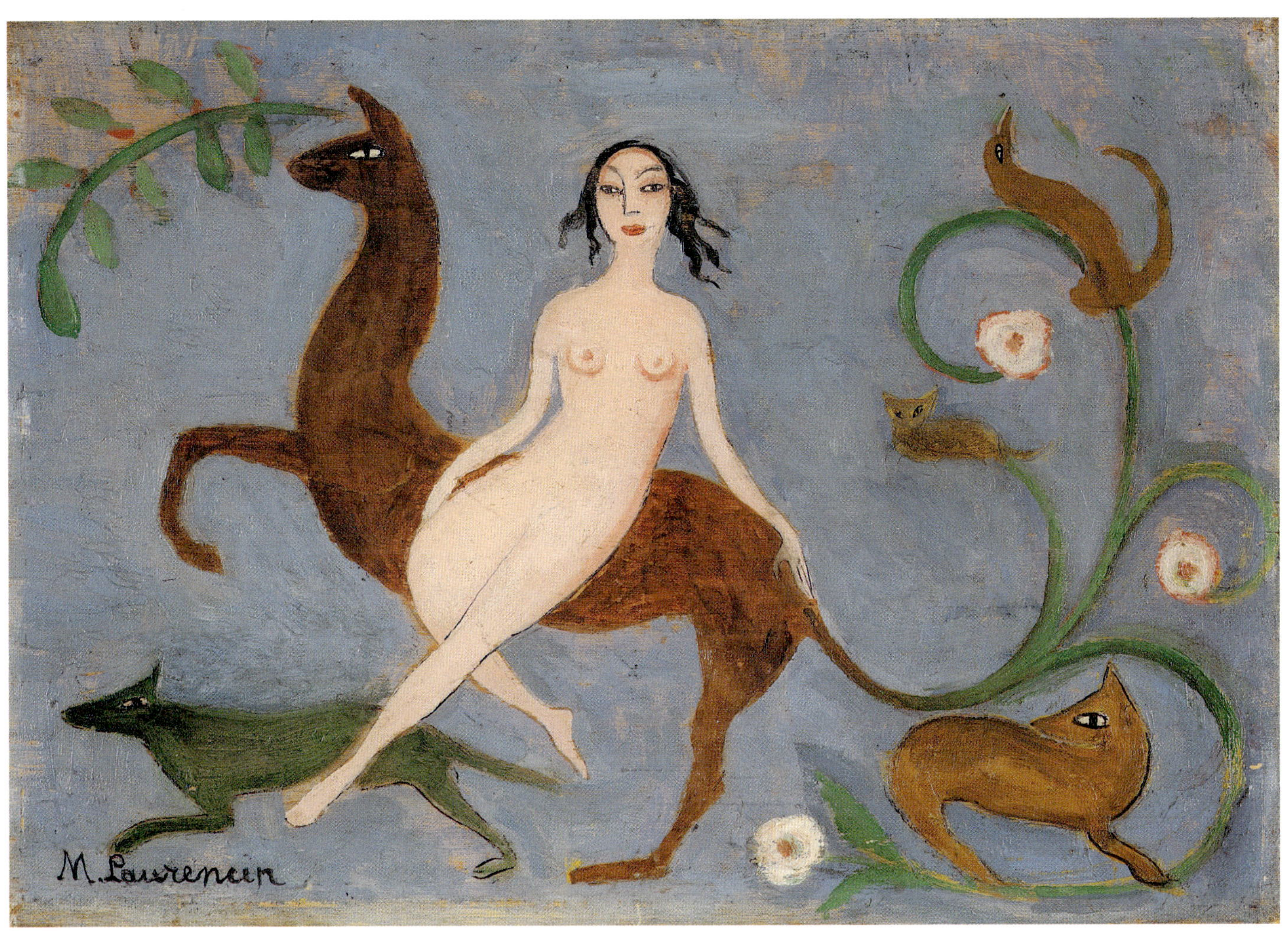

10
Diane à la chasse
1908
Huile sur bois
20,5 × 28,3 cm
Ancienne collection:
Guillaume Apollinaire, Paris

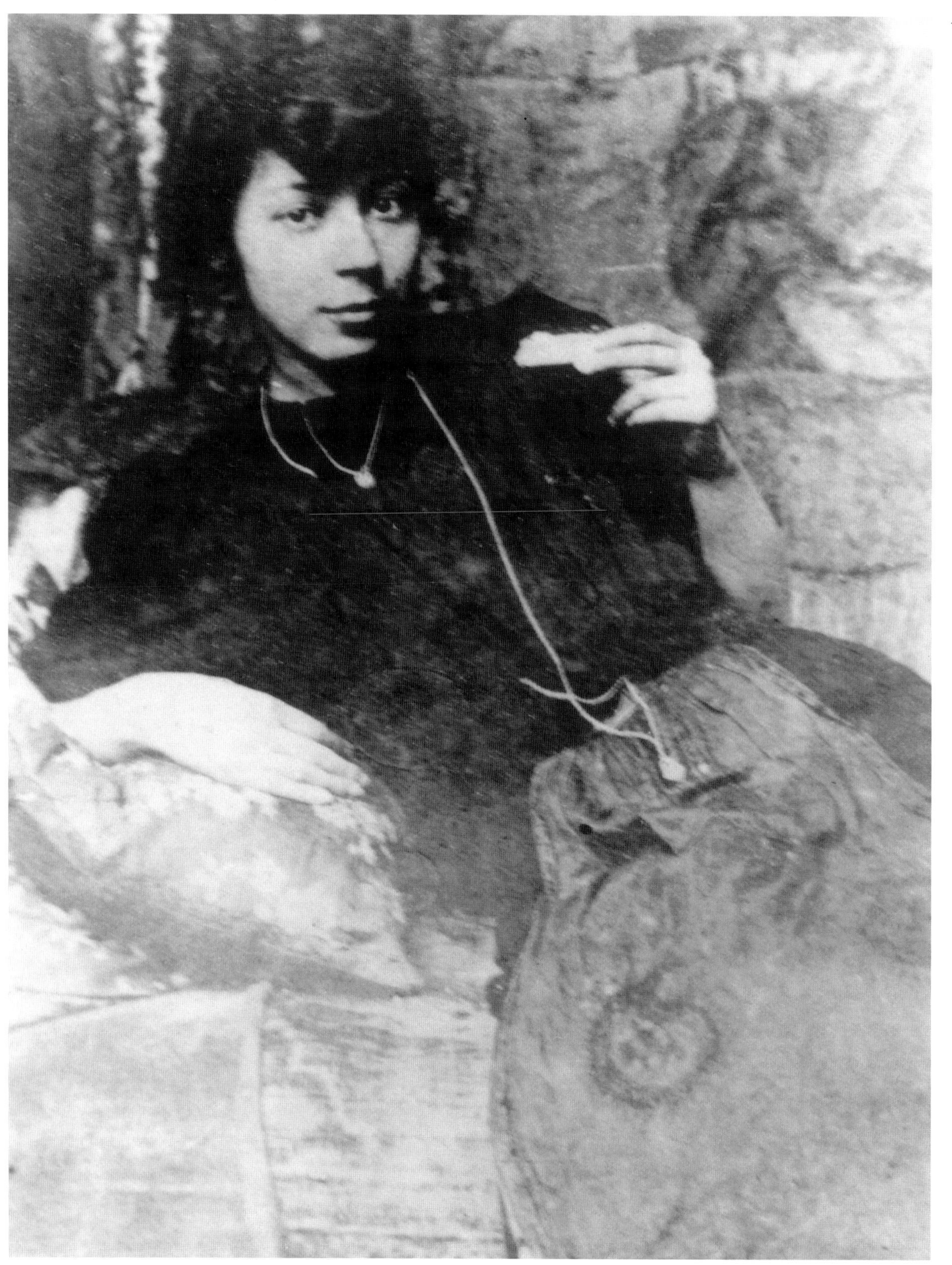

◁ Marie Laurencin
vers 1910

11
Tête de jeune fille
vers 1908-1909
Huile sur toile
35 × 37 cm
Ancienne collection:
Guillaume Apollinaire
Paris

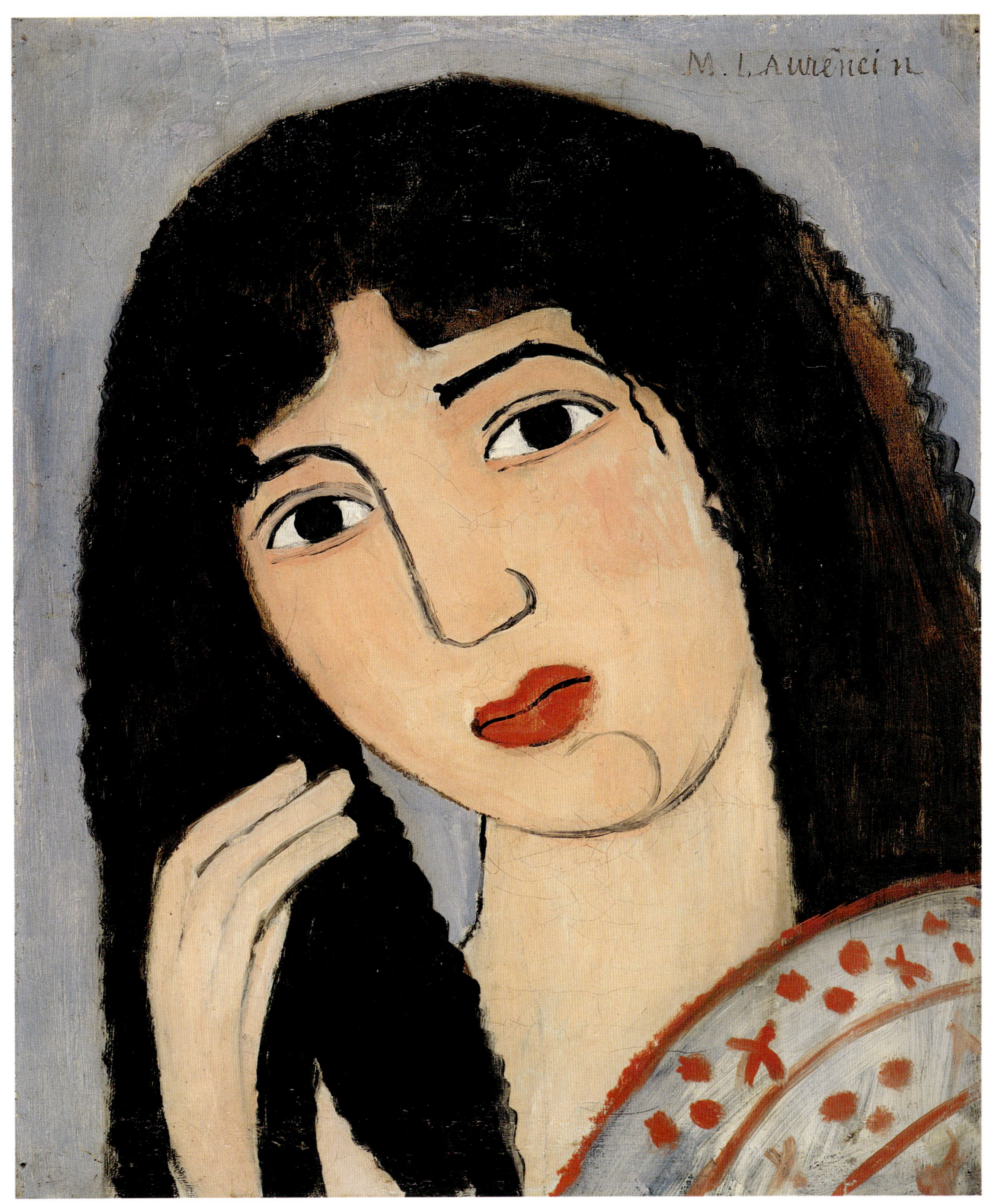
M. Laurencin

17 Janvier 1952

Chère chère Amie
Avec tous mes sentiments
les meilleurs
pour la perte de votre
cher mari –
Sadia Levy – c'est toute
ma jeunesse –
et surtout celle
de Guillaume Apollinaire
et Jean Royère
sa femme
qui le choyait comme
leur enfant –
Je vous embrasse bien bien
affectueusement
Votre
Marie Laurencin

Marie Laurencin,
Lettre à Mme Sadia Lévy
Paris, 1952

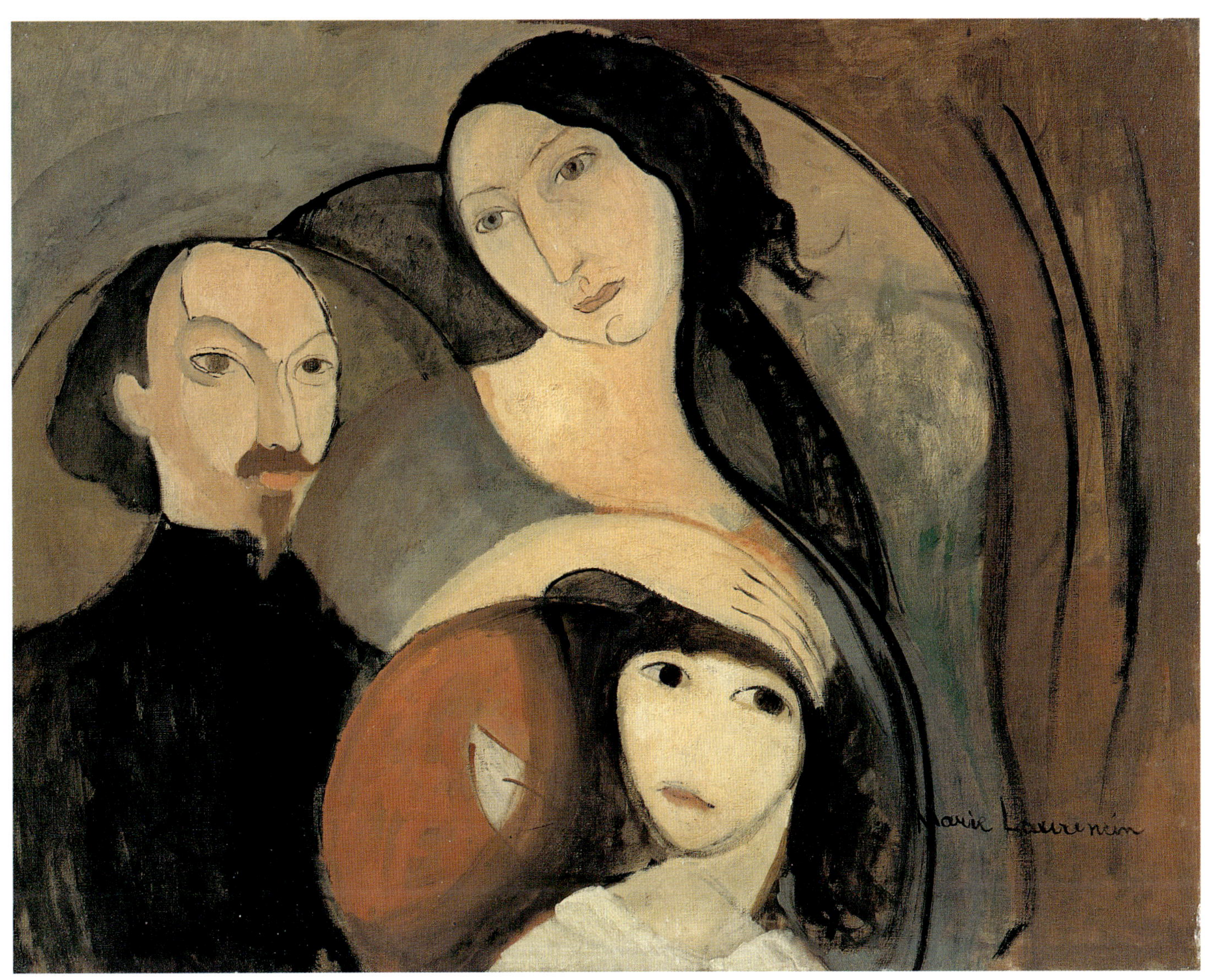

12
La famille du poète
Sadia Lévy, sa femme Rachel,
et leur fille Liliane
1909
Huile sur toile
63,5 × 79 cm
Ancienne collection:
Jean Royère, Paris
Helena Rubinstein, Paris - New York

Pour en revenir aux Sadia Lévy, je le connais bien, nous avons longtemps été confrères dans de petites revues, mais nous n'avons jamais été intimes. D'autre part, ils connaissent Marie L. qu'ils ont souvent vue avec moi et plus souvent que moi aussi car ils allaient à son jour où je n'allais jamais. Elle a fait le portrait des trois: père, mère et fillette sur une même toile, je crois même que ce tableau a été acheté par un boche.

Guillaume Apollinaire
lettre à Madeleine Pagès
13 Novembre 1915
(Tendre comme le souvenir)

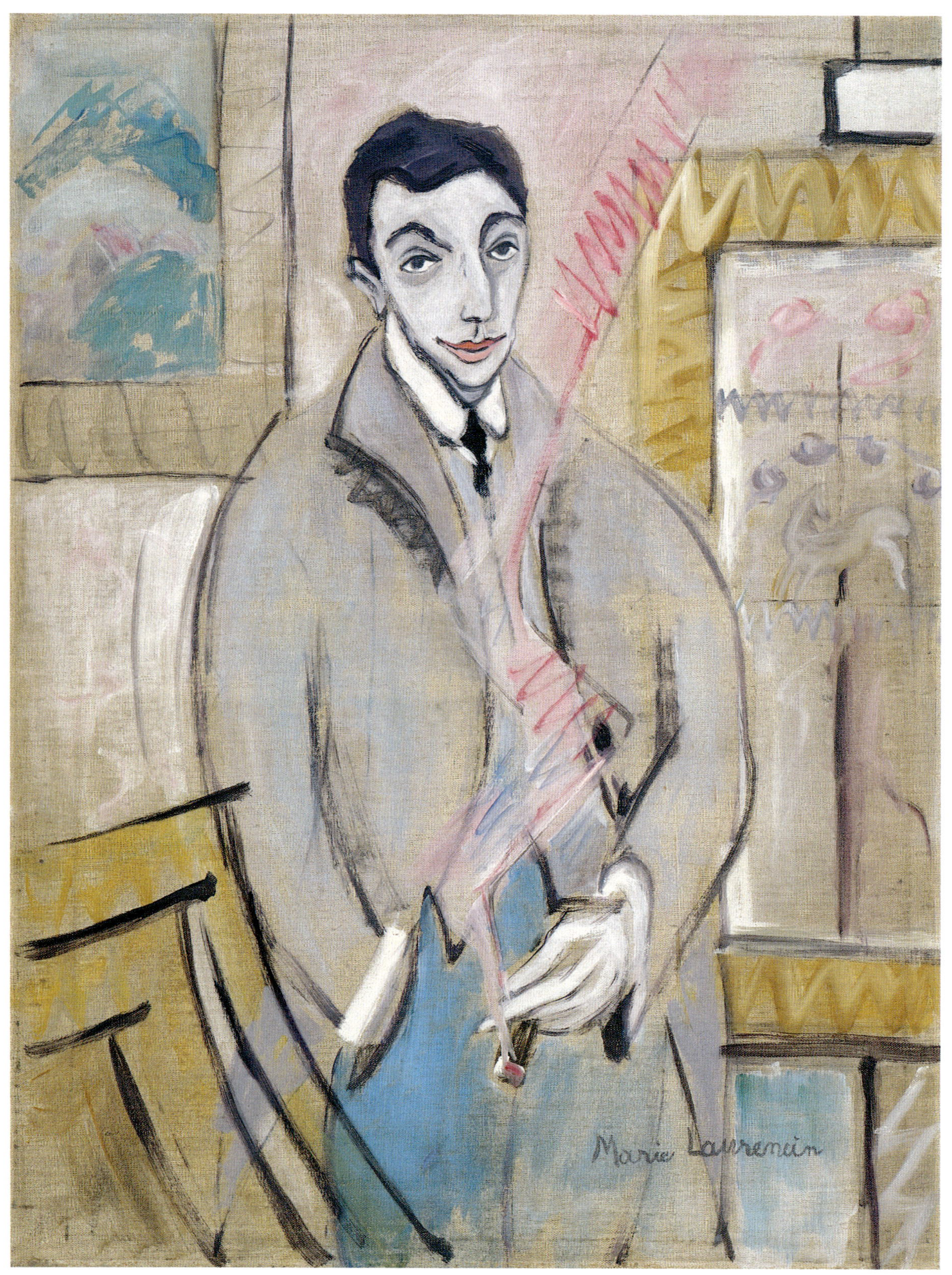

13
Alfred Flechtheim
vers 1910-1912
Huile sur toile
61 × 46,5 cm

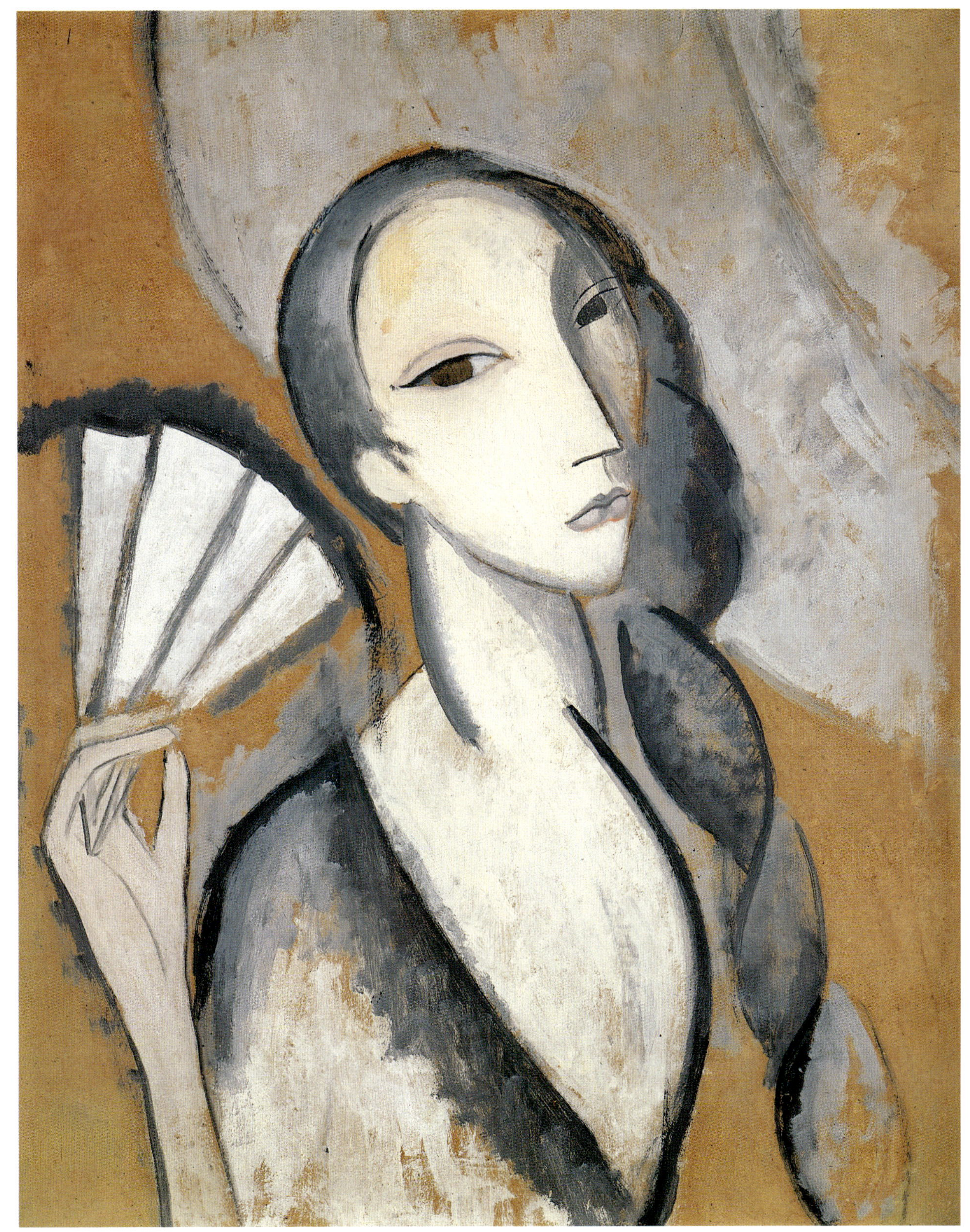

14
L'éventail
vers 1911
Huile sur carton
parqueté
59 × 47 cm

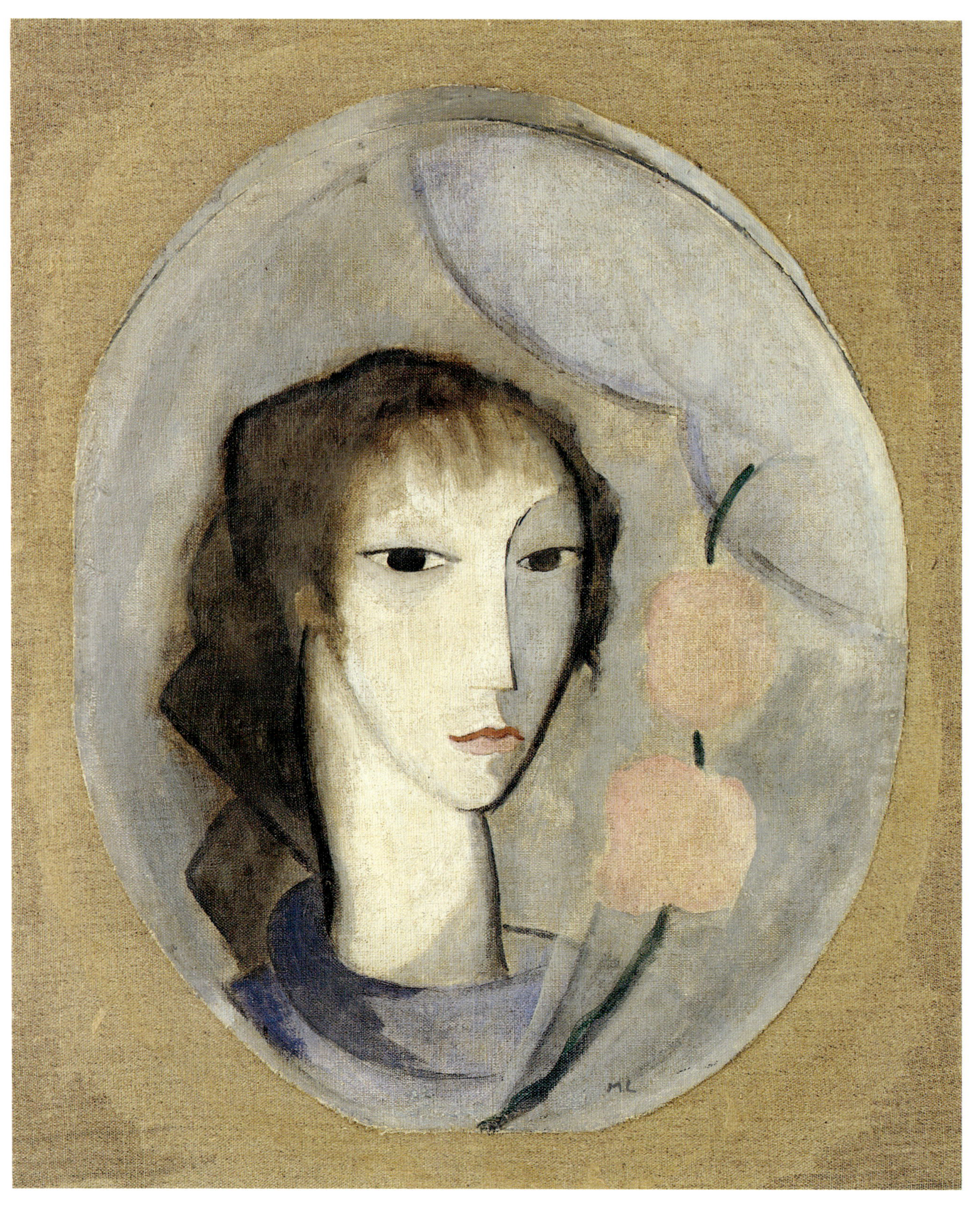

15
Tête de femme
(Trumeau II pou
la *Maison Cubis*
1912
Huile sur toile
marouflée
sur carton
39 × 30,5 cm

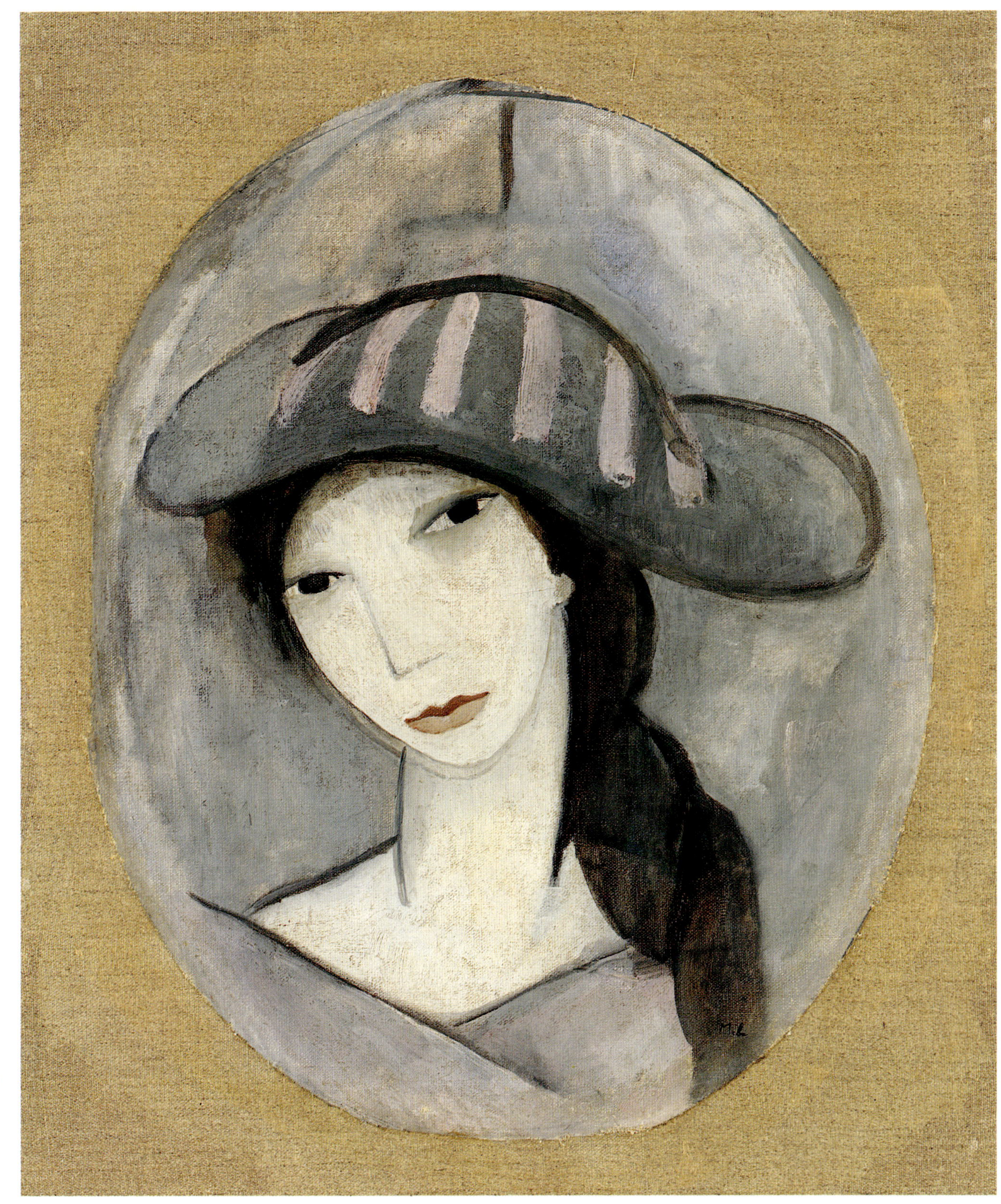

de femme
meau IV pour
aison Cubiste)
2
e sur toile
ouflée
carton
< 30,5 cm

Si tu ne la connais, PASSANT, sache qu'elle ressemble à cette gracieuse figure placée dans un coin de la Ronde du Printemps, *et qui devait s'appeler* Maria Laurenzia. *La main dans un pli de sa robe, elle s'apprête à lancer les fleurs qu'elle a cueillies.*
Ainsi, dis-je, m'apparaît MARIE LAURENCIN, fille de la Renaissance page et l'esprit. D'ailleurs, les poètes l'environnent à l'envi, comme ils entouraient la Reine Marguerite ou Louise Labbé; et leurs doctes entretiens font naître sous son pinceau les traits des Neuf Bessonnes et des Trois Charités, lesquelles, sur le coupeau parnassin, ballent d'une jambe venteuse autour de Vénus-la-Sucrine. Voilà pourquoi, PASSANT, la plupart des portraits que tu contemples se ressemblent: oui ce sont les Sœurs Aonides, avec leur sourire divin, leurs crespillons et leurs tuniques ouvertes.
Des poètes, elle partage le goût des choses fugitives, images de leur jeunesse, l'eau, les fleurs et les chevreaux. Songe à Ronsard pressant d'aimer une bachelette de Bourgueil et se couronnant de verdure... La belle courbe de ces gestes, et la pureté pensive de ces jeunes filles! Voudrais-tu pas, tel le Prieur de St Cosme, leur offrir une quenouille, afin de les entendre chanter une romance en filant un drap d'écarlate?

«Quenouille des deux bouts et greslette et menue,
Un peu grosse au milieu où la filasse tient,
Estreinte d'un ruban qui de Montoire vient,
Aime-laine, aime-fil, aime-estaim, maisonnière,
Longue, palladienne, enflée, chansonnière...»

Ne te sens-tu pas le désir d'irriter les tétins de Cassandre sur un lit de roses épanchées? Et si tu es vieil tel Anacréon, n'entends-tu pas en ton cœur trépigner les souvenirs, comme chèvre-pieds au son de la flûte de Pan?...
Adieu, PASSANT, et loue-moi de ne t'avoir parlé technique devant choses si charmantes. D'autres s'en chargeront, Physiciens, Métaphysiciens, Pataphysiciens, Médecins de Molière, Energumènes et Géomètres. Ils te décarcasseront la Beauté comme un officier tranchant découpe un canard. Heureux encore si tu comprends l'espéranto, langue des Cubistes, des Futuristes, des Patagons; langue, dis-je, que ces «primitifs d'une ère nouvelle» n'emploient qu'au futur antérieur. Je ne suis qu'un poète de la cour laurencienne, et n'ai voulu que t'insuffler la Poésie. Sintends, je te plains! Adieu donc.

Je vous salue, Marie, pleine de grâces, la Pléiade est avec vous!

Fernand Fleuret
Préface de la première exposition personnelle de Marie Laurencin – avec Robert Delaunay – Galerie Barbazanges, Paris, 1912

17
Les deux sœurs au violoncelle
1913-1914
Huile sur toile
117 × 89 cm
Anciennes collections:
Paul Rosenberg, Paris
Georges Bénard, Paris
Mme Antoine Villard, Paris
Galerie Marcel Bernheim, Paris
Helena Rubinstein, Paris - New York
Walter P. Chrysler Jr., USA

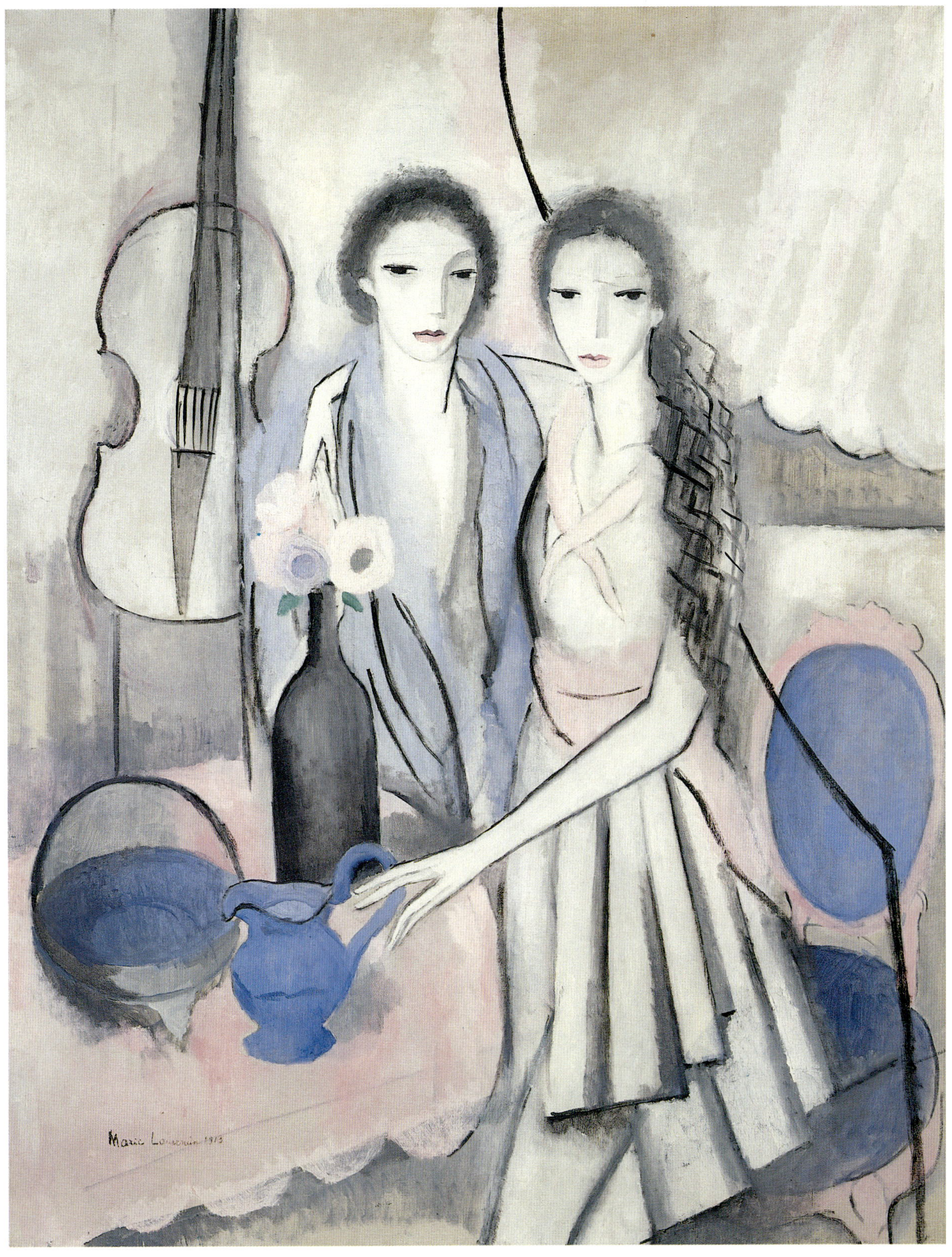
Marie Laurencin 1913

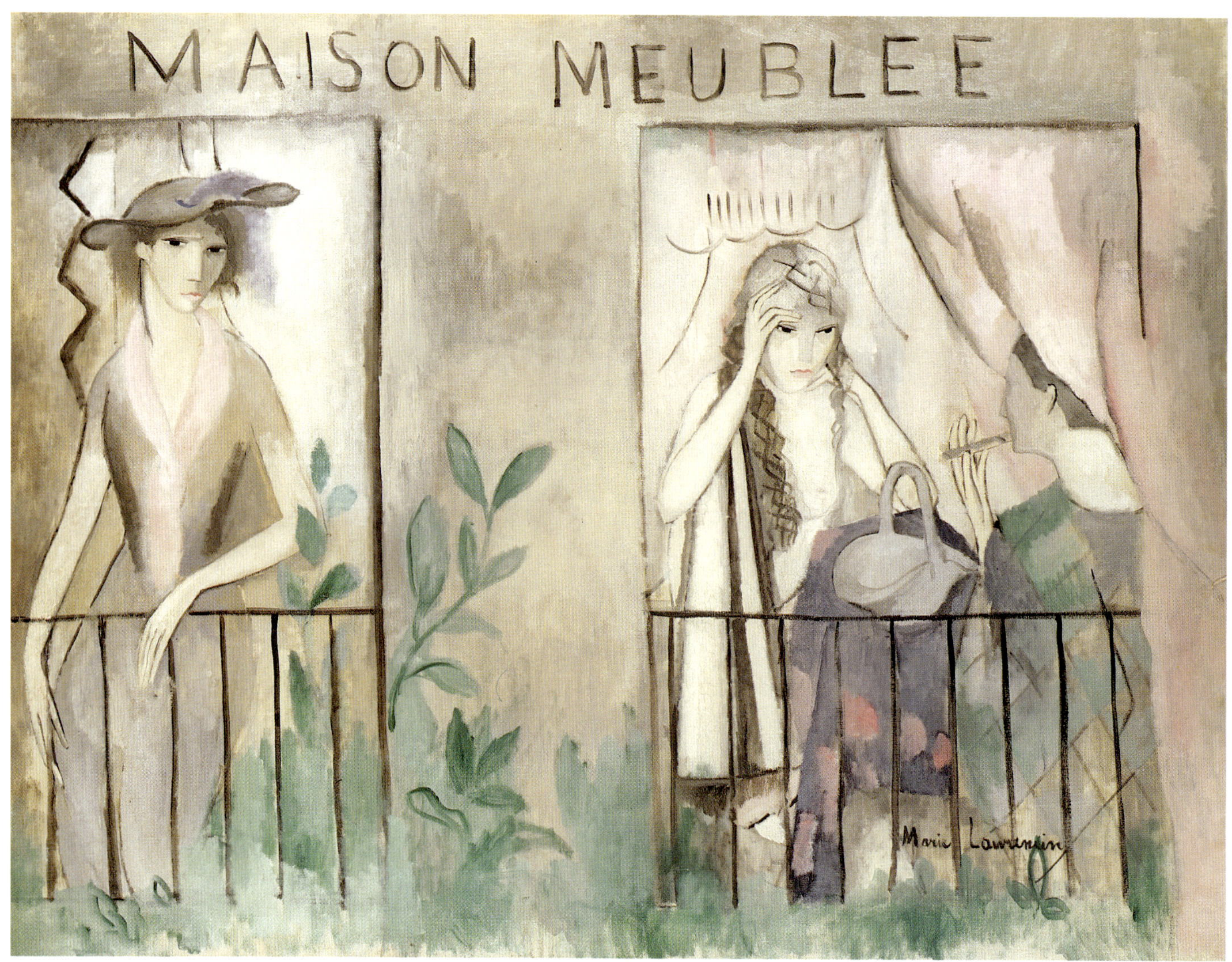

18
La maison meublée
1912
Huile sur toile
112 × 144 cm
Ancienne collection:
Armand Lœwengard, Paris

En cachette, je me faufilais le 14 juillet dans les bals populaires, et je crois que l'idée de peindre m'est venue sur l'impériale des omnibus à chevaux Auteuil – Saint-Sulpice. On passait tout près des maisons, les hôtels meublés montraient à leurs fenêtres des femmes dévêtues et des hommes dans l'ombre qui jouaient du banjo...
Une vie si loin de la mienne que je ne me lassais pas de la regarder avec amour et de monter sur l'impériale.

Marie Laurencin (Le carnet des nuits)

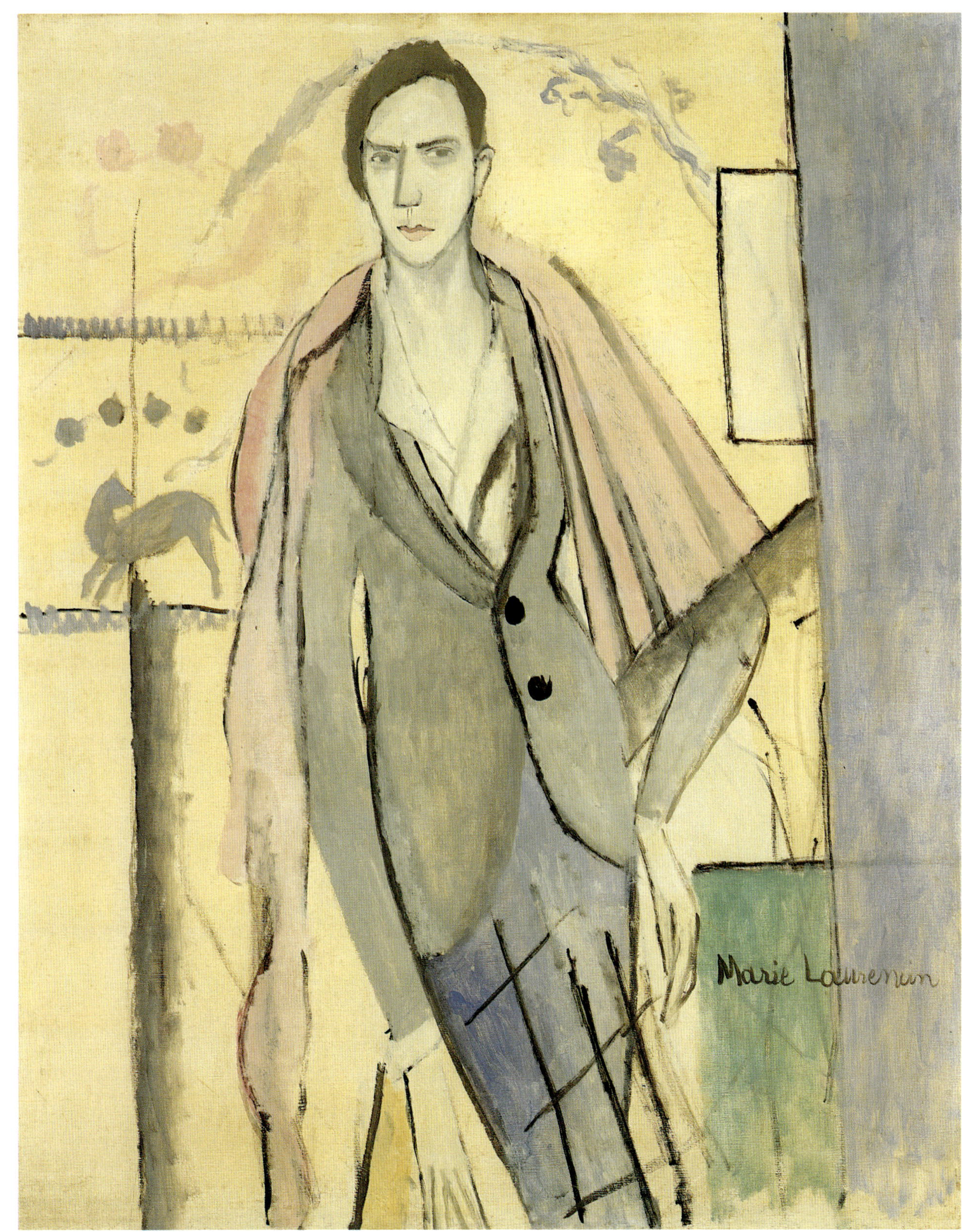

19
Nils von Dardel
1913
Huile sur toile
92,5 × 73,5 cm
Ancienne collection:
Galerie
Alfred Flechtheim,
Berlin - Düsseldorf

Mademoiselle Marie Laurencin

Notre époque a permis aux talents féminins de s'épanouir dans les lettres et dans les arts.
Les femmes apportent dans l'art comme une vision neuve et pleine d'allégresse de l'univers.
Il y a eu des peintres femmes à toutes les époques, et cet art merveilleux offre à l'attention, à l'imagination, des agréments si délicats que l'on ne s'étonnerait point s'il y avait eu un plus grand nombre de peintresses. (...)
Mlle Marie Laurencin a su exprimer, dans l'art majeur de la peinture, une esthétique entièrement féminine.
Dès ses premières peintures, ses premiers dessins, ses premières eaux-fortes, bien que ces essais ne se signalassent que par une certaine simplicité naturelle, on pouvait deviner que l'artiste, qui allait bientôt se révéler, exprimerait un jour la grâce et le charme du monde.
Elle produisit alors des tableaux où les arabesques devenaient des figures délicates.
Depuis ce temps, à travers ses recherches, on retrouve toujours cette arabesque féminine dont elle a su garder intacte la connaissance.
Tandis qu'un Picasso se préoccupe, en exaltant le pittoresque encore inconnu d'un objet, de lui faire rendre tout ce qu'il peut donner comme émotion esthétique, Mlle Laurencin dont l'art est issu de ceux d'Henri Matisse et de Picasso, s'adonne, avant tout, à exprimer la nouveauté pittoresque des objets et des figures. Aussi son art est-il moins sévère que celui de Picasso, art avec lequel cependant le sien ne va pas sans analogies. C'est qu'il est la numération des éléments qui composent son tableau. Elle s'attache ainsi à la nature, l'étudiant avec acharnement, mais écartant avec soin ce qui n'est ni jeune, ni gracieux, et les éléments inconnus des choses, elle ne les accueille que s'ils apparaissent sous un aspect juvénile.
Je pense que c'est de propos délibéré qu'elle a orienté ainsi son art vers la jeune nouveauté ou grave ou riante. L'esthétique féminine qui ne s'est guère montrée jusqu'ici que dans les arts appliqués comme la dentelle ou la broderie avait avant tout à exprimer dans la peinture la nouveauté même de cette féminité. Plus tard, il viendra des femmes qui exploreront d'autres aspects féminins de l'univers.
Comme artiste, on peut placer Mlle Laurencin entre Picasso et Douanier Rousseau. Ce n'est pas là une indication hiérarchique mais une simple constatation de parenté. Son art danse comme Salomé entre celui de Picasso, nouveau Jean-Baptiste qui lave les arts dans le baptême de la lumière, et celui de Rousseau, Hérode sentimental, vieillard somptueux et puéril que l'amour amena sur les confins de l'intellectualisme (...).
Au demeurant, on peut faire remarquer ici que ces trois peintres (Picasso – Rousseau – Laurencin), entre lesquels je n'établis aucune hiérarchie, mais dont je cherche à discerner tout simplement les degrés de parenté, sont des portraitistes de l'ordre le plus élevé. Dans l'œuvre génial de Picasso, les portraits occupent une place importante et quelques-uns d'entre eux (Portrait de M. Vollard, Portrait de M. Kahnweiler) *prendront rang parmi les chefs-d'œuvre. Les portraits du Douanier Rousseau m'apparaissent comme des œuvres prodigieuses, dont il nous est encore impossible de mesurer toute la beauté. Les portraits forment aussi une importante partie de l'œuvre de Mlle Laurencin.*
L'élément prophétique de l'œuvre d'un Picasso et l'élément intellectuel qui, malgré tout, entrait dans la peinture de Rousseau, peinture de vieillard, tout cela se retrouve ici transformé en un élément pittoresque entièrement nouveau. Il est analogue à la danse et c'est en peinture une numération rythmée infiniment gracieuse.
Tout ce qui jusqu'ici composait l'originalité, la délicatesse des arts féminins dans la dentelle, la broderie, la tapisserie de Bayeux, etc., nous le retrouvons ici transfiguré, purifié. L'art féminin est devenu un art majeur et on ne le confondra pas avec l'art masculin. L'art féminin est fait de bravoure, de courtoisie, d'allégresse. Il danse dans la lumière et s'alanguit dans le souvenir. Il n'a jamais connu l'imitation, il n'est jamais descendu aux bassesses de la perspective. C'est un art heureux.
A propos d'un des tableaux les plus tendres de Mlle Laurencin, La Toilette, *M. Mario Meunier, secrétaire de Rodin et traducteur excellent de Sapho, de Sophocle, de Platon, rapportait une anecdote amusante. Il montrait au sculpteur quelques photographies représentant des tableaux de l'école des Fauves. Il s'y trouvait aussi, par hasard, la reproduction du tableau de Mlle Laurencin: «Au moins, dit l'illustre vieillard, en voilà une qui n'est pas qu'une* fauvette*; elle sait ce qu'est la grâce, elle est serpentine».*
C'est cela même: la peinture féminine est serpentine et c'est peut-être cette grande artiste du mouvement et des couleurs, la Loïe Fuller, qui fut le précurseur de l'art féminin d'aujourd'hui quand elle inventa ces lumières successives où se mêlaient la peinture, la danse et la grâce et que l'on appela justement: la danse serpentine.
Et c'est à propos d'une autre œuvre de femme que l'humeur perspicace de Rodin a retrouvé ce mot-là!
L'art féminin, l'art de Mlle Laurencin, tend à devenir une pure arabesque humanisée par l'observation attentive de la nature et qui, étant expressive, s'éloigne de la simple décoration tout en demeurant aussi agréable.

Guillaume Apollinaire
Les Peintres Cubistes, 1913

20
La pianiste
1912
Huile sur carton
35 × 30 cm
Ancienne collection:
Jacques Doucet, Paris

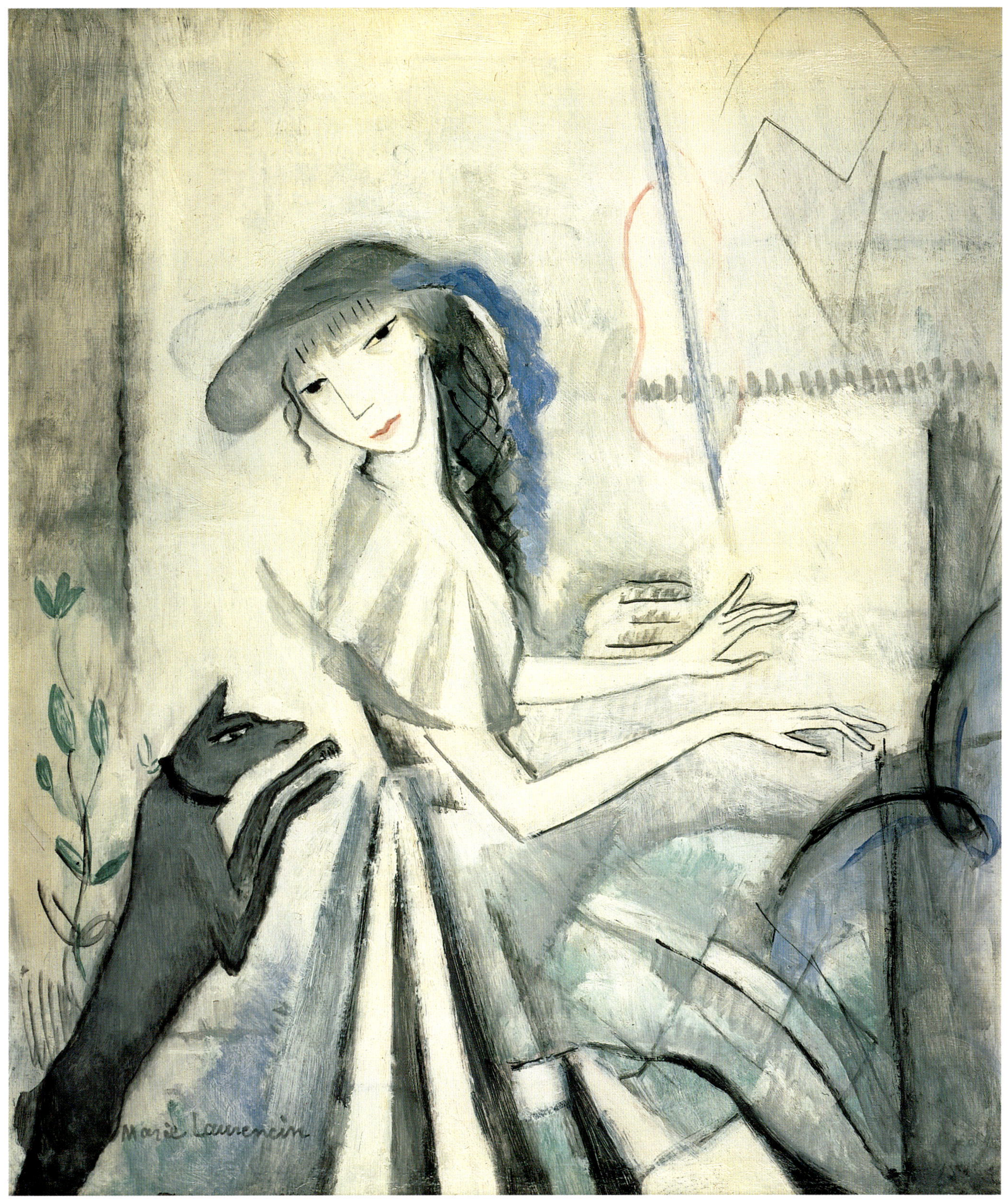
Marie Laurencin

(En 1913) Elle exposa aux Indépendants son grand Bal paré *(dit aussi* Le Bal élégant *ou* La danse à la campagne*). Elle en demanda un gros prix pour l'époque, et sans espoir.*
Coup de tonnerre: le tableau fut vendu.
André Gide vint voir ses aquarelles.
Ensuite le très grand marchand (Paul Rosenberg), le contrat, l'indépendance et la célébrité...

Henri-Pierre Roché
Préface, exposition Galerie André Weil, Paris, 1952

Le bal élégant, *de Mlle Laurencin, est l'œuvre la plus charmante et l'une des plus fortes, des plus libres de ce salon (Salon des Indépendants, Paris). Il faudrait un poème pour exprimer la grâce de la composition, la délicatesse et la profondeur de ce coloris si féminin; il s'agit ici d'une artiste entièrement originale.*

Guillaume Apollinaire

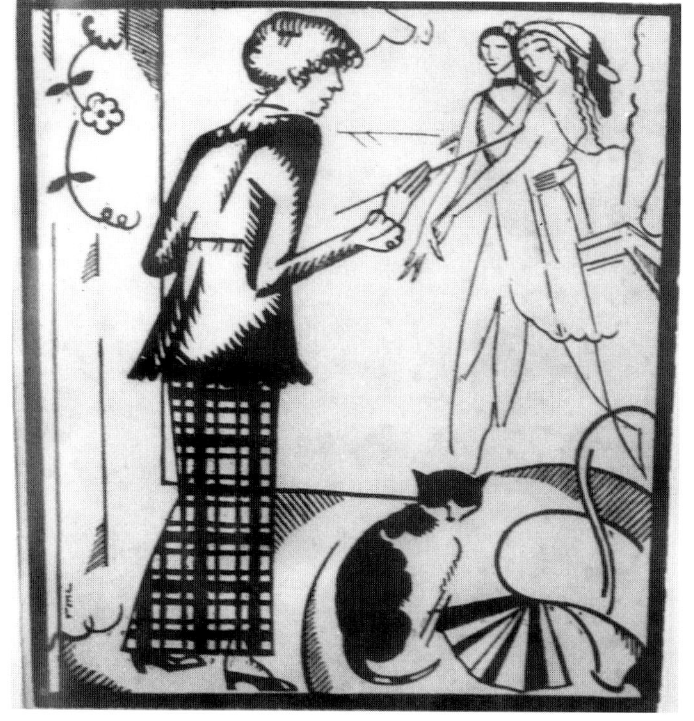

Portrait de Marie Laurencin, par J.-E. Laboureur, 1914
Bois gravé au canif
Marie Laurencin est représentée ici en train de peindre «Le bal élégant» (1913)

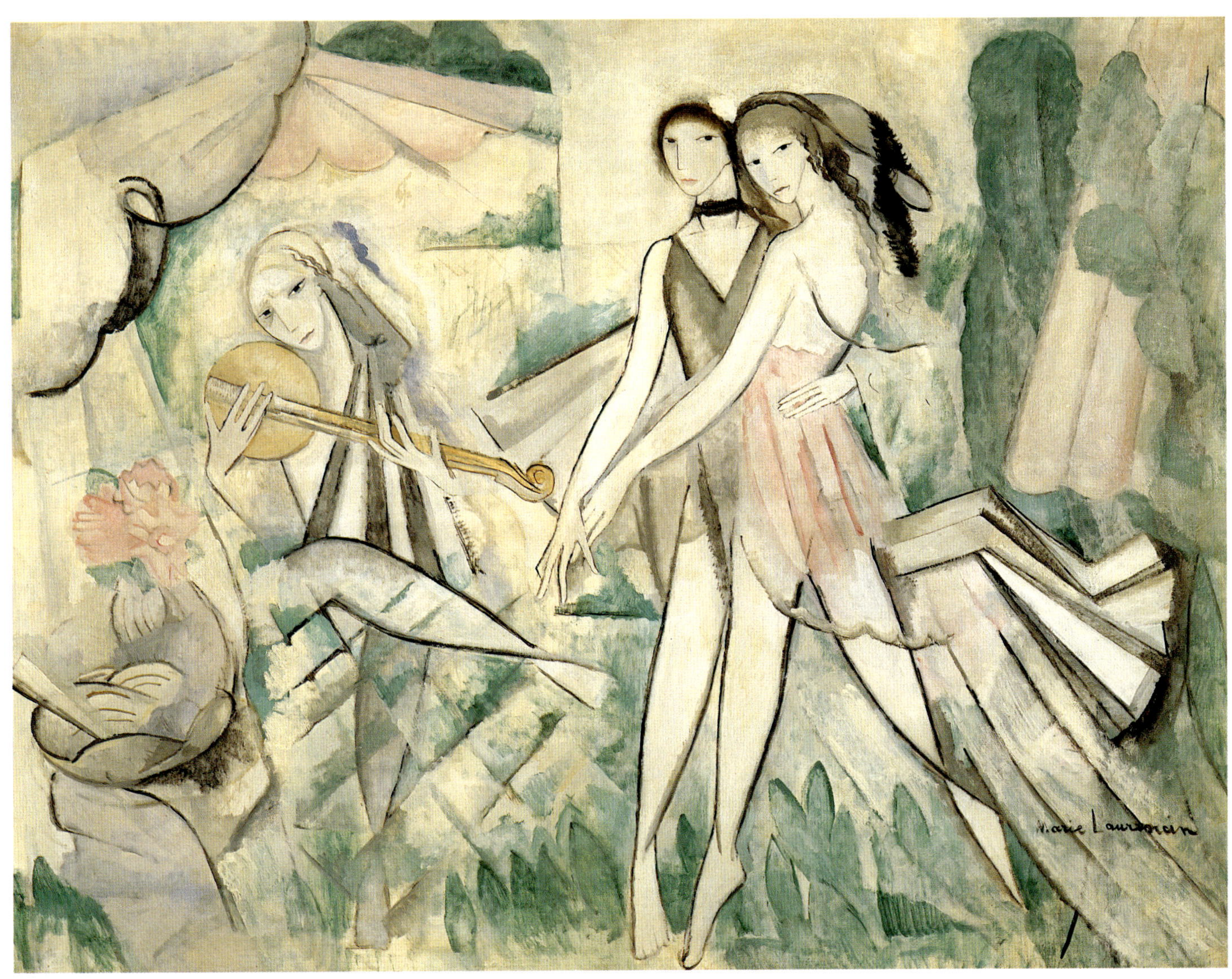

21
Le bal élégant ou **La danse à la campagne**
1913
Huile sur toile
112 × 144 cm

Marie

Vous y dansiez petite fille
Y danserez-vous mère grand
C'est la mariolle qui sautille
Toutes les cloches sonneront
Quand donc reviendrez-vous Marie ?

Guillaume Apollinaire
Alcools, 1913

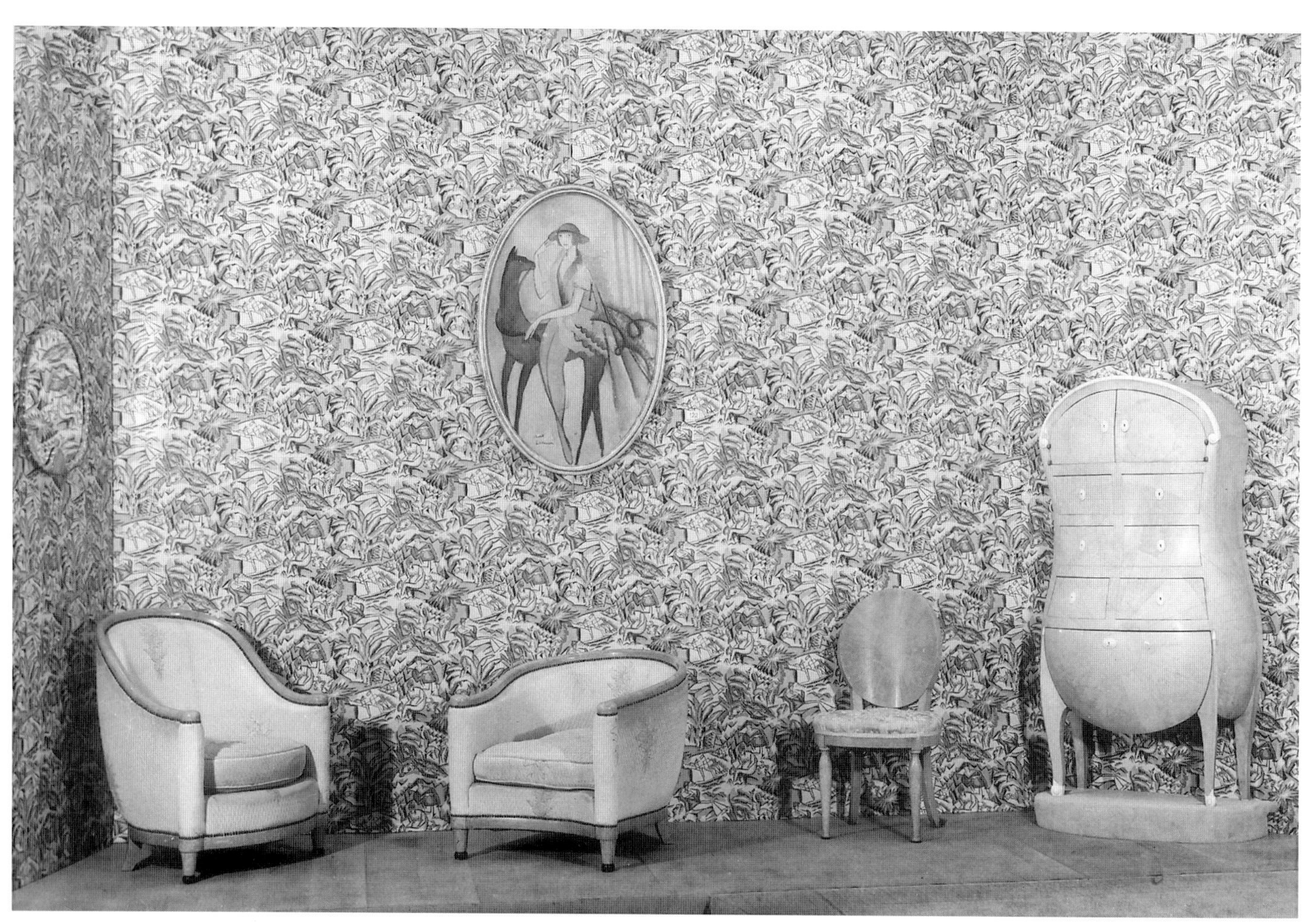

Exposition des Arts Décoratifs, Paris 1925
La Maison de l'Ambassadrice – La chambre de Madame – ,
par André Groult
Au mur «Portrait de Nicole Groult»

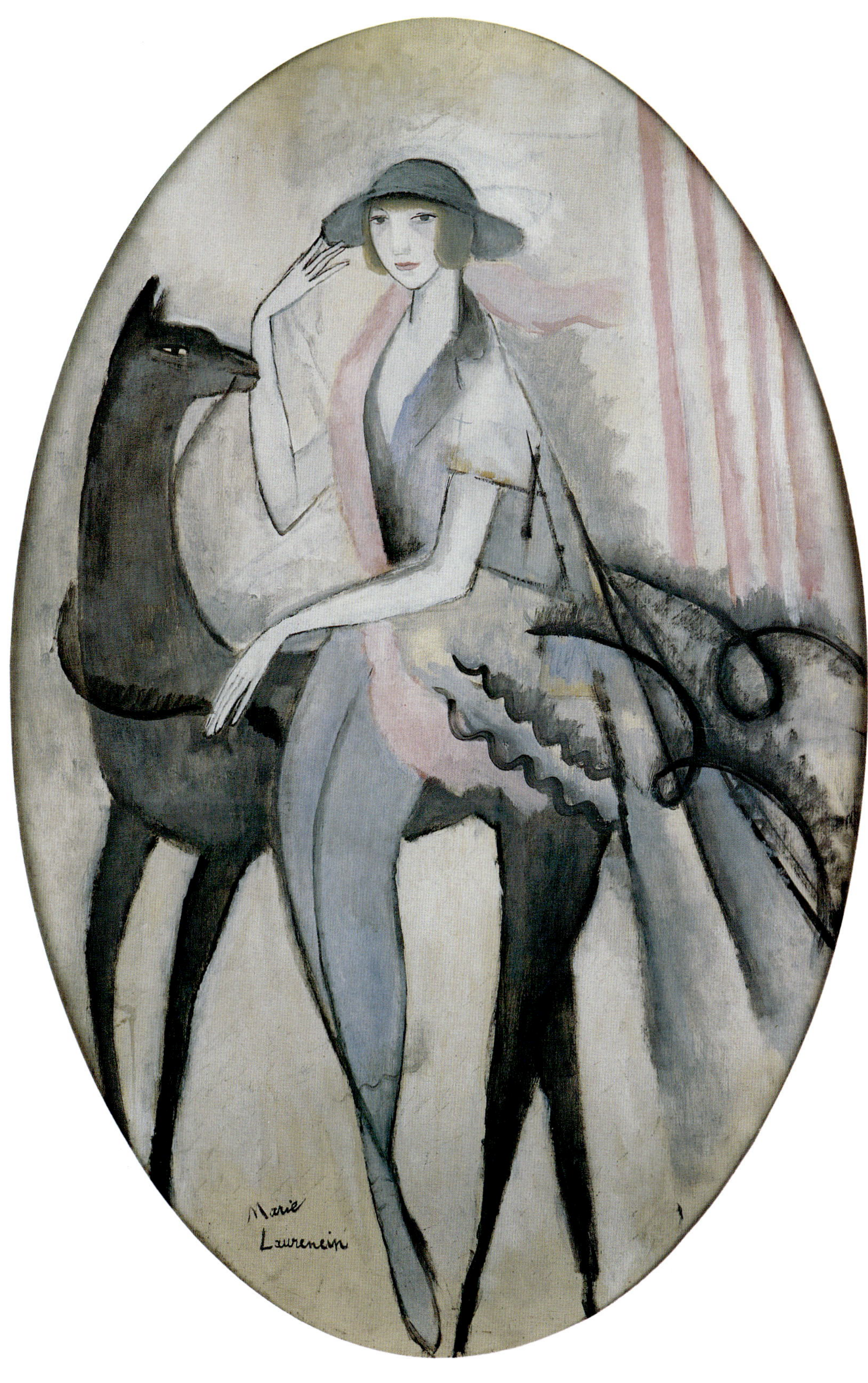

22
Madame André Groult, née Nicole Poiret
vers 1913
Huile sur toile
110 × 70 cm
Anciennes collections:
Nicole Groult, Paris
Flora Groult, Paris

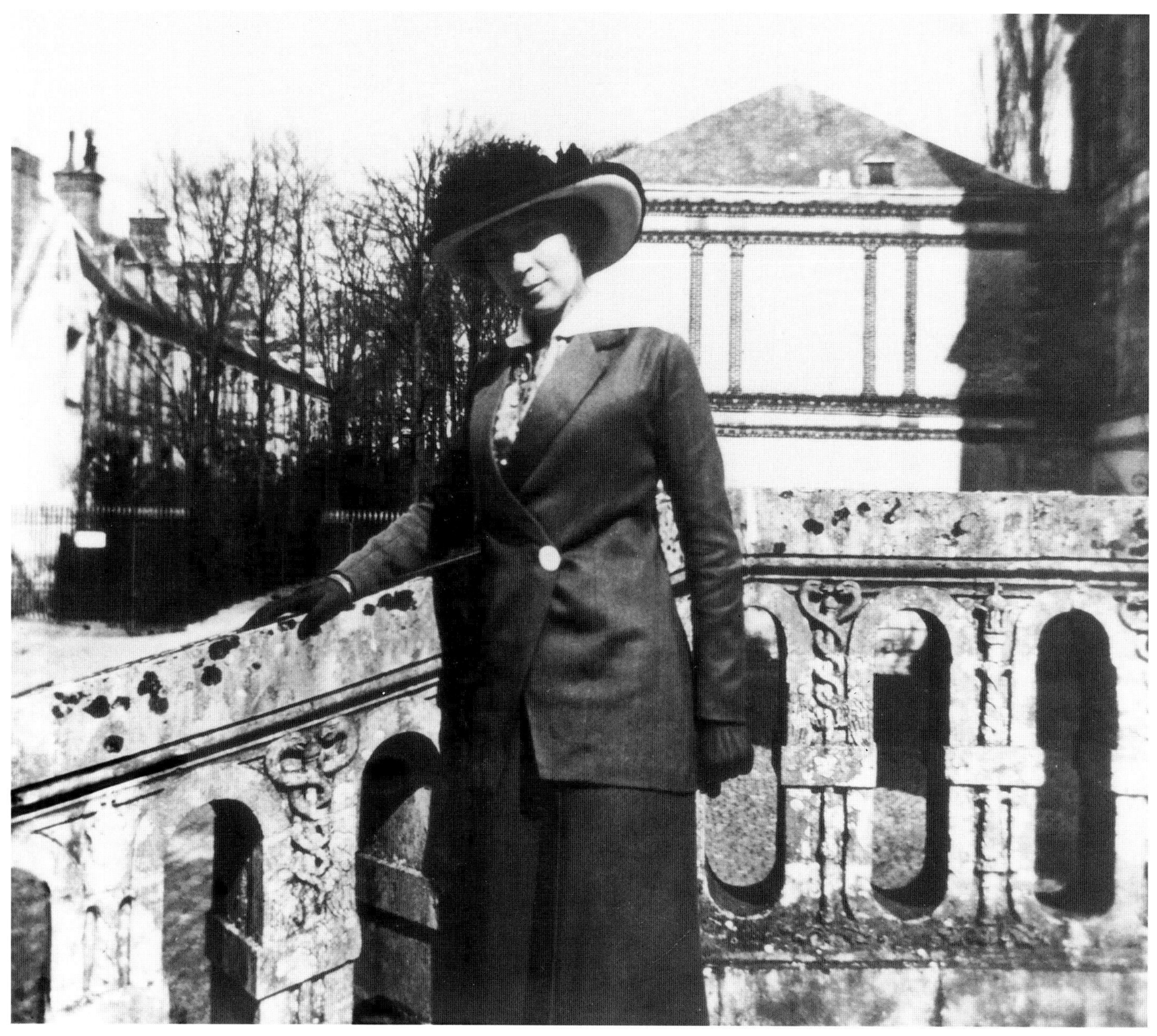

Fontainebleau, 1912-1913
Photo de Jean-Emile Laboureur

23
Fillette au chapeau bleu et noir
vers 1913-1914
Huile sur toile
72,7 × 60 cm
Ancienne collection:
William van Horne,
Montréal

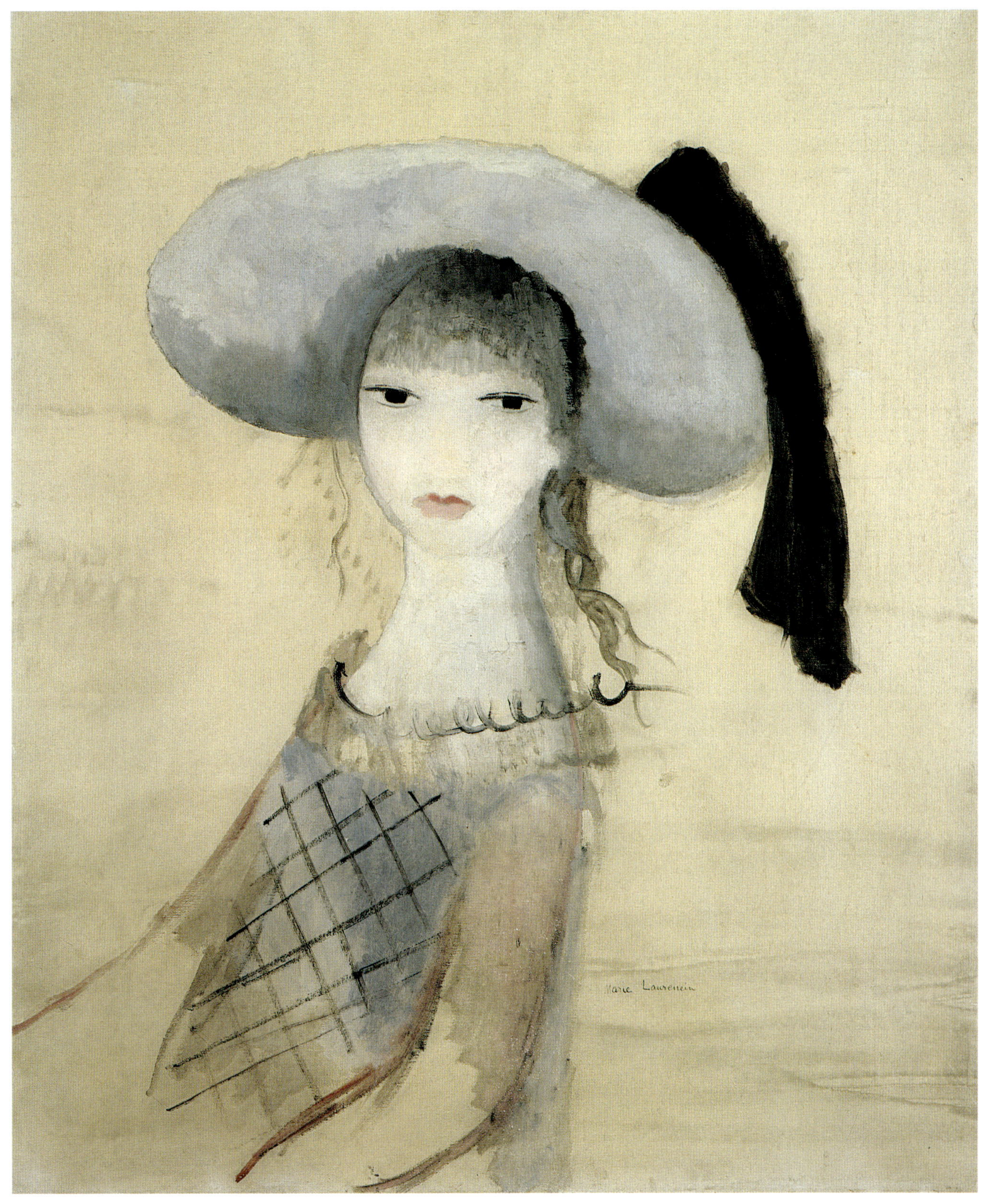
Marie Laurencin

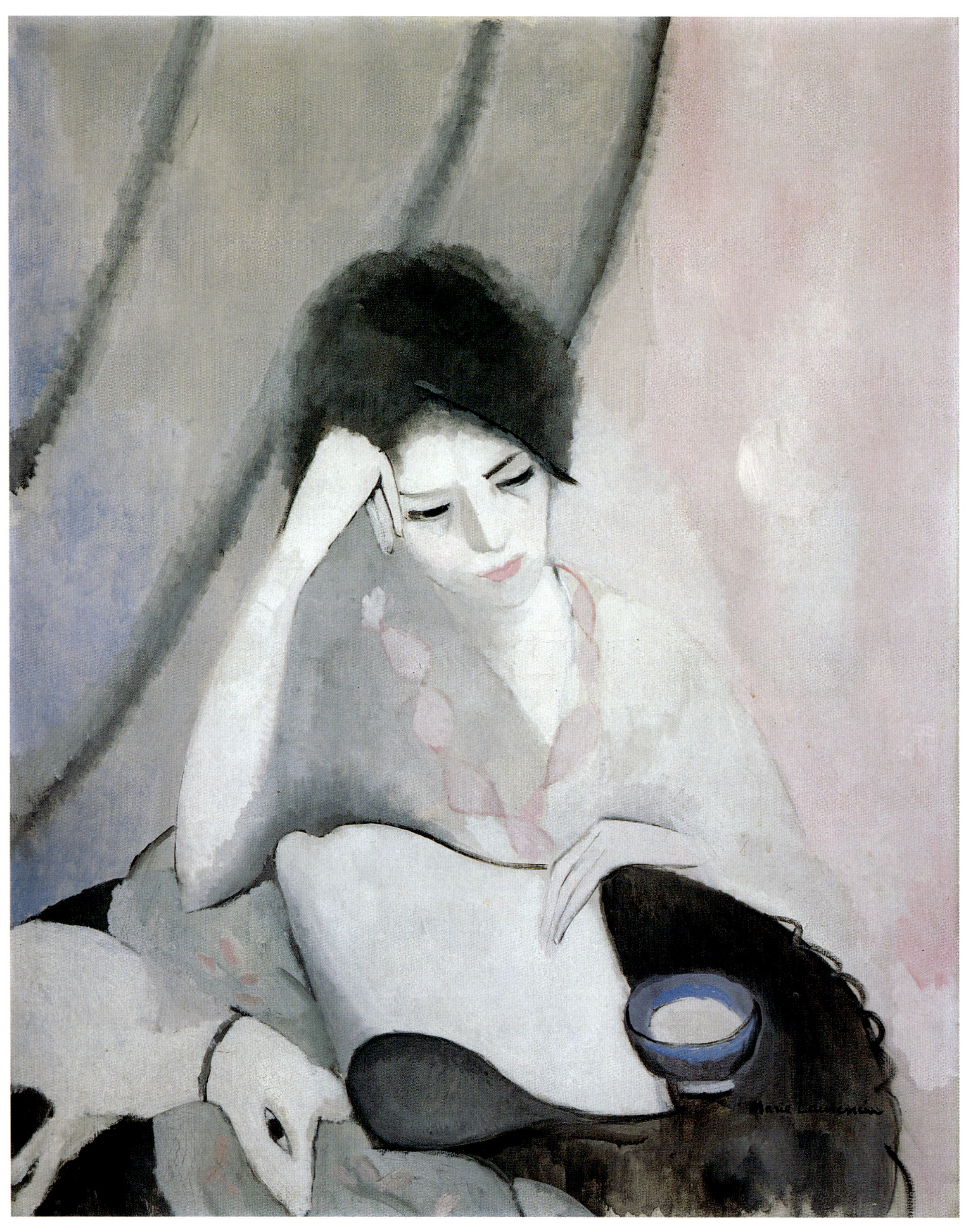

24
La liseuse
vers 1913
Huile sur toile
91,5 × 72 cm
Anciennes collectio
Charles Stern, Pari
P. Bressy, Paris,

5
emme debout
la capeline
913
uile sur toile
1 × 65,5 cm
nciennes
ollections:
alerie Paul
osenberg, Paris
aul et Marguerite
osenberg,
aris - New York

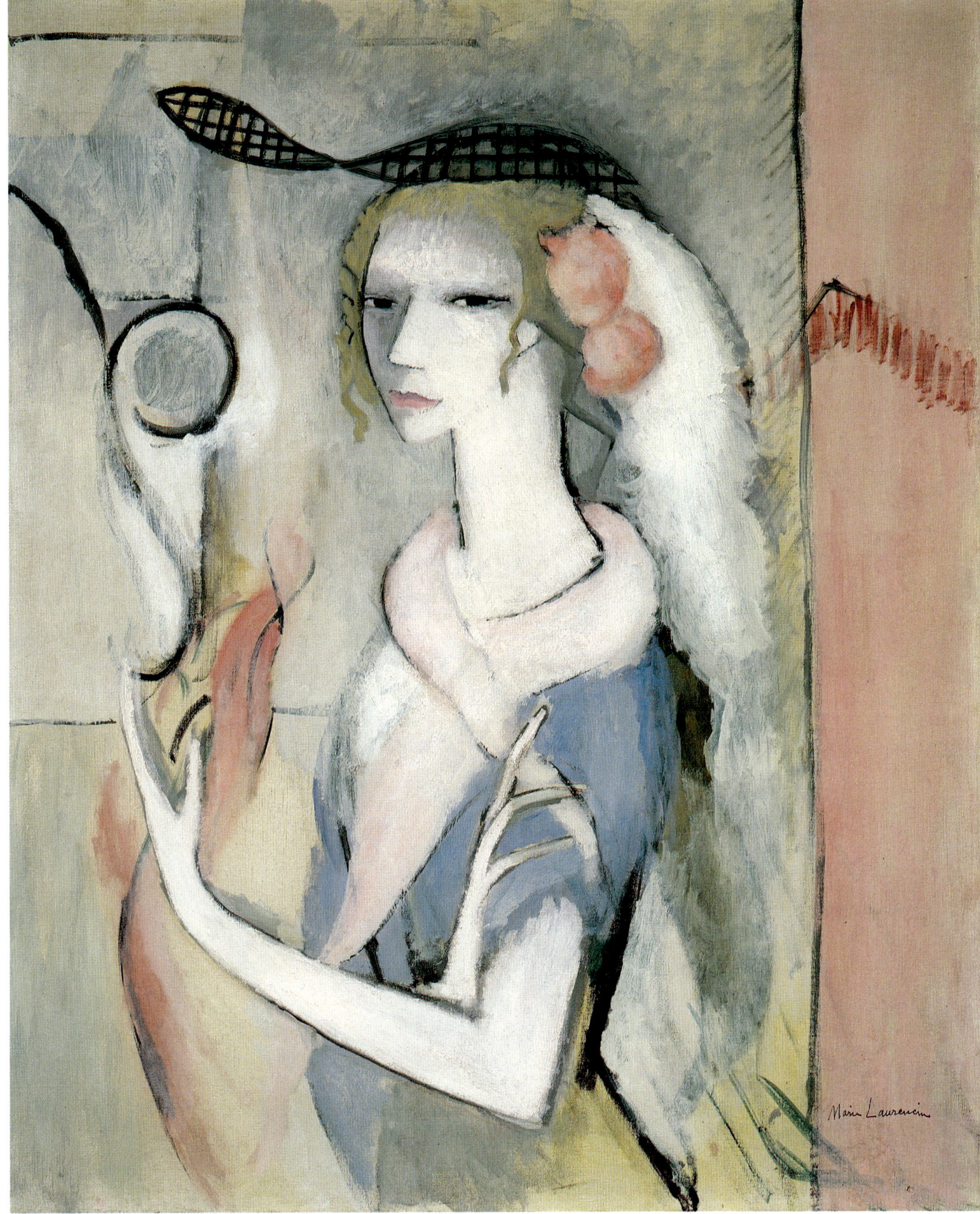

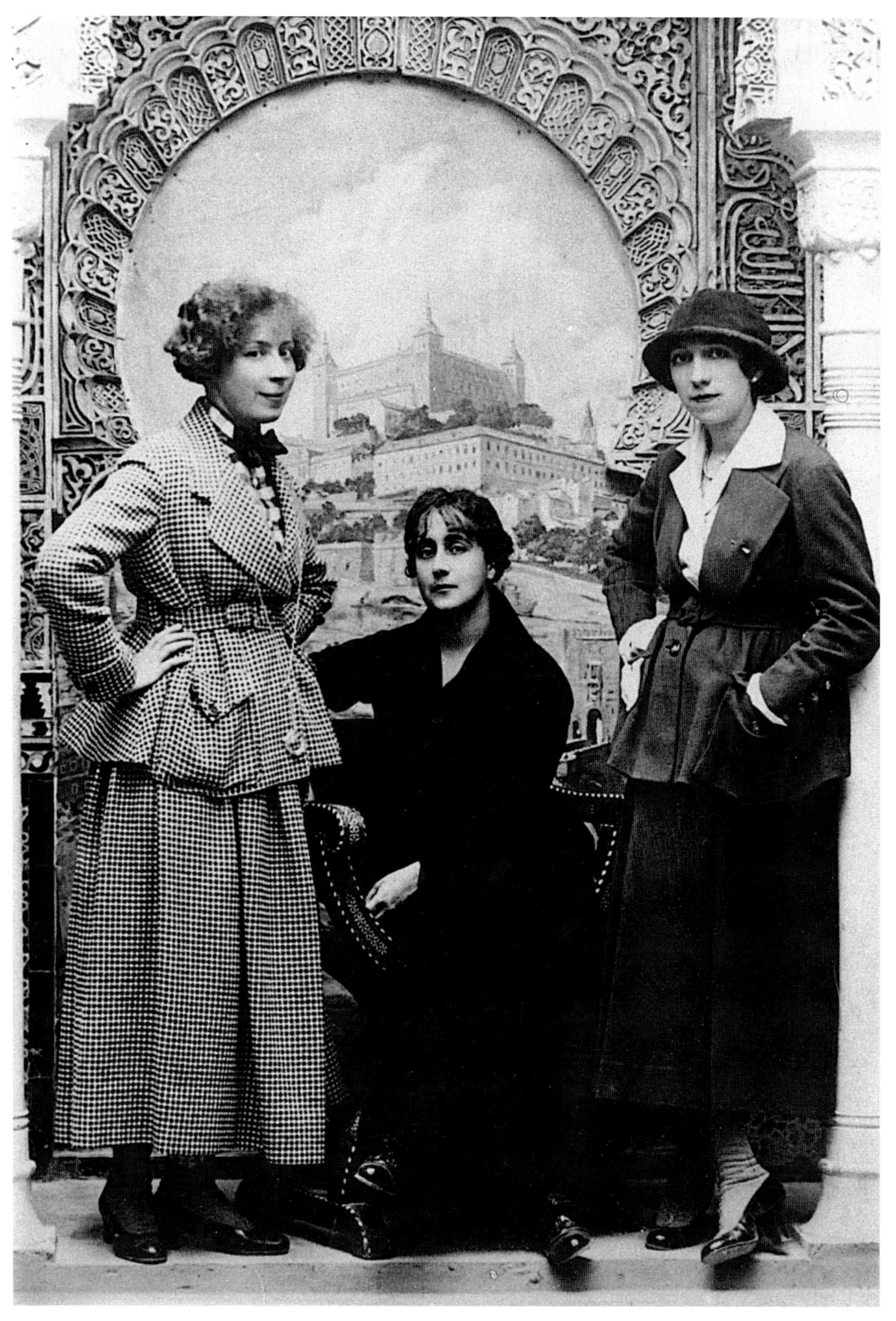

De gauche à droite:
Marie Laurencin, Cecilia de Madrazo (modèle de **L'Infante,** page ci-contre) et Nicole Groult

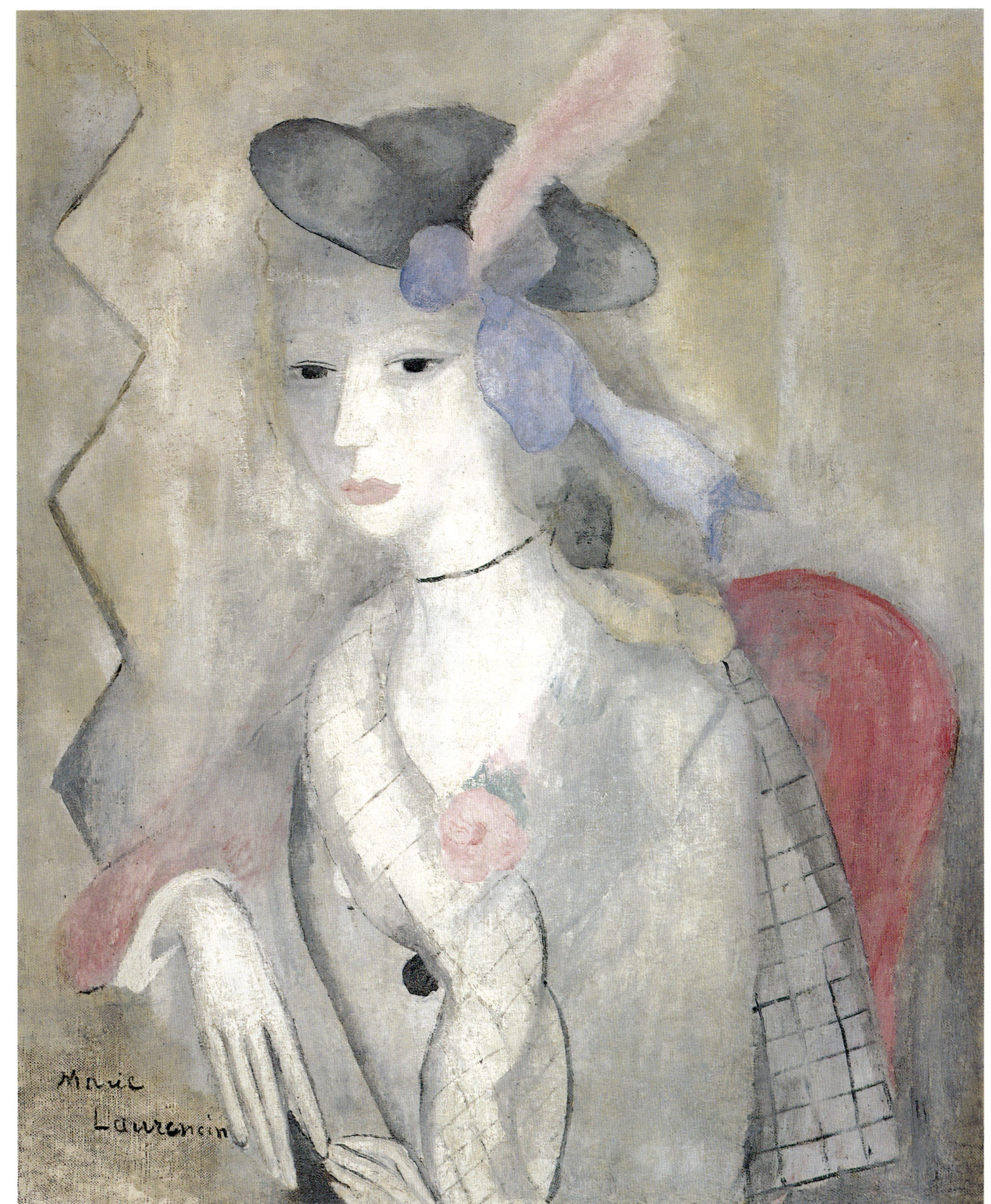

26
**L'infante.
Cecilia de
Madrazo (?)**
Madrid, 1915
Huile sur toile
73,7 × 60 cm
Ancienne
collection:
Jean Paulhan,
Paris

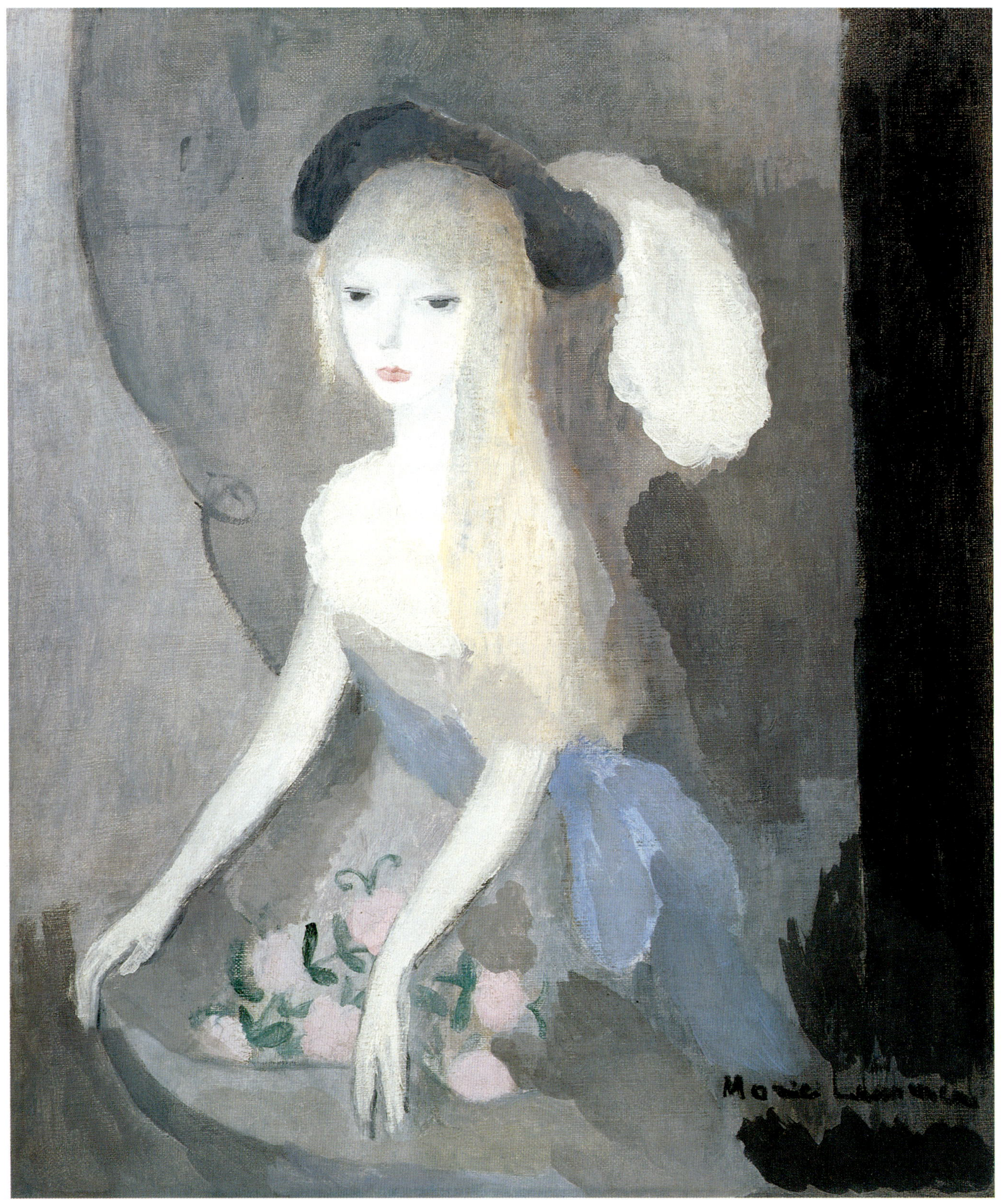

27
Jeune fille au chapeau noir avec une plume blanche
1915
Huile sur panneau
54 × 40 cm
Ancienne collection:
Galerie Paul Rosenberg, Paris

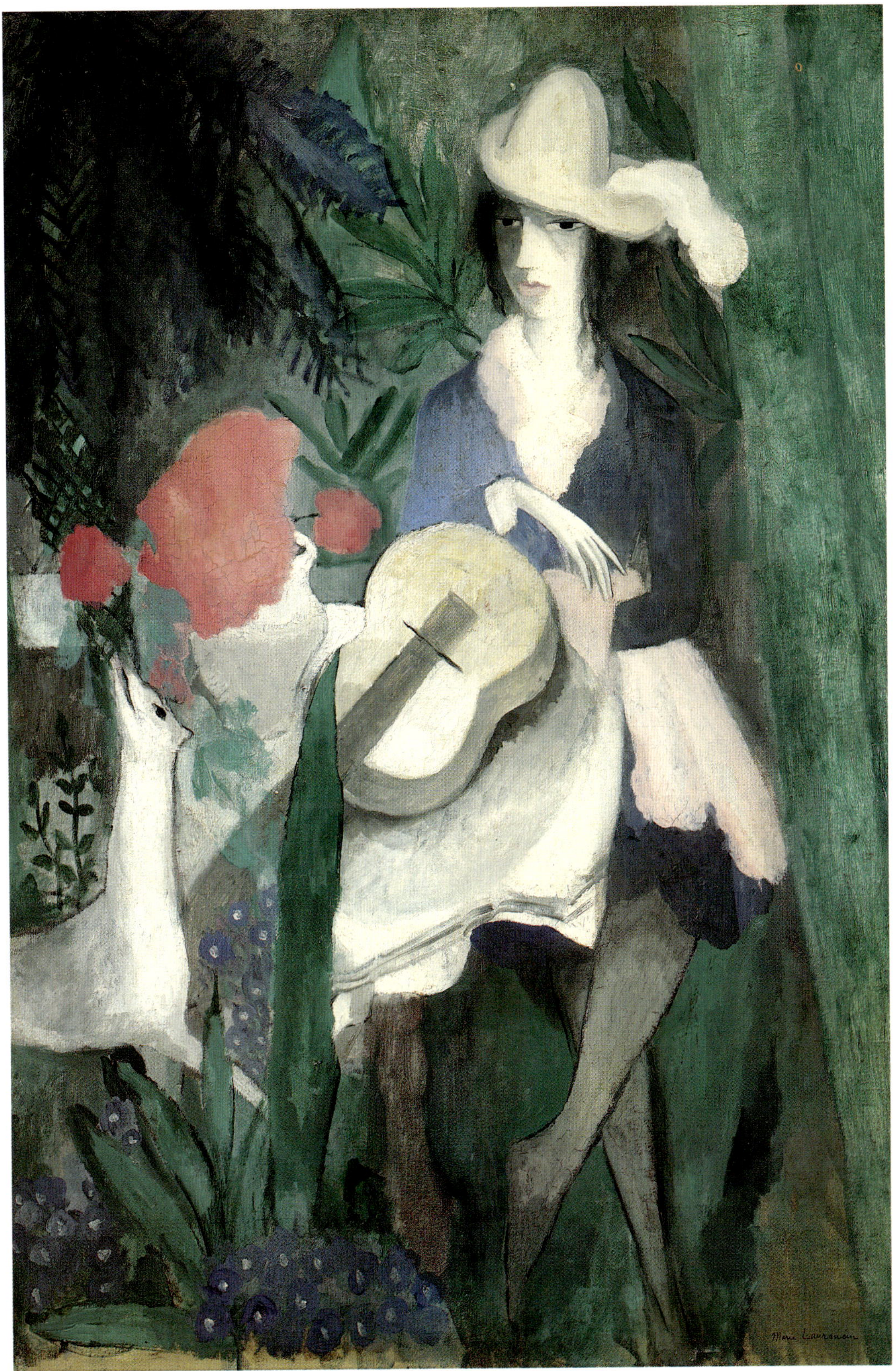

28
La jeune fille au palmier
vers 1915
Huile sur toile
100 × 67 cm
Anciennes collections:
Henri-Pierre Roché, Paris
John Quinn, New York

Oiseaux

Tes yeux sont deux oiseaux bleus
Tes seins sont deux oiseaux blancs
Ta lèvre est oiseau de feu
Ton cou oiseau palpitant

Tes mains sont deux oiseaux roses
Qui volent en gestes charmants
Et qui joliment se posent
Fraîches sur mon front brûlant

Ton cœur est un oiseau rare
Facile à effaroucher
Sauvage – Tendre et bizarre
Il se cache pour m'aimer.

Nicole Groult (1915)

Marie - Nicole

Par les villes espagnoles
Voyez Marie
Voyez Nicole
Se moquer du sexe fort
Qui n'y peut plus rentrer
Puisqu'il en est dehors
Et sur Tolède l'escarpée
Et sur Madrid la loupée
Qui ne voudrait aimer l'une
Si l'autre il pouvait adorer

André Groult (1916)

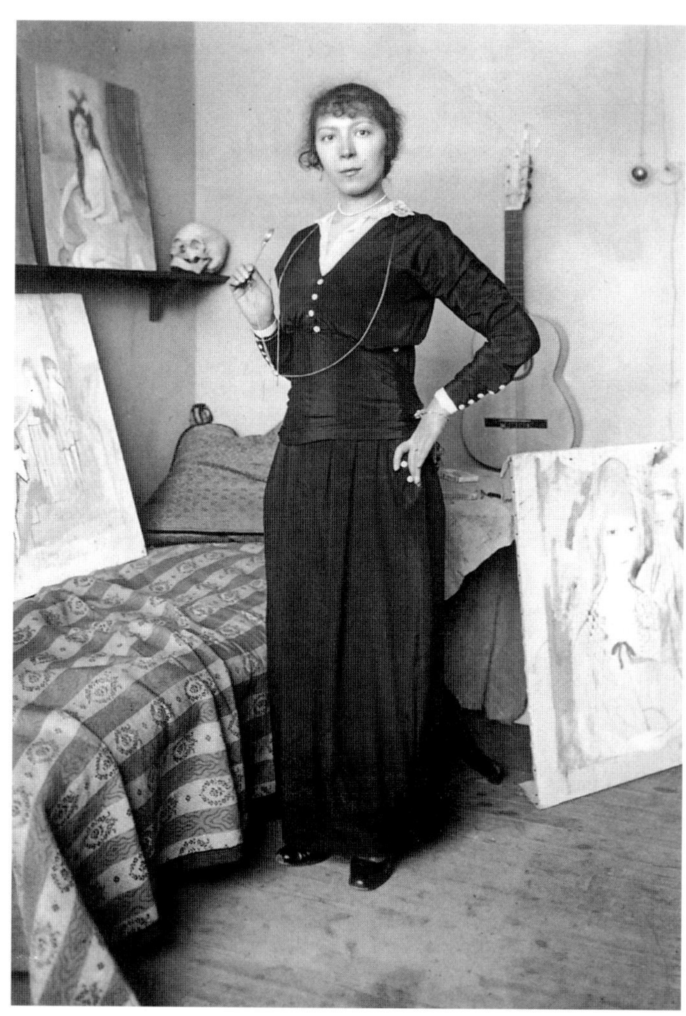

Madrid 1916
Au mur, «Nu au miroir»

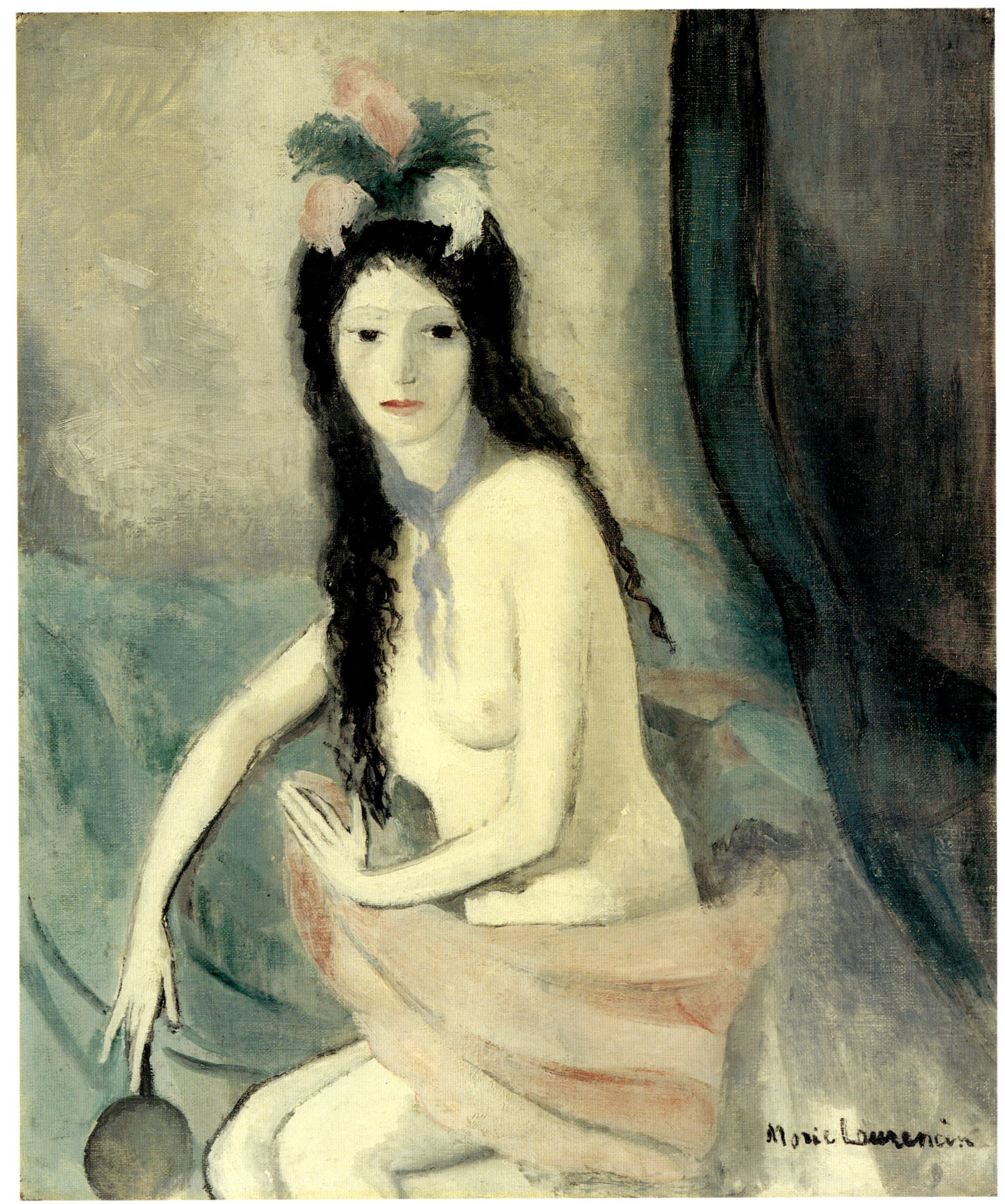

29
Nu au miroir
1916
Huile sur toile
55 × 46 cm

Madame Marie Laurencin

Tu la reconnaîtras à la corde à jouer qu'elle tiendra à la main, elle se nomme Tristouse Ballerinette.

Guillaume Apollinaire
(*L'oiseau du Bénin* dans *Le Poète assassiné*)

Tristouse Ballerinette, Marie Laurencin, n'avez-vous pas, l'une comme l'autre au plus haut point le goût des chansons et des robes? Tout ce qui est votre caprice m'enchante. Je ne sais plus de vous deux laquelle ici parle: «A tous mes déplacements, je loue un piano (je ne comprends rien à la musique sans paroles; c'est pour la vue apaisante des touches blanches et noires). – Je puis obtenir quelques heures de calme avec le livre le plus bête, pourvu qu'il porte une couverture rouge, qu'il ait été écrit par une vieille fille et traduit de l'anglais.»

Indistinctement pour moi, vous déménagez un chien blanc et or, de faïence, et un tableau ancien sans valeur qui représente une dame ahurie et très parée. Je plains ceux que rebutent les partis pris charmants de votre peinture et je suis heureux de toujours me rendre à vos bien féminines raisons. Il me plaît qu'en souvenir de votre amie préférée – vous l'avez surnommée l'Oiseau Bleu – vos princesses aient leur chapeau garni d'un oiseau bleu. Tout enfant, j'aimais regarder ces belles dames dans l'enclos. Matins de soleil. Par les après-midi orageuses, j'allais plutôt jouer dans «la vieille cour d'honneur». Arthur Rimbaud, c'est vous comme autrefois que je prie.

A Madame Marie Laurencin, je dois aujourd'hui les mêmes émerveillements qu'alors: quelque rosier grimpe le long du mur et joint sur le tableau ses fleurs aux jolies têtes. Rien du décor égoïste. Un coup d'éventail ultime a même perdu l'horizon. On n'est qu'à ces corps bénis. Leurs bras sont tout. Il y a bien par ailleurs le menton ogival et les yeux longs, le buste étroit pour lequel on craint, les jambes prises dans le bal. Mais quelle résistance ne brise l' imposition des mains? Tantôt elles épuisent en rameaux d'églantier leur faculté royale de caresses, tantôt elles abusent de complaisances d'archet. Vous les surprendriez flottantes, en dépit de ces tentations de cueillir, de ce péché originel. Elles firent savamment le nœud de l'écharpe brisée, vrillèrent la chevelure en boucle. A présent (oubliez-vous Tristouse?) elles se redressent pour repousser. Elles aggravent d'un mouchoir ou de fleurs l'émouvant exil du bras sans jamais flétrir de bagues la peau fine aux reflets changeants.

L'œuvre de Madame Marie Laurencin nous garde encore les séductions de sa poésie (Tangos, cinéma, bords de la Marne, chansons à deux sous), qu'on sache ou non de quoi celle-ci procède, en consacre-t-elle moins à ce vœu de Mallarmé «une statue mignonne, ténébreuse, debout en sa torsion de sirène» aux environs de la place Blanche? Il n'est, dans l'intention de cet art, rien pour ainsi dire, que de fugitif et de fragile. Déjeuner de soleil en banlieue:les dames sont tendrement décolletées... Survient l'automne: un pont guide ces jupes traversant le fleuve.

Un chat, certes favorisé d'attention amoureuse, poserait à Madame Marie Laurencin ses têtes de femmes. Spirituelle légende. Une main d'ombre imitera gauchement sur le mur la petite silhouette animale. Le singe amusant gesticule; un coursier fabuleux est monté sur des roues; la biche brodée est blottie auprès. De mainte décision plus plaisante, aucun des visages ne rayonne, mais l'impassibilité qu'ils feignent, par enjouement, n'est point offensante comme, par exemple, chez Renoir.

Le Petit bréviaire d'amour eût témoigné d'un pacte miraculeux. La dame au boa défrisé était Lucinde, Hélène, aussi bien qu'Odette, ou Manon.

... Un jour son destin l'appelant à partir, comment les poètes d'alors ne l'ont-ils pas retenue?

«Elle avait un visage aux couleurs de la France,
Les yeux bleus, les dents blanches, et les lèvres très rouges»

André Breton
Carnet critique, n° 2-3, décembre 1917 - janvier 1918

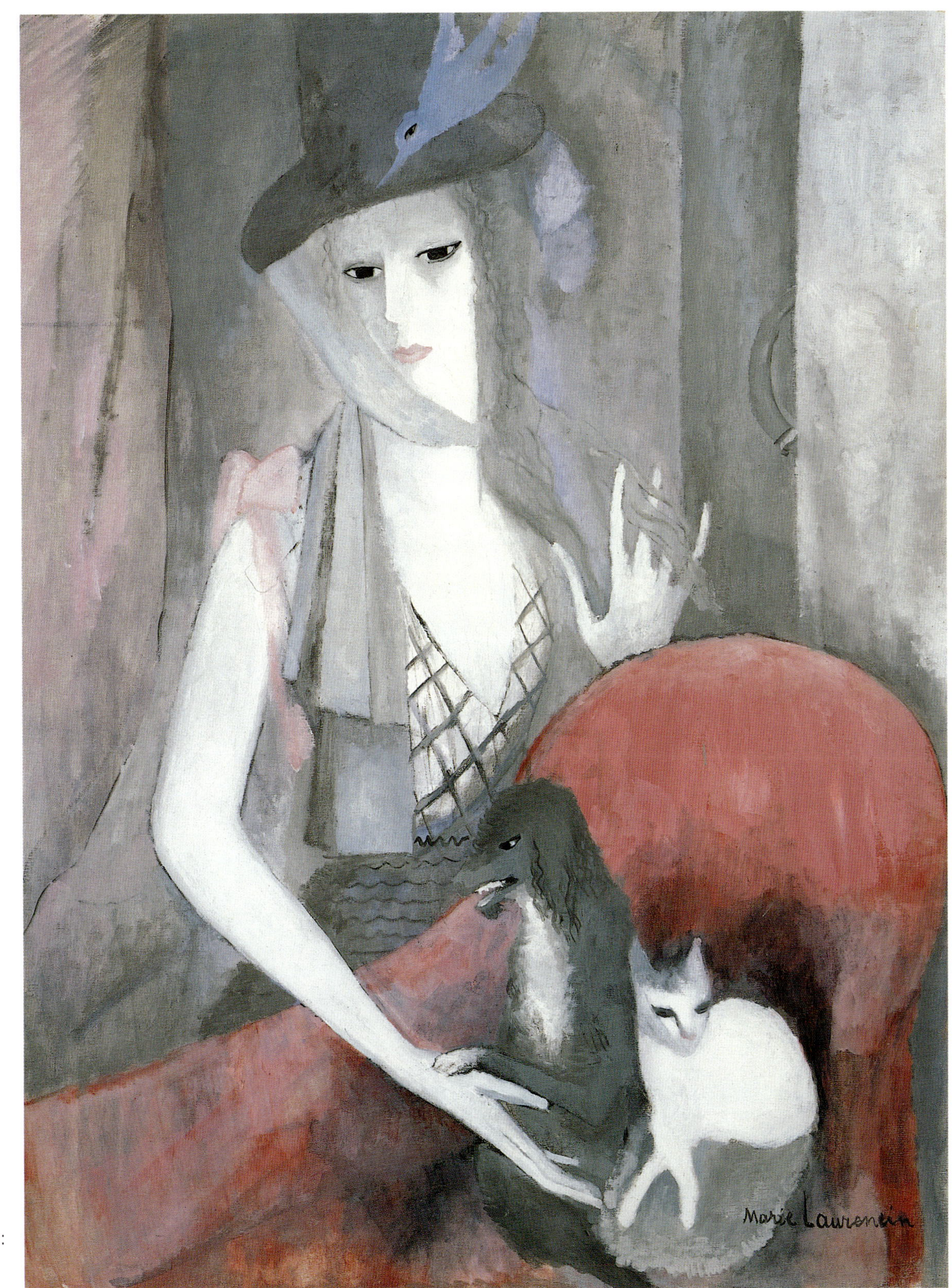

30
Femme au chien et au chat
1916
Huile sur toile
100 × 73 cm
Ancienne collection: Jacques Doucet, Paris

Désespoirs de Grenade
Vous n'êtes pas oubliés
Prisons et Palais
Sommeil – eau limpide – Cavaliers
Etincelants la nuit
Passaient devant les yeux
Le jour, poussière et souvenir
D'un feuillage sur un vase blanc
D'arabesques peintes aux murs
Obscurcies par les larmes.

Marie Laurencin
Grenade, 1916

Le Calmant

Plus qu'ennuyée
Triste.
Plus que triste
Malheureuse.
Plus que malheureuse
Souffrante.
Plus que souffrante
Abandonnée.
Plus qu'abandonnée
Seule au monde.
Plus que seule au monde
Exilée.
Plus qu'exilée
Morte.
Plus que morte
Oubliée.

Marie Laurencin
Barcelone, 1917
Poèmes publiés en mars 1917
dans la revue *391*, n° 4
dirigée par Francis Picabia

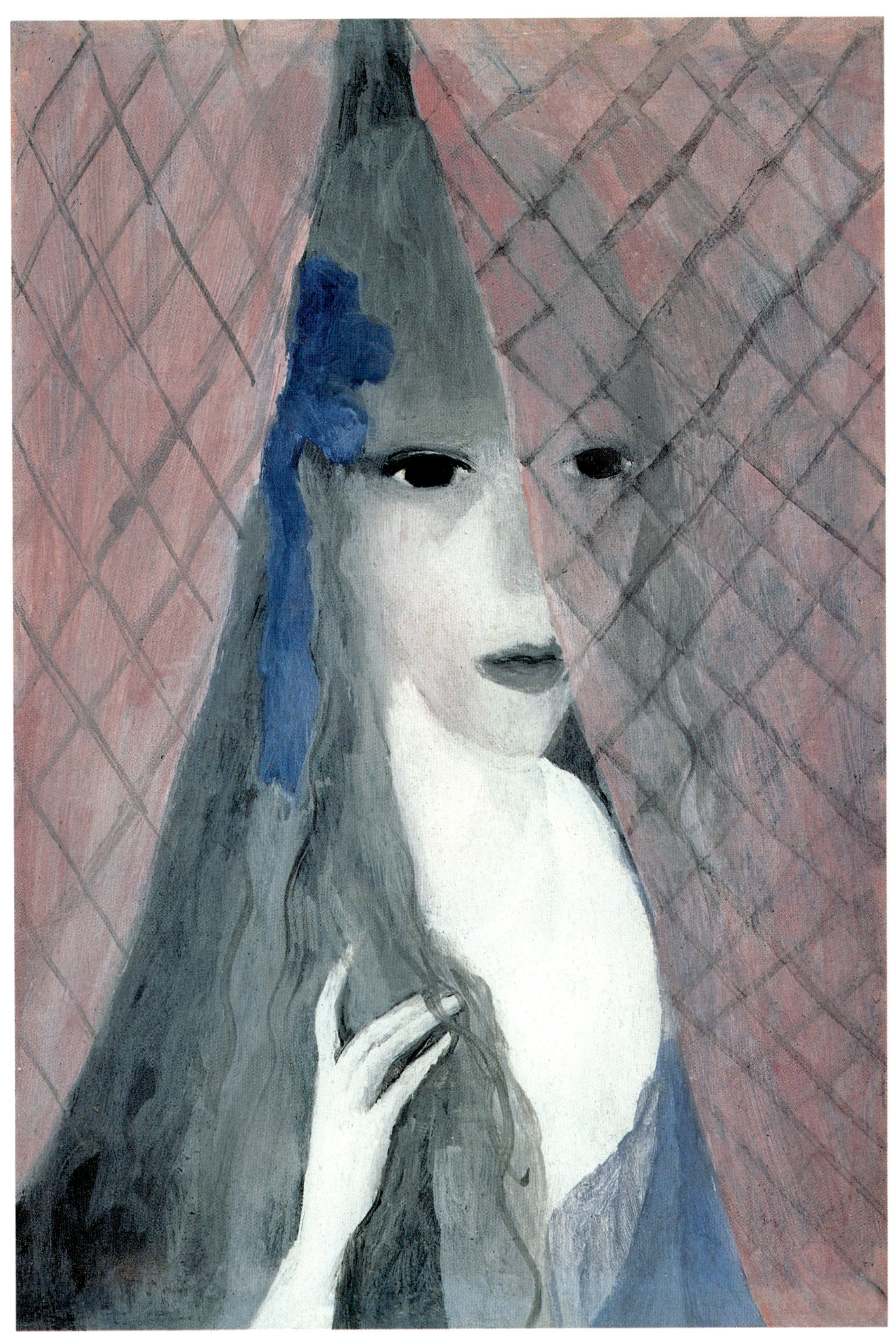

31
La prisonnière (II)
1917
Huile sur carton
18,5 × 12,5 cm
Ancienne collection:
Suzanne Moreau-Laurencin

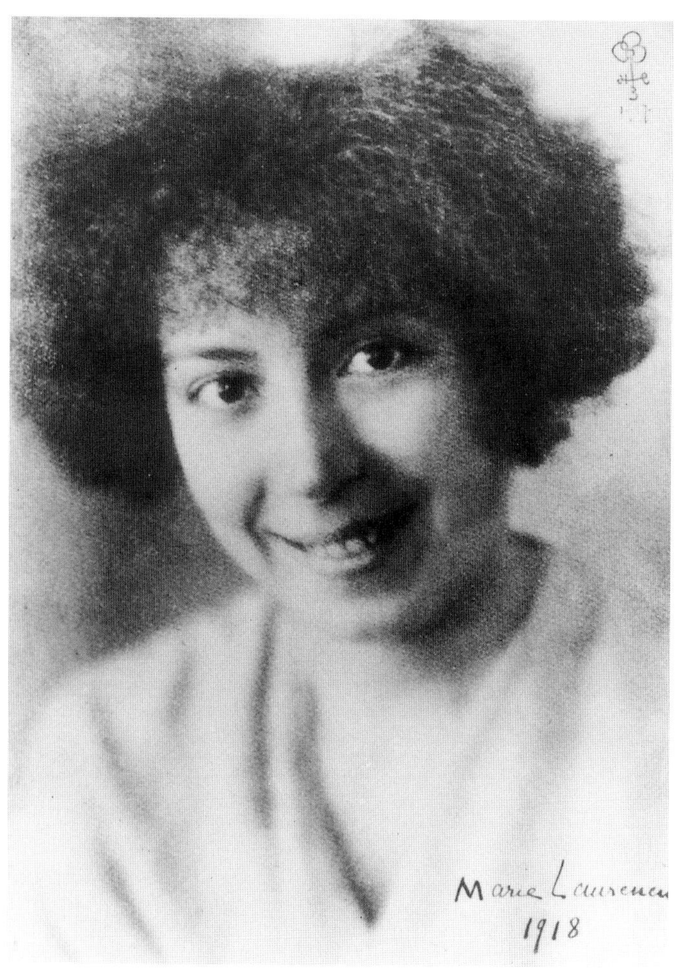

Marie Laurencin et moi, nous avons vécu à Madrid, en 1918, très voisins. Il n' y avait qu'à descendre puis à remonter la calle Alcalà! Mais nous étions séparés. Quand il y avait chocolat chez les Madrazo, moi j'y allais tôt et elle, tard. Je la voyais rentrer chez Miss Harvey par des rues si étroites que l'ombre du réverbère remontait au mur d'en face, à la rencontre des effilés d'un châle, pluie soyeuse, sous le balcon; balcon dont les barreaux jamais n'ont empêché un regard de descendre dans la rue pour nous assujettir. Majas d'un gris sourd comme un douro, si inhumaines, si mortelles, si plombées, que celles de Goya font sourire. (...)

Paul Morand
Accueil de Marie Laurencin
Feuillets d'art, juin-juillet 1922

32
La femme-cheval
«Mon portrait en peintre avec une main qui tient le pinceau»
vers 1918
Huile sur toile
61,5 × 46,5 cm
Ancienne collection:
William Van Horne, Montréal

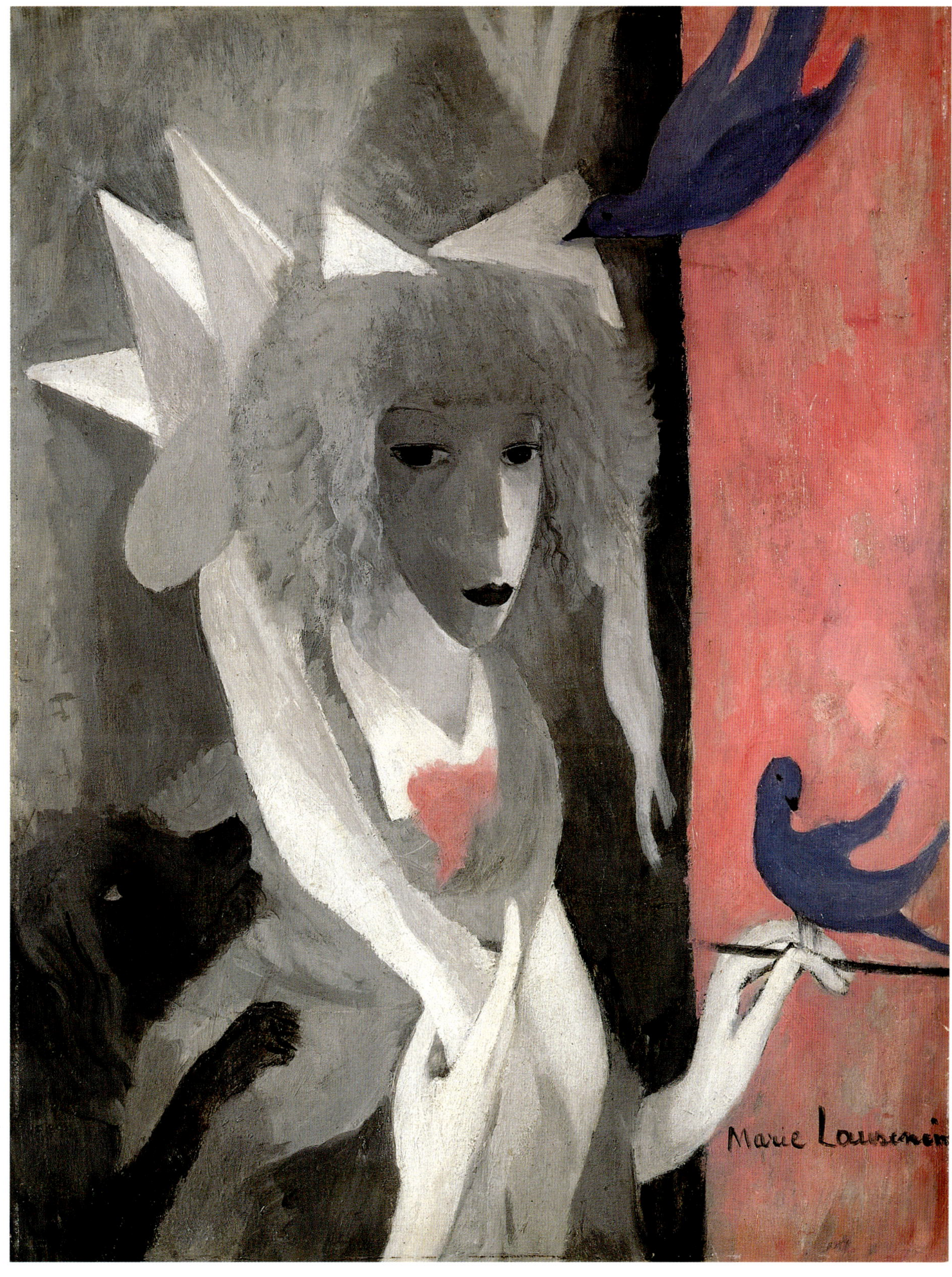

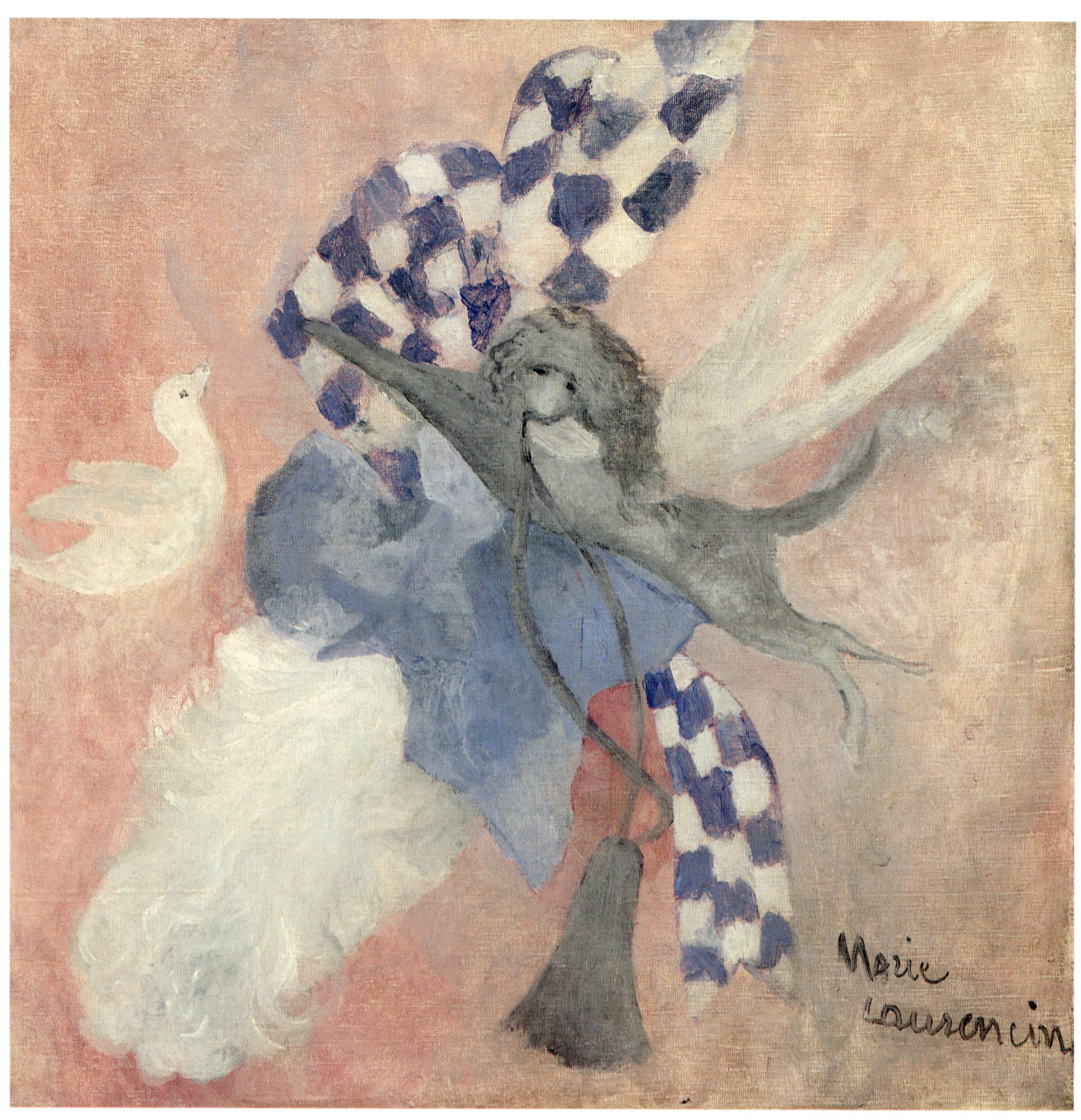

33
Fantaisie
vers 1919
Huile sur toile
60 × 60 cm

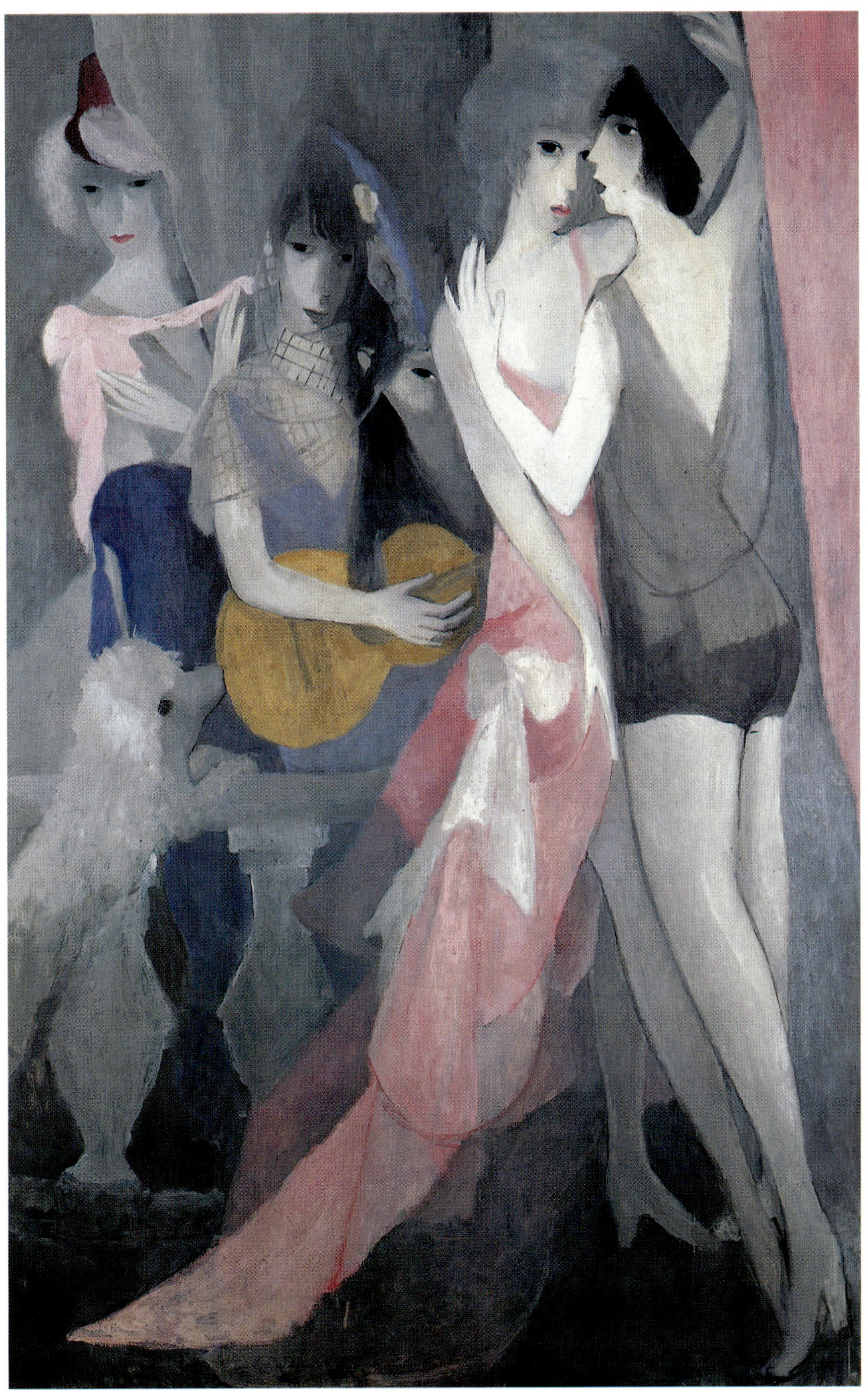

34
La danse
1919
Huile sur toile
147 × 92,4 cm
Anciennes collections:
Galerie Paul Rosenberg, Paris
Georges Bénard, Paris

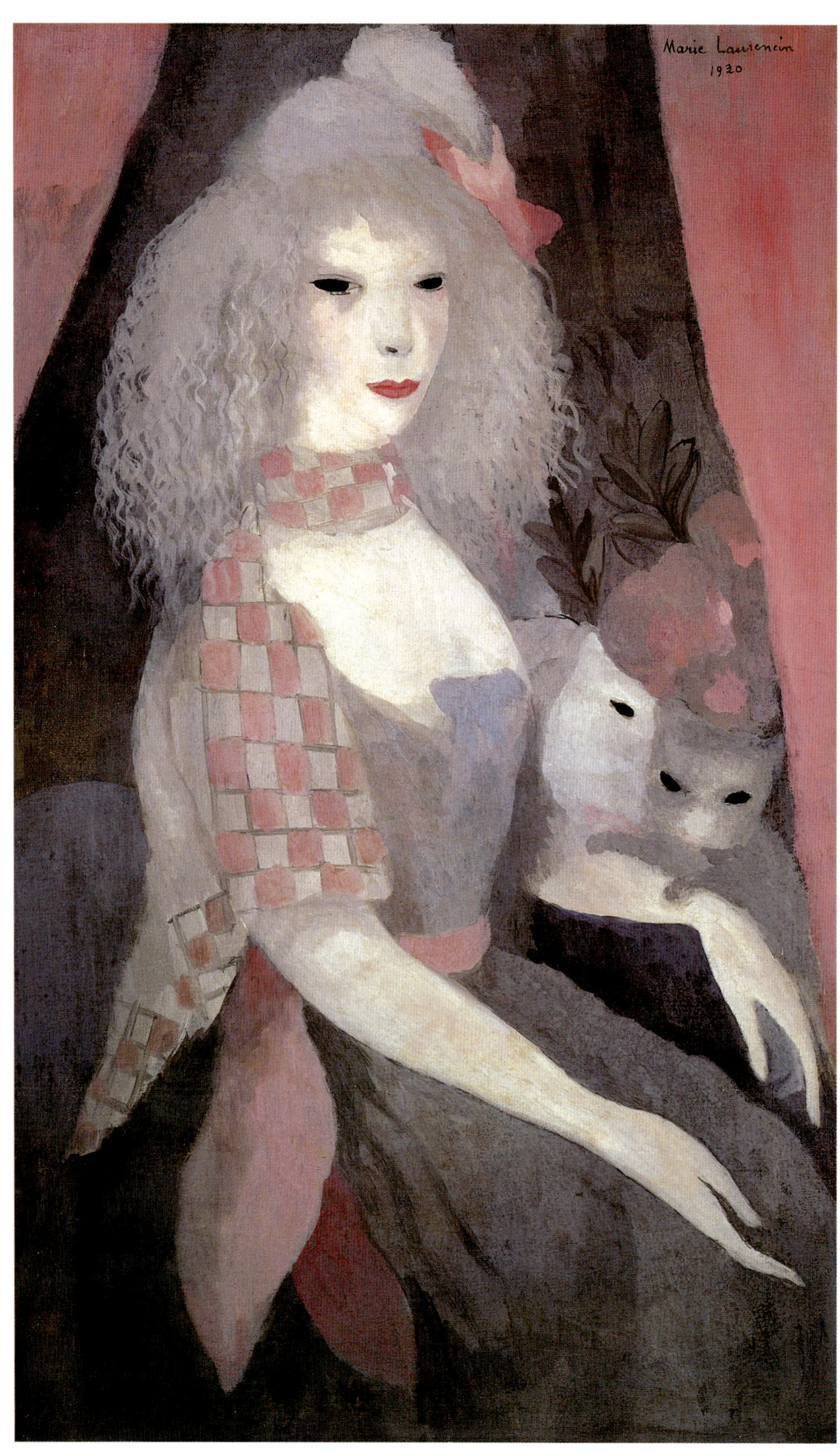

35
La femme aux chats
ou **Princesse P...** (putain)
1920
Huile sur toile
81,6 × 48,9 cm
Anciennes collections:
Galerie Paul Rosenberg, Paris
John Quinn, New York
Frank Crowninshield, USA

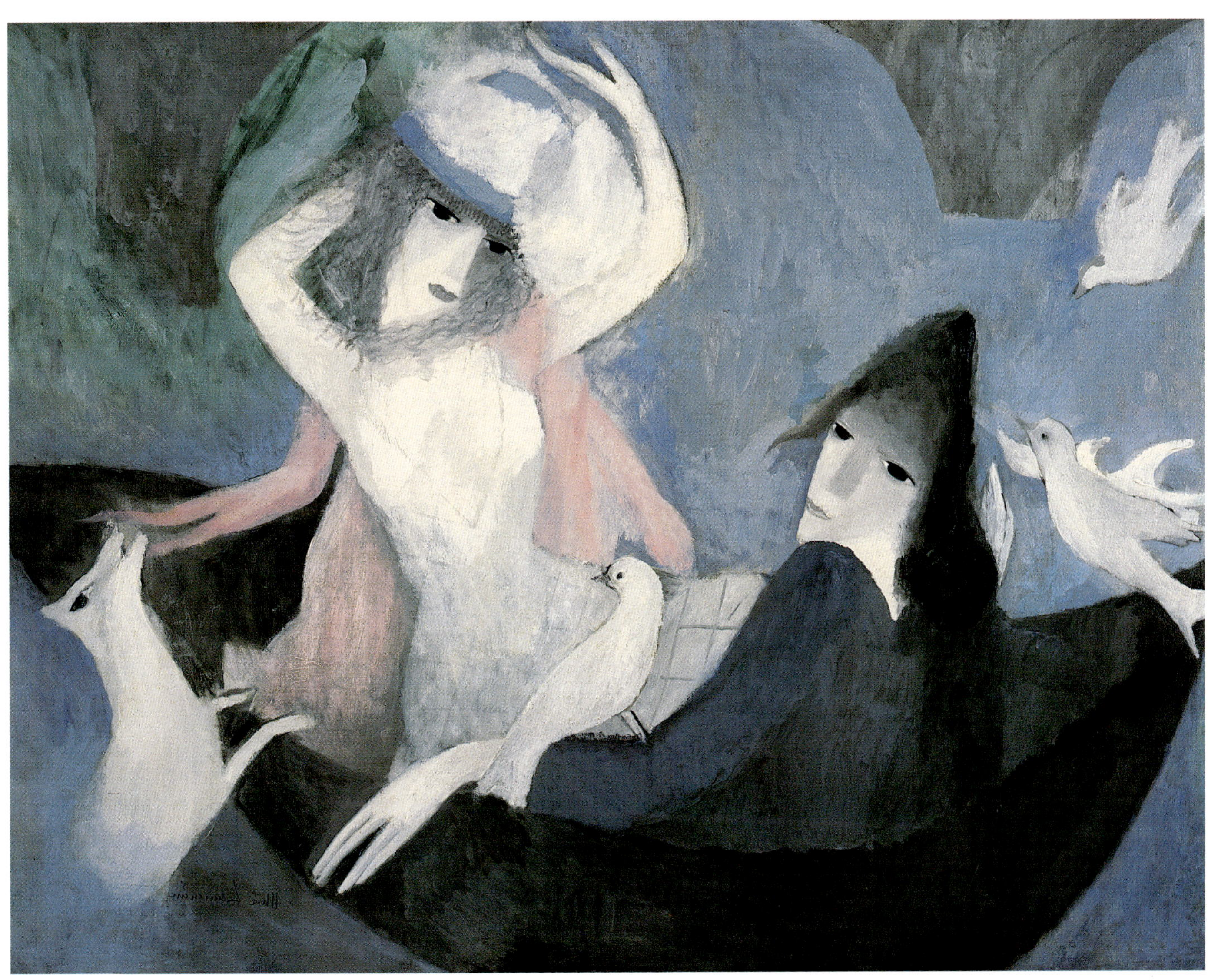

36

La barque

vers 1920

Huile sur toile

71,8 × 90 cm

Ancienne collection:

Galerie Paul Rosenberg, Paris

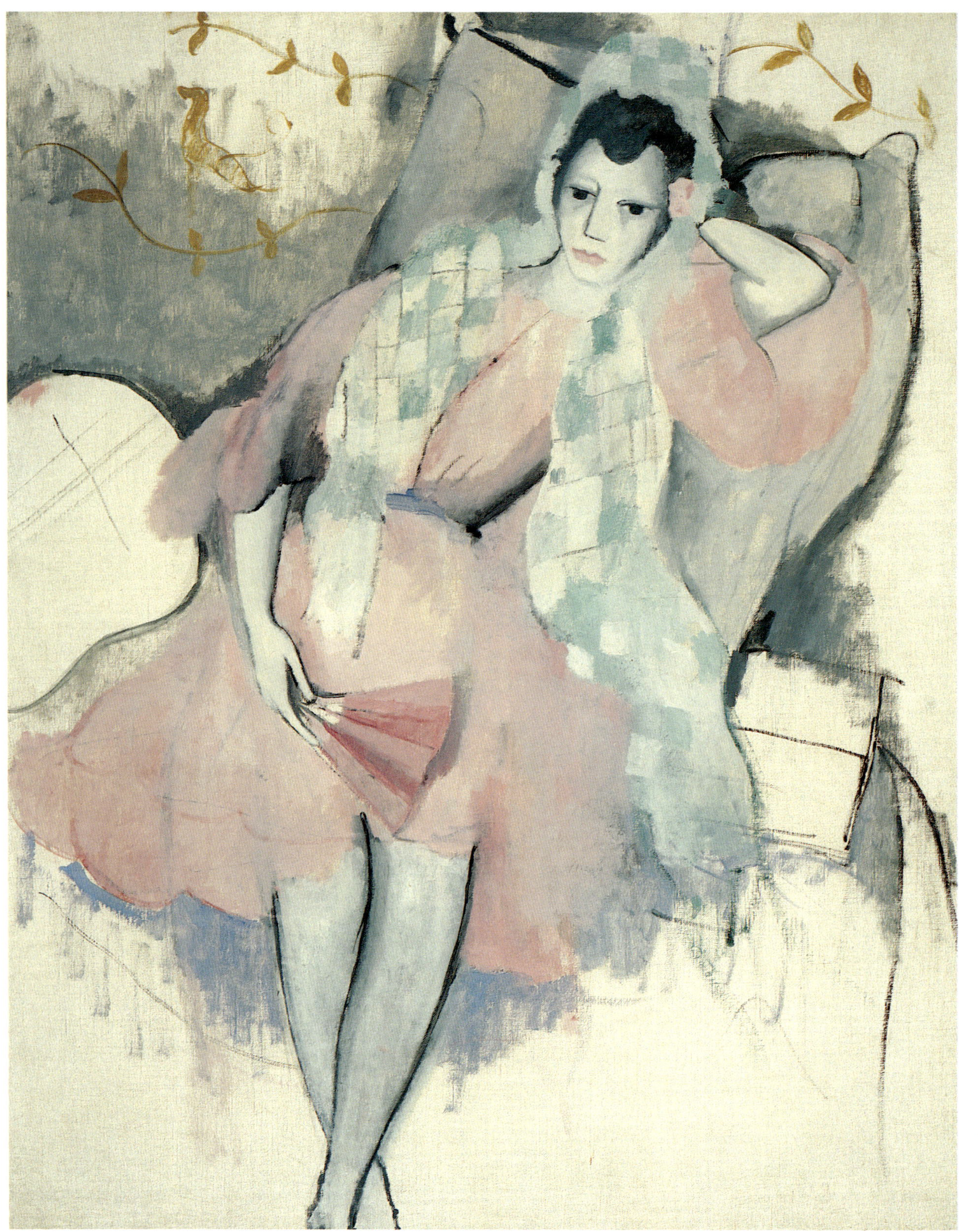

37
Jeune fille au fauteu
vers 1920
Huile sur toile
93 × 73,5 cm
Ancienne collection:
Nelly Harvey, Londre

38
Femme et enfant à la raquette
1920
Huile sur toile
68 × 57 cm
Ancienne collection:
Galerie Paul Rosenbe
Paris

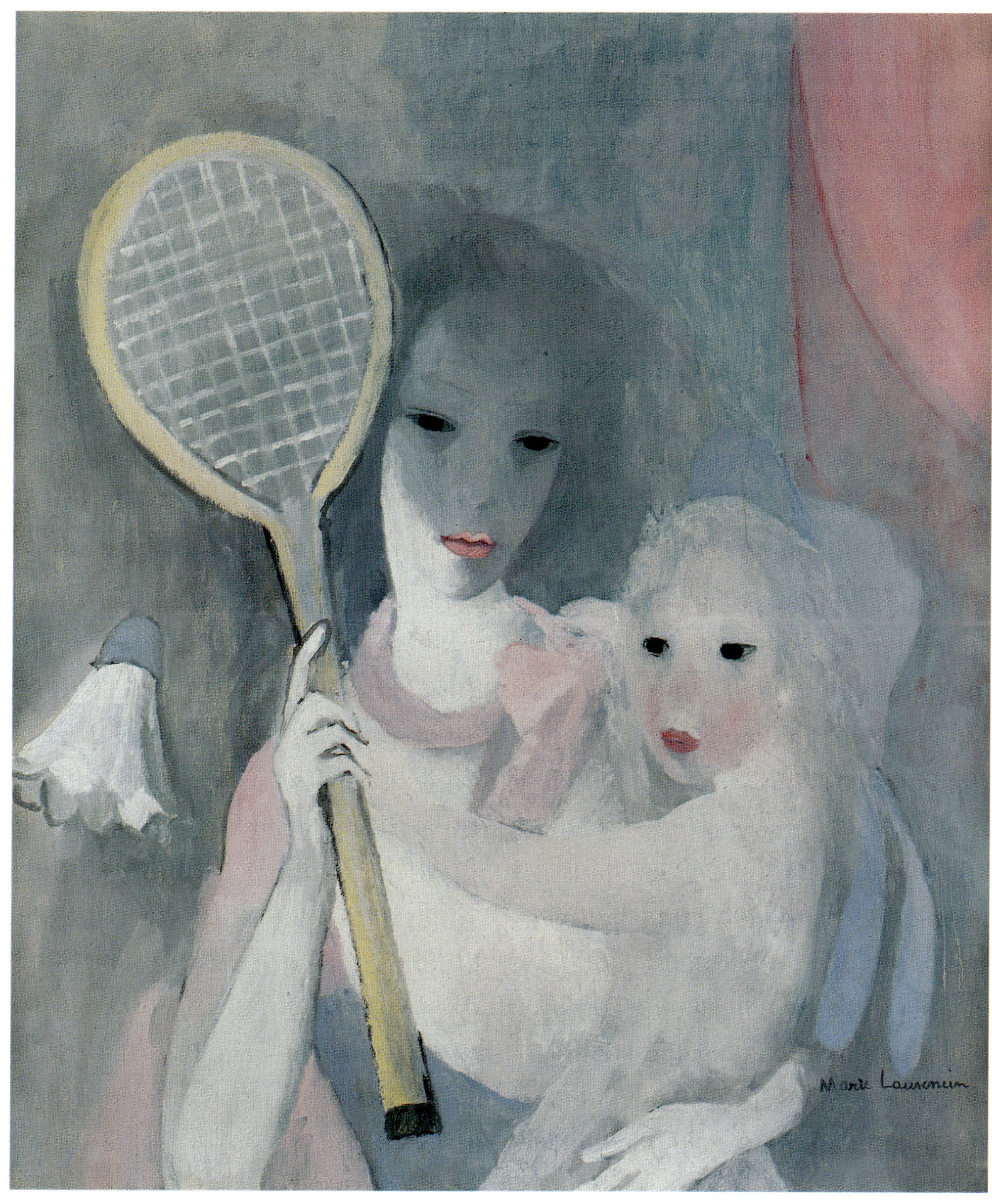
Marie Laurencin

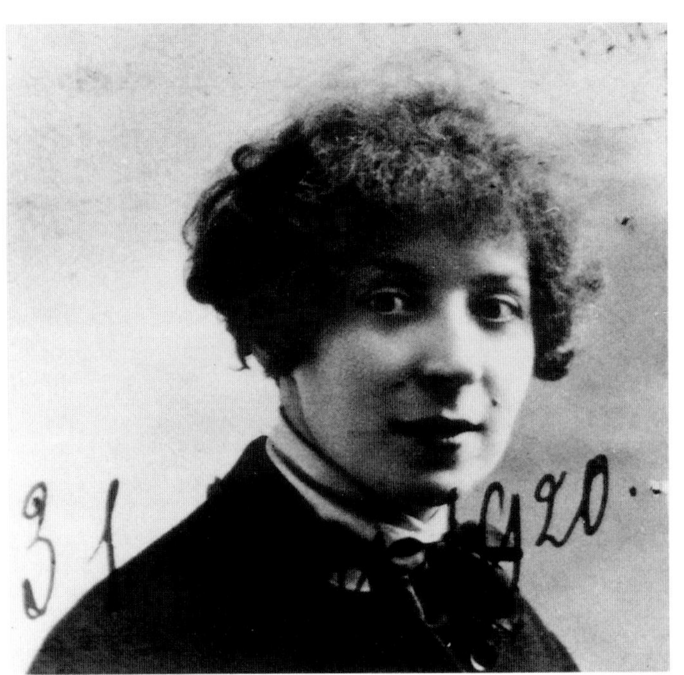

Son appartement (rue de Penthièvre) est minuscule mais charmant: un couloir, une cuisine, l'atelier, une chambre, un cabinet de toilette. Le tout microscopique, mais clair et ensoleillé. L'atelier et la chambre donnent rue de Penthièvre. Les autres pièces ont la vue des jardins du Ministère de la Place Beauvau, car on est au cinquième étage.
C'est si central: on va partout à pied, au théâtre, au cabaret, aux grands magasins. On est à la porte des Poiret et des Groult. Marie fera tapisser de rose les placards, «comme des bouches» dit-elle et me demandera de lui acheter tout plein de tissu à carreaux rose et blanc pour faire des rideaux.

Suzanne Laboureur
Carnets inédits (1920)

39
Arlequine à la guitare
vers 1920-1922
Huile sur toile
65 × 55 cm

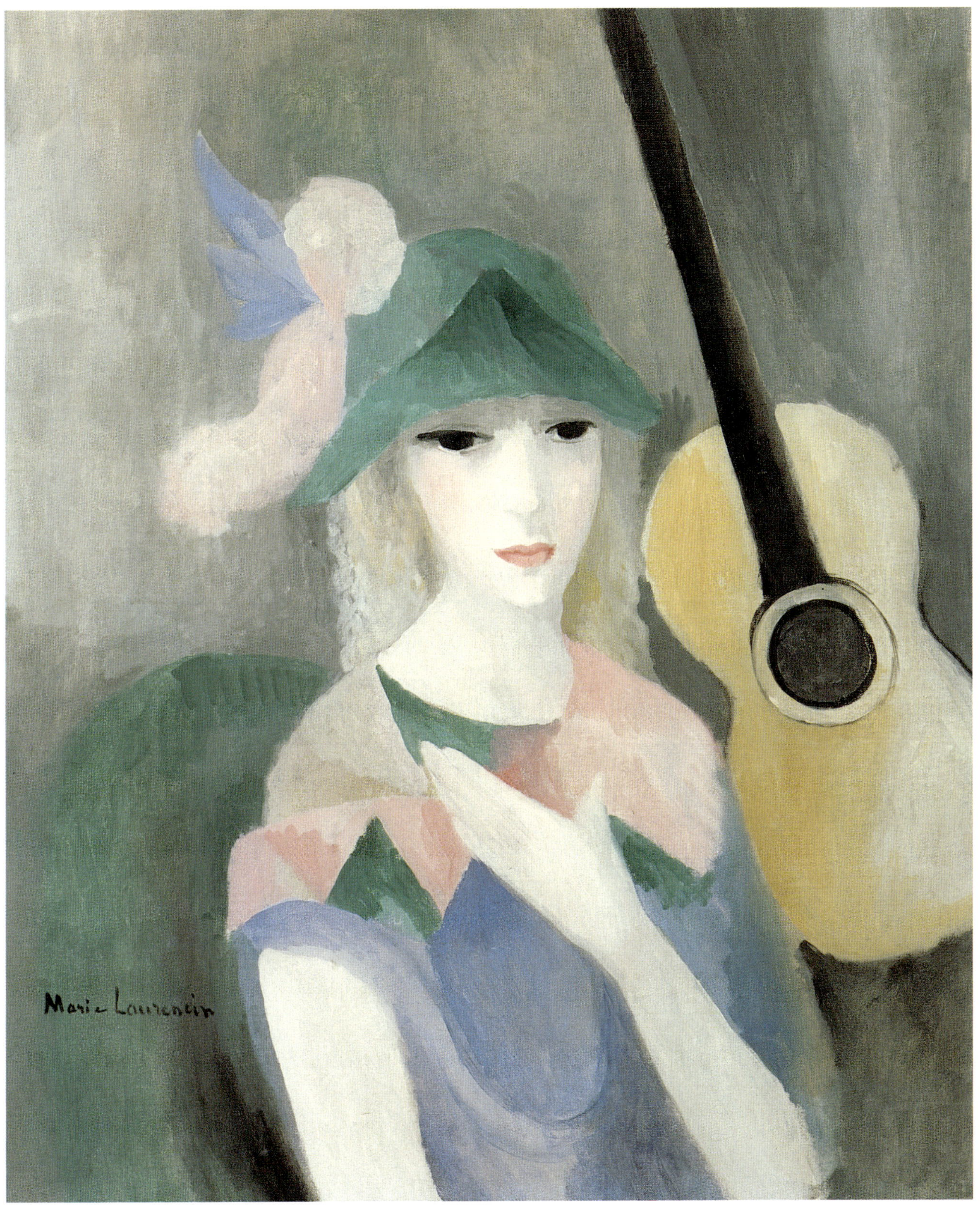
Marie Laurencin

On monte en spirale des pavés aux ardoises. A partir d'ici, mieux vaut baisser la tête. Madame Marie Laurencin ne reconnaît personne sans son face-à-main. Cette résidence est faite de quatre boîtes de papier à lettres Royal Blue. Il y a une corde pour sauter de joie et un ballon dans son filet. Marie Laurencin a un large sourire qui passe à peine les portes. Ce qu'elle fait, elle le chante, – chanson de gestes –, hommage à cette solitude de cinquième étage, pavoisée de tableaux. (...)
Mais elle ne chante pas sa peinture, qui commence où la musique finit. Voici des toiles sur lesquelles le mur mansardé porte une ombre de plus. Une colombe se laisse aller sur l'aile. Elle tombe si vite qu'elle arrive à terre avant le maïs, et le désir avant l'objet. On ne peut pas avoir à la fois un nez et des gants. Des gants longs, pendus exsangues, amoureux des bras et broutés par les animaux du zodiaque qui lèvent la tête pour qu'on les gratte sous le cou.

Paul Morand
Accueil de Marie Laurencin,
Feuillets d'art, juin-juillet 1922

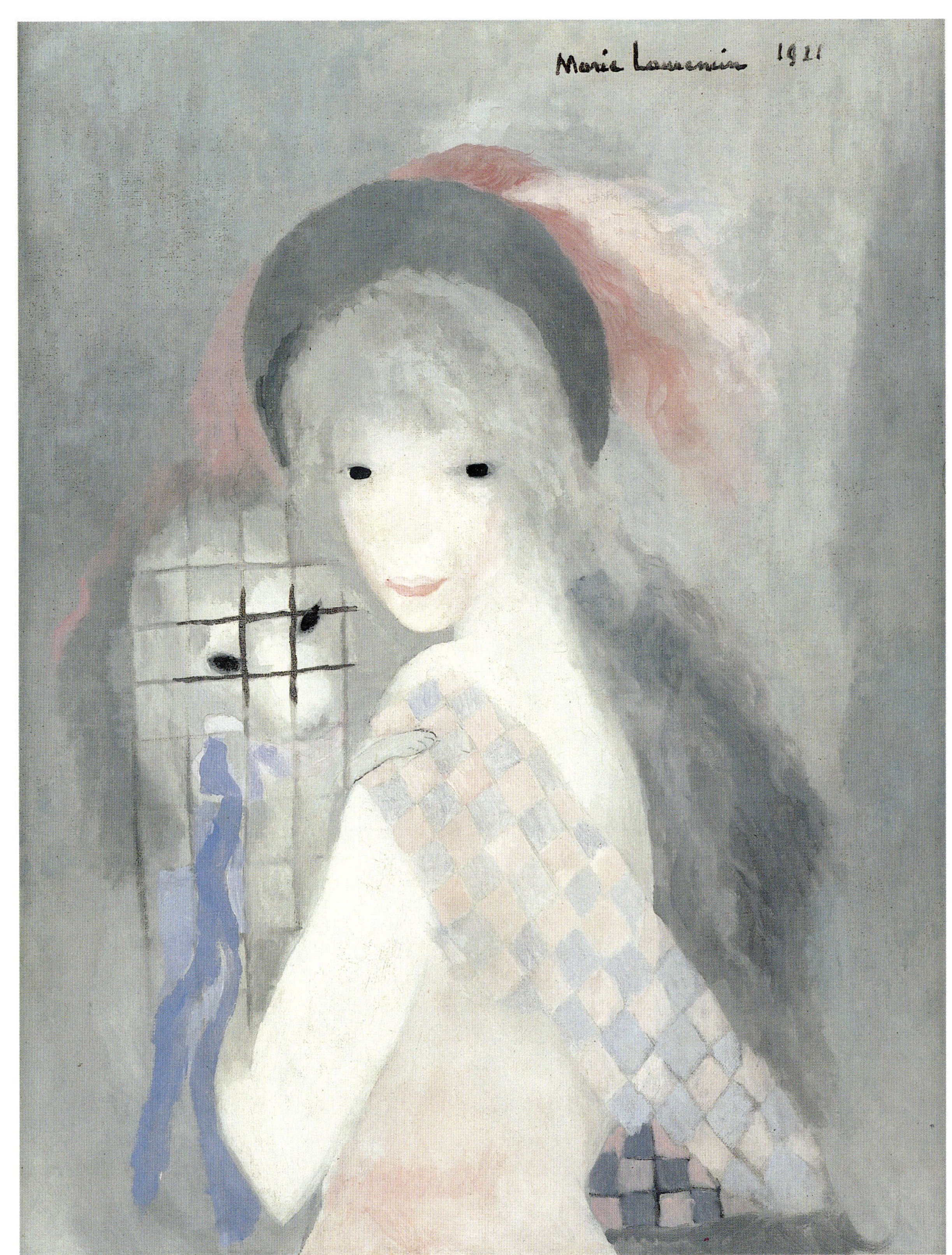

40
Jeune femme au chien
1921
Huile sur toile
64,5 × 50 cm
Ancienne collection:
Paul Morand, Paris

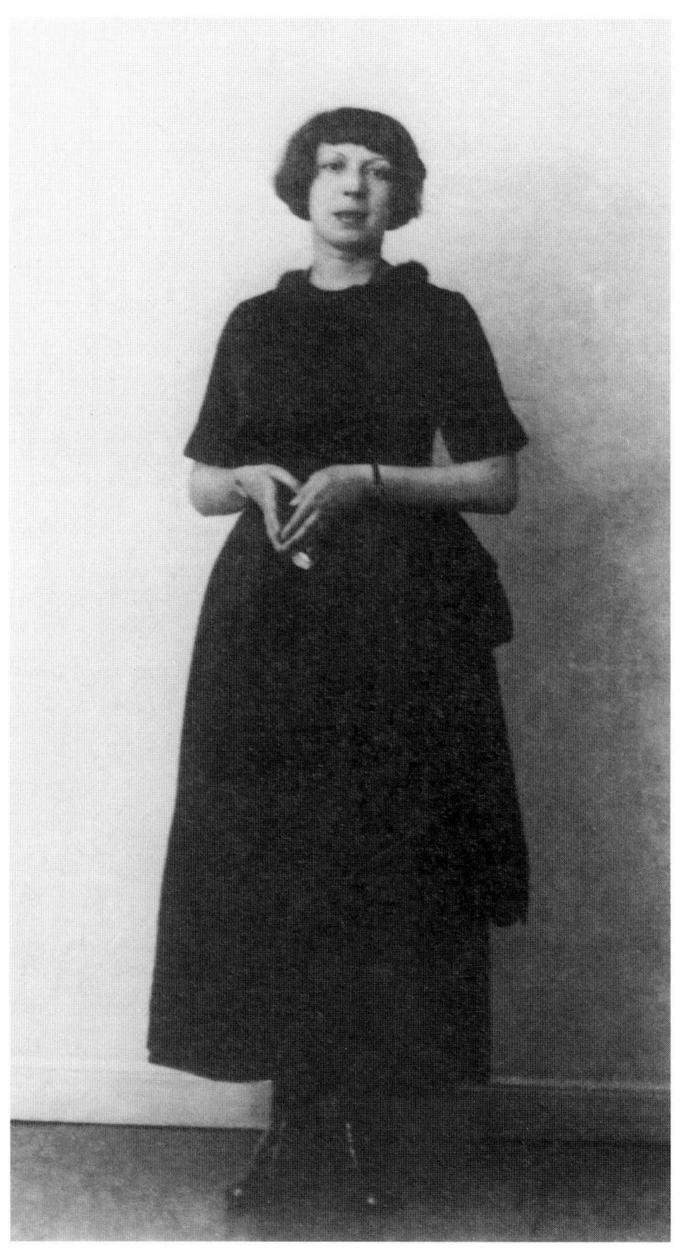

Marie d'Exil
Marie Perdue
Marie de France

André Salmon
L'Eventail de Marie Laurencin, 1922

Marie Laurencin, Düsseldorf, 1920

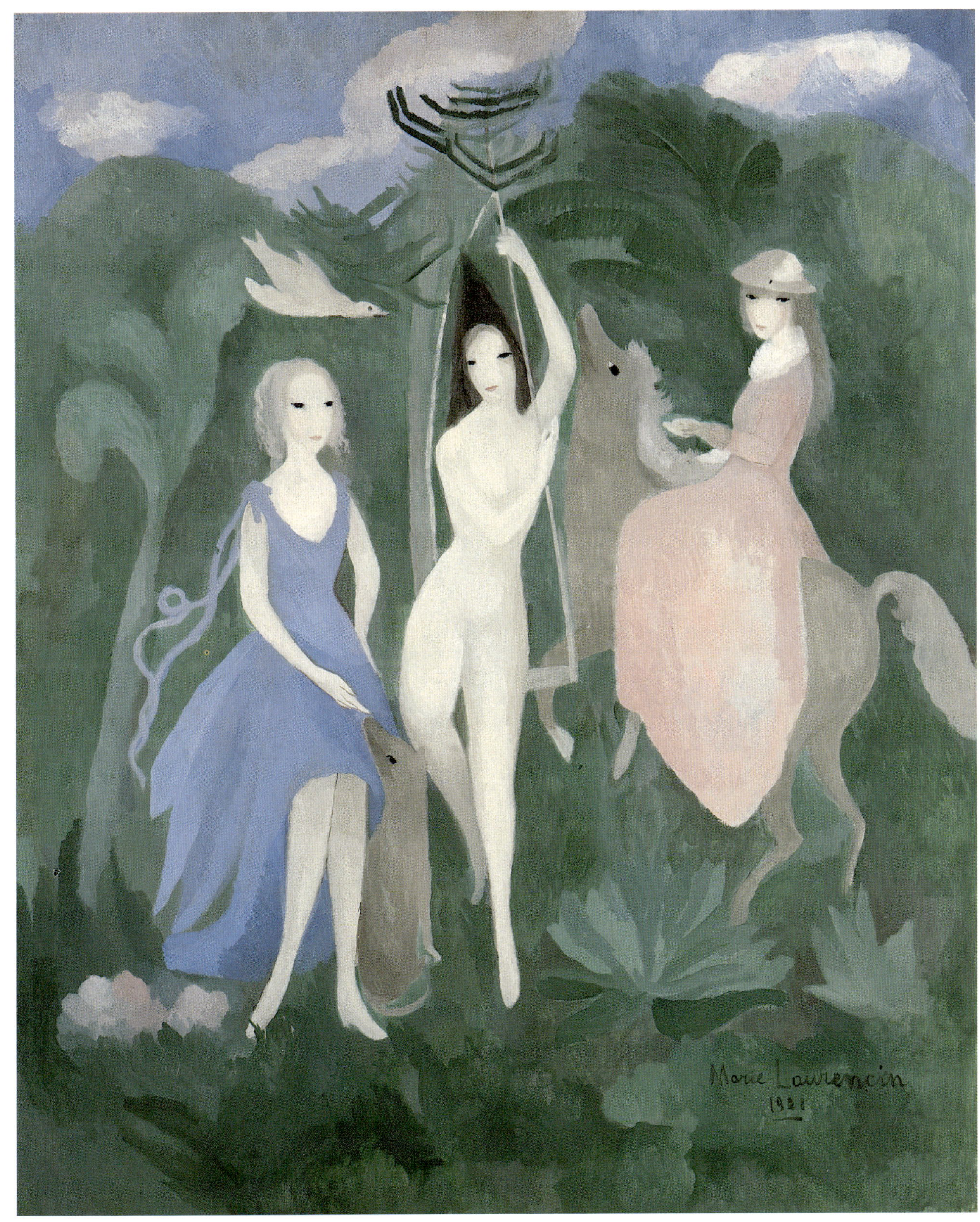

es trois grâces
921
uile sur toile
1 × 65 cm
ncienne collection:
alerie Paul
osenberg, Paris

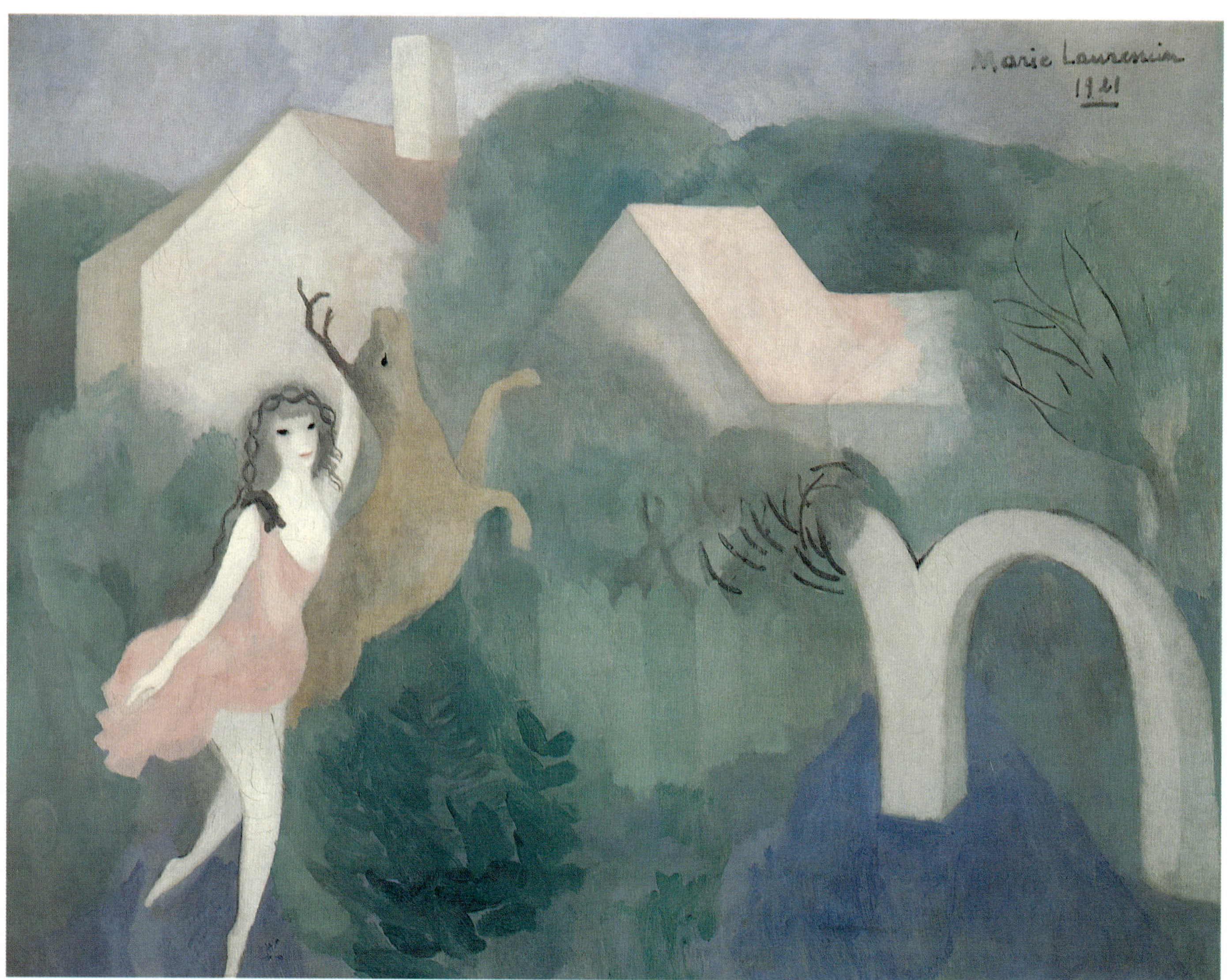

42
Diane
1921
Huile sur toile
65 × 81 cm
Ancienne collection:
Galerie Paul Rosenberg, Paris

43
Femme au turban
1922
Huile sur toile
46 × 38 cm
Ancienne collection:
Galerie Paul Rosenberg, Paris

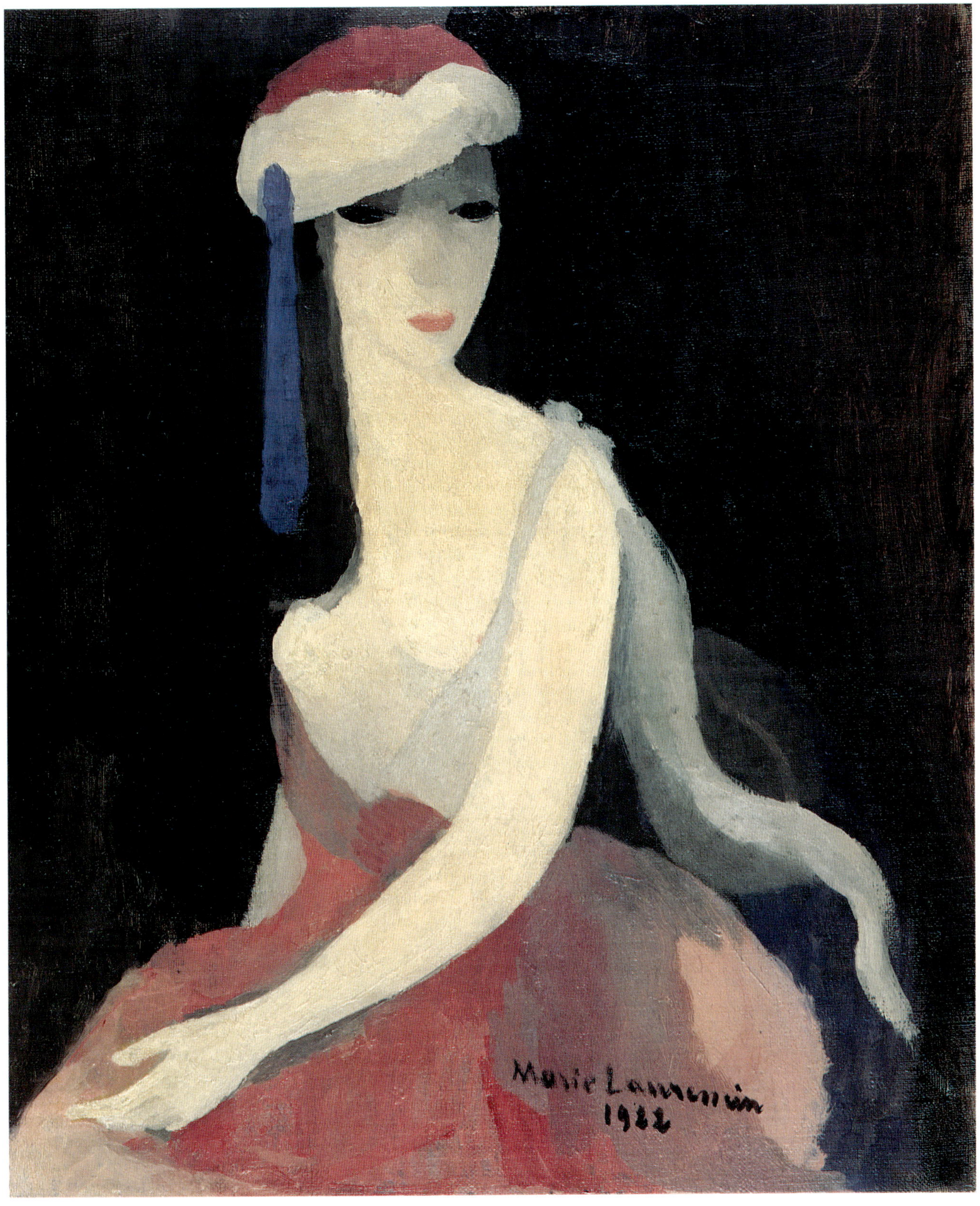
Marie Laurencin
1922

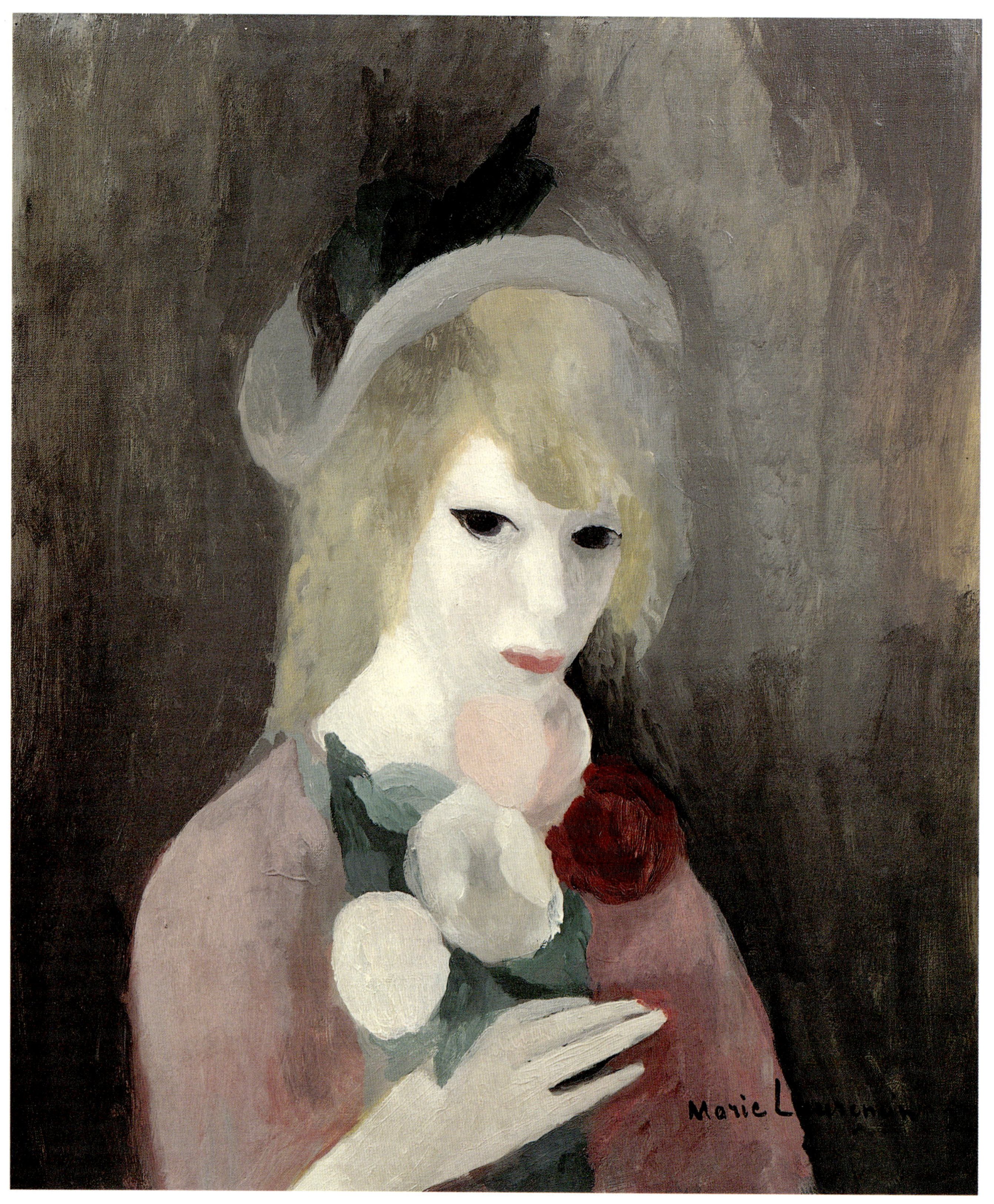

44
Jeune fille au chapeau
vers 1923
Huile sur toile
46 × 38,5 cm

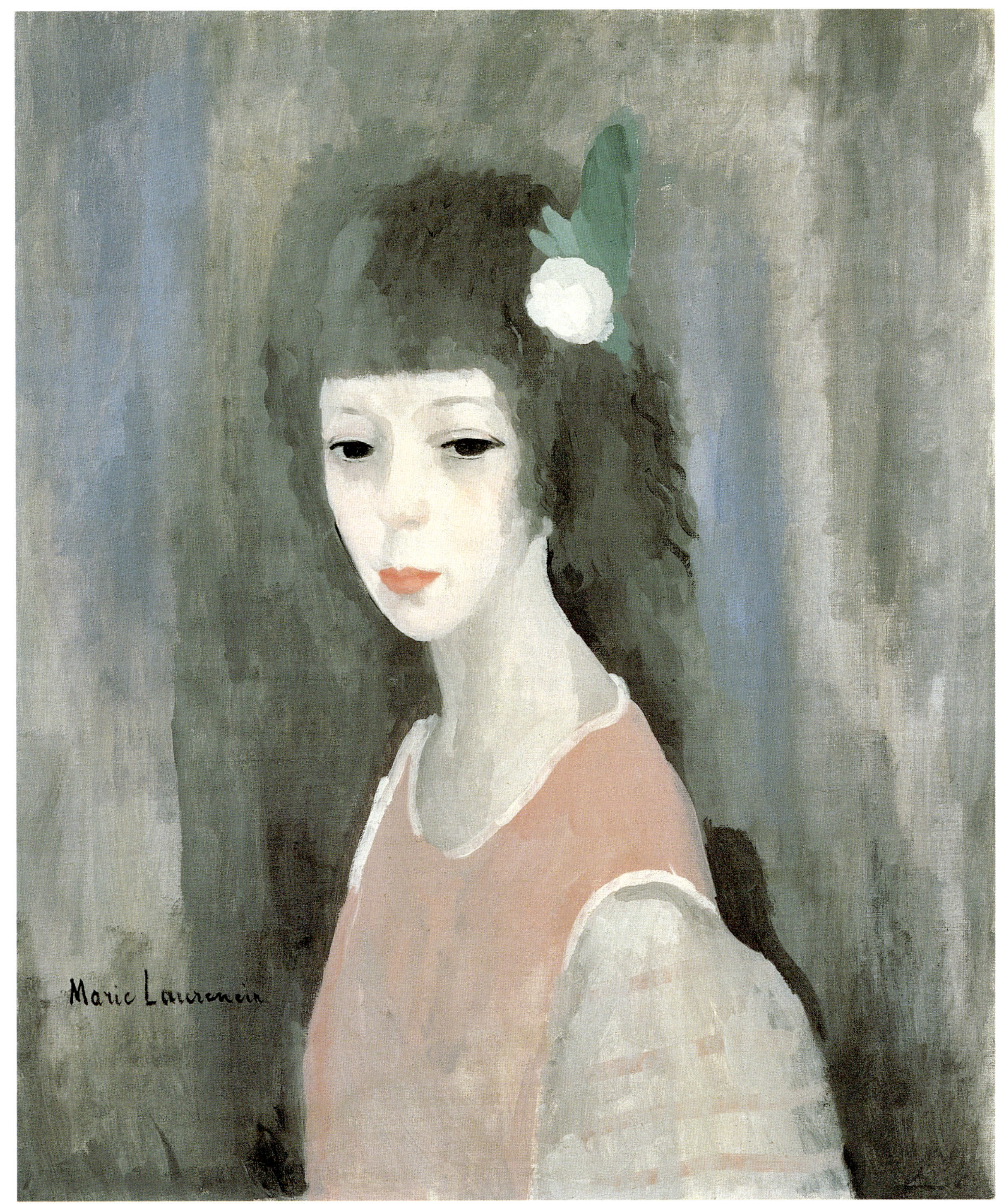

45
Mon portrait
1924
Huile sur toile
65 × 54 cm

Chez Marie Laurencin

Nous sommes entrées dans l'atelier (rue José-Maria-de-Hérédia).

Sur un petit divan bleu, dans un coin, un modèle. Une gracieuse jeune fille blonde, qui semble elle-même faire partie de ce décor, pose, assise, une minuscule guitare entre ses longues mains blanches.

Devant la fenêtre, près d'une bibliothèque de coin, formée de rayons de bois laqué gris tendre à filets noirs, une table de travail aux lignes simples, laquée du ton de la bibliothèque. Un grand chevalet soutient une étude commencée. De petites tables rondes, basses, où sont placés des dessins, des estampes. Des peintures de l'artiste, partout sur les murs, harmonisent leurs tons, où dominent les bleus, les noirs et les roses, au ton gris bleu uni du papier de tenture qui s'encadre dans des panneaux soulignés de baguettes grises. Les soubassements sont également peints en gris.

Un grand tapis rond, point noué du modèle de Süe et Mare, complète les coloris discrets de cette pièce par ses tonalités éteintes et de valeurs plus neutres.

Une large baie sépare l'atelier du salon que j'aperçois derrière de grands rideaux de mousseline tarare aux dessins modernes et teints en bleu.
Les murs ici se tapissent d'un papier peint de Groult d'un fond bleu à fleurs plus foncées d'un effet très joli.
De vastes fauteuils aux lignes allongées, rappellent le canapé à haut et large dossier qui s'arrondit très doucement. Encore du bois laqué gris et recouvert d'une soie bleue unie. (...)
La chambre est un poème de Francis Jammes. On y retrouve sa fraîcheur, sa pureté avec toute la naïveté tranquille et sûre de l'art de Marie Laurencin. (...)
Mais ce qui donne l'esprit, si on peut dire, de l'appartement, ce sont surtout les mille riens charmants et choisis, disséminés un peu partout. C'est là la coquetterie réelle de cet intérieur si féminin.

Françoise X.
Chez Marie Laurencin
L'art vivant, 1er février 1925

46
Le cheval noir ou **La promenade**
1924
Huile sur toile
98 × 79 cm
Ancienne collection:
Galerie Paul Rosenberg, Paris

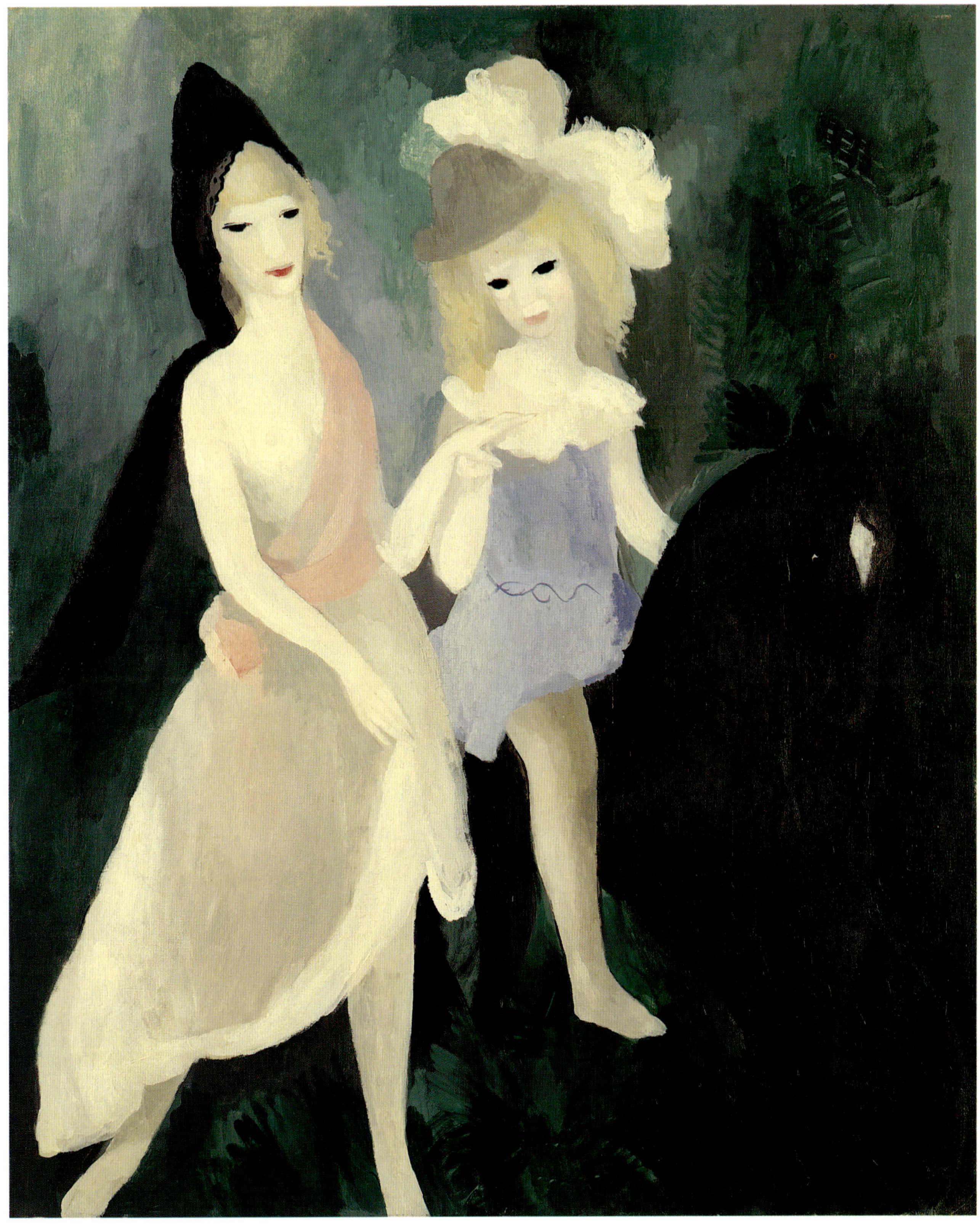

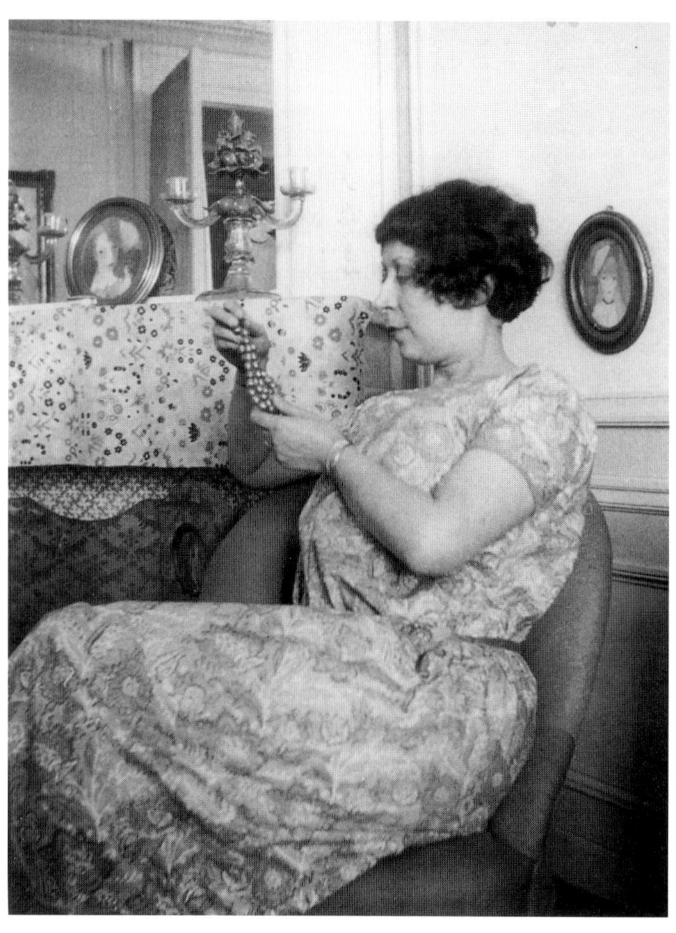

Paris, vers 1923

Marie m'a montré tous les cadeaux de Philippe Berthelot: un éventail chinois qui, suivant la façon dont on l'ouvre, montre un paysage innocent, ou bien quelque scène érotique précieusement peinte; une statuette, groupe de porcelaine de couleurs, où un mandarin tient son membre tandis que la dame ouvre gentiment les cuisses.

André Mare
Carnets inédits (vers 1924)

47
La femme au chapeau à plumes
ou Tillia ou Tania
1924
Huile sur toile
63 × 52 cm
Anciennes collections:
Galerie Paul Rosenberg, Paris
The Hulsey collection,
Birmingham (Alab.), USA

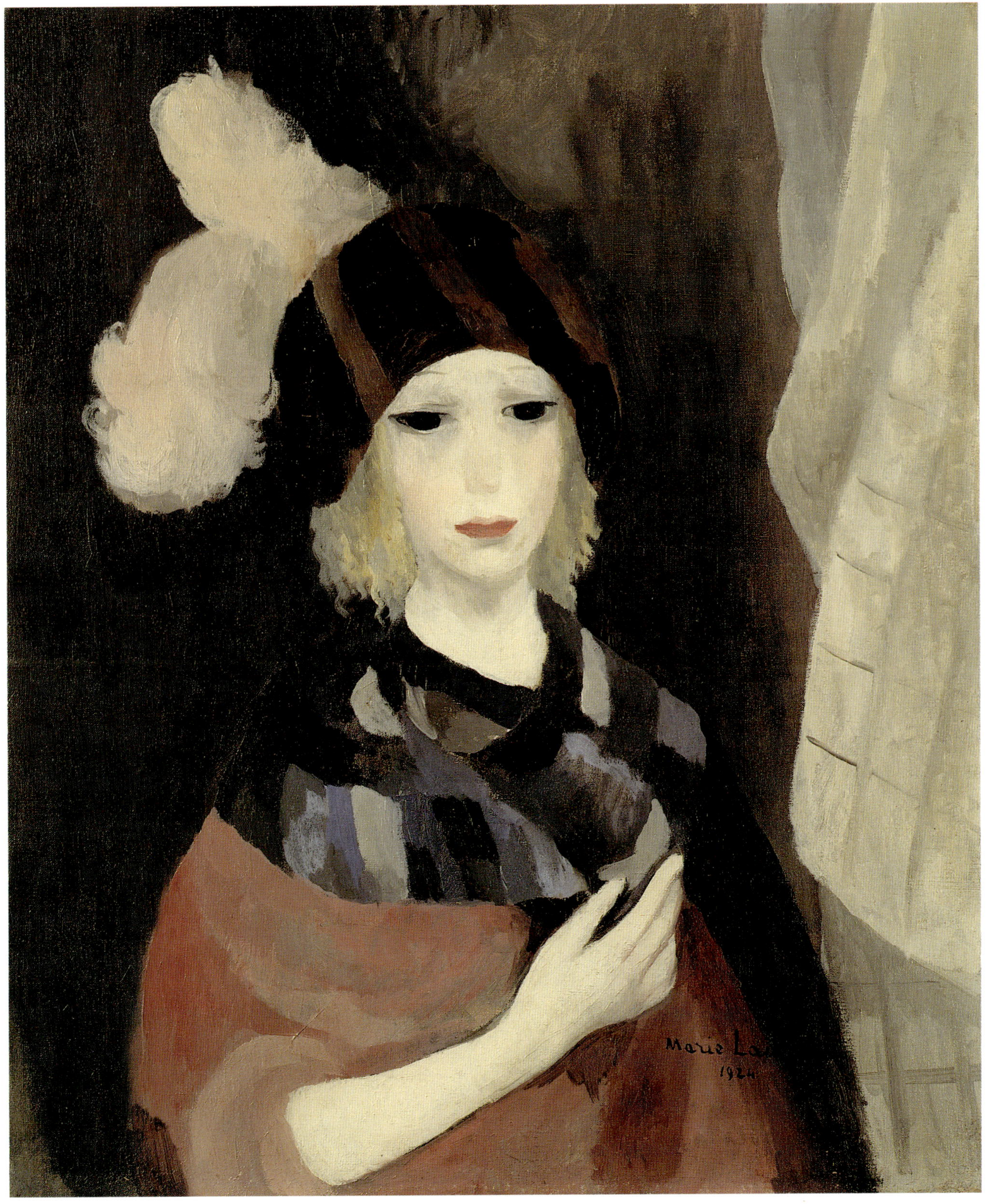
Marie La
1924

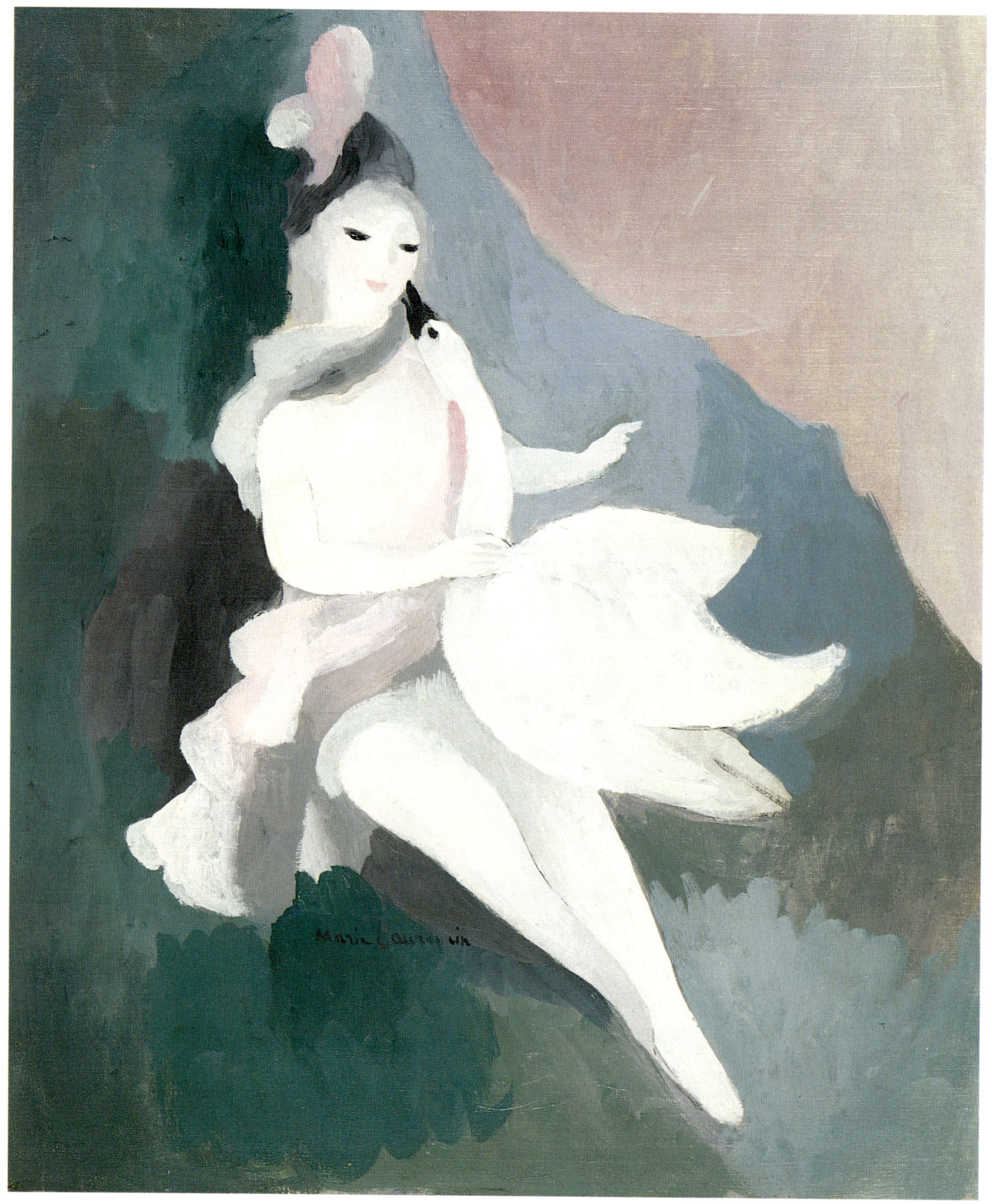
Marie Laurencin

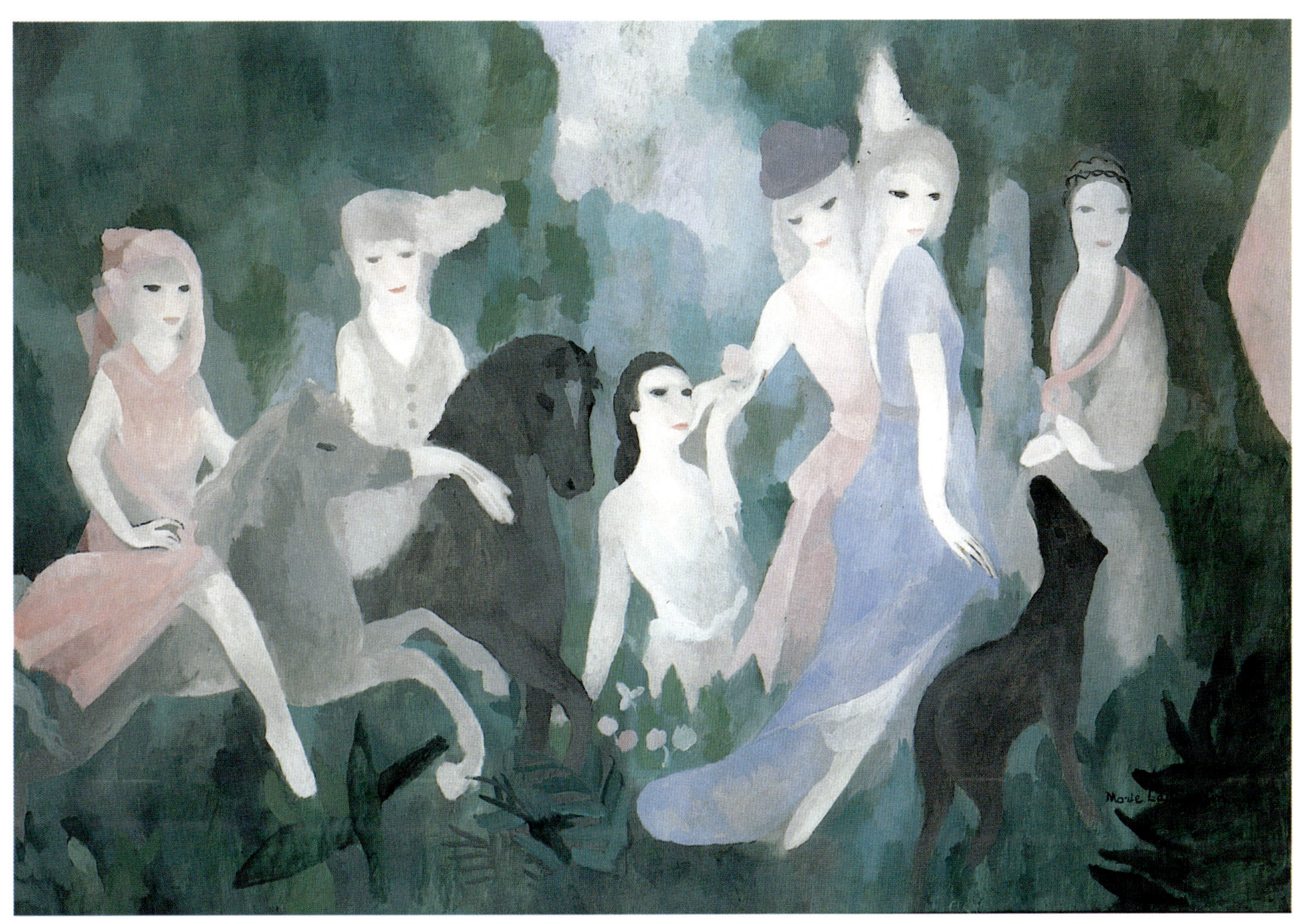

49
La vie au château
1925
Huile sur toile
114 × 160 cm
Anciennes collections:
Albert Kleinman, Paris
Walter P. Chrysler Jr., USA
Chrysler Museum, Norfolk, Virginia

48
Léda et le cygne (I)
vers 1925
Huile sur toile
54 × 44 cm
Ancienne collection:
Alistair Mc Alpine, Londres

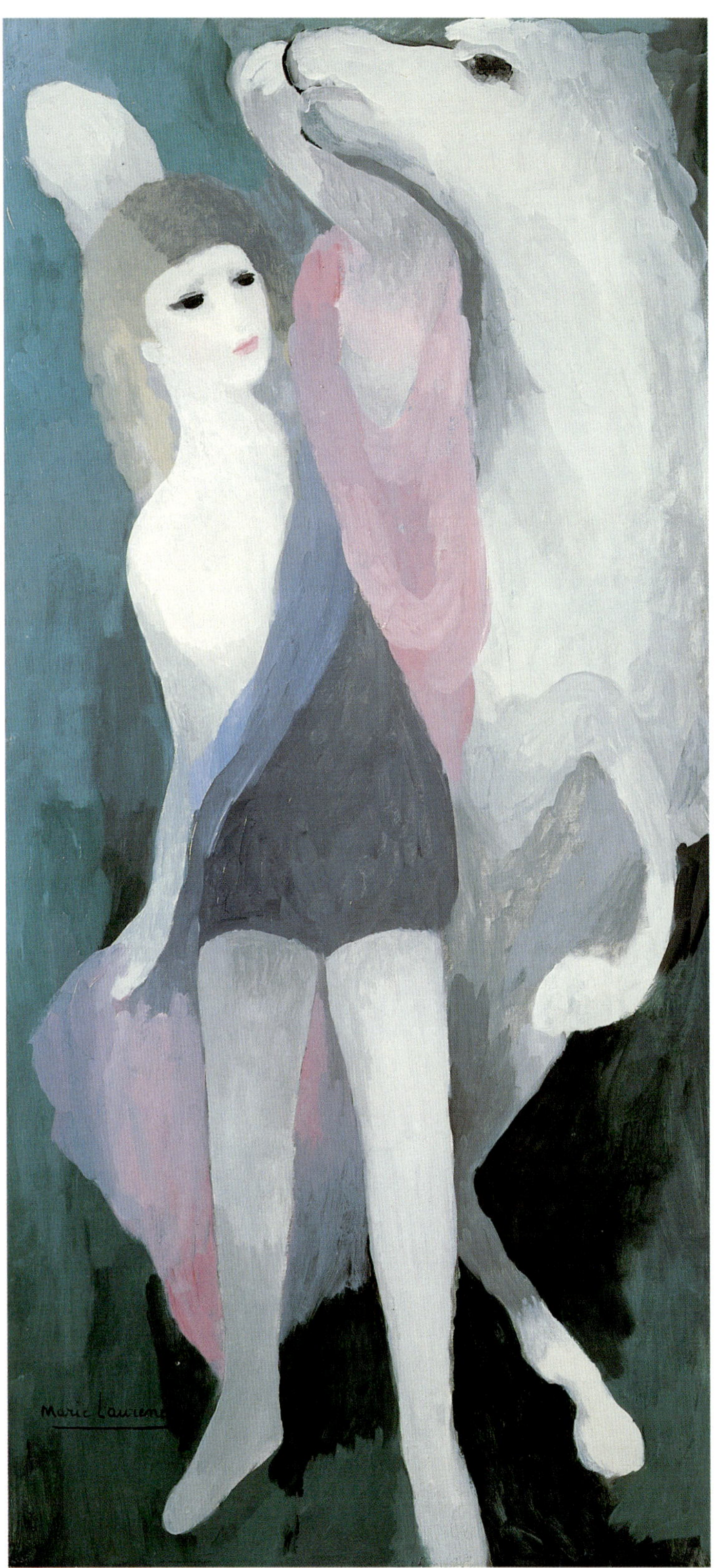

50
Femme au cheval
vers 1925
Huile sur toile
107 × 50 cm
Ancienne collection:
Jane Renouardt, Paris

51
Marie de Médicis
1926
Huile sur toile
93 × 74 cm
Anciennes collections:
Galerie Paul Rosenberg, Paris
Henry Ickelheimer, New York
Mrs Donald S. Stralem, New York

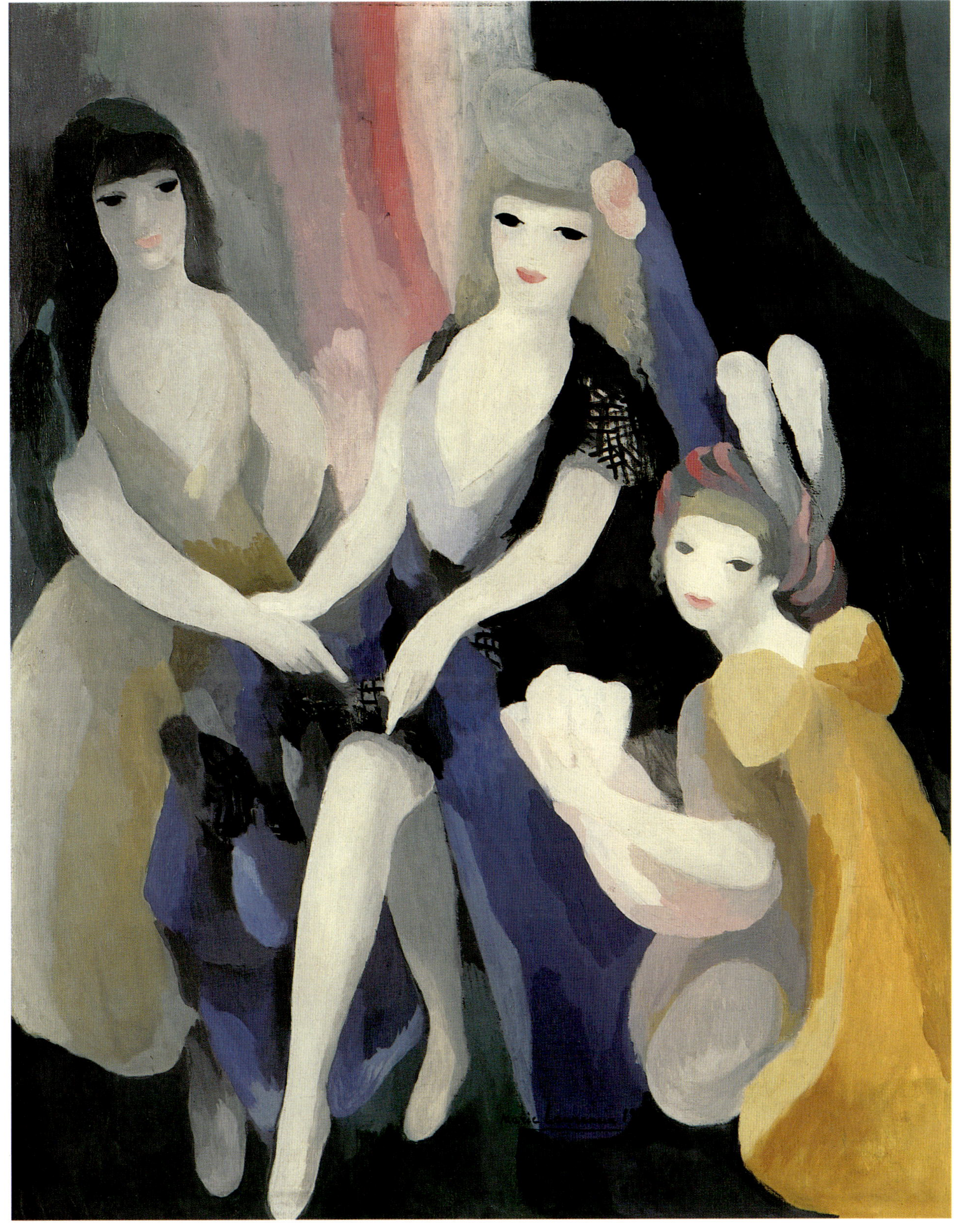

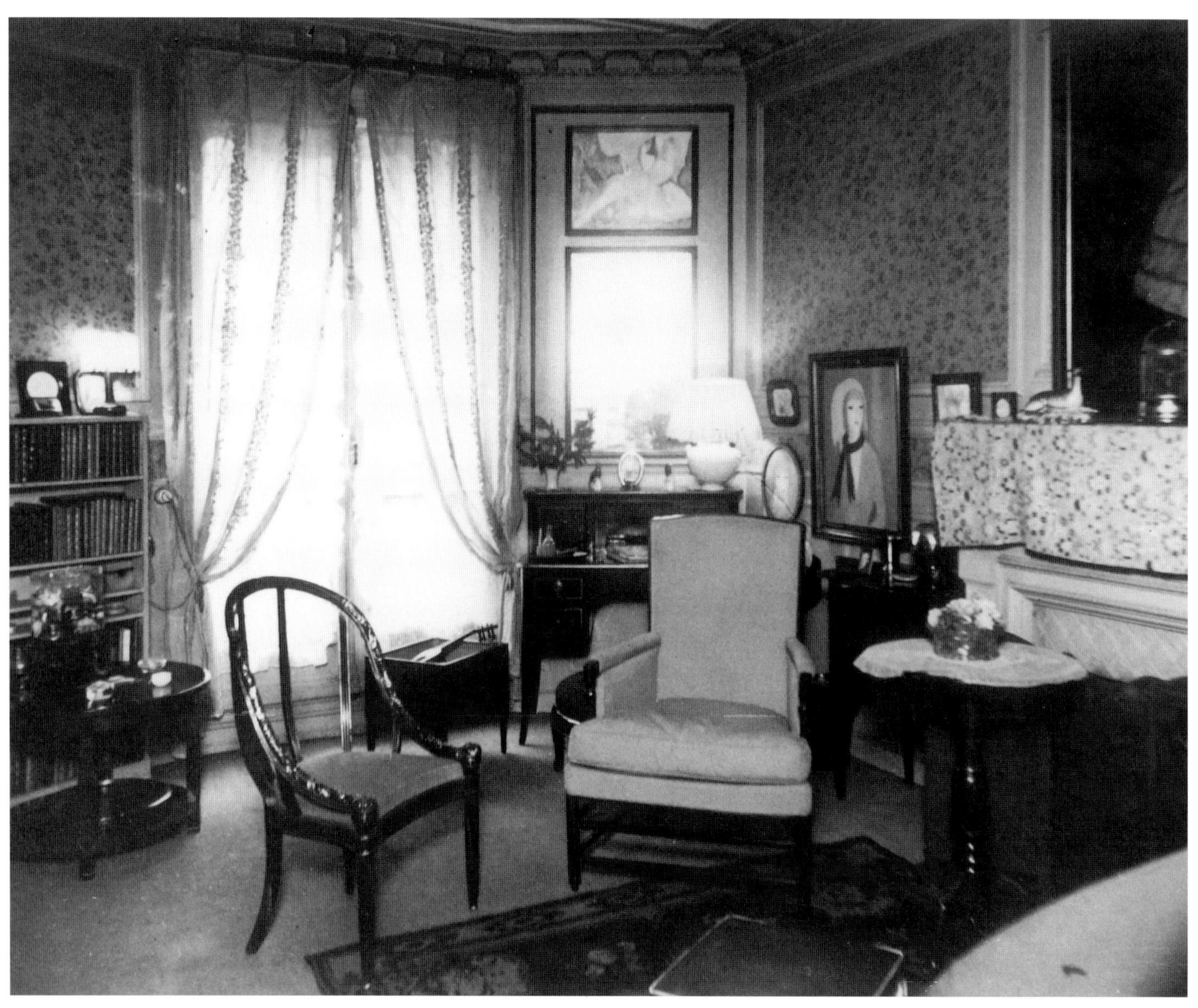

Appartement de Marie Laurencin rue de Vaugirard, vers 1927

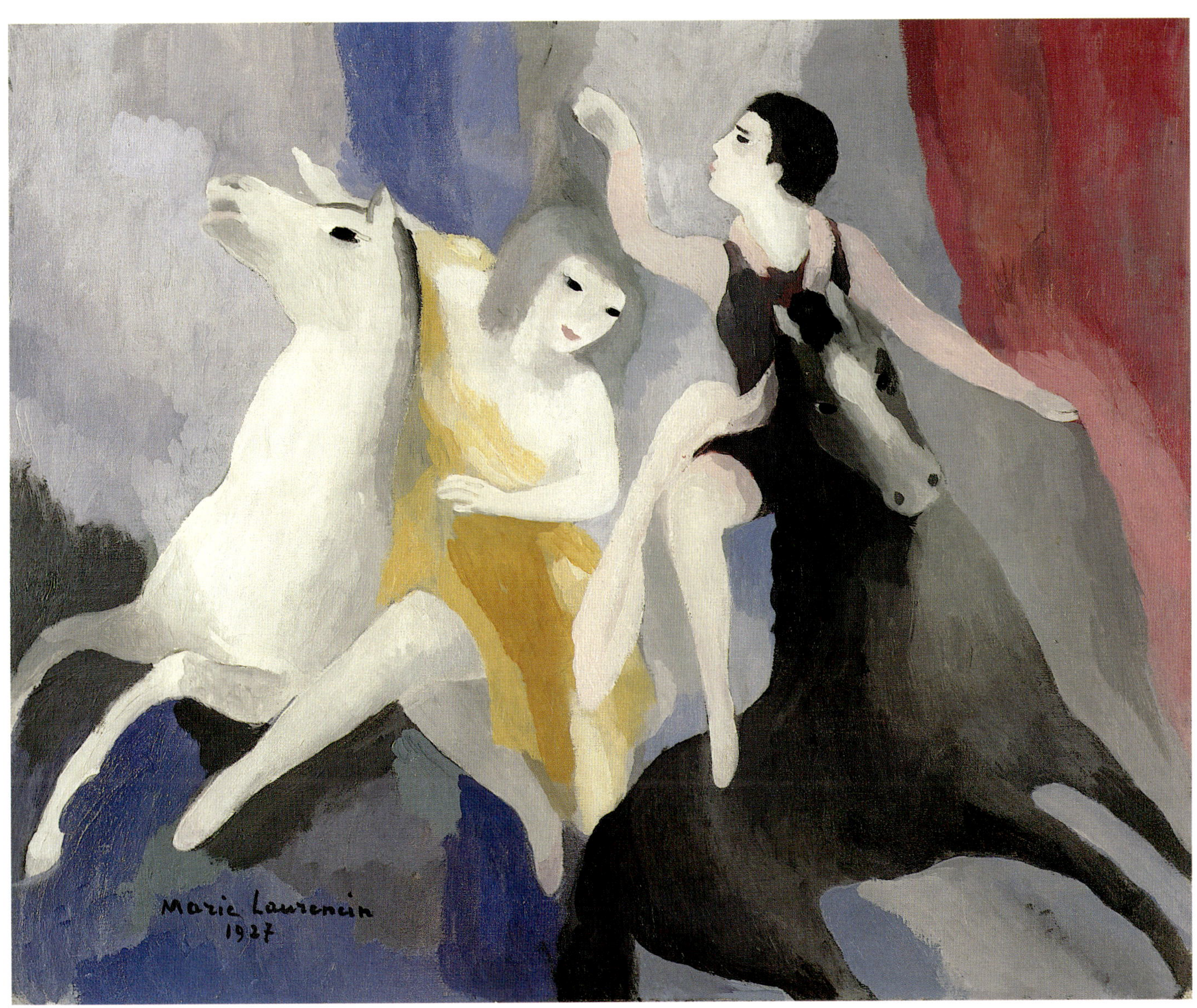

52
Les acrobates
ou **Femmes de cirque**
1927
Huile sur toile
44 × 53,5 cm
Ancienne collection:
Galerie Paul Rosenberg, Paris

Je n'ai absolument aucun droit d'écrire une telle préface, mais j'aime les peintures de Marie Laurencin et en possède plusieurs. Je les ai achetées il y a longtemps et me suis bientôt retrouvé avec cinq. J'avais alors tout à fait reconnu leur grande valeur décorative, mais elle était, me semble-t-il, encore rehaussée si l'on n'accrochait pas ses œuvres avec celles d'autres peintres.
Le hasard voulut que je fasse alors l'acquisition d'une maison sur la Riviera et il m'apparut qu'il serait agréable d'arranger la salle à manger de façon que je puisse montrer ces cinq tableaux dans tout leur avantage.
La pièce était de dimensions moyennes, les murs lavés de blanc. Je fis réencadrer mes œuvres en bois teint de vieil argent et nettoyer mon mobilier italien Louis XVI (...) En voyant mes Marie Laurencin dans ce nouveau décor, je me rengorgeai de joie: ce cadre donnait aux couleurs originales enchanteresses une valeur ajoutée.
Il m'intéressa alors d'apprendre que Lady Cunard avait fait la même chose. Elle a une magnifique collection de Laurencin. Les siens sont plus importants, mais, je m'empresse de le dire, pas plus charmants, car Marie Laurencin descend rarement de son haut niveau de qualité. (...) Avec leurs tons bleu pâle, ces roses, ces mauves, les tableaux de Marie Laurencin ont un air XVIIIe siècle très harmonieux, mais aussi cette sophistication si parisienne du passé que nous aimons tant.
Ils évoquent le souvenir lointain d'un conte de fées légèrement immoral. Ils suggèrent le rêve d'une débauche à la mode qu'une jeune fille, n'ayant jamais quitté son couvent, pourrait faire. (...)
On ne sait ce que font ces délicieuses jeunes créatures. Avec leur chevelure blonde et leurs yeux noirs, avec leurs voiles délicatement teintés, elles semblent comme irréelles, mais infiniment gracieuses et séduisantes. On sent qu'une aventure fantasque les attend sûrement bientôt.

Somerset Maugham
Préface à l'exposition *Fleurs* – extraits –
Mayor Gallery, Londres, 1934

53
Le baiser
vers 1927
Huile sur toile
79 × 63 cm
Anciennes collections
Somerset Maugham,
Villefranche-sur-Mer
Sam Spiegel, New York

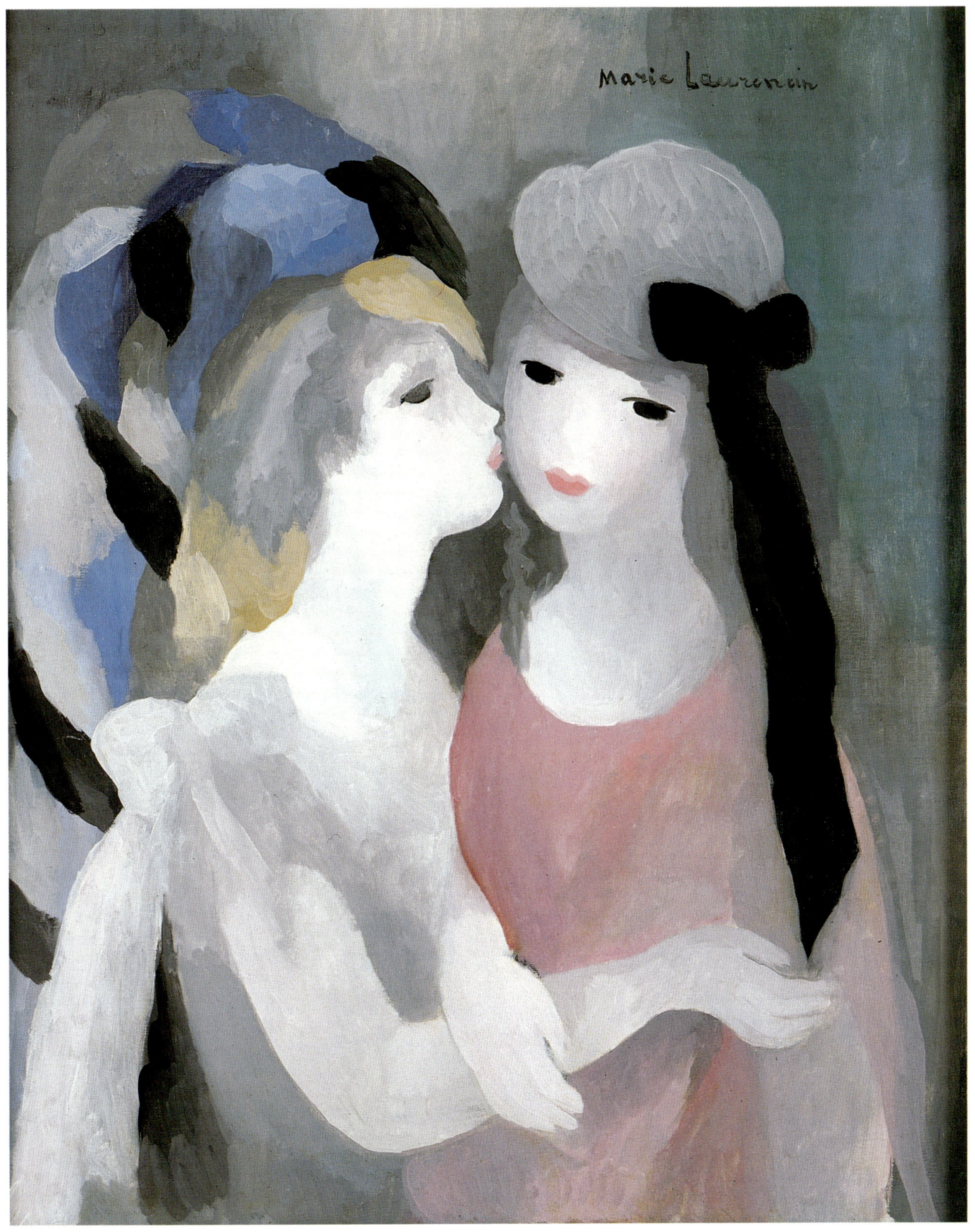
Marie Laurencin

◁ 54
Jeune femme en buste
vers 1927
Huile sur toile
59 × 45 cm

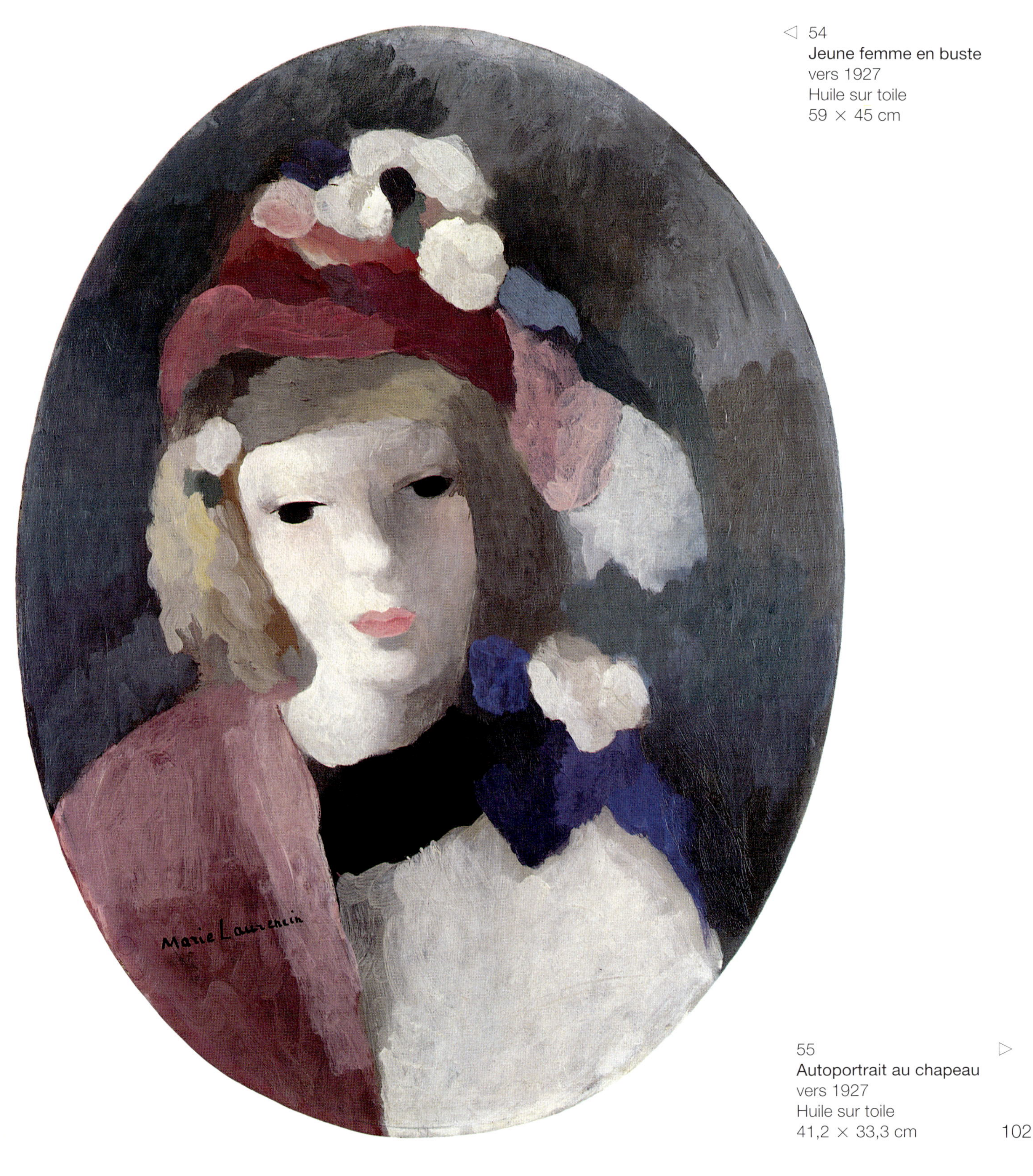

55 ▷
Autoportrait au chapeau
vers 1927
Huile sur toile
41,2 × 33,3 cm

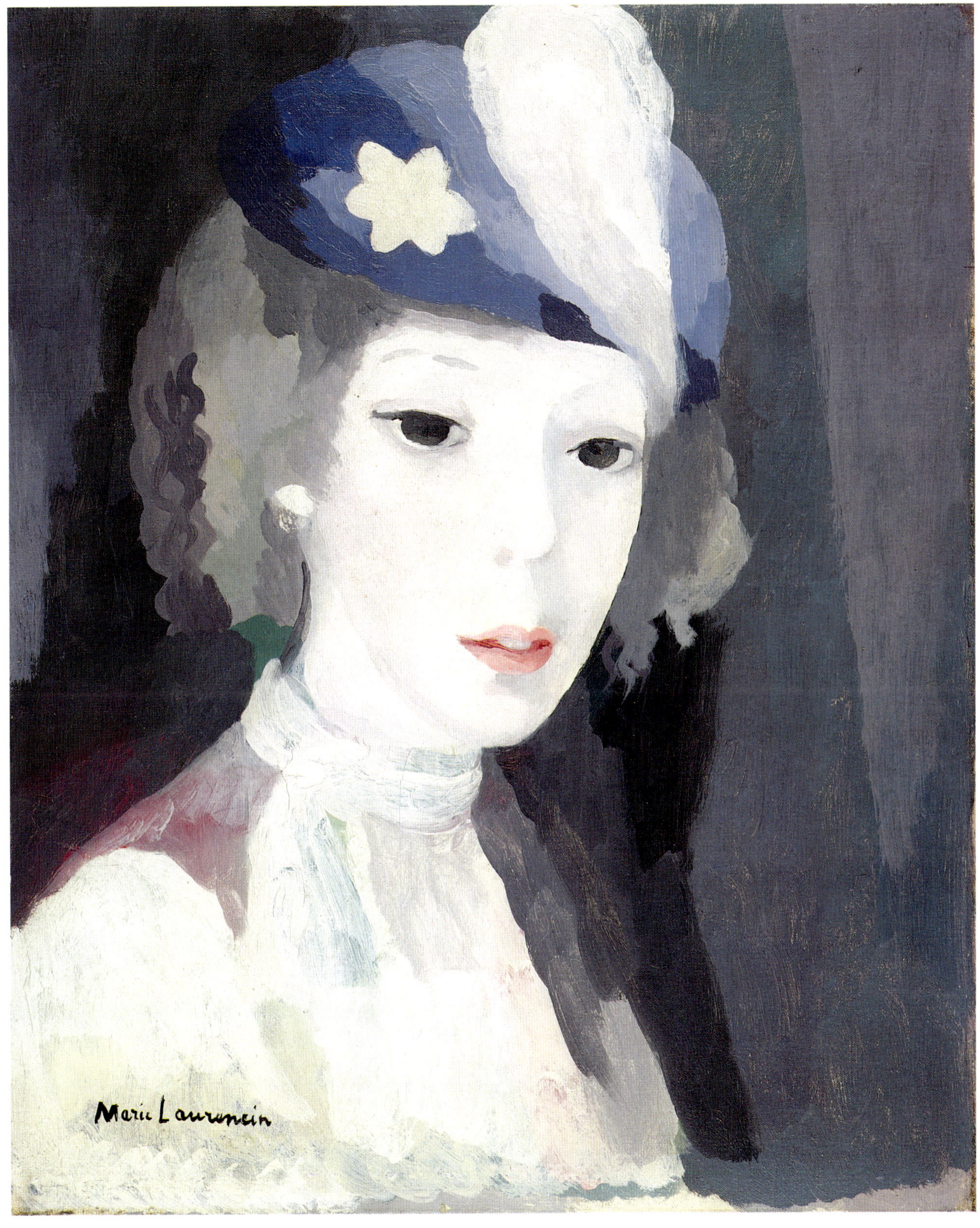
Marie Laurencin

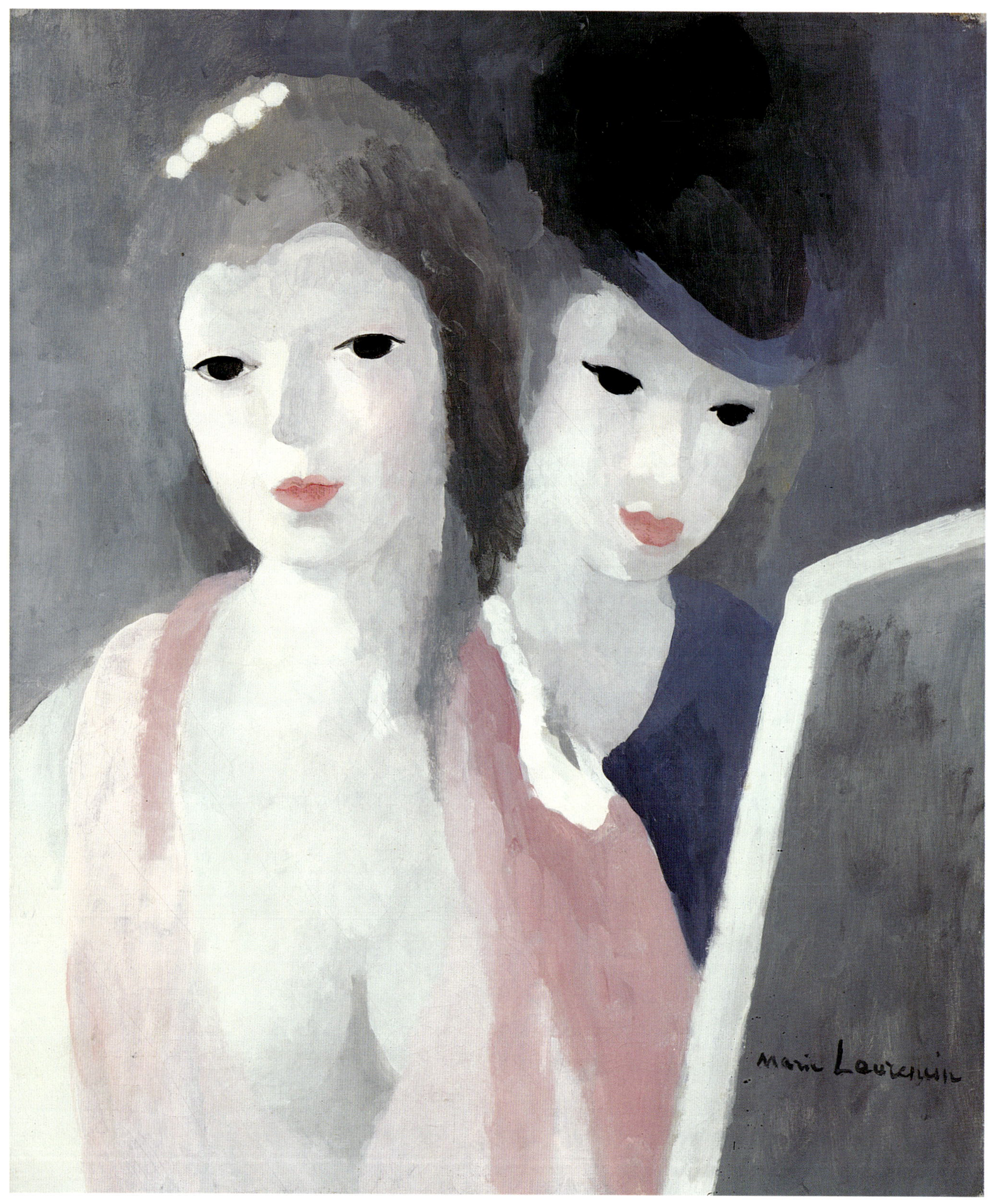

56
Deux amies
vers 1928
Huile sur toile
35 × 47 cm

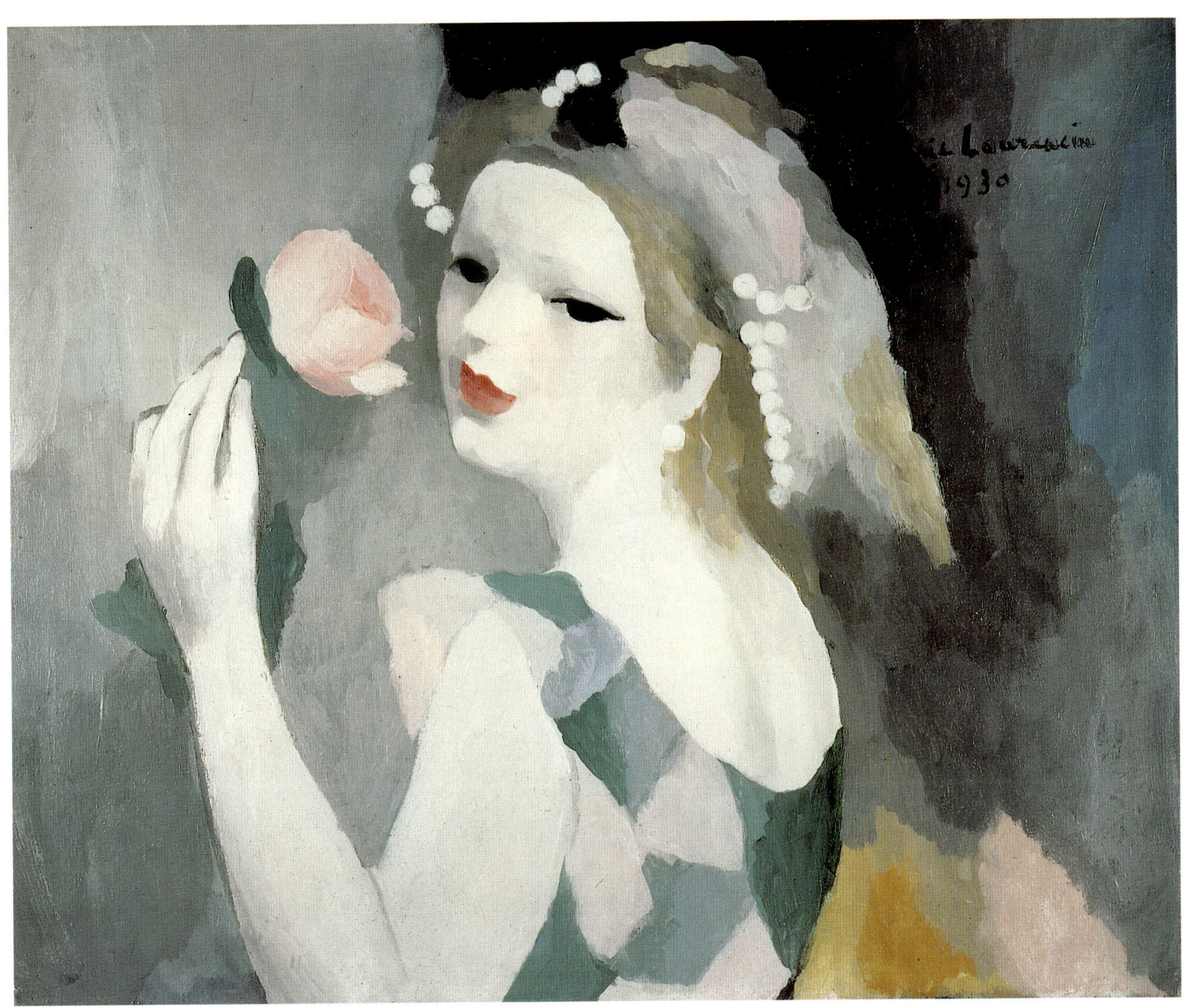

57
Femme à la rose
1930
Huile sur toile
38 × 46 cm
Ancienne collection:
Galerie Paul Rosenberg, Paris

Les seuls hommes choisis par Marie Laurencin ont, entre eux, quelque chose de commun: ils appartiennent tous au monde de la pensée. Ce choix est, en vérité, un tri minutieux (...). Marie Laurencin n'a peint que des poètes. Dix hommes pour mille femmes. Perdus dans le monde, en une mince ronde, ces modèles masculins font figure de raretés. Un monsieur qui a son portrait par Marie Laurencin ne doit pas être comme les autres. Oui, il est, d'abord, très intelligent et presque inévitablement célèbre.

Lucie Porquerol
1938

58
Edward Wassermann
1935
Huile sur toile
65 × 54 cm

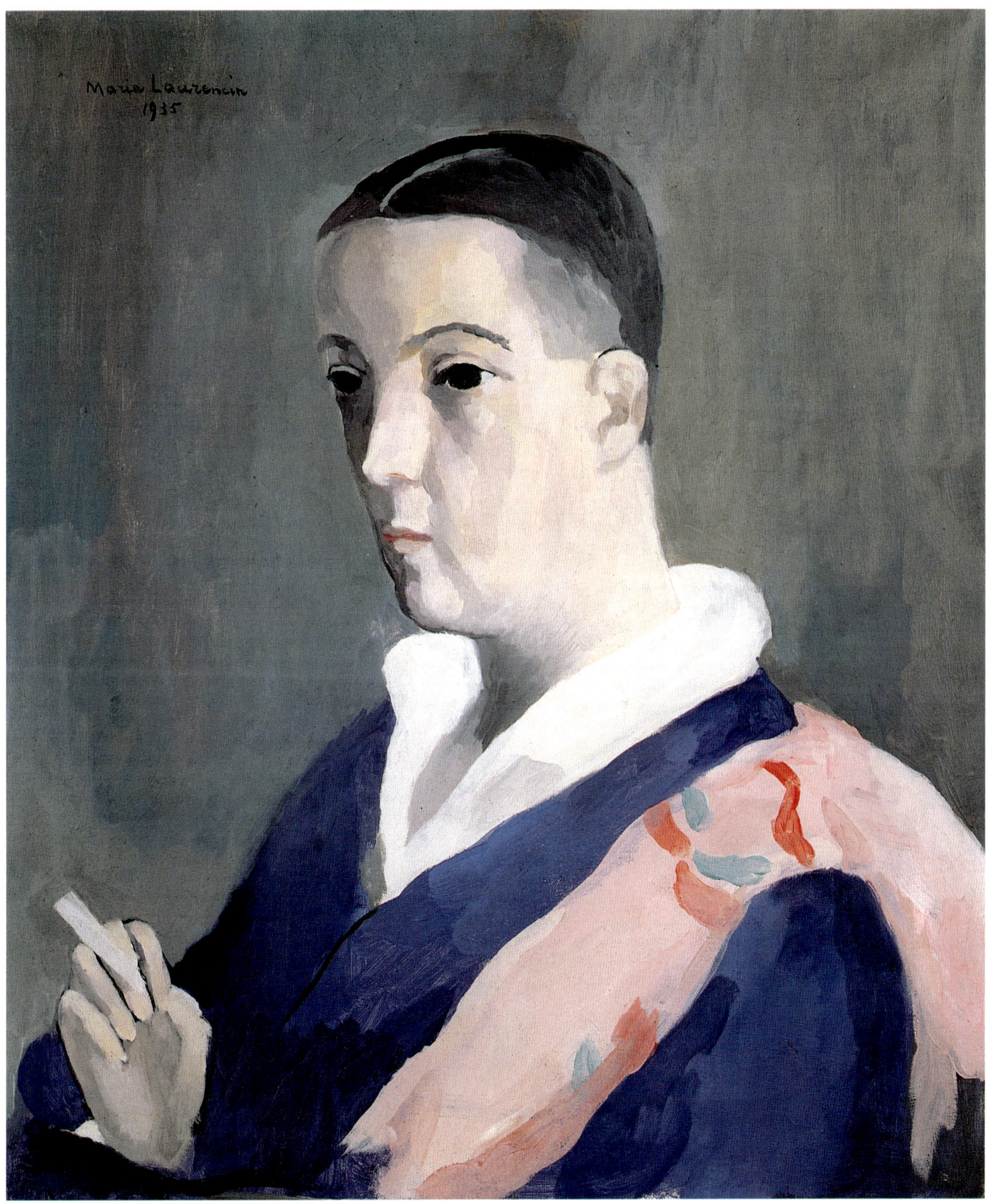
Marie Laurencin
1935

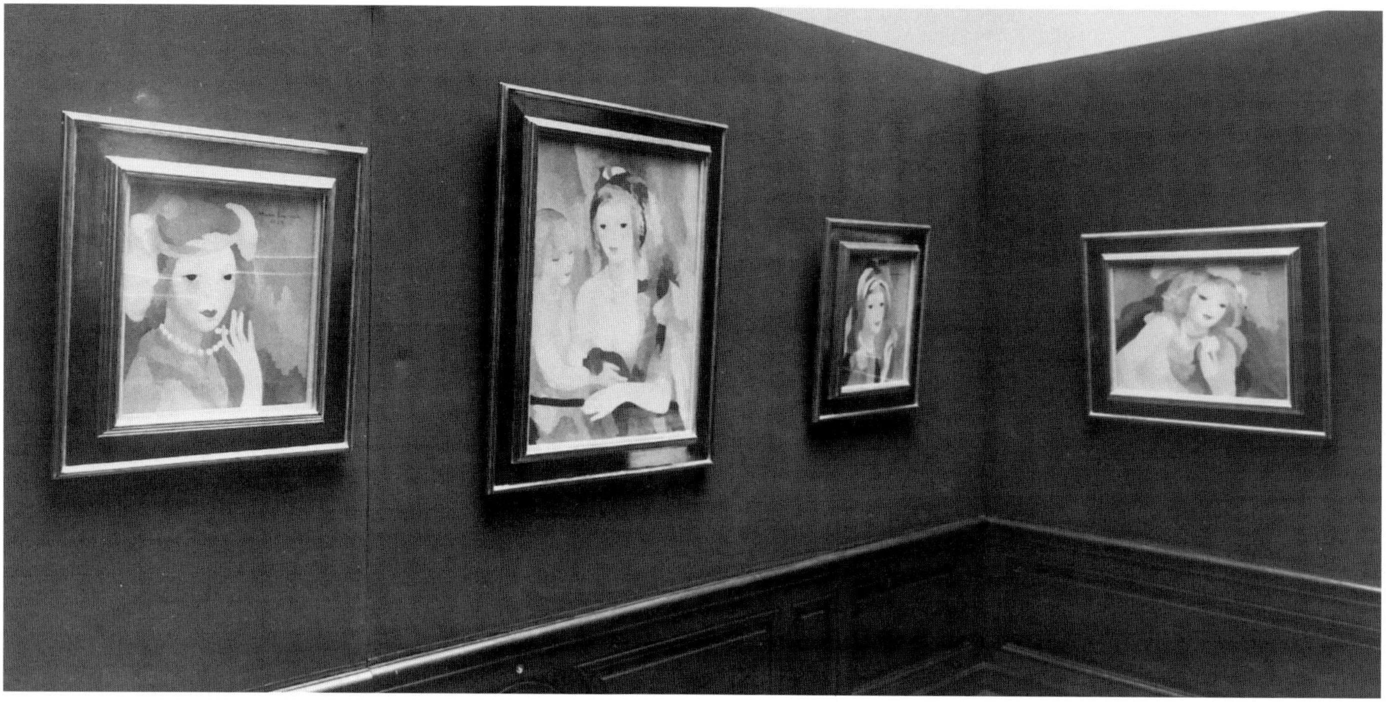

Exposition Marie Laurencin, Galerie Paul Rosenberg, Paris, 1936

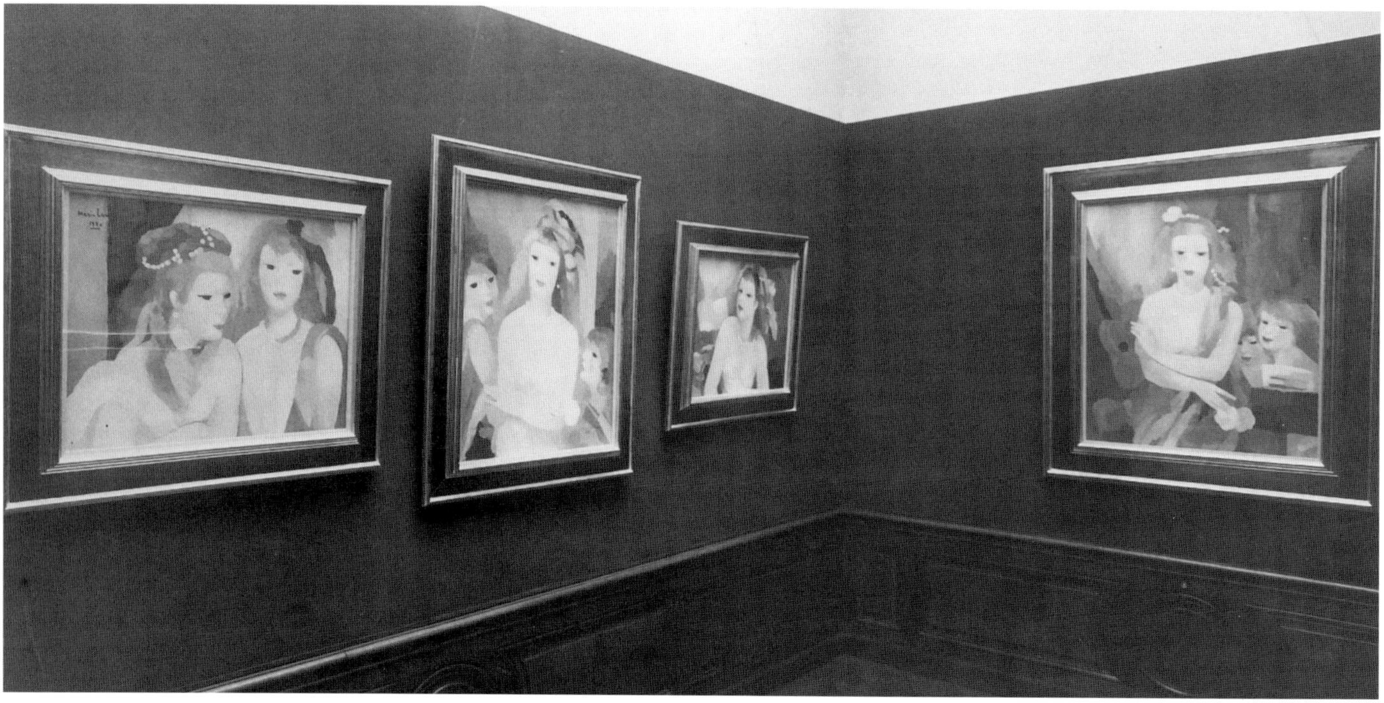

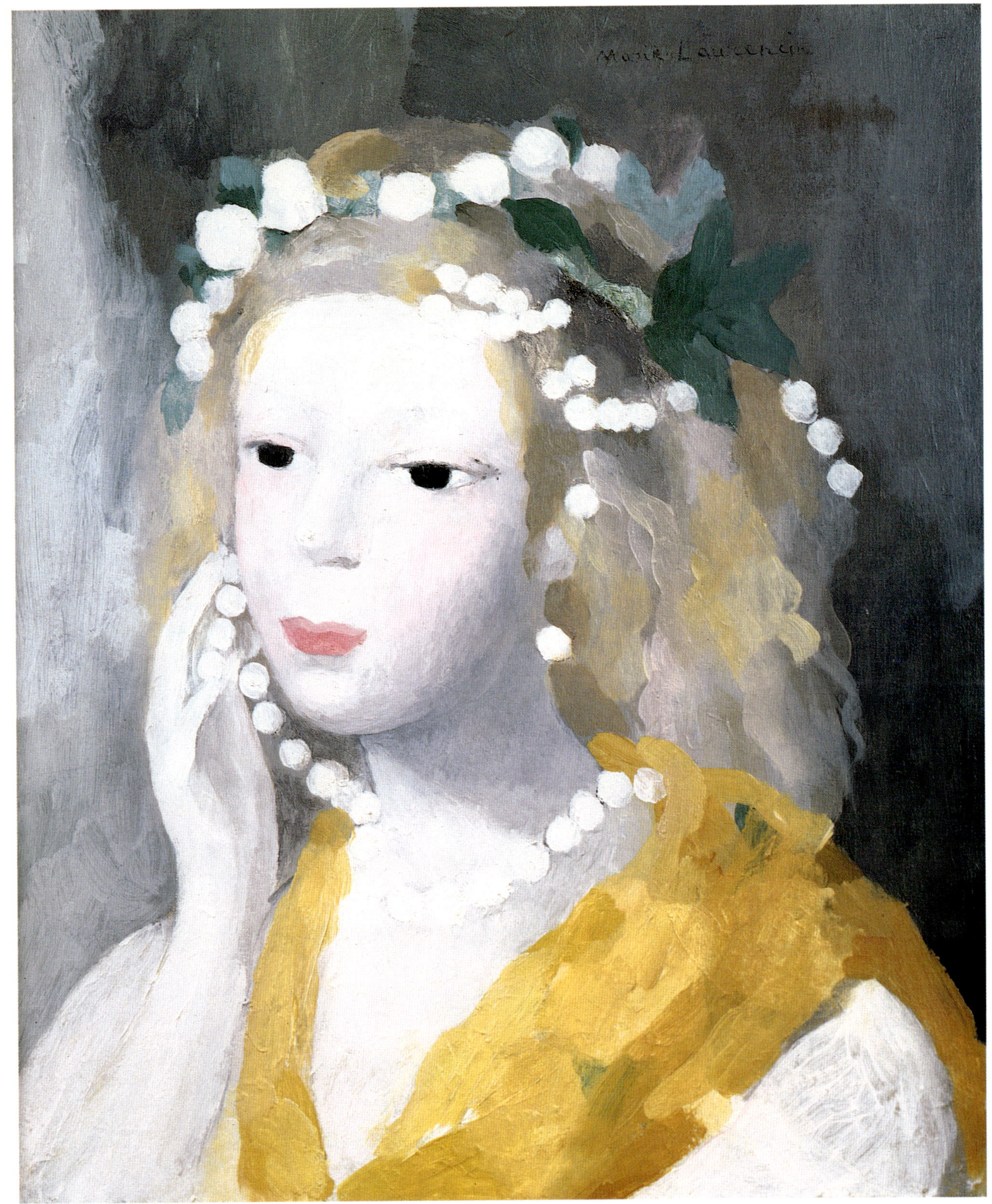

9
emme au collier
ers 1935
uile sur toile
5,2 × 38,3 cm

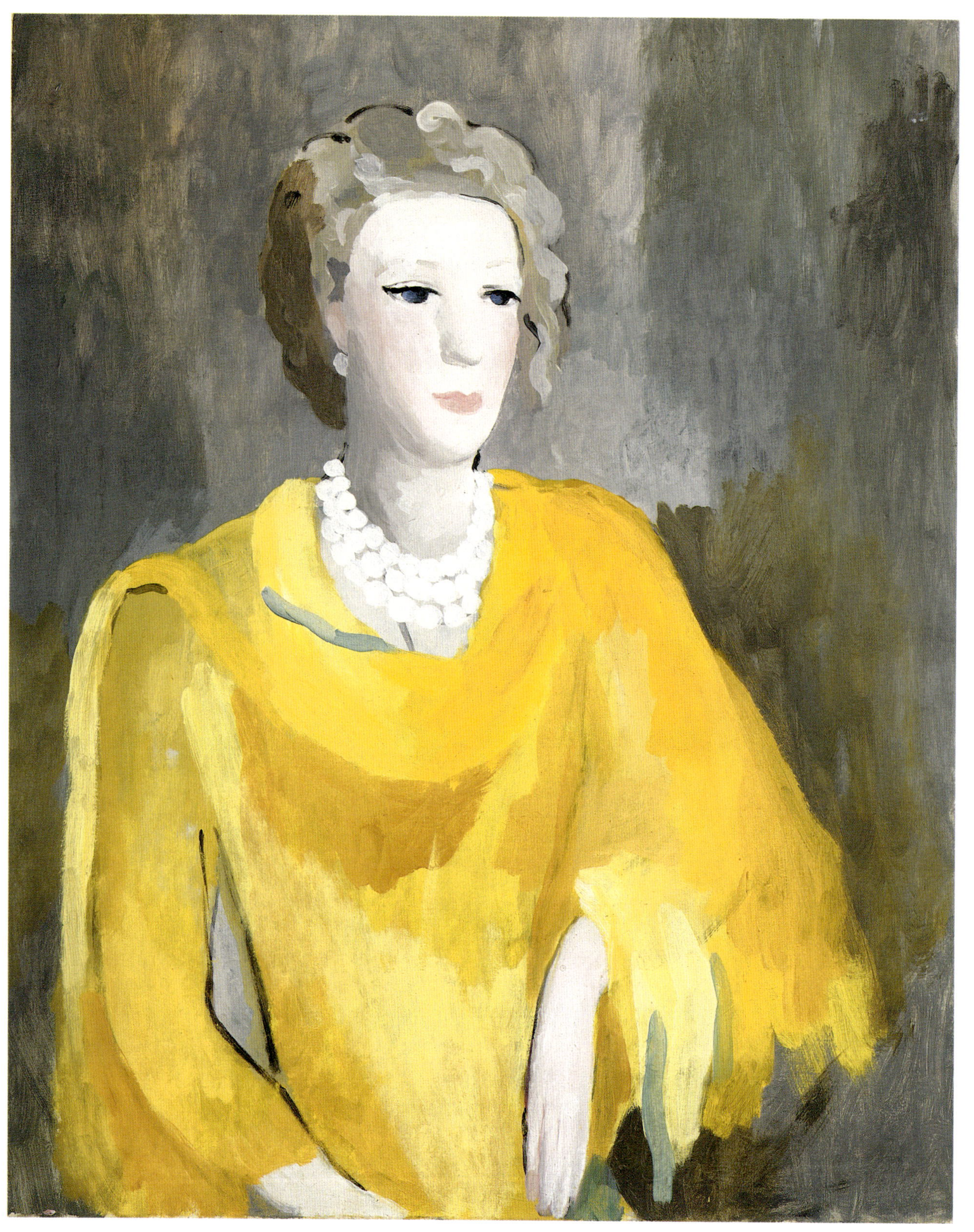

60
Mme André Groult
née Nicole Poiret
1937
Huile sur toile
86 × 68 cm
Ancienne collection
M. et Mme André Gr

61
Mme Charlie Delmas
1938
Huile sur toile
100 × 73 cm

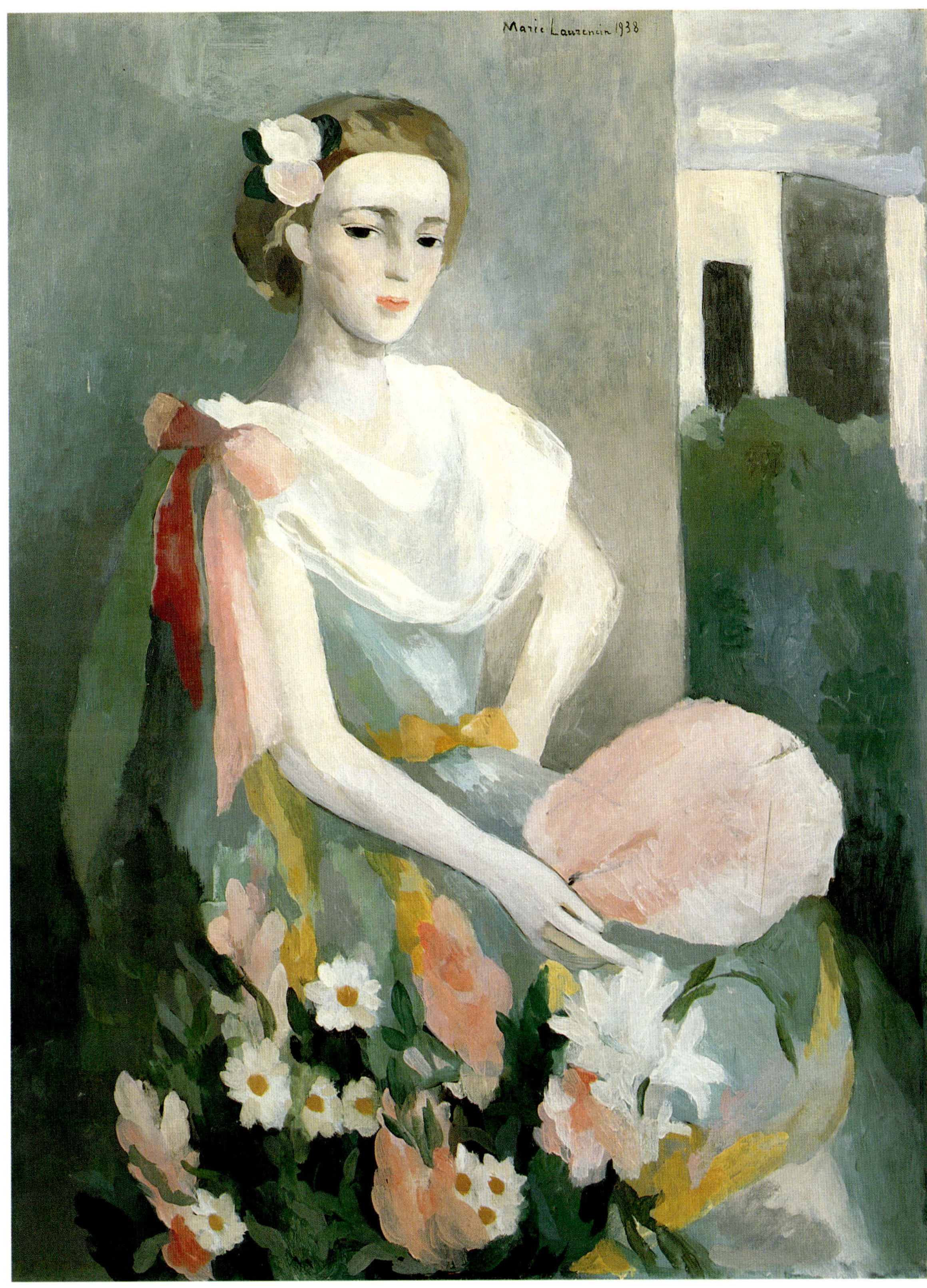

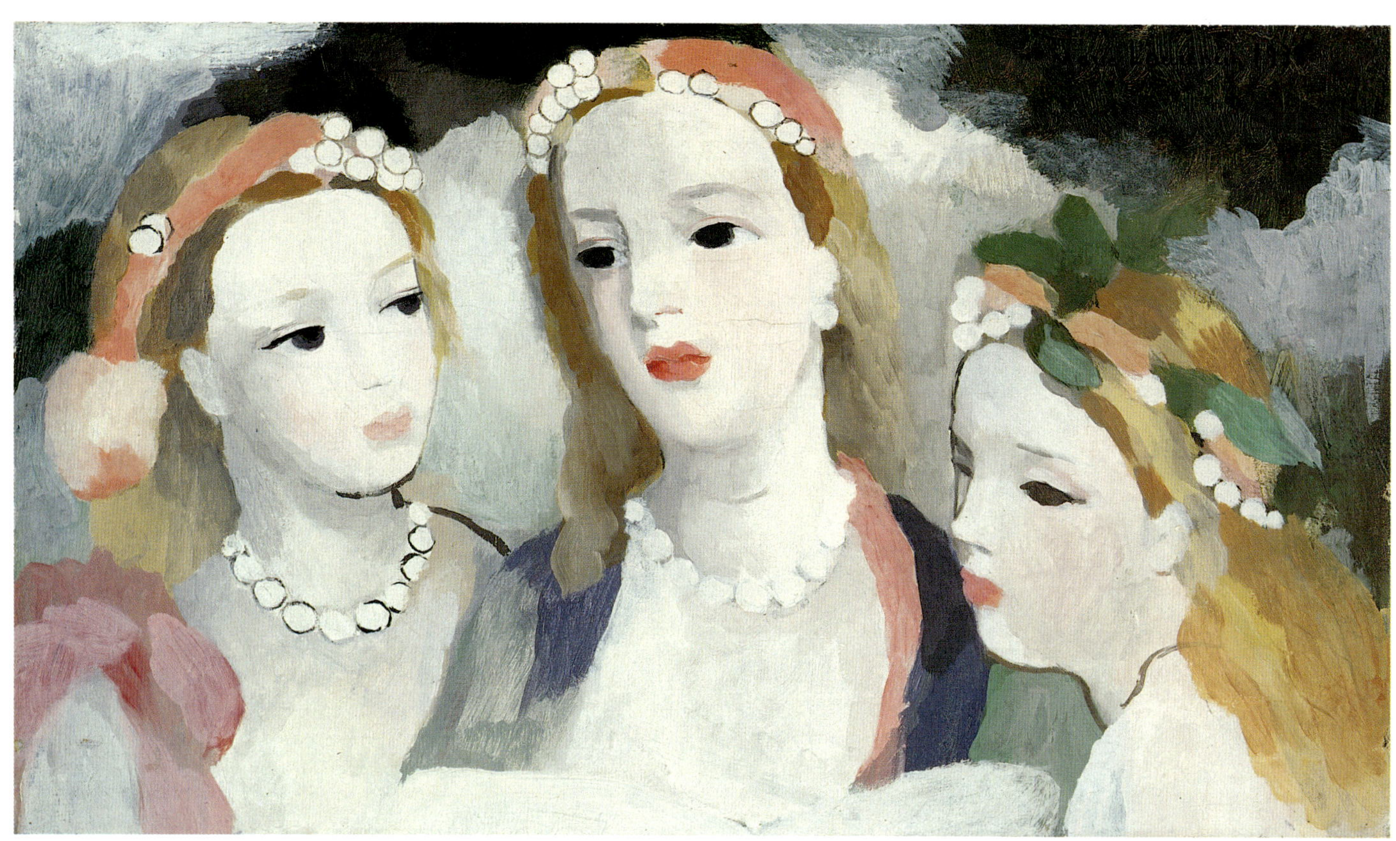

62
Trois jeunes filles
1938
Huile sur toile
33 × 55 cm

Esprits des poètes, habitez ma maison. Si vos corps ne sont plus toujours sensibles aux ajustements, moi seule vous vêtirai d'écharpes rayées et de couronnes d'or.

Marie Laurencin – Hommage à René Crevel –
Marianne, 26 juin 1935

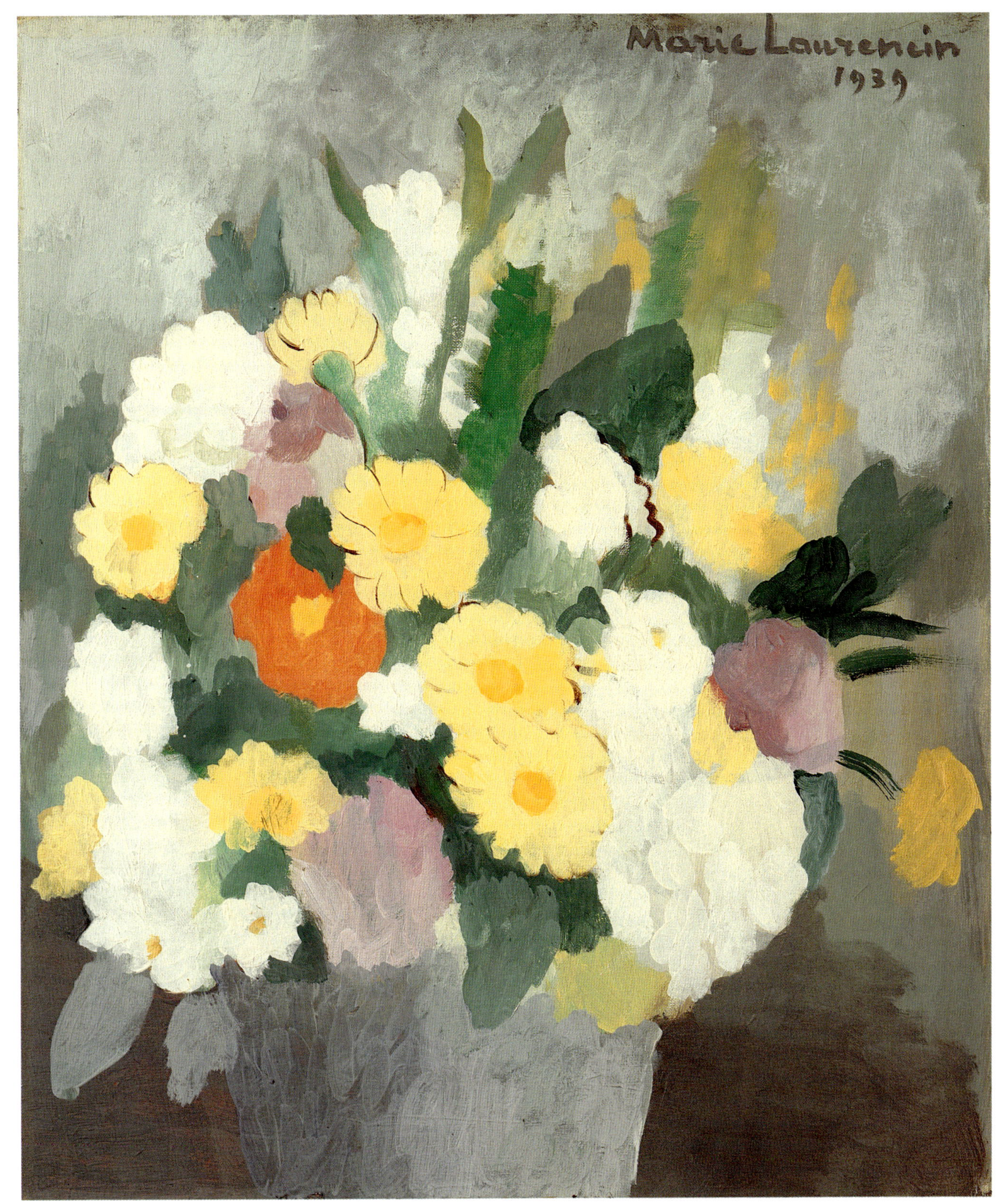

uquet de fleurs
9
e sur toile
5 × 36,5 cm

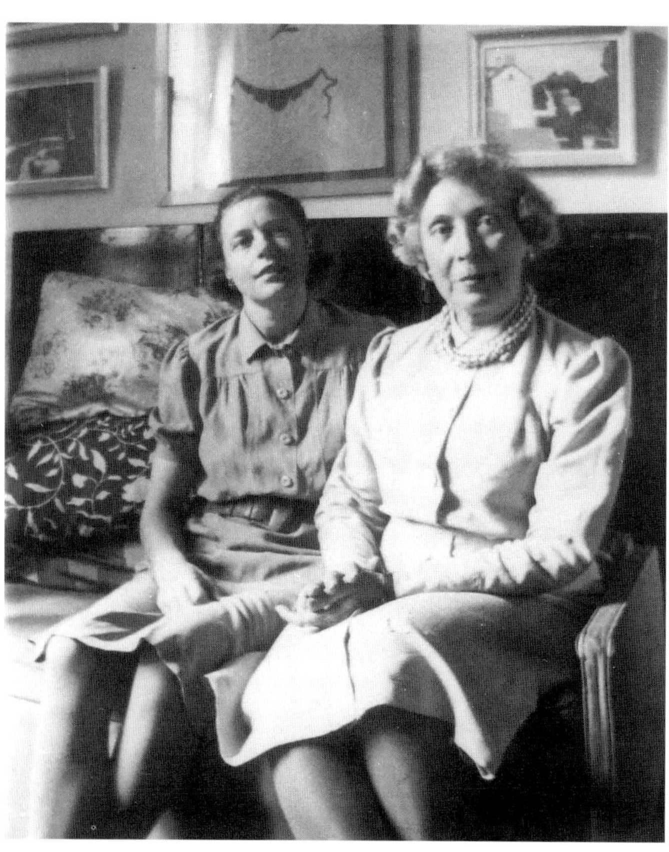

Marie Laurencin et Suzanne Moreau, Paris, vers 1941
Au mur: deux petits paysages, vers 1940, encadrent une broderie dessinée par Marie Laurencin, exécutée par sa mère, Pauline (vers 1909-1910)

Le temps croissant, la servante, devenue maîtresse des lieux, écourtera les conversations téléphoniques, lira les lettres par-dessus l'épaule de sa destinataire, et filtrera impérativement les visiteurs, abolissant sans vergogne sous prétexte «de ne pas fatiguer Madame» les coups de téléphone et les coups de sonnette qu'elle jugeait importuns.

Flora Groult
Marie Laurencin, 1987

A Suzanne Moreau

Lorsque je serai
dans la tombe –
quelques-uns diront Marie
Je les entendrai –
quant aux Laurencin
tout courts
Le chevalier Bayard
les mettra à la redresse
Mais une toute petite voix
dira Madame
A celle-là
je répondrai –

Marie Laurencin

64
Suzanne Moreau en bleu
1940
Huile sur toile
65 × 54 cm
Signé et daté en haut à droite

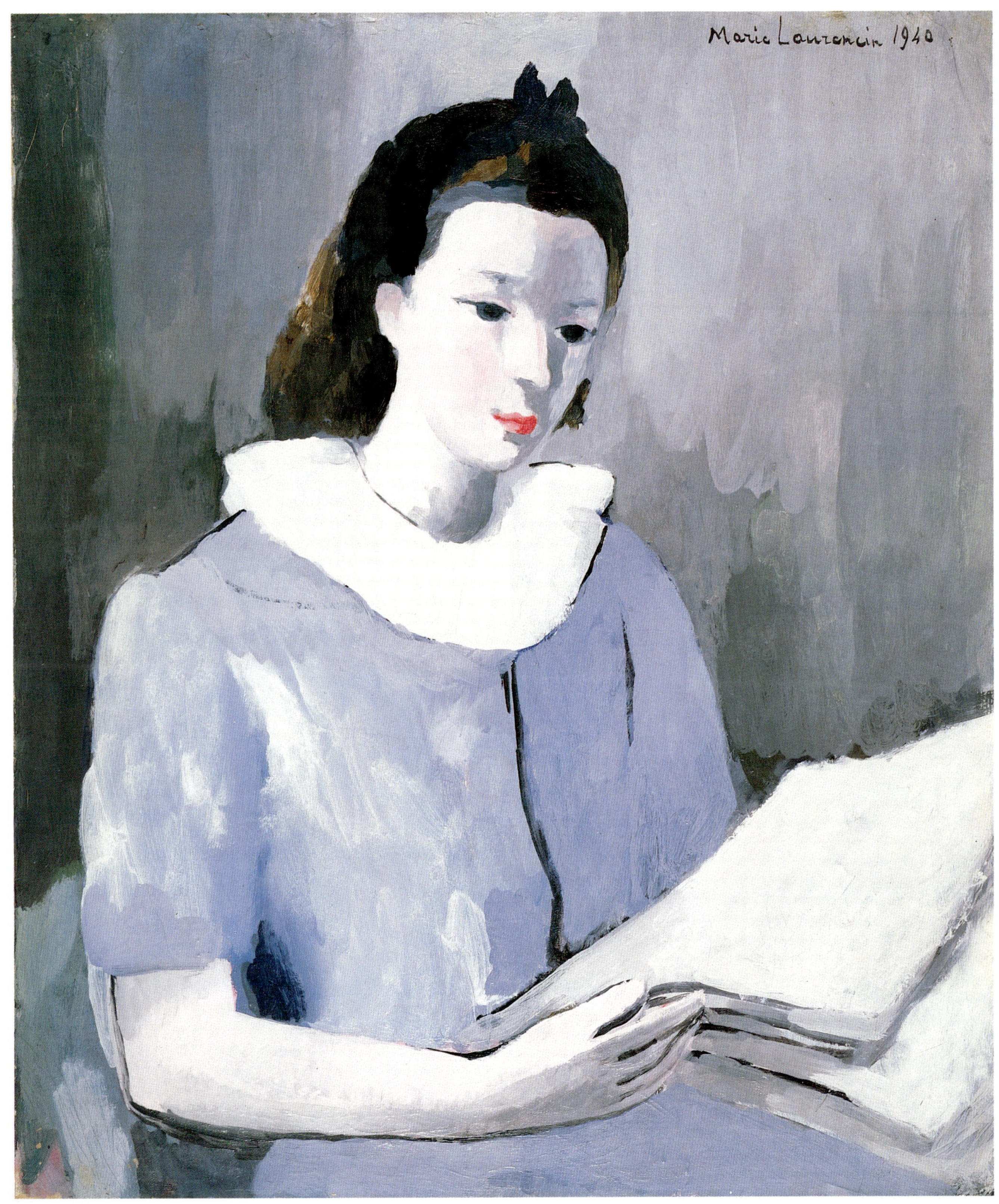
Marie Laurencin 1940

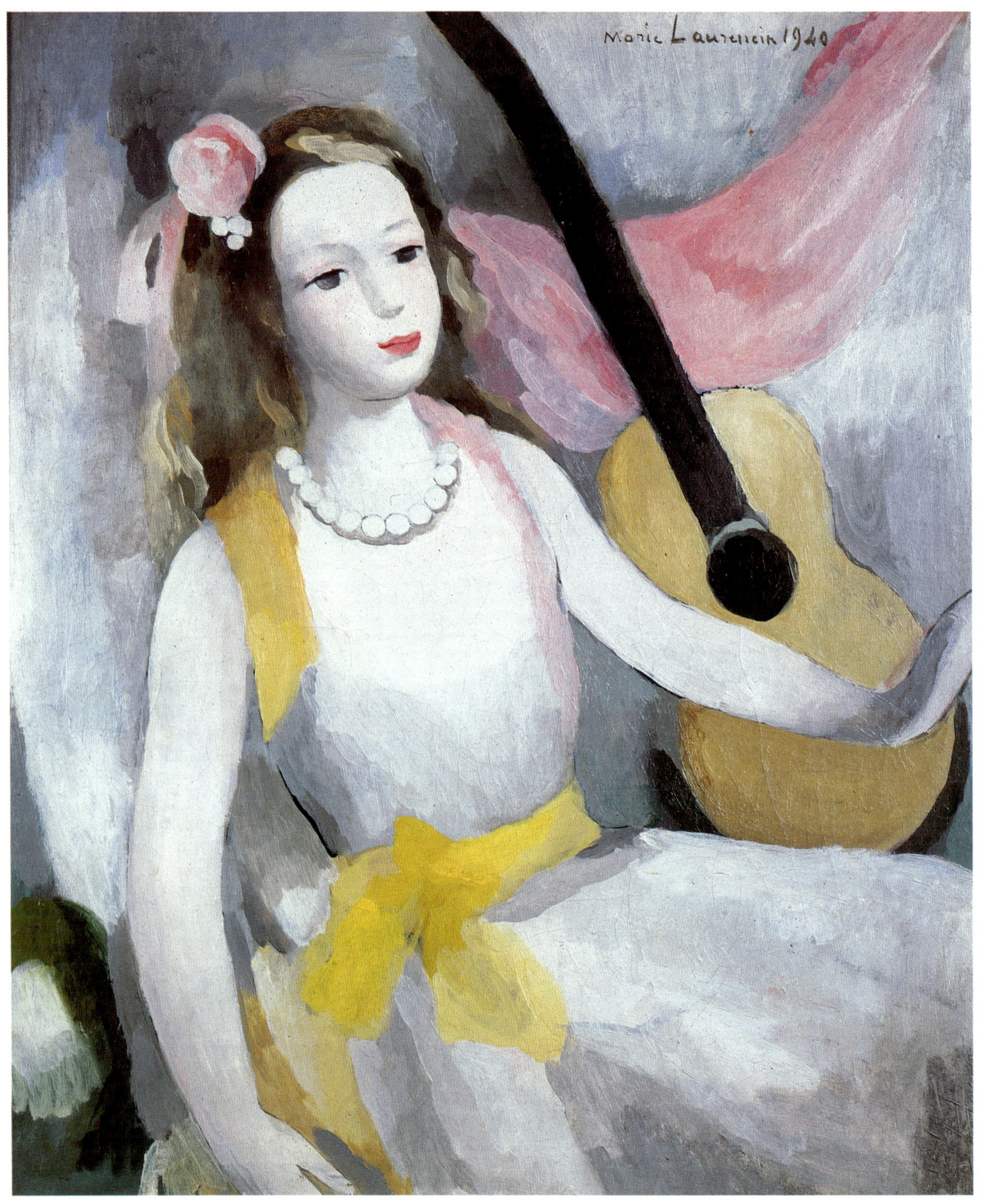

65
Femme à la gu
1940
Huile sur toile
73 × 60 cm

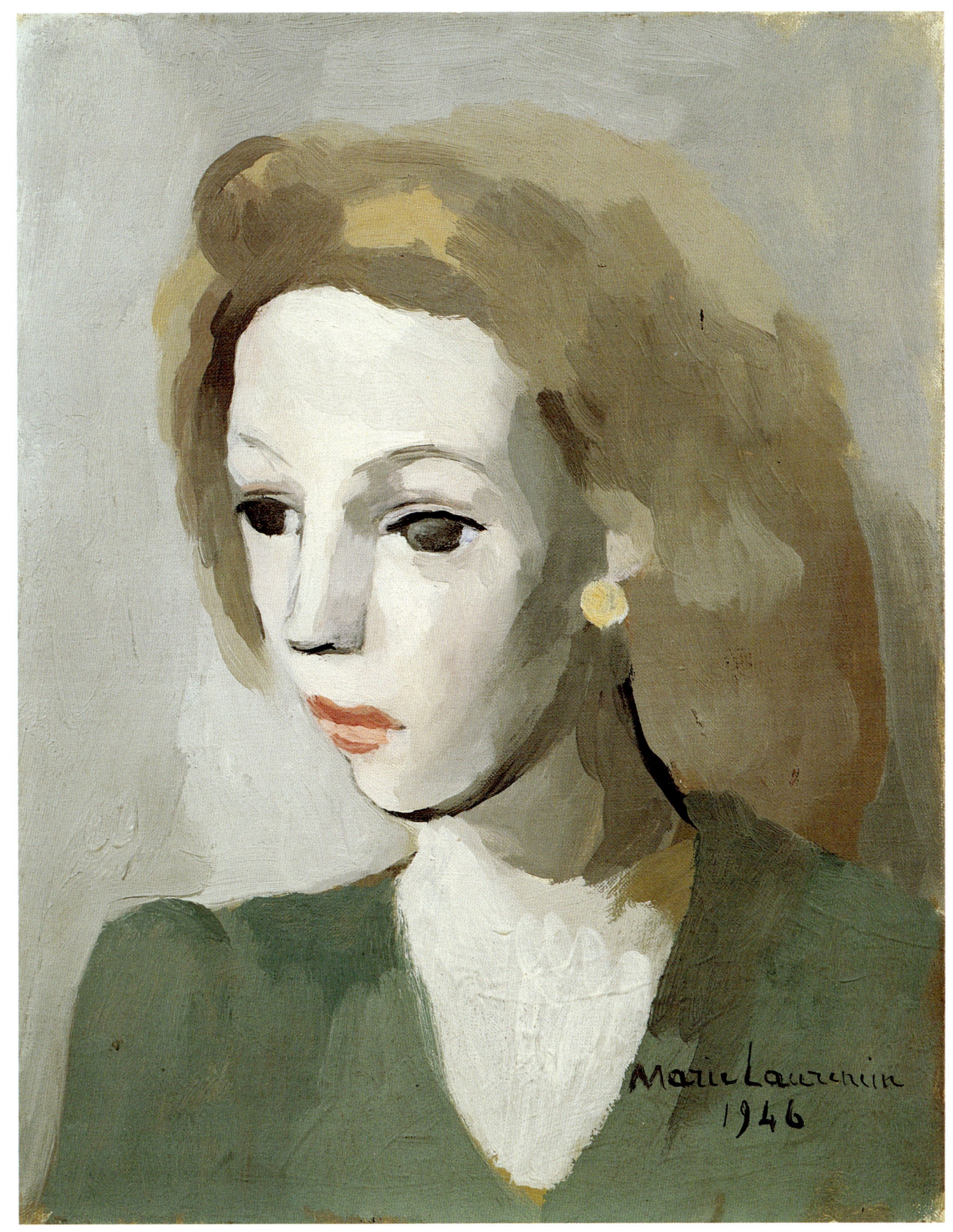

66
Catherine Gide
1946
Huile sur toile
35 × 27 cm

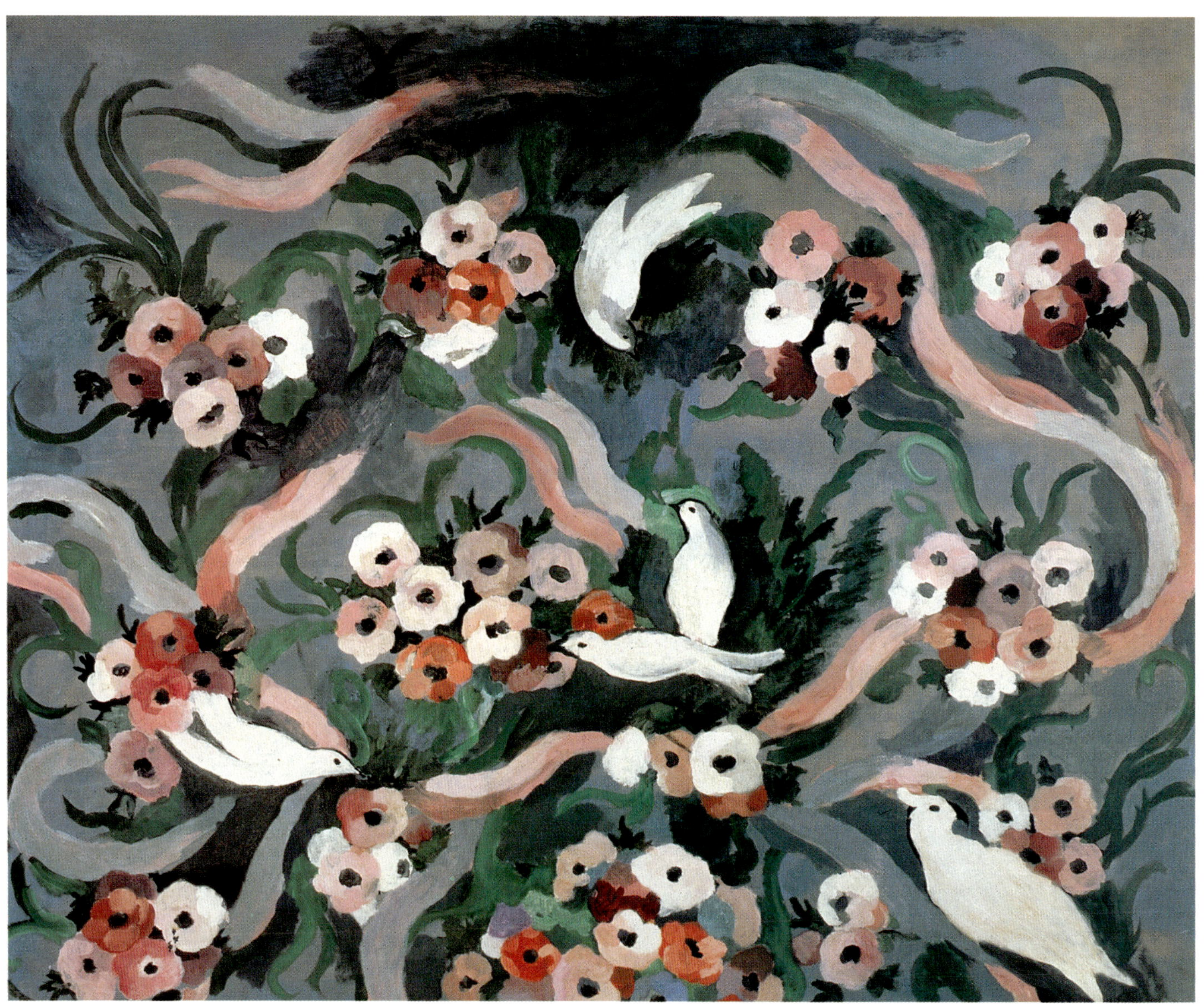

67
Fleurs et colombes
Etude pour un tapis
vers 1935
Huile sur carton
105 × 125 cm

68
Musique
vers 1944
Huile sur toile
65 × 54 cm

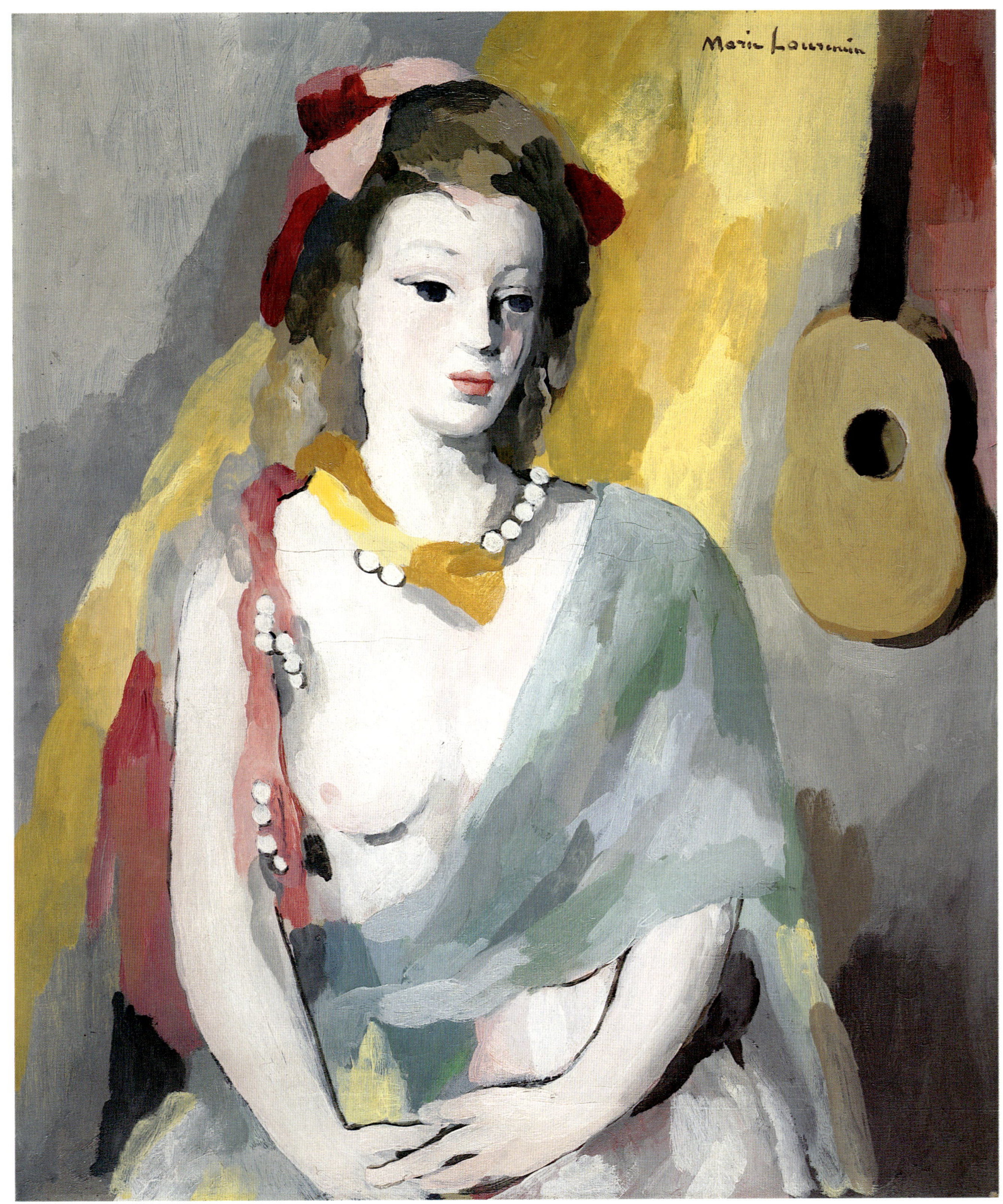
Marie Laurencin

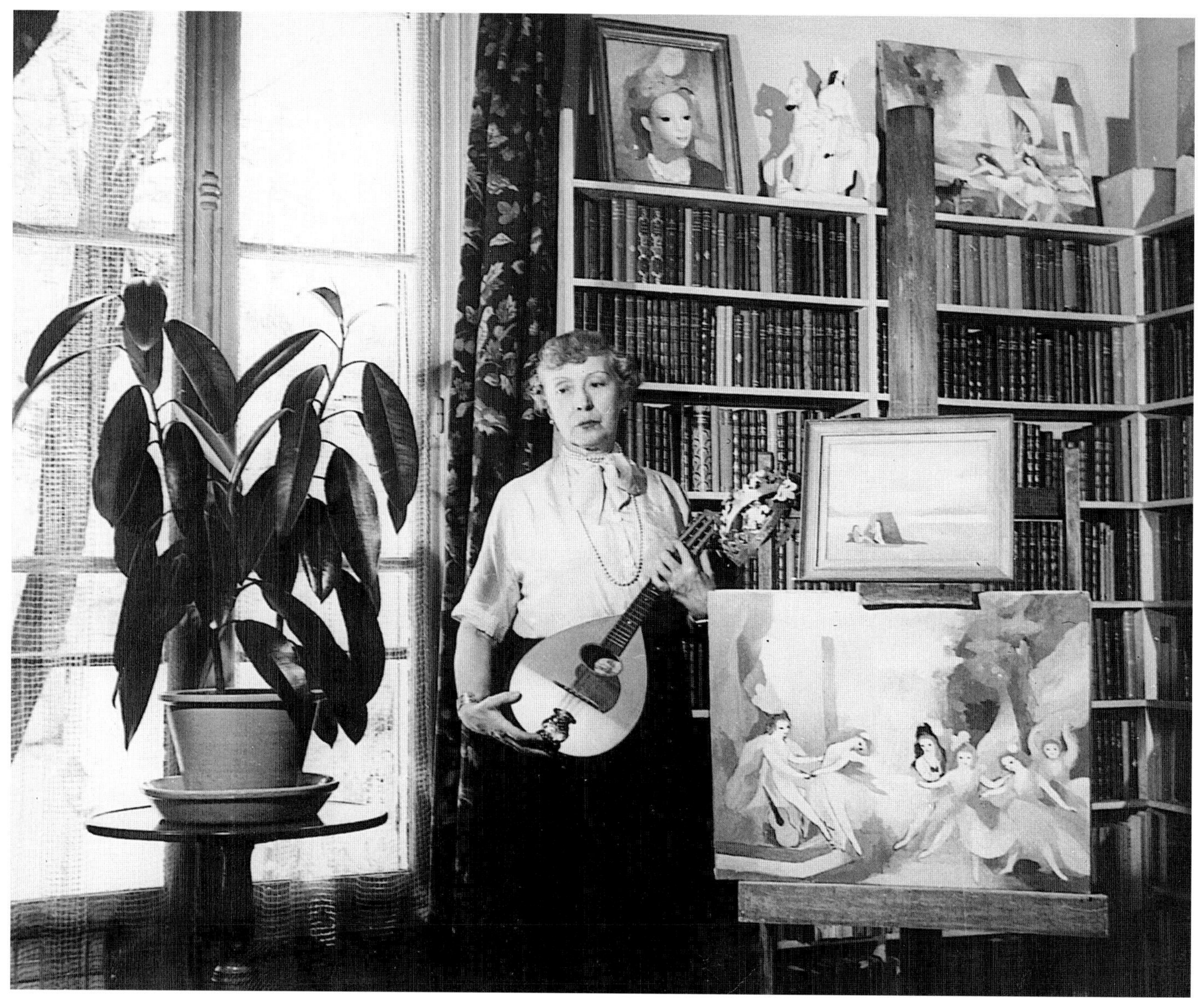

Rue Masseran, Paris, vers 1950

Il me semble que je n'ai rien à faire avec la peinture parce que je l'aime.
Très jeune, je me suis aperçue que si je disais ce que je voulais faire – apprendre mes leçons, dessiner, coudre – il me suffisait d'en parler à l'avance pour que l'exécution n'eût jamais lieu.
Aussi ai-je toujours eu soin, par une sorte de superstition, depuis que je peins, de n'en pas parler. Même mes tableaux me gênent – s'ils restent chez moi. Je n'aime pas les rencontrer.

Marie Laurencin
Arts, 24 juillet 1952

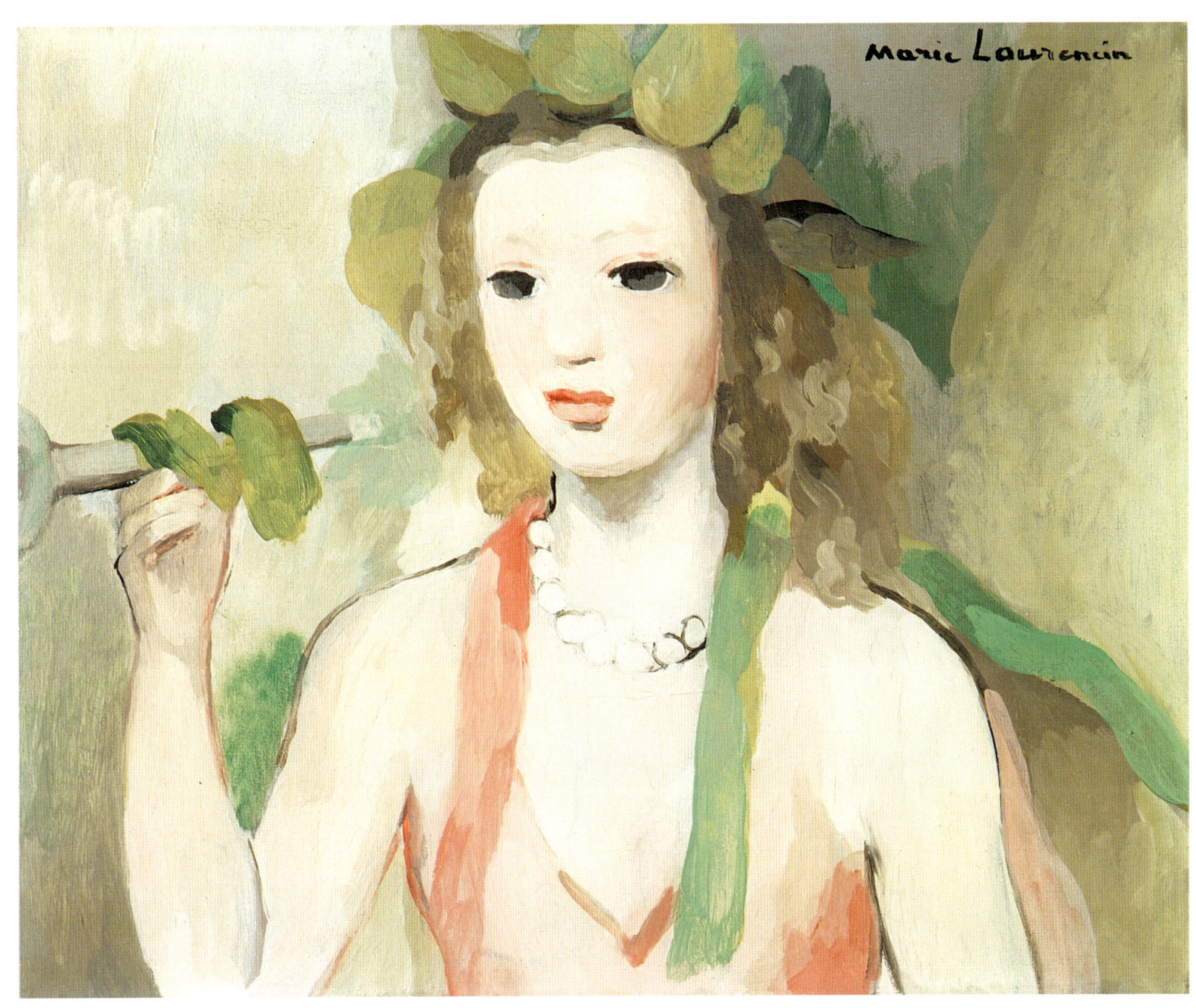

69
L'enfant à la trompette
vers 1950
Huile sur toile
46 × 55 cm

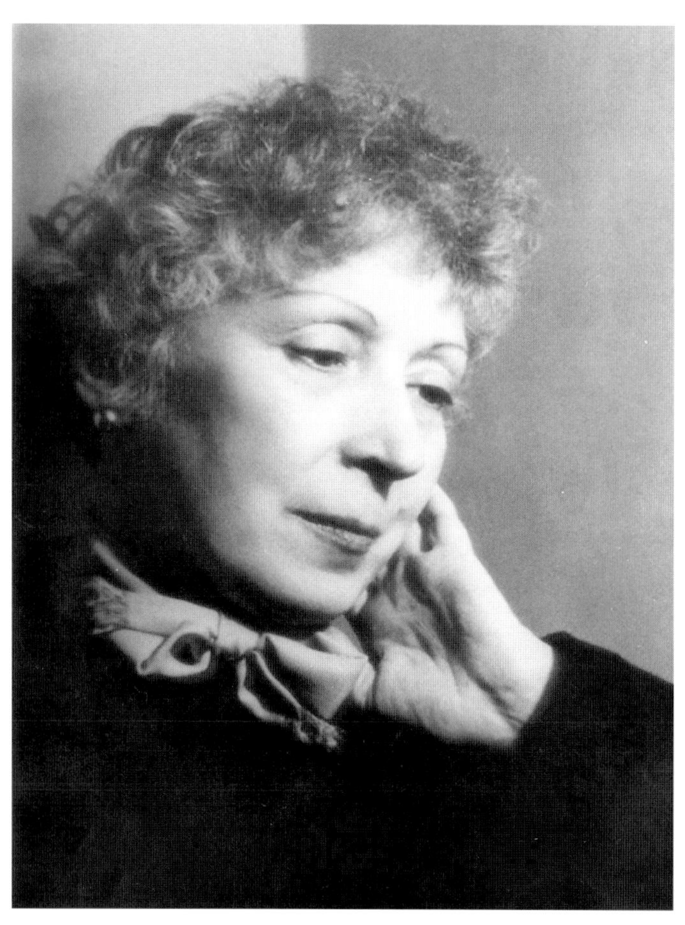

Marie avait le visage particulièrement serein lorsqu'elle peignait. Les narines un peu dilatées par le plaisir, l'œil noir encore plus rond. De temps en temps, comme pour se rassurer, elle tapotait d'une main fine et très blanche le nœud de taffetas ou de satin qui s'étalait en papillon sur sa blouse.

Flora Groult
Marie Laurencin, 1987

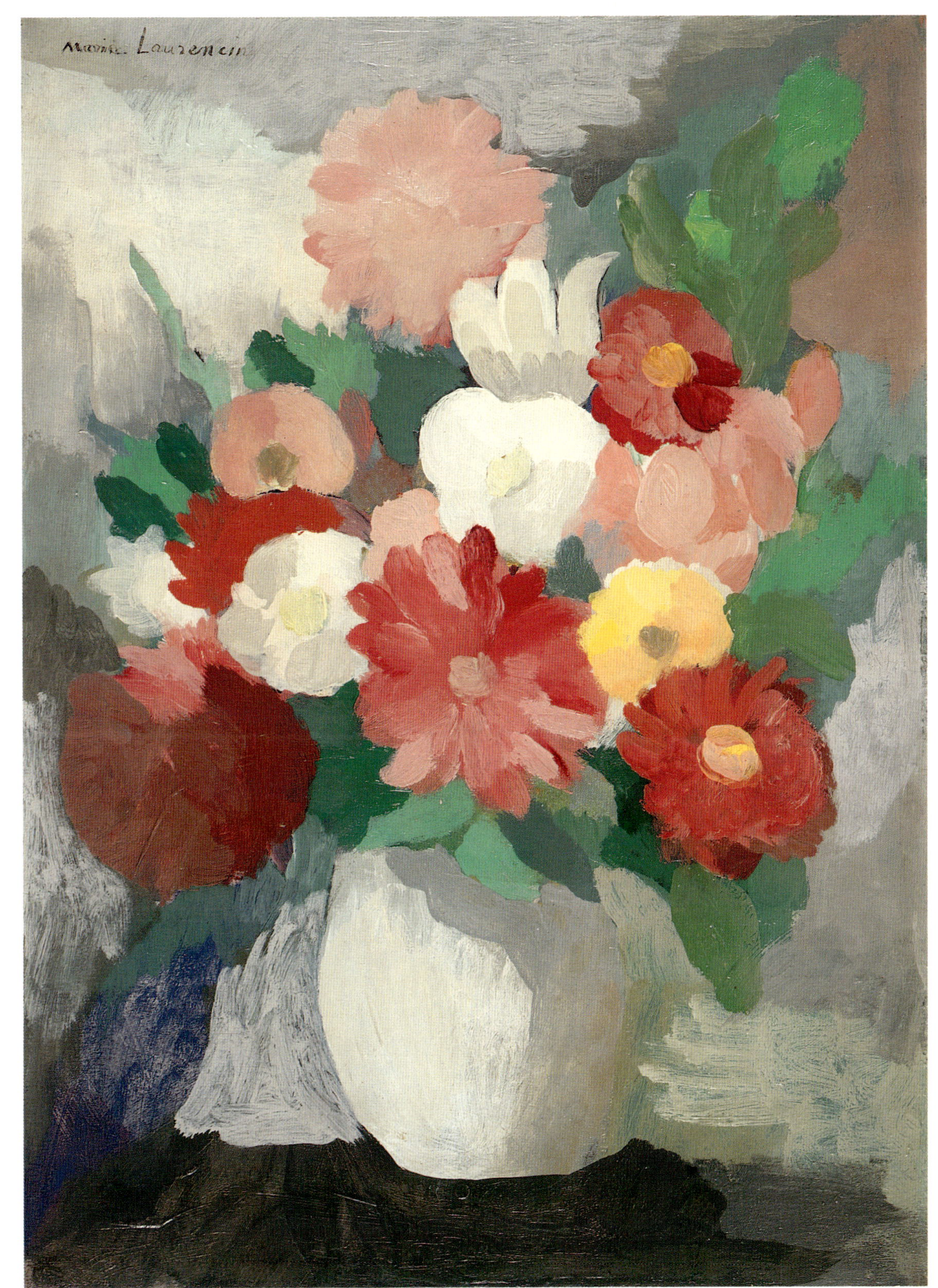

70
Vase de fleurs
vers 1950
Huile sur toile
49,5 × 35,5 cm

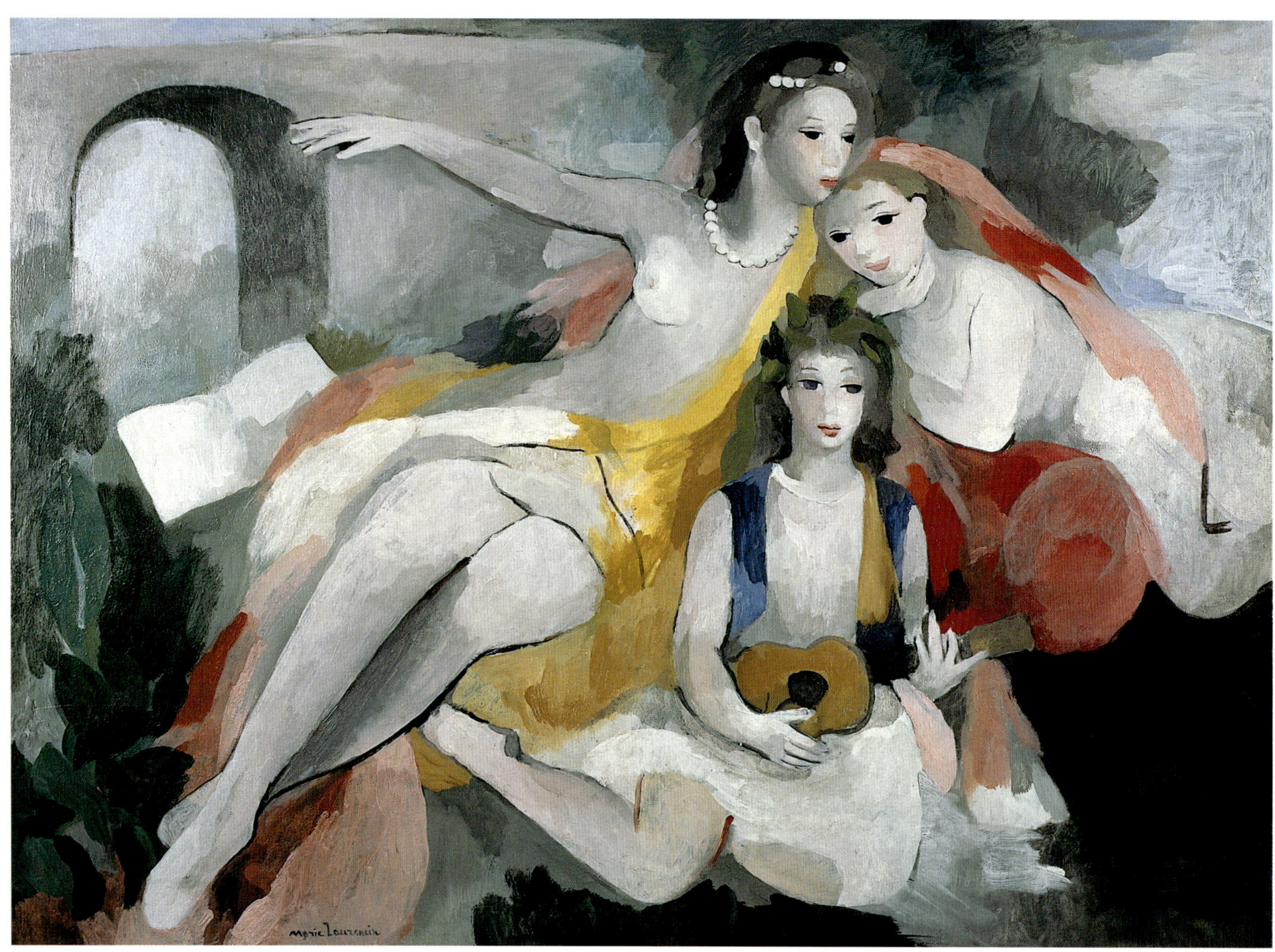

71
Trois jeunes femmes
vers 1953
Huile sur toile
97 × 131 cm

Je n'aimais pas toutes les couleurs. Alors, pourquoi se servir de celles que je n'aimais pas? Résolument, je les mis de côté. Ainsi, je n'employais que le bleu, le rose et le vert, le blanc, le noir. En vieillissant, j'ai admis le jaune et le rouge.

Marie Laurencin
Conferencia, 15 août 1934

ŒUVRES SUR PAPIER

Je l'ai rencontrée chez des amis. Elle avait toute sa fierté dans sa lèvre inférieure, sa moue vibrante et dédaigneuse. Elle avait une longue et lourde natte dans le dos. Ce jour-là, elle dit d'un homme: «Il ressemble à un pot de fleurs qui ne verdirait point même si on l'arrosait.» Elle parlait ainsi. C'était frappant. Déjà elle disait de quelqu'un, comme un biffement irrévocable: «Il n'est point simple!». Et encore:«Quelqu'un sans égoïsme, c'est personne. Mais il y a la manière.»
Je vis ses dessins. Volontaires, de parti-pris et bien pris, dans leur forme encore molle. Les regards ajustés, pénétrants, souvent durs, les bouches sensuelles et s'ennuyant. Ils m'éblouirent. Je ne pus pas ne pas en emporter. Pendant quelques mois, je fus son premier et unique acheteur. (vers 1903-1904)

Henri-Pierre Roché
Préface, Exposition Galerie André Weill, Paris
1952

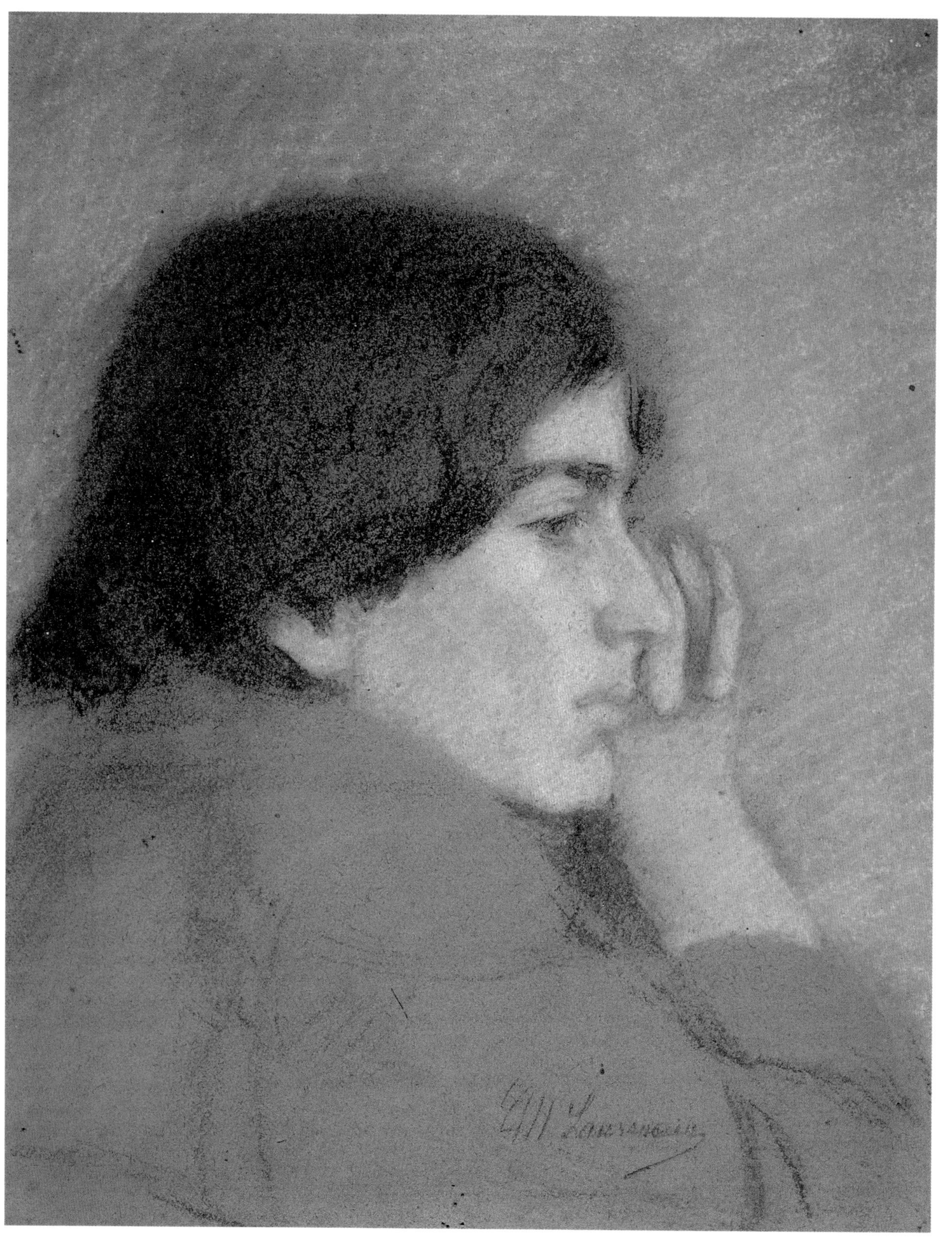

72
Jeune femme pensiv
(Charlotte Renaudin)
vers 1901-1902
Pastel sur papier
29,5 × 22,5 cm

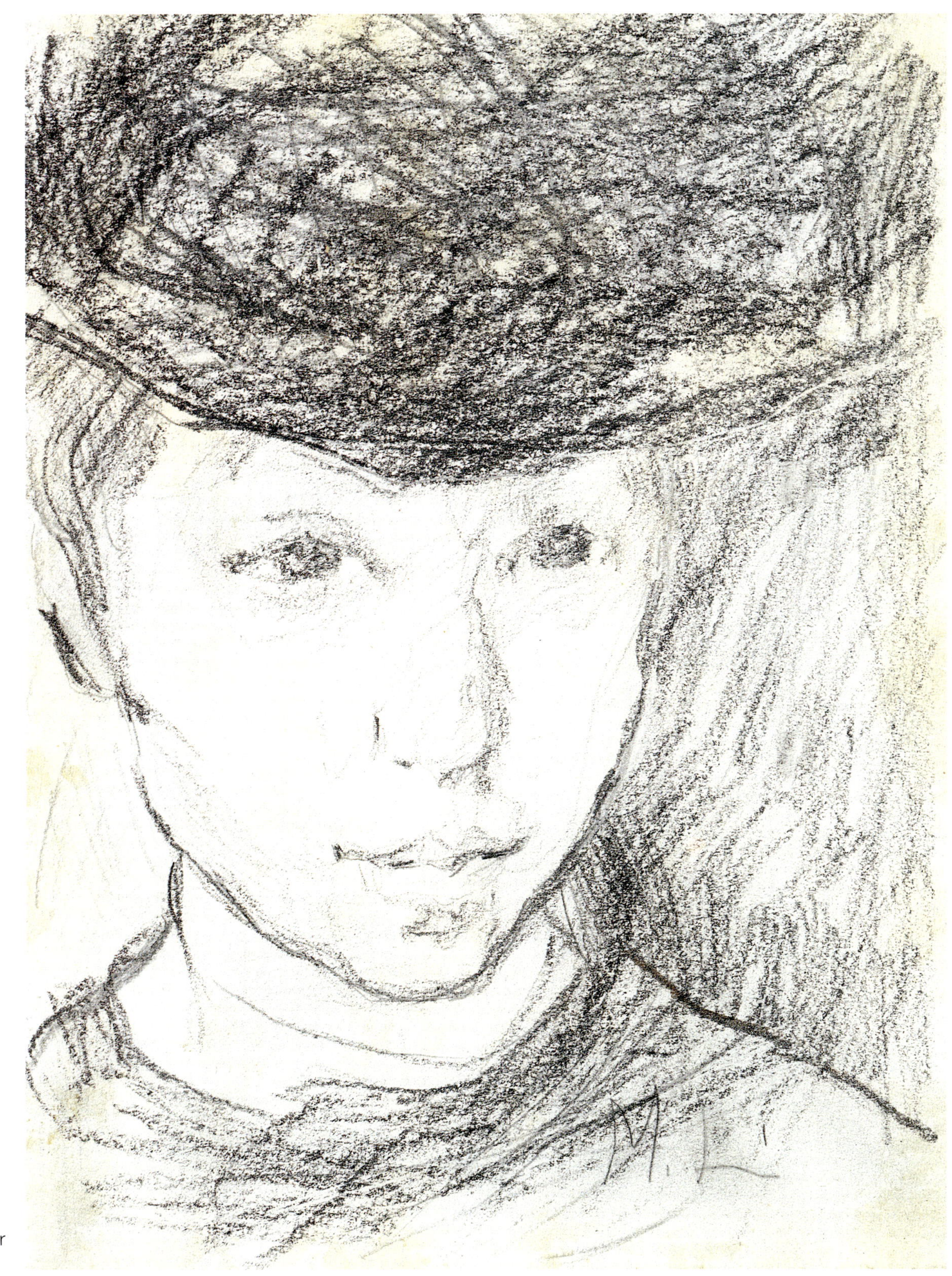

73
Autoportrait
vers 1903-1904
Crayon sur papier
16,8 × 12,5 cm

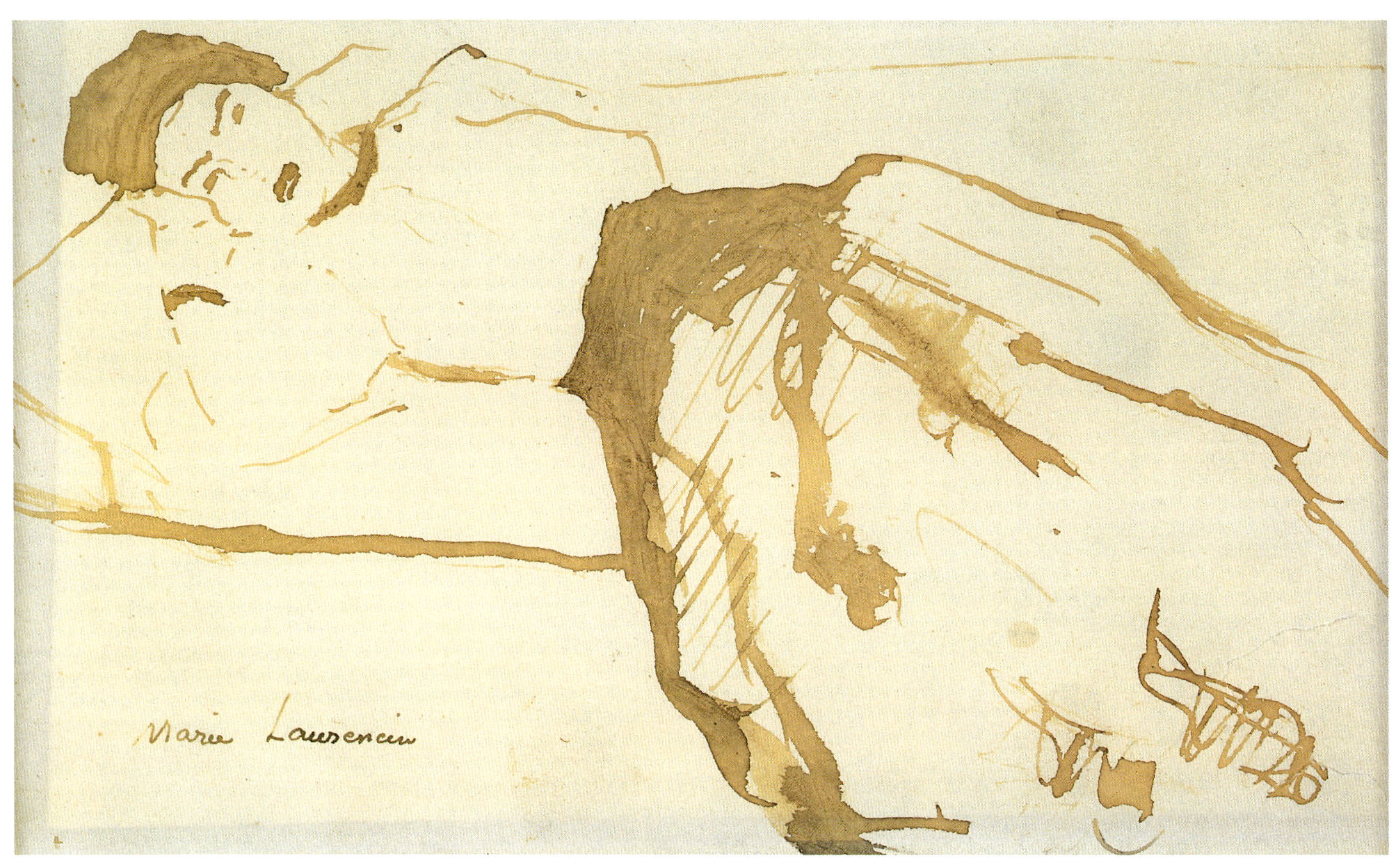

74
Femme allongée (I)
La mère de l'artiste
vers 1903
Crayon et encre sur papier
12,6 × 20 cm
Ancienne collection:
Florence J. Gould, Paris

Madame

Par quel mystère, le premier jour où je la vis, je devins son esclave et par quel instinct je cachais si bien mon amour que toute ma conduite avec elle fut celle d'un monstre.
Comme tous les êtres, j'étais monstre et j'étais ange.
Je crois bien que l'ange ne lui aurait tant plu.
Il fallait à cette femme implacable une distraction et un combat.
Elle eut tout cela pendant plusieurs années et mon amour absolu.
Quelles rages je pouvais avoir contre elle qui ne m'aimait pas comme je l'aimais.
(Elle) voulait bannir toute volonté en moi. C'était bien difficile avec ses robes à traîne, son silence et cette maison où tout était en soie et inconnu.
Pendant des années, elle ne manifesta que son dédain, puis un lien se forma entre nous, et je me flatte encore de cela. La fière, la dédaigneuse changea ses manières et me récompensa d'une tendresse de la plus grande rareté.

Marie Laurencin
Le carnet des nuits

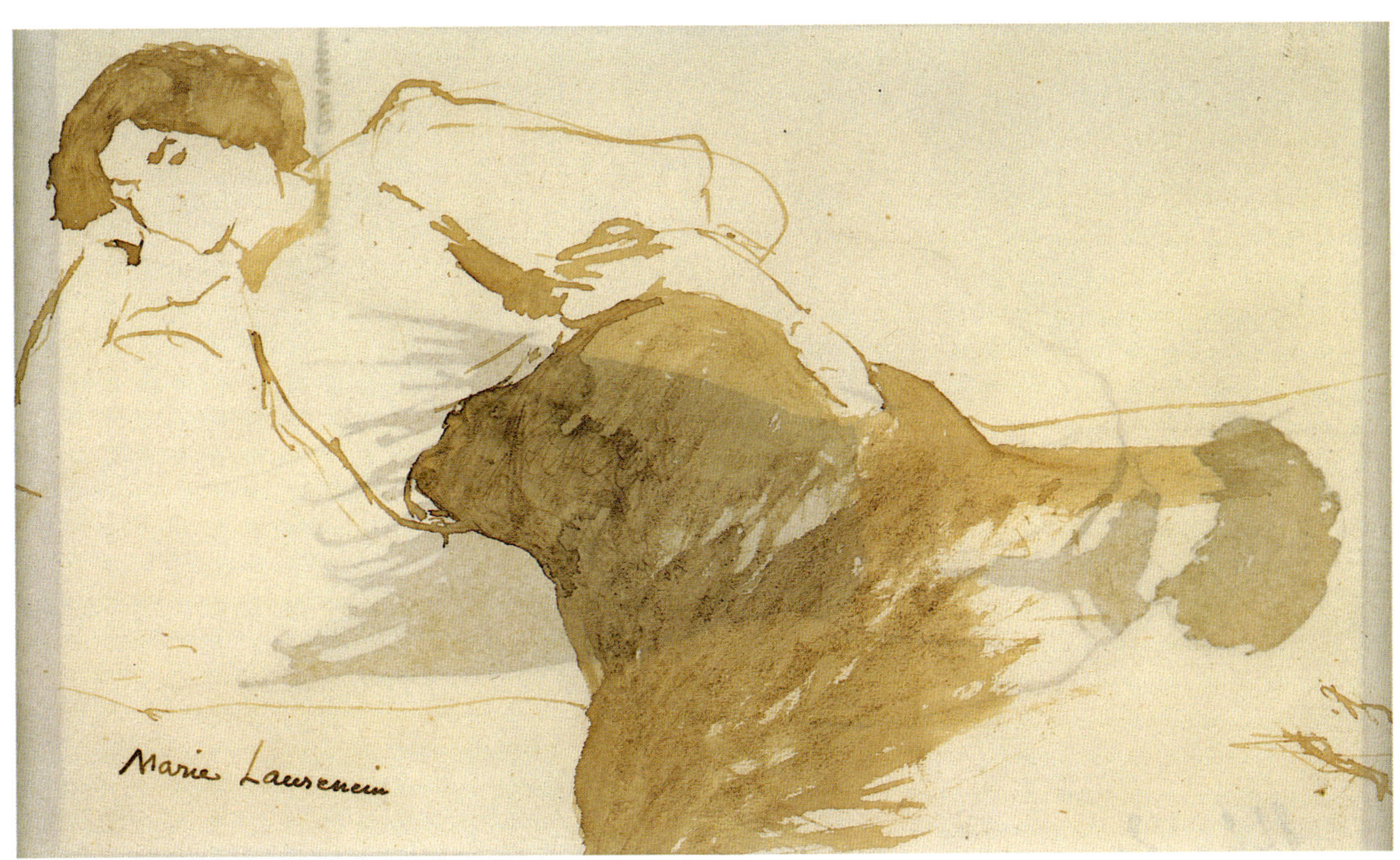

75
Femme allongée (II)
La mère de l'artiste
vers 1903
Crayon et encre sur papier
12,6 × 20 cm
Ancienne collection:
Florence J. Gould, Paris

Je l'ai presque toujours vue étendue sur une chaise longue, ses yeux noirs pleins de divination fixés sur moi. Les chats l'aimaient, et il y en avait un constamment auprès d'elle. Ces deux êtres immobiles des journées entières, ah! comme ils m'ont fait soupirer au bruit, au mouvement, à la lumière.

Marie Laurencin
Le carnet des nuits

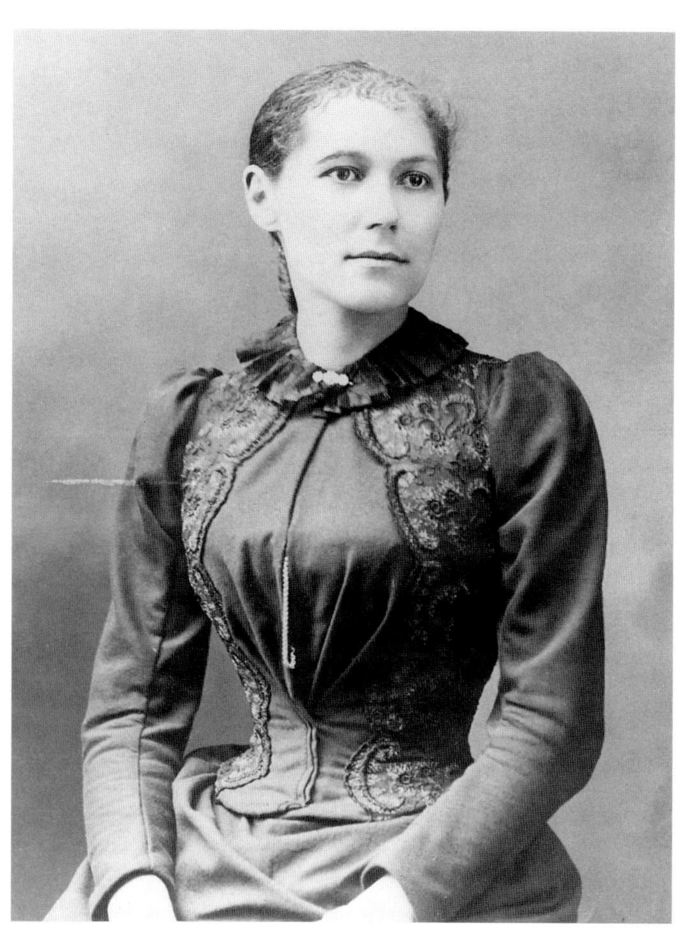

Pauline-Mélanie Laurencin, mère de Marie, vers 1880-85

Madame

Elle était grande et brune. Lorsque je rêvais d'elle, et j'y rêvais souvent, le mot «élégance», qu'elle rendait si bien, ne me venait pas à l'idée, et je l'appelais Princesse.
Ses mains étaient les plus belles du monde et savaient me dompter quand j'étais en révolte.
Quel était son charme? Ses yeux, sa voix, ses mouvements si lents. Je ne pouvais pas m'expliquer.
Elle avait de très beaux éventails, des boîtes bizarres qui venaient de Perse, des bibelots du Second Empire et des dentelles précieuses.
Tout cela était dans un meuble ancien et à mon entière disposition. Les bonnes parties que je fis, surtout avec les étuis persans, qui étaient entièrement peints et qui représentaient des sultanes couchées sur des coussins.
J'avais un portrait de femme que j'aimais regarder – surtout les yeux m'enivraient – et je découvris que Madame possédait le même. Comme elle ne s'entourait que de ce qui lui plaisait infiniment, ce fut un rapprochement.
Je m'imaginais briller. J'osais exprimer mes désirs. Ils furent comblés.
Epoque divine et d'une telle liberté!
C'était moi maintenant qui intriguais Madame, et si je rencontrais ses yeux sombres, ils n'avaient plus cette expression d'arrogance. L'angoisse s'y montrait. L'angoisse que je faisais durer sur ce visage orgueilleux et la subtilité grandit entre elle et moi.
Je mentis. Elle devina tous mes mensonges. Elle devina aussi qu'il fallait me laisser faire à ma guise, et elle mourut.

Marie Laurencin
Juin 1922
Intentions. Décembre 1924

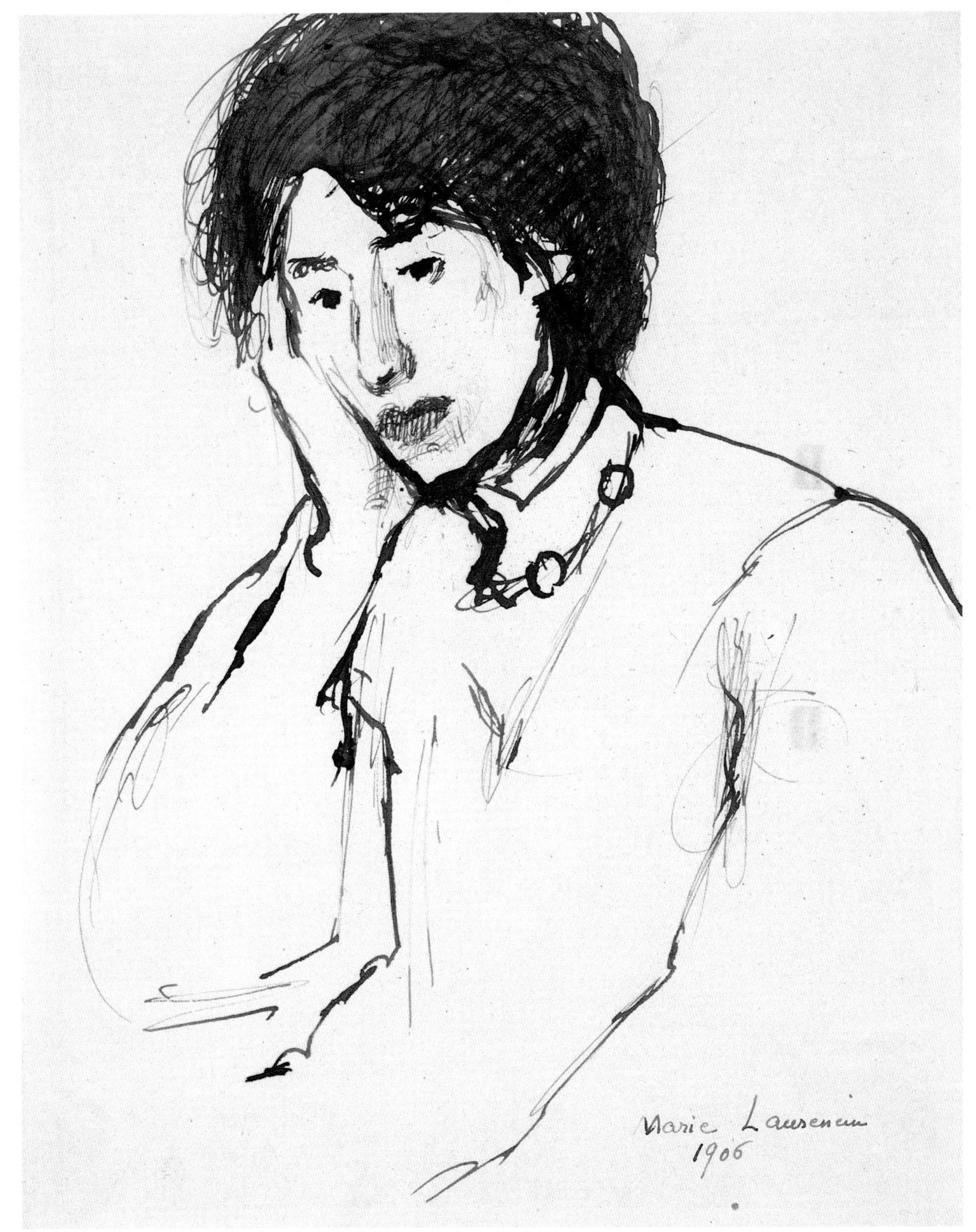

76
Pauline-Mélanie Laurencin, mère de l'artiste
1906
Encre sur papier
21 × 16,5 cm

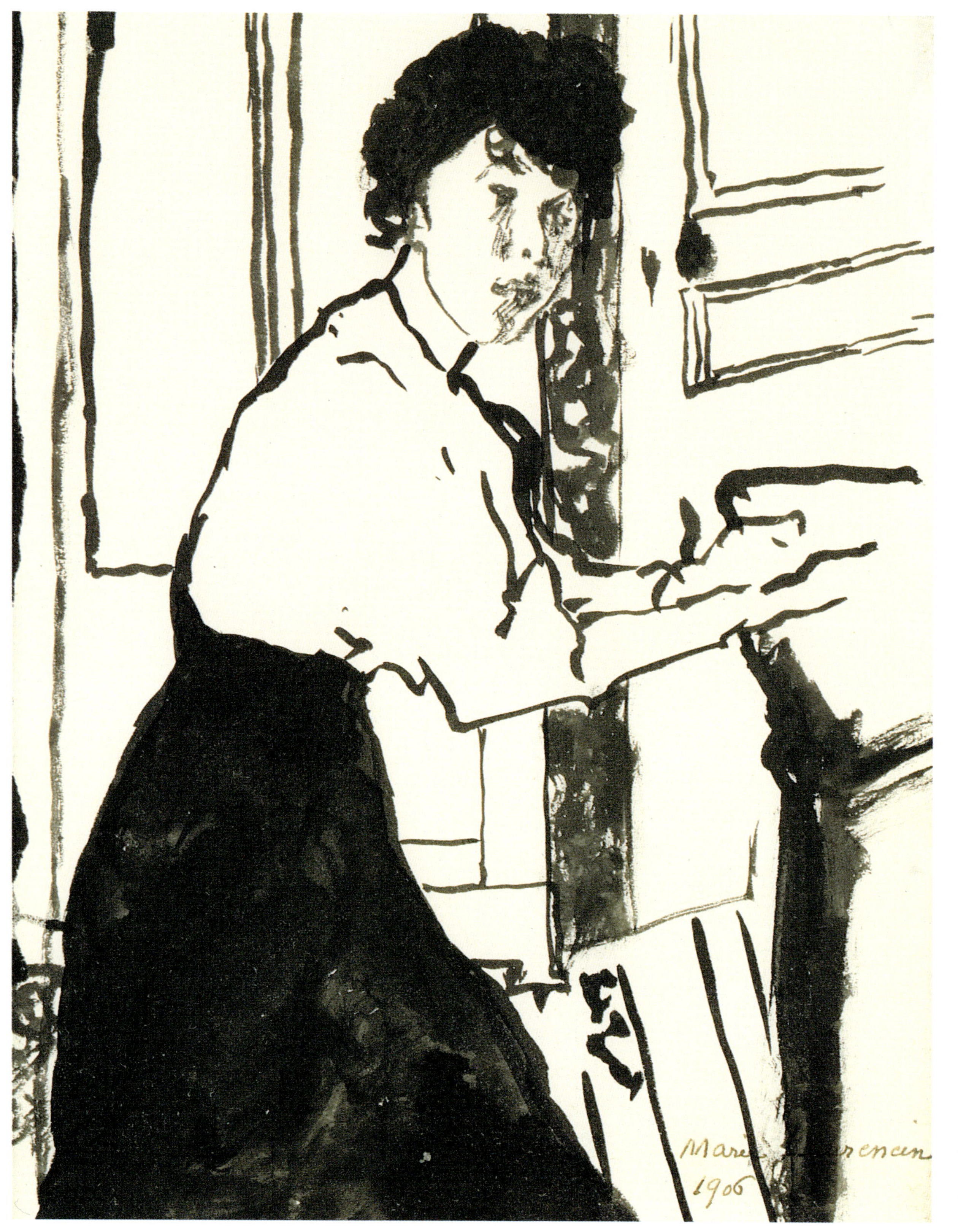

77
Autoportrait à la table
1906
Encre sur papier
20,5 × 16 cm
Ancienne collection:
John Quinn, New York

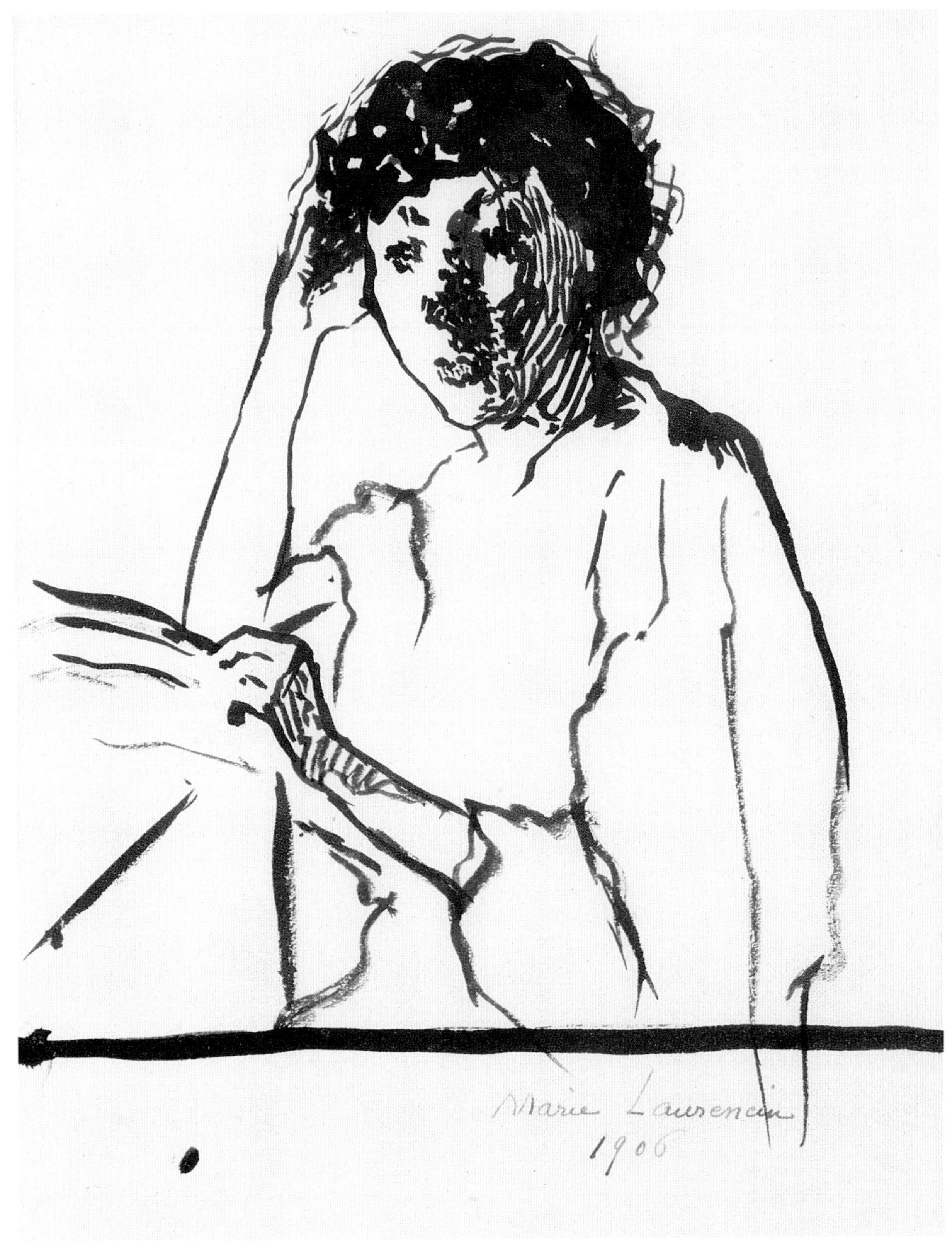

78
Autoportrait, accoudée
1906
Encre sur papier
20,5 × 16 cm
Ancienne collection:
John Quinn, New York

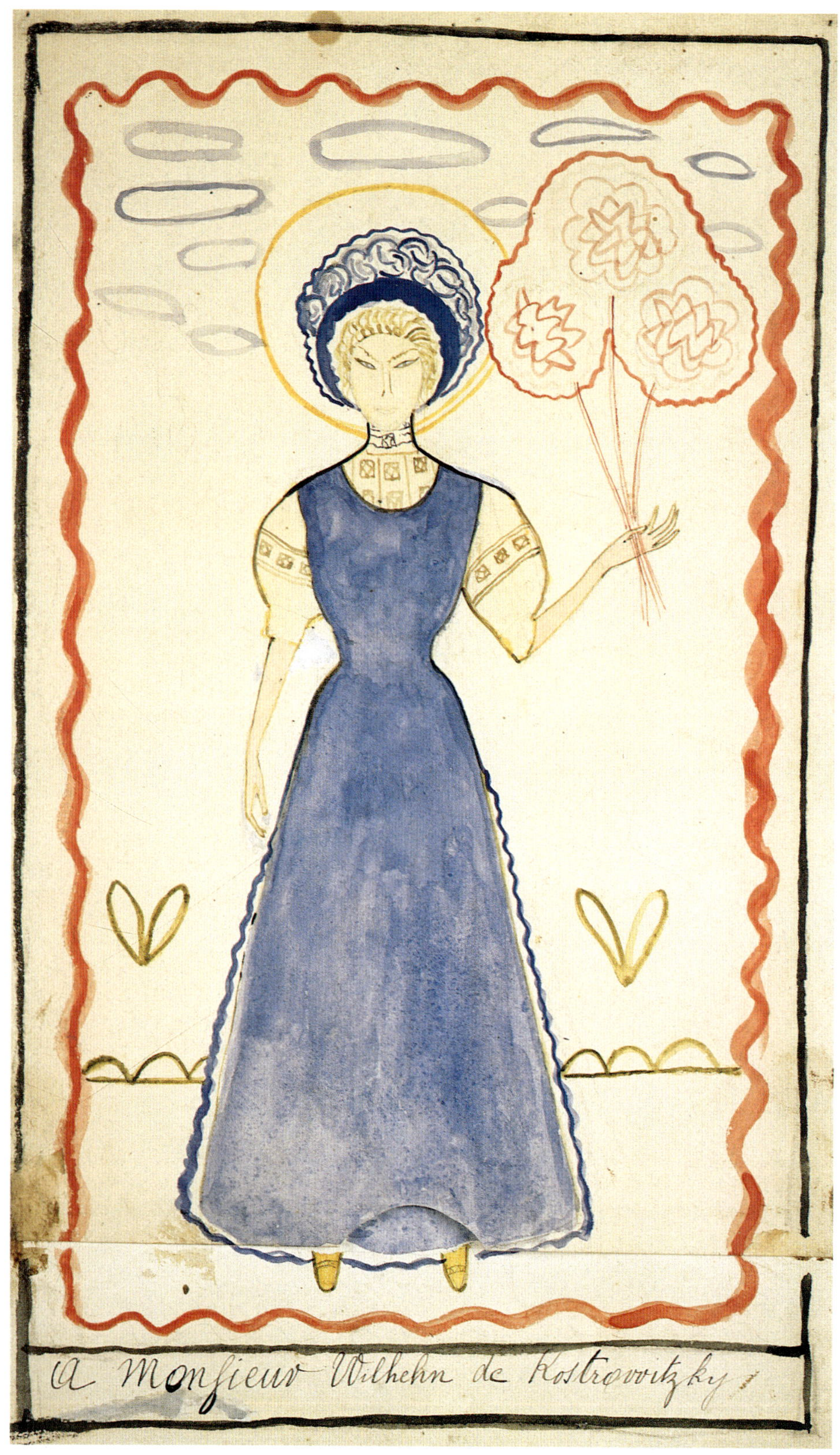

Le R.P. Blanchet parle: ▷
– A Montmartre, Marie Laurencin, vous l'aimiez bien tous?... Oui... C'est ce que je pensais... C'est Mme Fernande Olivier seule qui ne l'aimait pas...
André Salmon, *Souvenirs sans fin*

79
Femme à la robe bleue
vers 1906-1907
Aquarelle sur papier
37,5 × 22 cm
Ancienne collection:
Guillaume Apollinaire, Paris

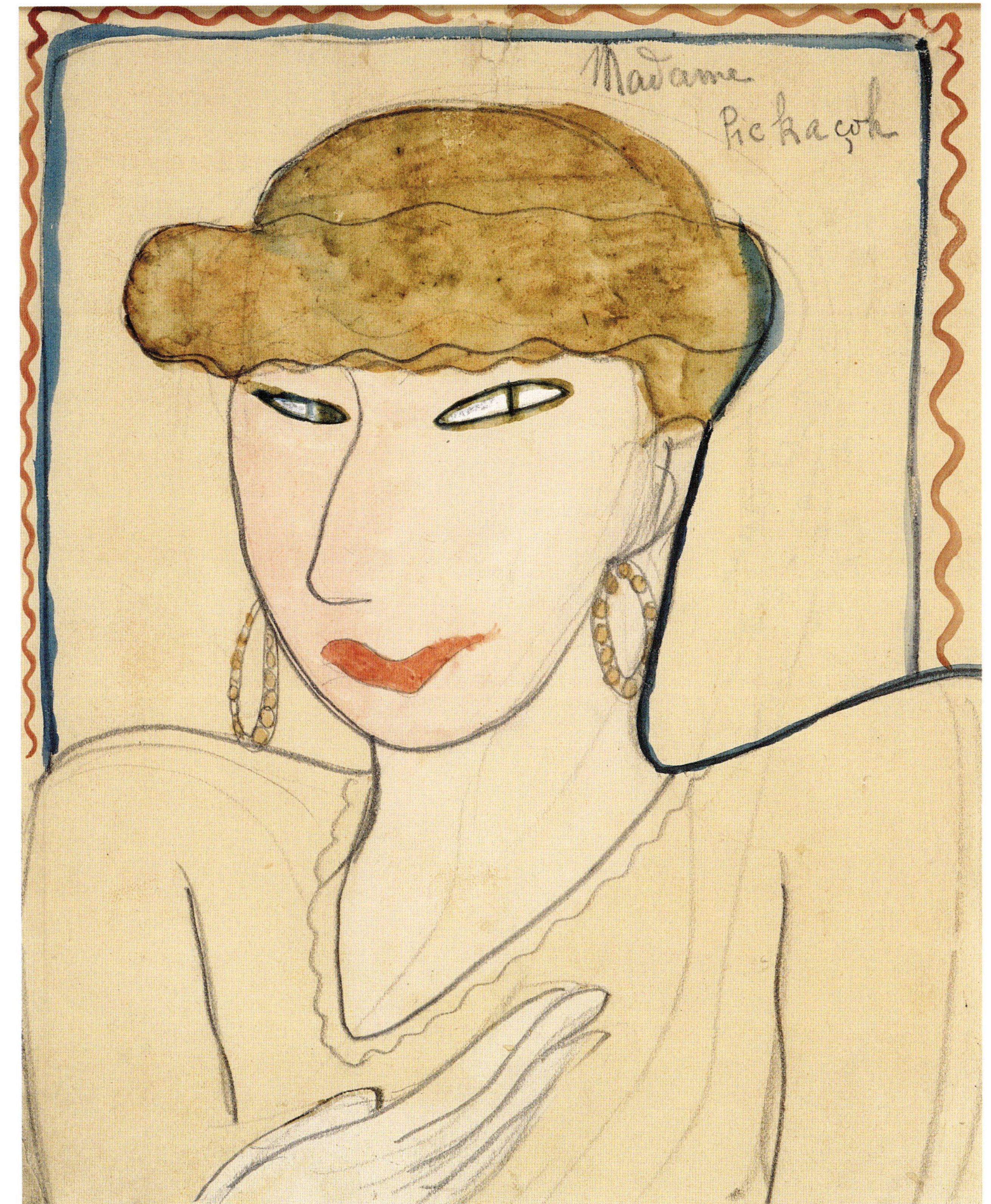

ame Pickaçoh
rait-charge de
ande Olivier)
1908
arelle sur papier
18 cm
enne collection:
aume Apollinaire,
s

Si je me sens si loin des peintres, c'est parce qu'ils sont des hommes – et que les hommes m'apparaissent comme des problèmes difficiles à résoudre. Leurs discussions, leurs recherches, leur génie, m'ont toujours étonnée et, sans eux, rien n'existerait: vivre dans leur ombre est possible, lorsqu'on n'a pas l'intention de les imiter.
Quand un poète écrit, il dit si bien ce que je voudrais dire que, tranquillisée, je me tais.
Pour la peinture, c'est exactement pareil et les grands peintres, aussi bien mes contemporains, ont travaillé à ma place.
Mais si le génie de l'homme m'intimide, je me sens parfaitement à l'aise avec tout ce qui est féminin.

Marie Laurencin
Arts, 24 juillet 1952

Le peu que j'ai appris m'a été enseigné par ceux que j'appelle les grands peintres, mes contemporains; Matisse, Derain Picasso, Braque. Ils ne seront pas contents que je cite leurs noms. Ils sont comme cela. Je les compare à l'air de Carmen*: Si tu ne m'aimes pas, je t'aime. Si je ne suis pas devenue peintre cubiste, c'est que je n'ai jamais pu. Je n'en étais pas capable, mais leurs recherches me passionnent.*

Marie Laurencin
Le carnet des nuits

81
Pablo Picasso
Etude pour «Picasso et ses amis» ou «Réunion à la Campagne», 1909
Encre et crayon sur papier
26,5 × 20,4 cm
Ancienne collection:
Guillaume Apollinaire, Paris

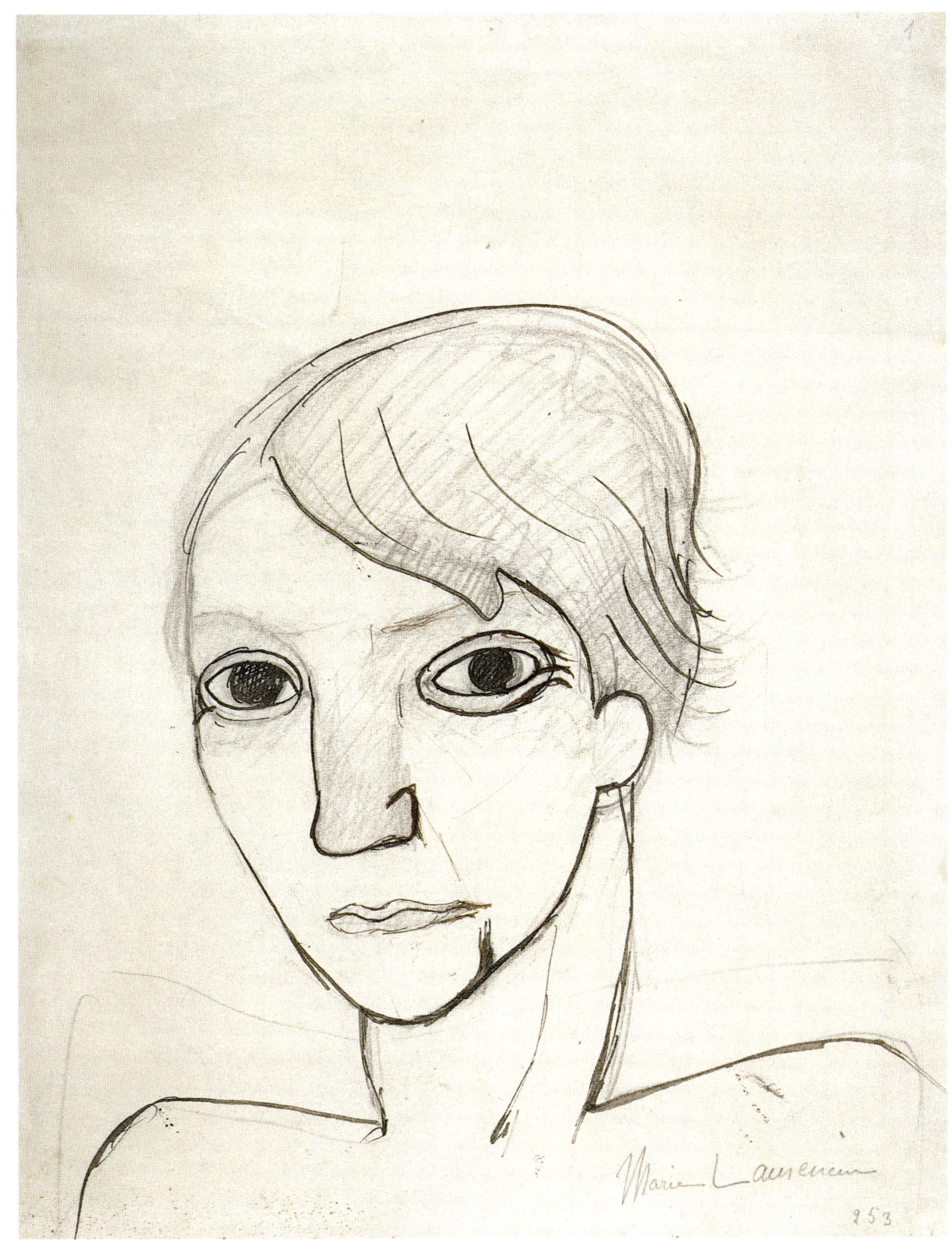

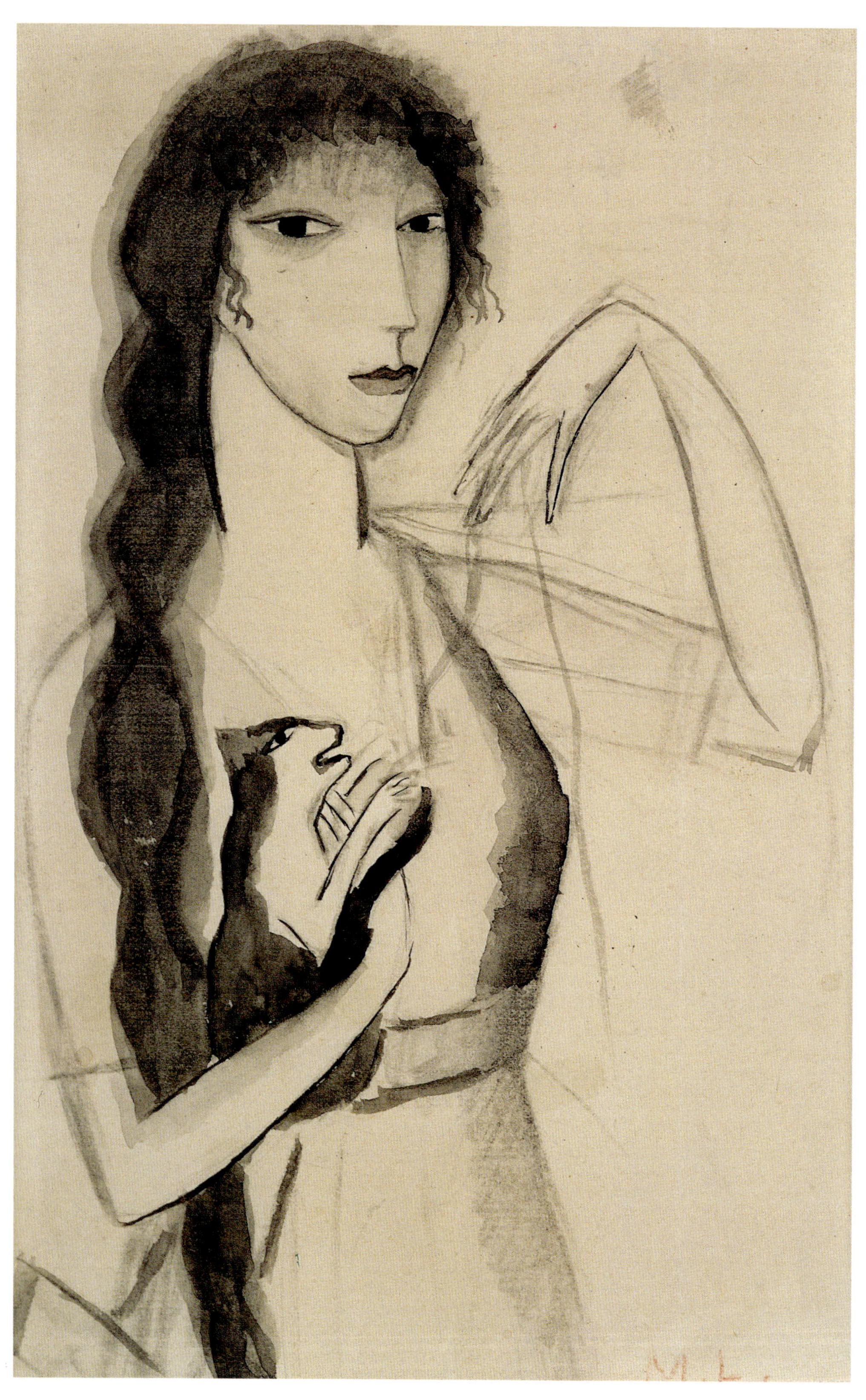

82
Autoportrait au chat
1912
Crayon et encre sur papier
20,3 × 13 cm
Ancienne collection:
Gregoire Tarnopol, Los Angeles

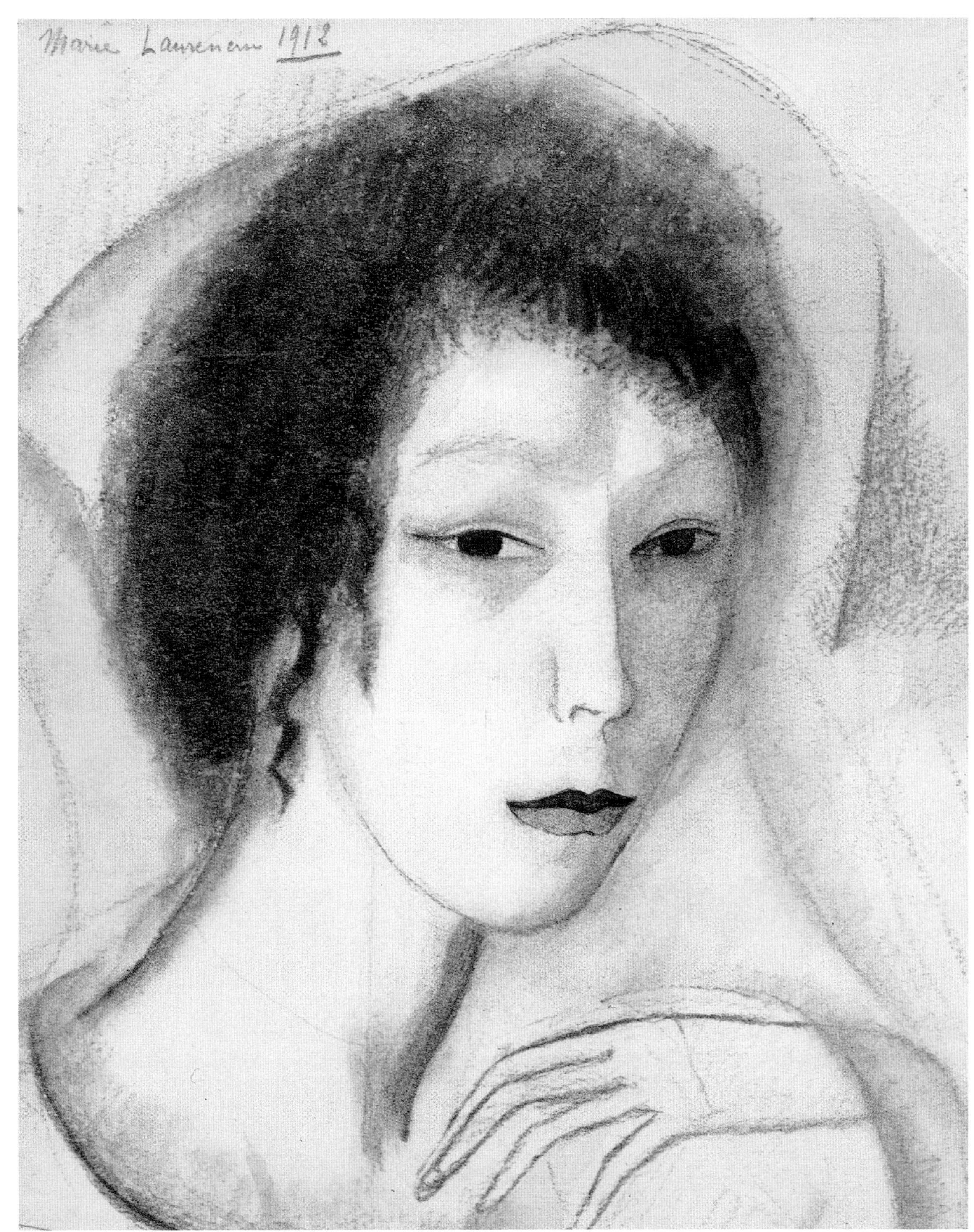

83
Autoportrait
1912
Crayon sur papier
18,4 × 14,9 cm

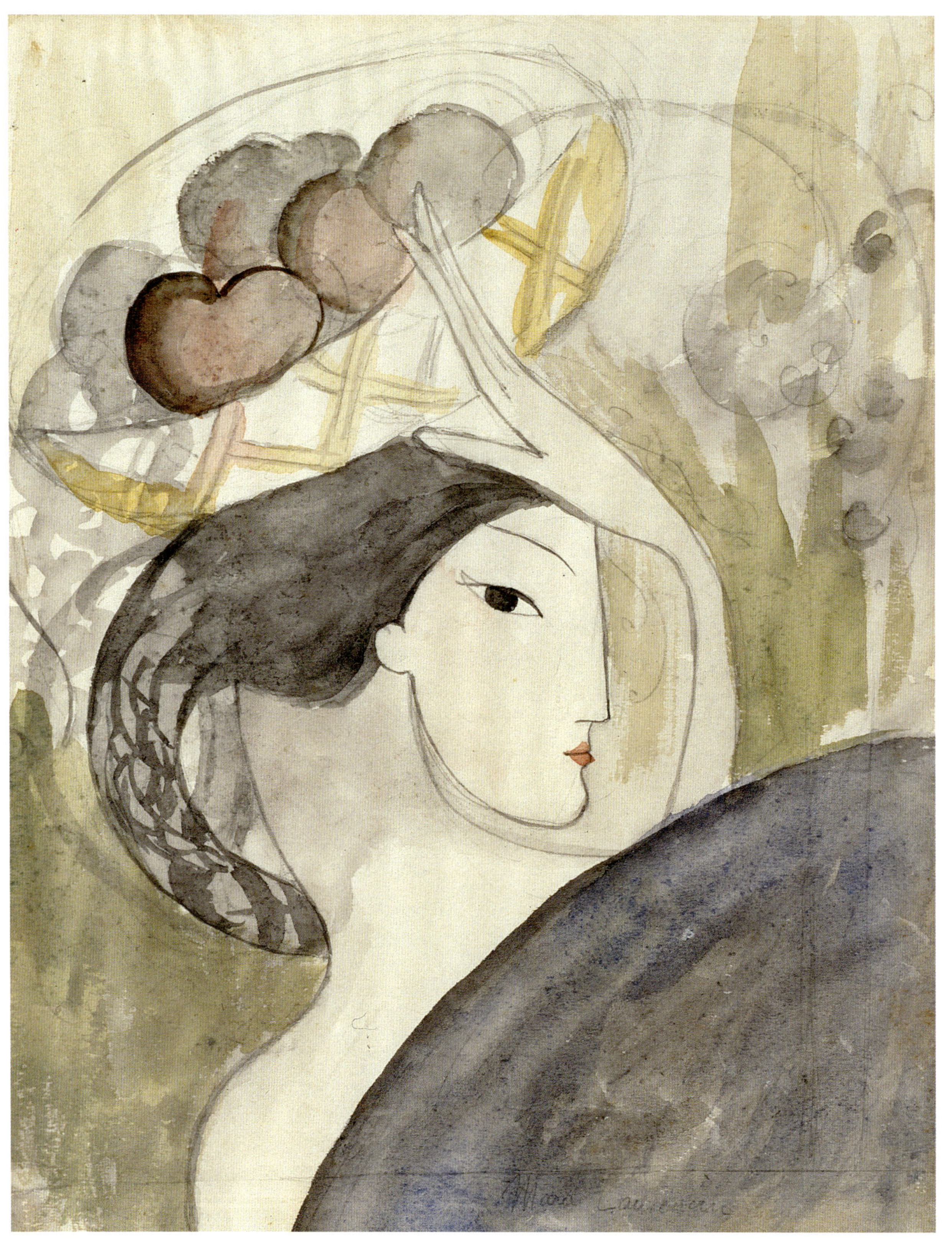

84
Femme à la corbeille de fruits
vers 1912
Aquarelle sur papier
25 × 19,5 cm

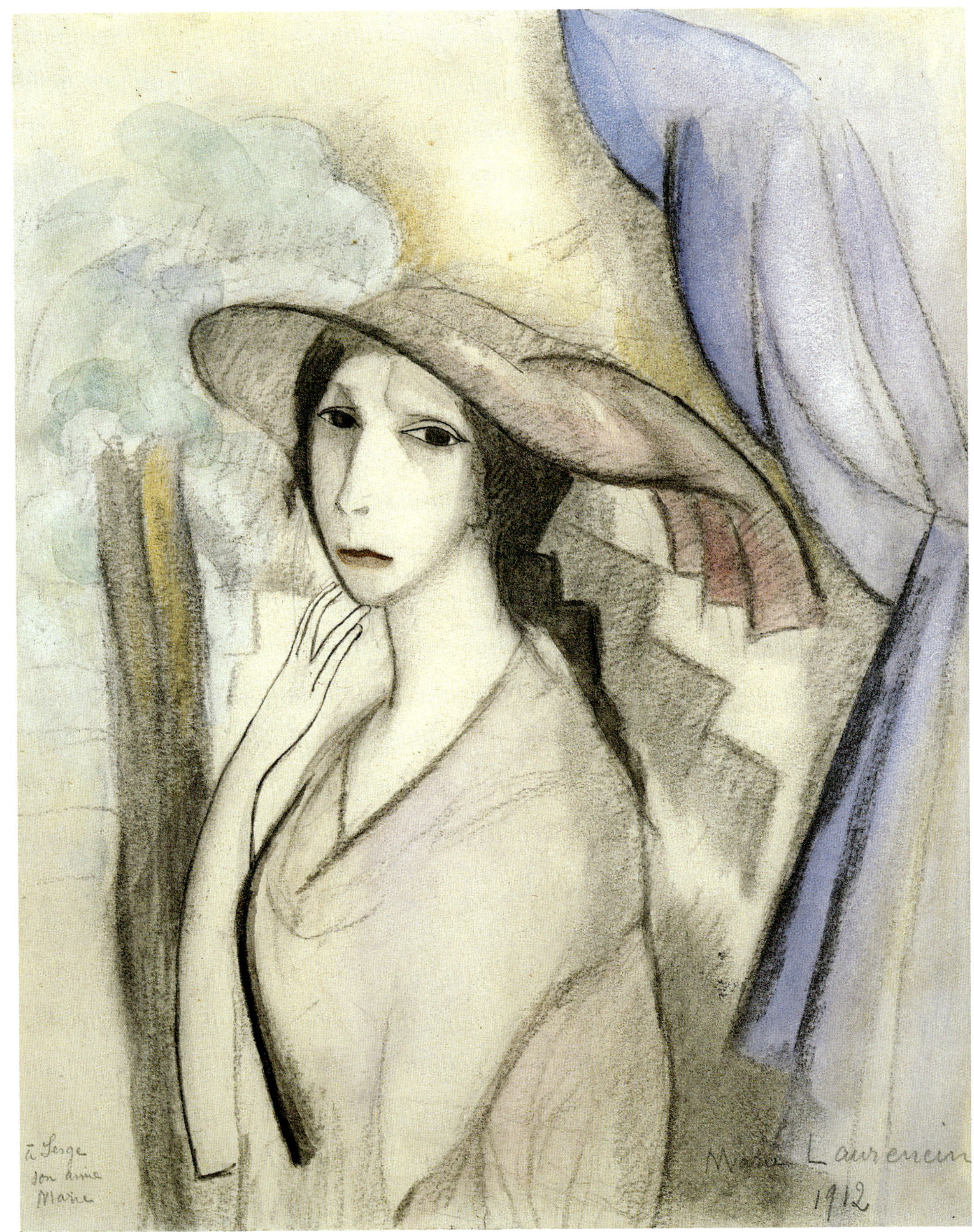

35
Autoportrait
1912
Crayon rehaussé de couleurs sur papier
28 × 22,5 cm
Ancienne collection: Serge Lifar, Paris

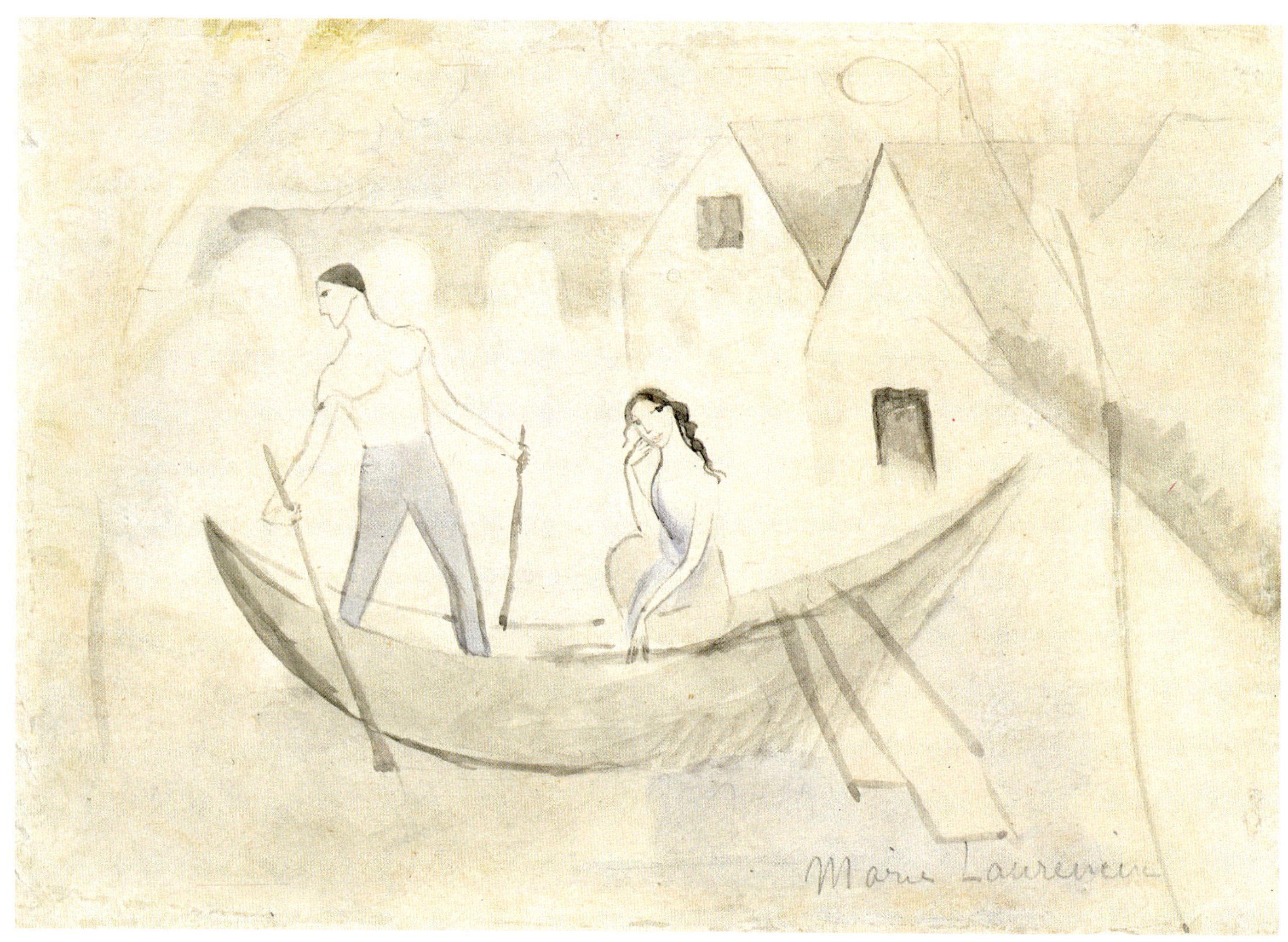

86
La barque
Thankmar von Munchhausen
et Marie Laurencin (?)
v. 1912-1913
Aquarelle sur papier
10,5 × 14,6 cm

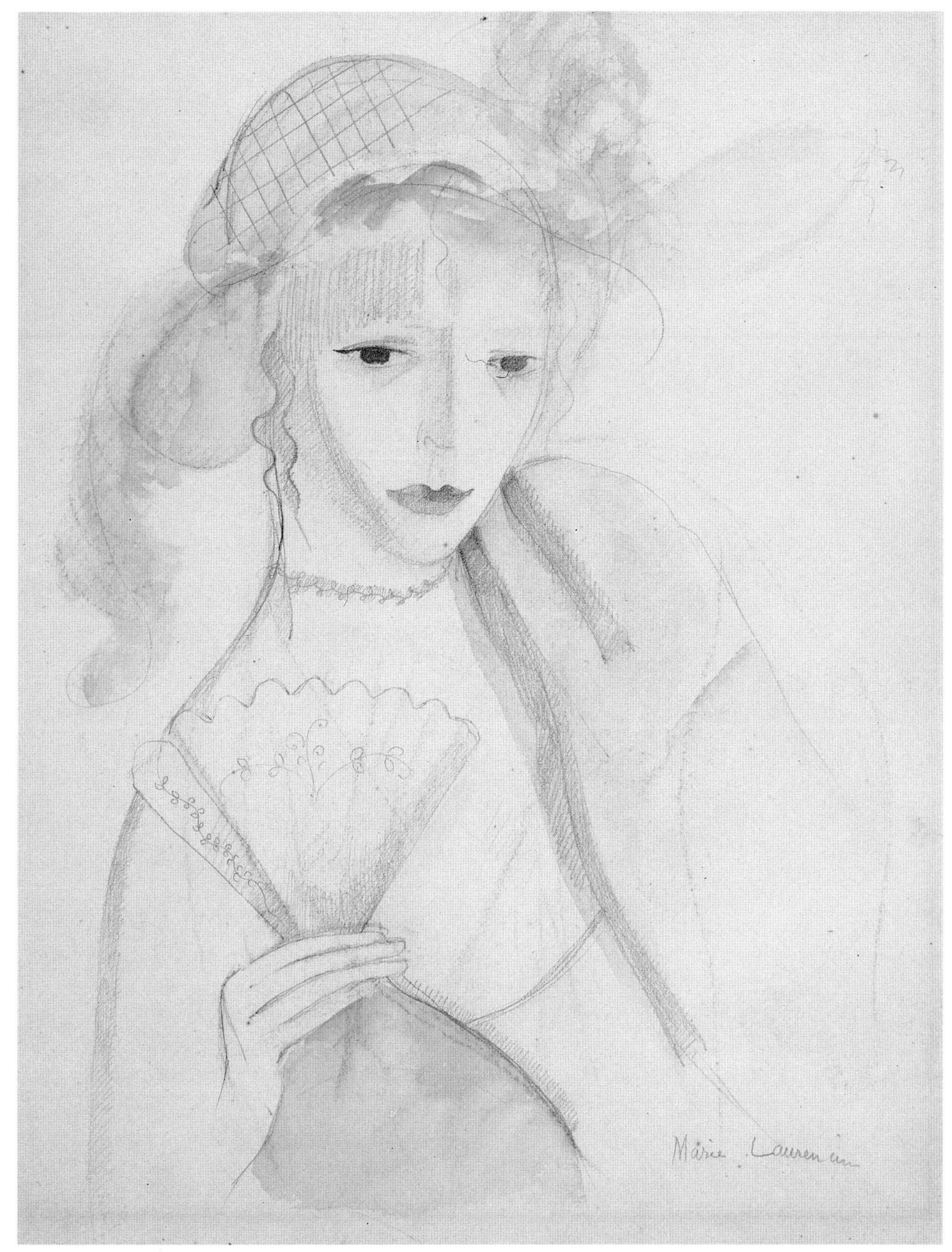

87
Femme à l'éventail
vers 1913
Aquarelle sur papier
28 × 21,5 cm

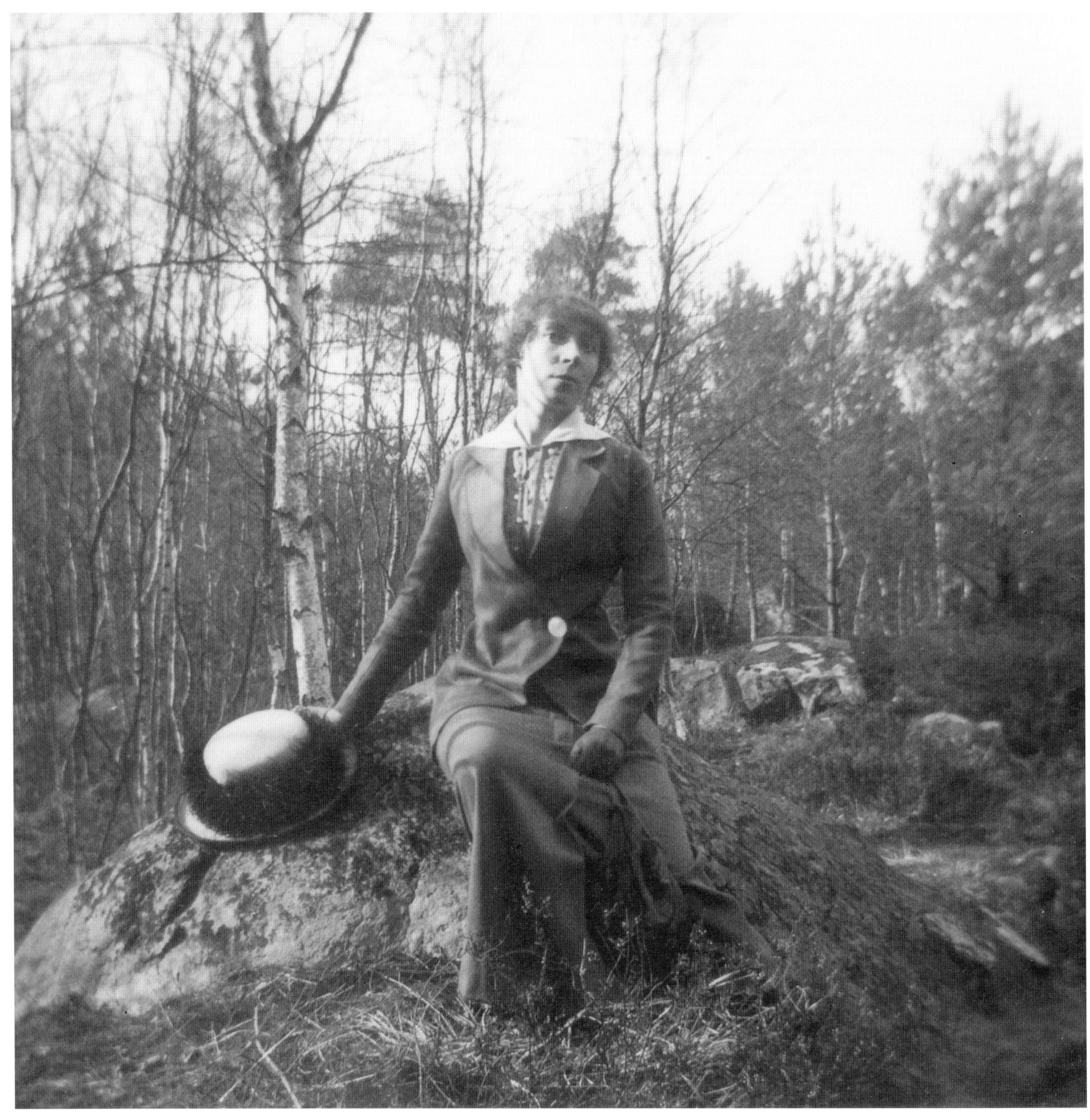

Fontainebleau, 1912
Photo par Jean-Emile Laboureur

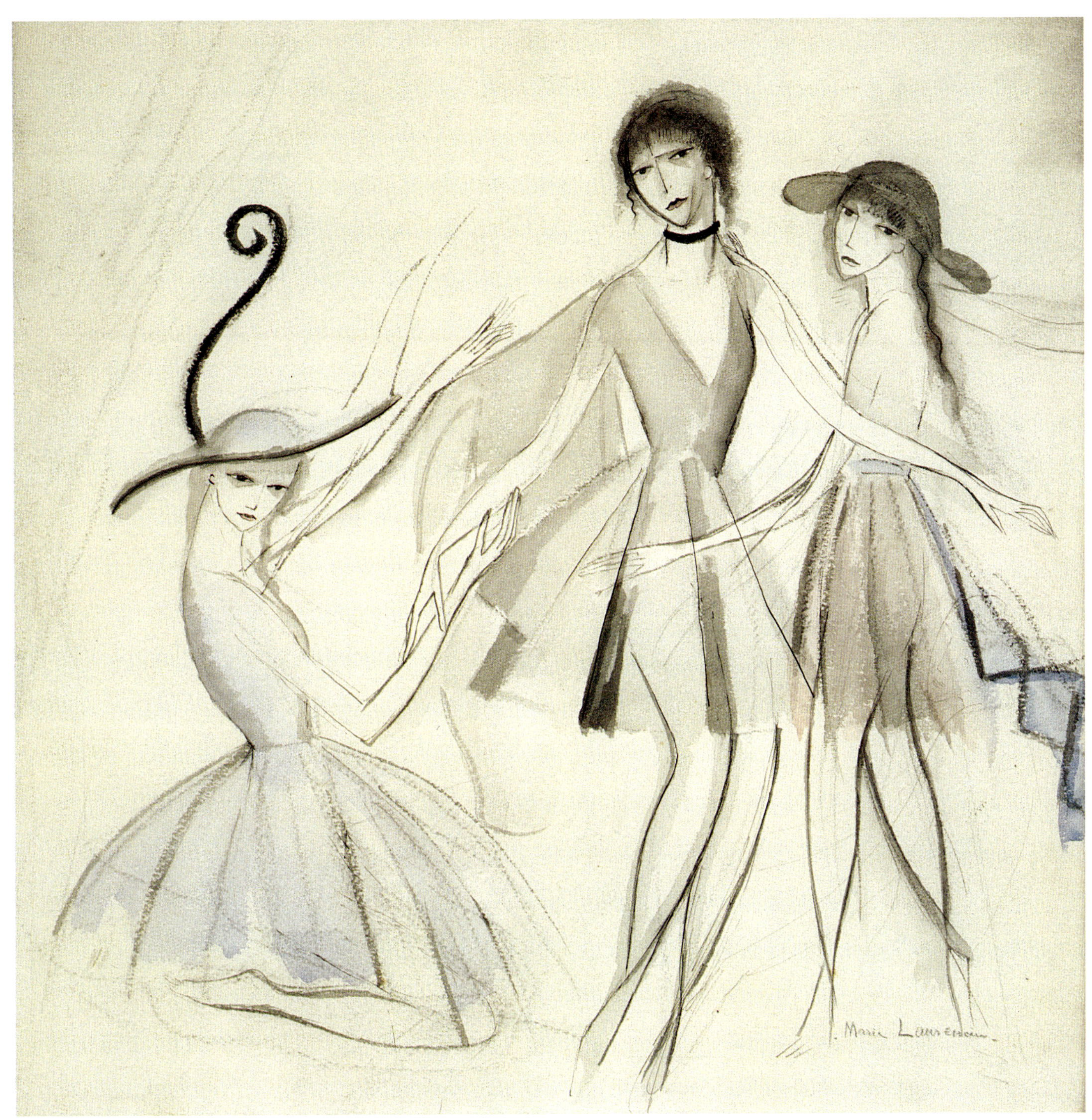

88
Les trois danseuses
Etude pour la gravure *Iphigénie*
vers 1913
Encre de Chine et aquarelle sur papier 36,5 × 36,5 cm

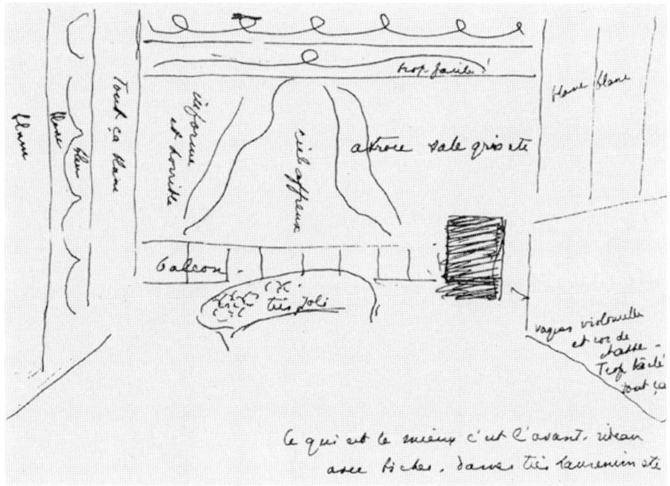

La porte noire fait très bien. Le canapé bleu aussi. Il y a deux costumes gris, très jolis, très Laurencin.

Dessin sur une lettre de Lucien Daudet à Valentine Hugo (1924)

J'eus l'idée de situer dans un salon de campagne tout balcon, avec pour seul meuble un immense canapé bleu Laurencin, des fêtes galantes modernes. Une vingtaine de femmes coquettes et ravissantes y folâtraient avec trois beaux gaillards en costume de rameur. On pouvait ne rien voir à ces jeux galants, ou imaginer le pire (...). J'estimais que cela suffisait à créer l'atmosphère de mes vingt ans.
Dans Les Biches, *il n'est pas question d'amour mais de plaisir. (...) Je cherchais un titre animal comme* Les Sylphides, *et tout d'un coup je m' écriai: «Pourquoi pas* Les Biches?» *jouant sur le côté animal de certaines femmes de Marie Laurencin, et sur le double sens du mot biche dans la langue française.*

Francis Poulenc

« C'est Cocteau qui appela Les Biches *– un chef-d'œuvre – les Fêtes galantes du XX*e *siècle. Le milieu en question est cette élégante société parisienne des années 20 où, comme l'a dit Cole Porter, on trouvait que la Fontaine de Jouvence était un mélange de gin et de vermouth. Etrange salon où règne une certaine ambiguïté, la liberté des sexes et la séduction. Au point de vue chorégraphique, c'est un bijou. C'est peut-être le premier ballet de son temps à revenir à un certain classicisme, et, à cet égard, eut une influence considérable, sur Balanchine par exemple.*

Les jeunes filles se meuvent dans un froufrou idéal de robes flottantes. Les trois hommes marchent en étant conscients de leurs démarches d'athlètes androgynes ayant passé un peu trop de temps à se faire les muscles devant un miroir.

- *L'hôtesse, la Nijinska, est une femme sur le retour d'âge, ayant de nombreux amants. Elle sera vêtue de rose, avec une lavallière et un chapeau rose, tenant un long fume-cigarette, en garçonne.*
- *L'invitée, la Nemtchinova, sévère et nerveuse, pourrait être un jeune page, dans son petit maillot de velours bleu Nattier aux longues manches très serrées, et sa culotte bouffante. Les bas et les gants seront blancs.*
- *Deux jeunes filles, en robes roses, avec une ceinture d'un rose plus soutenu et ornée d'un bouquet, se tiendront par la main selon des désirs secrets.*
- *Quant aux trois jeunes gens, leur maillot gris argent sera rayé en trois endroits de bleu-ciel, de la même culotte que le short.*

La rag-mazurka de Nijinska et l'adagietto de Nemtchinova resteront parmi les morceaux les plus parfaits de l'histoire du ballet.»

89
Les Biches: Esquisse
vers 1923
Plume et aquarelle sur papier
de *Marie Laurencin*
sur un poème manuscrit
de *Francis Carco*
(daté du 23 décembre 1930)
dédicacée à Francis Carco
31 × 24 cm

Les biches de Marie Laurencin

—

Marie, tes biches ont des airs langoureux
De vierges pâmées aux pieds des amoureux
Leur col effilé fuse vers les cimes que dore
L'astre du jour mourant au faîte du sycomore

Leurs fines pattes oblongues courbées au bord de l'onde
Projettent en des cercles d'une cascadante ronde
La noble silhouette des modernes cavales
Montées de blondes nymphes éloignées de leurs mâle

Marie, tes biches m'ont donné
En les voyant si tristes et si désabusées
Anxieuses et pâles et tourmentées
Le désir de les prendre, belles énamourées,
Dans mes mains accueillantes et pour elles enlacées

F. Carco

Cher Francis
Aquarelle pour mes "Biches" destinées
à Tristan Derème
Esquisse
Affectueusement
23-12-1930
Marie Laurencin

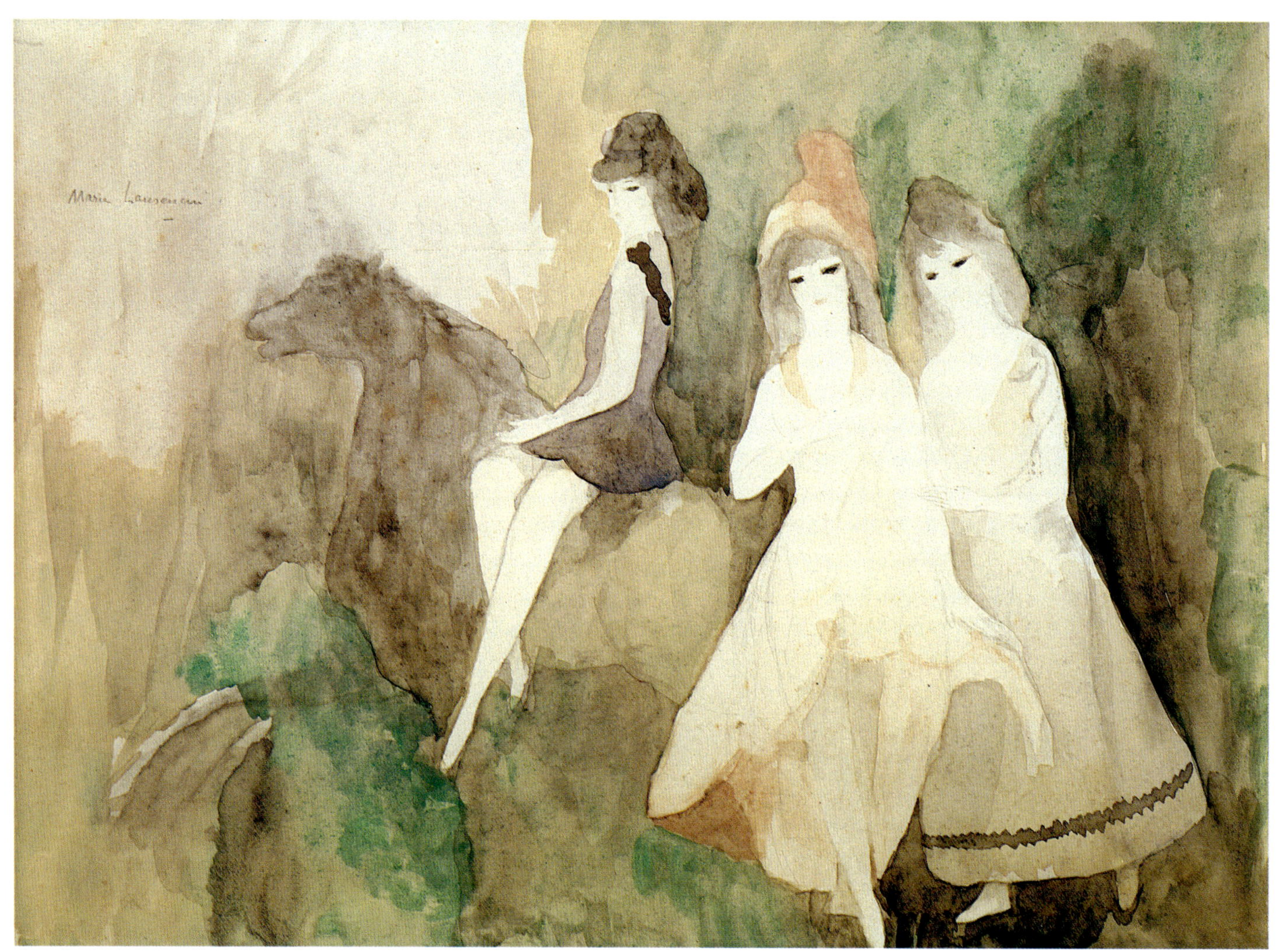

90
Trois jeunes filles et chevaux
vers 1925
Aquarelle sur papier
23 × 31 cm

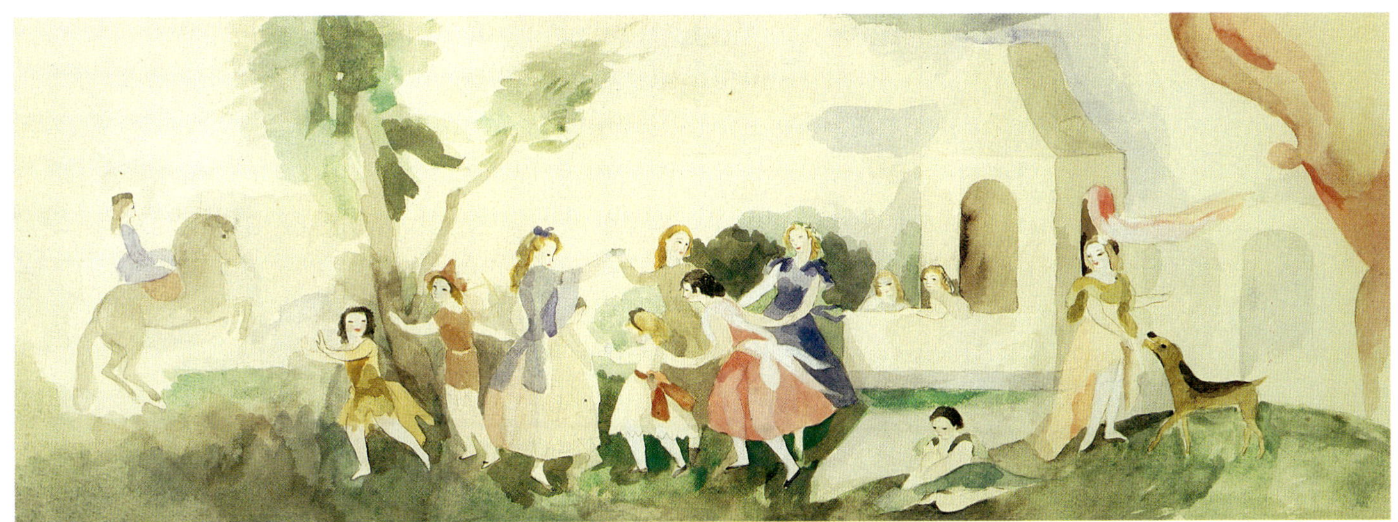

91
Fête champêtre
1928
Aquarelle sur papier
23,7 × 71 cm

92
Décor de théâtre
1928
Aquarelle sur papier
34 × 88 cm

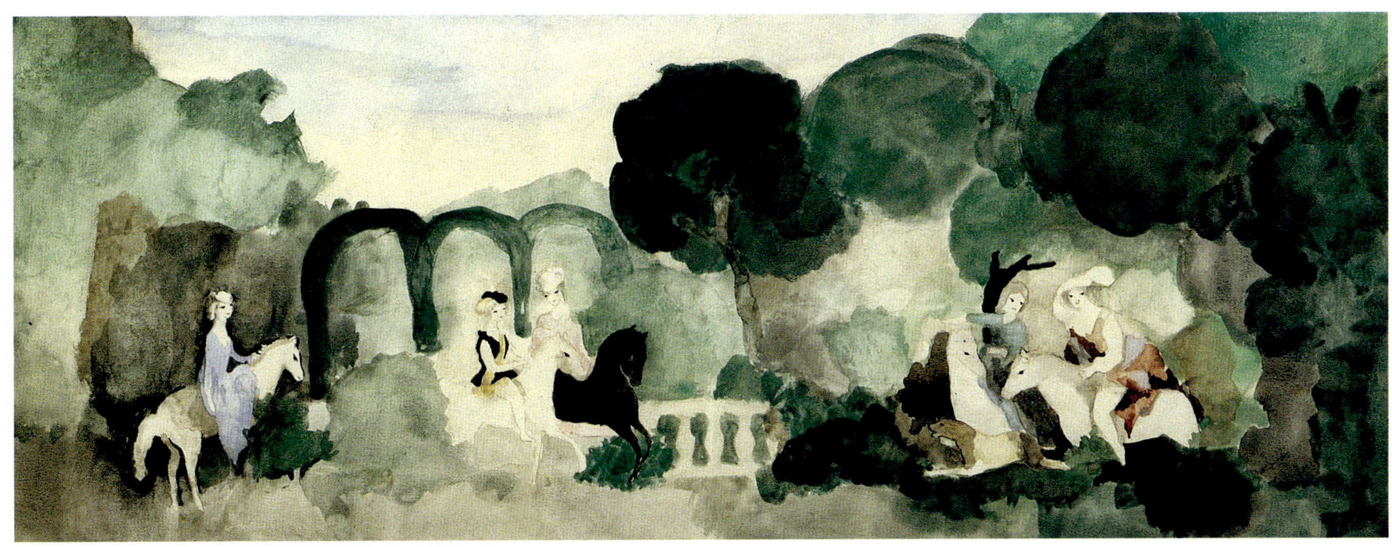

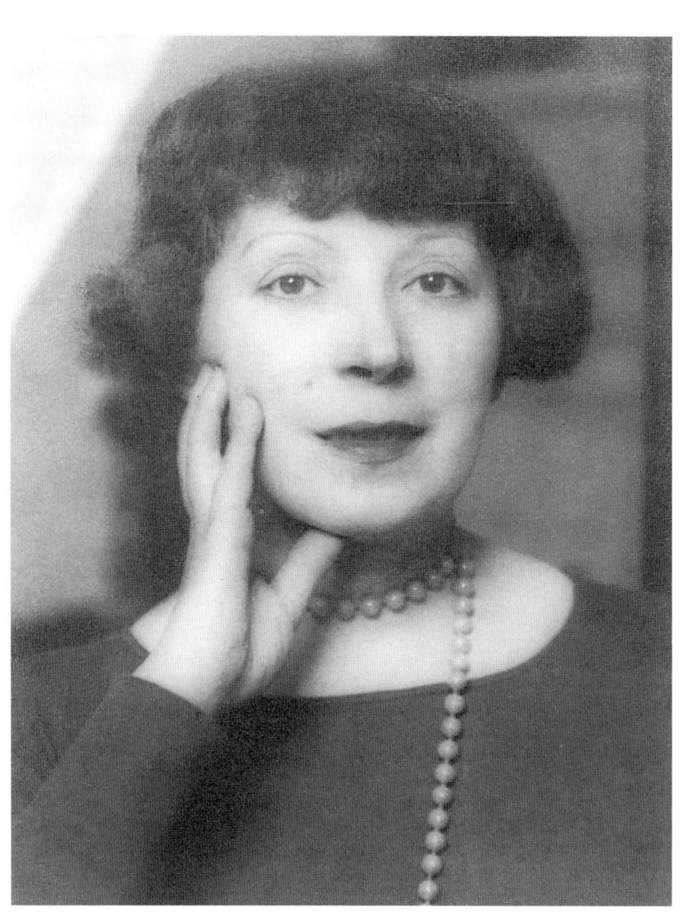

Marie Laurencin, vers 1926-28

Marie Laurencin – Marie Florence

Elle peint. Et c'est toujours elle, un rien plein de grâce et de voluptueux enchantement. Elle est lasse, comme un brin de muguet qui mourra demain; mais, s'il ne penchait déjà vers la fin, il n'aurait pas une odeur aussi exquise. Plus que muguet, narcisse. Rien n'est si rare que le narcisse féminin. Narcisse fait la jeune femme tant qu'il veut, mais la plus fine et parfumée des nymphes ne sait pas faire Narcisse. (...)

C'est un rien que l'art de Laurencin, et c'est elle. On ne peut la confondre avec nulle autre.
Je ne vois personne dans la peinture ni dans les lettres qui ait quelque chose d'aussi féminin qu'elle. C'est pourquoi je l'aime. Elle sera toujours petite fille. Voilà ce qui explique son goût subtil pour les femmes un peu âgées, qui triomphent de leur âge. Elle les chérit d'être assez jeunes pour le paraître. Elle plaît à toutes et toutes lui plaisent.
«Je serais bien malheureuse, depuis un mois, me disait-elle, si je n'avais rencontré une femme, dont je suis tout à fait folle.»
Elle est si féminine, qu'elle ne se sent tout à fait en harmonie et bien à l'aise qu'avec les autres femmes, avec les amitiés, les douceurs et les langueurs de femmes. Les nerfs de femmes ne l'irritent point; elle y répond par les siens. (...)
Si elle n'était pas myope, elle passerait tout son temps à regarder le monde et les êtres vivants. Elle ne peint que faute de voir et de vivre. Elle m'en a fait l'aveu ou presque. N'est-ce pas une pensée profonde? (...)

André Suarès
Carnets inédits, N.R.F.

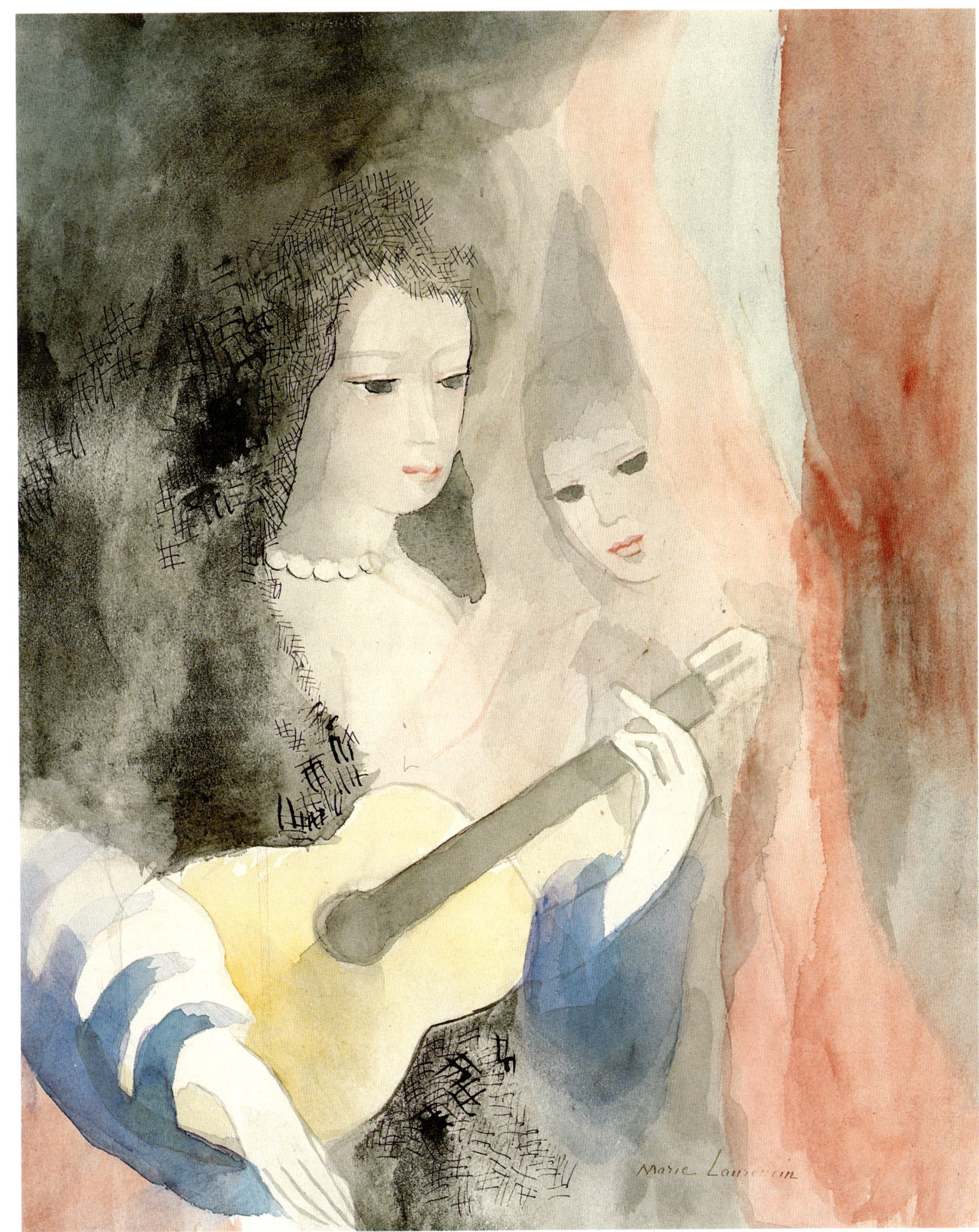

93
Jeunes femmes à la guitare
vers 1928
Aquarelle sur papier
44,8 × 35,9 cm

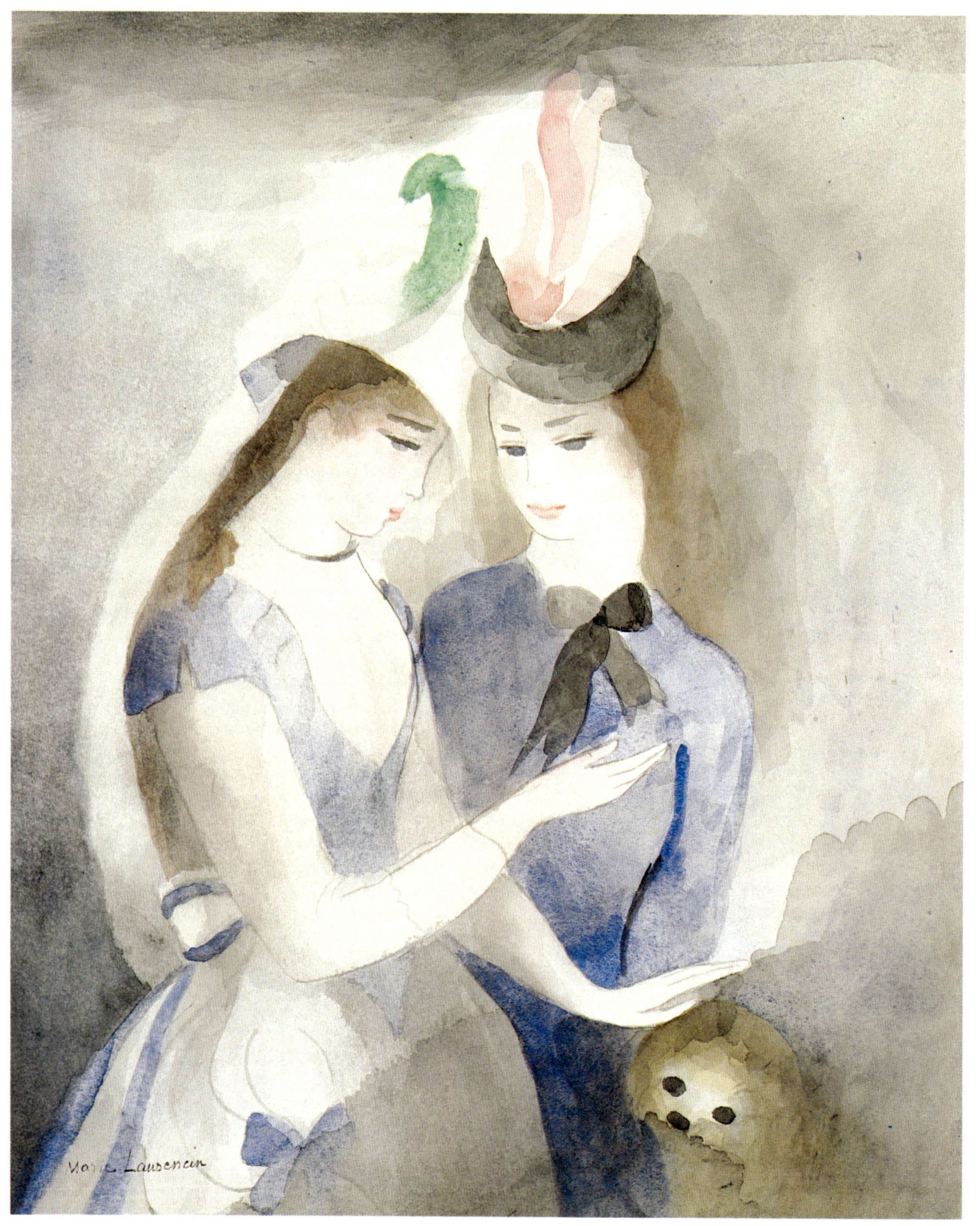

94
Deux jeunes filles avec un chien
vers 1928
Aquarelle sur papi
44,8 × 35,9 cm

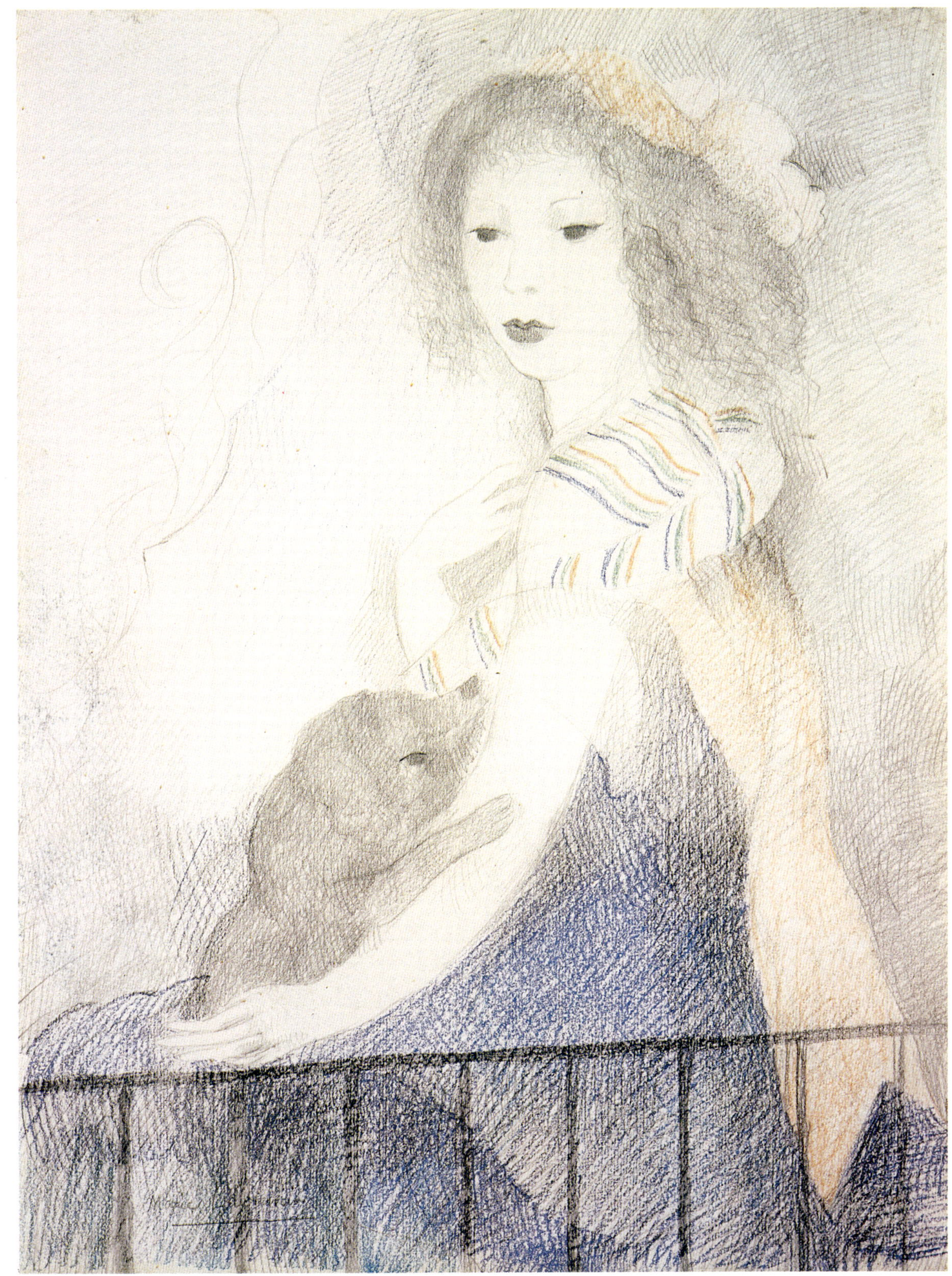

95
Portrait de jeune fille
(Etude pour
L'adroite princesse
ou *Les aventures*
***de Finette*)**
1928
Crayons de couleur
31 × 25 cm

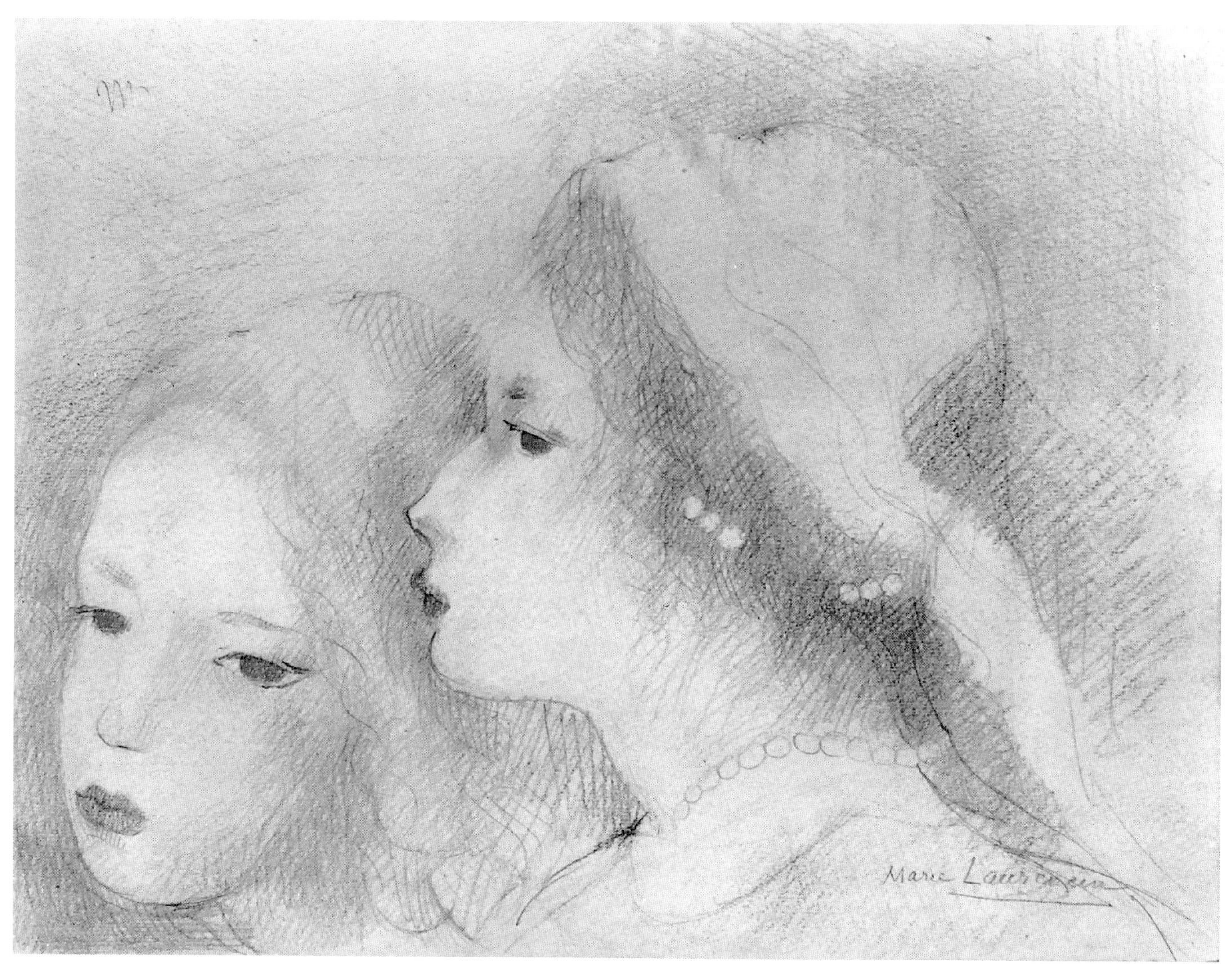

96
Double portrait de femmes
vers 1930-1932
Crayon sur papier
18,5 × 23,5 cm

97
Jeune fille
vers 1930
Aquarelle sur papier
29,5 × 24,5 cm

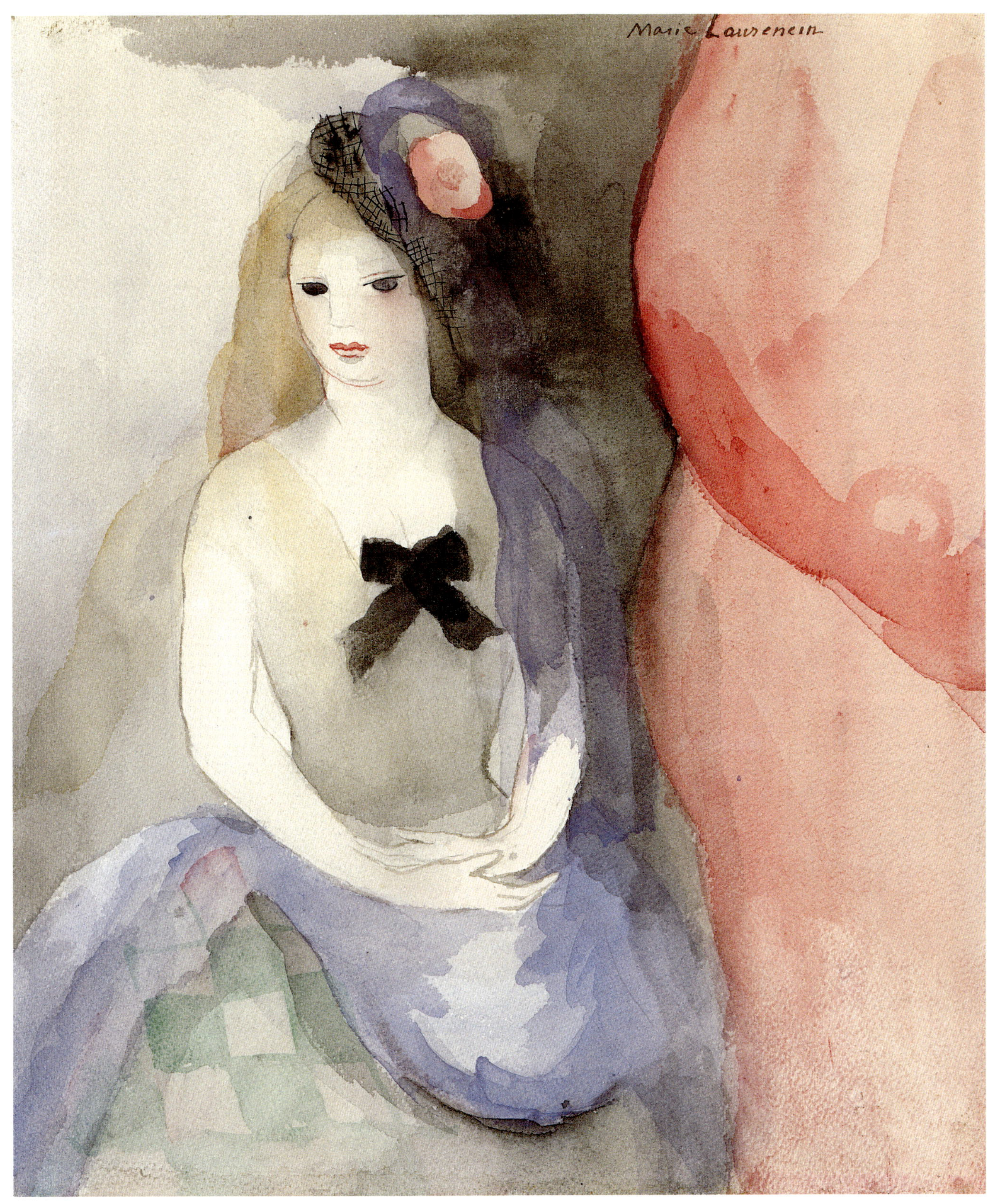
Marie Laurencin

C'est à Yvonne Gallimard, la mère de Claude, que je dois d'avoir été présenté à Marie Laurencin dès 1922, rue Saint-Lazare. Marie avait dû lire mes premiers contes, parus dans la N.R.F. de Jacques Rivière et la «Jeunesse de Théophile» l'avait alertée. Elle peignait le jour, passait à lire la moitié de ses nuits; rien ne lui échappait qui méritât quelque attention.

A peine eut-elle jeté les yeux sur moi, elle fit de moi son ami. Professeur, je disposais seulement de mes jeudis. Ce jour lui était consacré. Elle travaillait en me regardant comme si j'avais été son modèle. La conversation entre nous ne chômait pas. Mais cette intimité était loin de lui suffire. Etait-elle invitée? Je devais l'accompagner dans le monde. C'est ainsi que, grâce à elle, j'ai rencontré tour à tour Julien Green, Paul Morand, Marie Murat, Albert Flament, Léon Bailby, René Crevel, Jeanne Dubost, Louis Marcoussis, Daniel-Henry Kahnweiler. (...)

A mes yeux, le signe distinctif de la personne de Marie était sa faculté d'accueil. Qui m'a donné comme elle l'impression, quand je surgissais, d'être l'occasion d'une fête que la flamme de ses yeux, l'altération de sa voix, l'épanouissement de son visage exprimaient? Gide seul peut-être. Mme Iserantan qui fut le professeur de Marie, jeune fille, et à qui Marie parlait de moi, sait encore ce que j'étais pour elle. Ai-je été jamais plus ému que le jour où elle a évoqué Marie parlant de moi?

Il s'en est peu fallu à l'approche d'un crépuscule d'été que Marie devînt ma maîtresse. Tout a été empêché par l'irruption de la chaste Suzanne à ce moment dans la pièce, où Marie étendue sur un divan et moi, parallèlement sur le parquet, nous parlions de Rimbaud et, à travers le Bateau ivre, de nous-mêmes à la dérive. (...) C'est elle qui est à l'origine de mon mariage, c'est chez elle que j'ai rencontré Elise qu'elle appelait Caryathis, «une femme pour toi» disait-elle. Elle entendait: pour ta ménagerie, pour ta mythologie. Je crois que si elle avait pu prévoir ce qui a suivi, elle me l'eût cachée. (...)

La mort prématurée de Marie a été pour Elise et pour moi une sorte de catastrophe. Je nous revois debout devant la porte de l'ascenseur, rue Savorgnan-de-Brazza. Une main, pour le moins impertinente, avait écrit sur un carton: «Madame Marie Laurencin ne reçoit plus.» Rien ne résistait longtemps à Elise. De toutes les consignes nous avons eu bien vite raison et nous trouvions au pied du lit, où Marie pâle, immobile, à jamais silencieuse reposait, gainée de satin blanc. L'évidence du malheur ne parvenait pas à nous convaincre. Il y a entre certaines gens et la mort une telle incompatibilité qu'on ne se résigne jamais à ne pas les croire vivants toujours. Cette sorte d'immortalité est un don qui relève de l'amitié, de l'amour.

Marcel Jouhandeau
Hommage à Marie (extraits), 1971

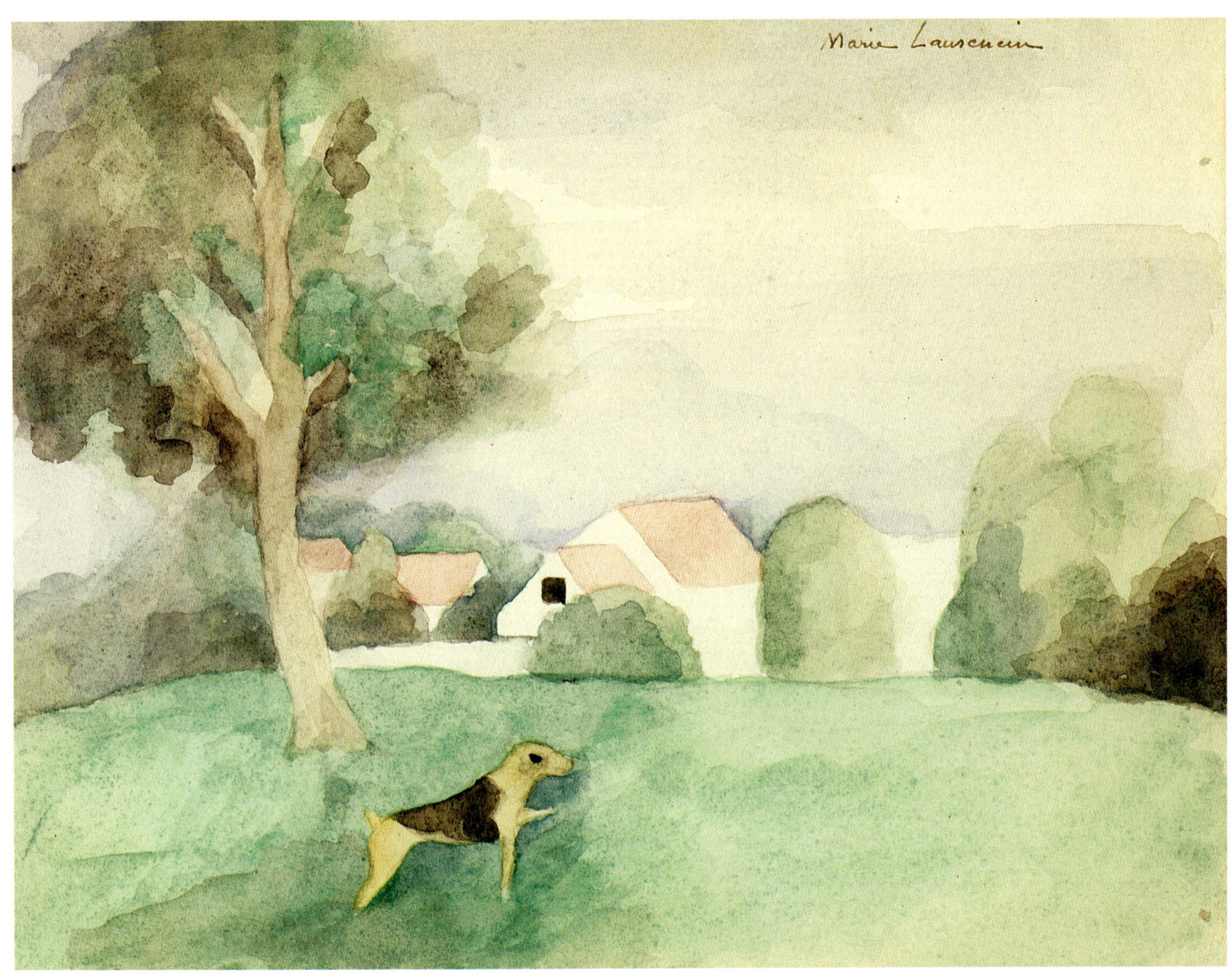

98
Paysage au chien
vers 1940
Aquarelle sur papier
18,4 × 23,5 cm

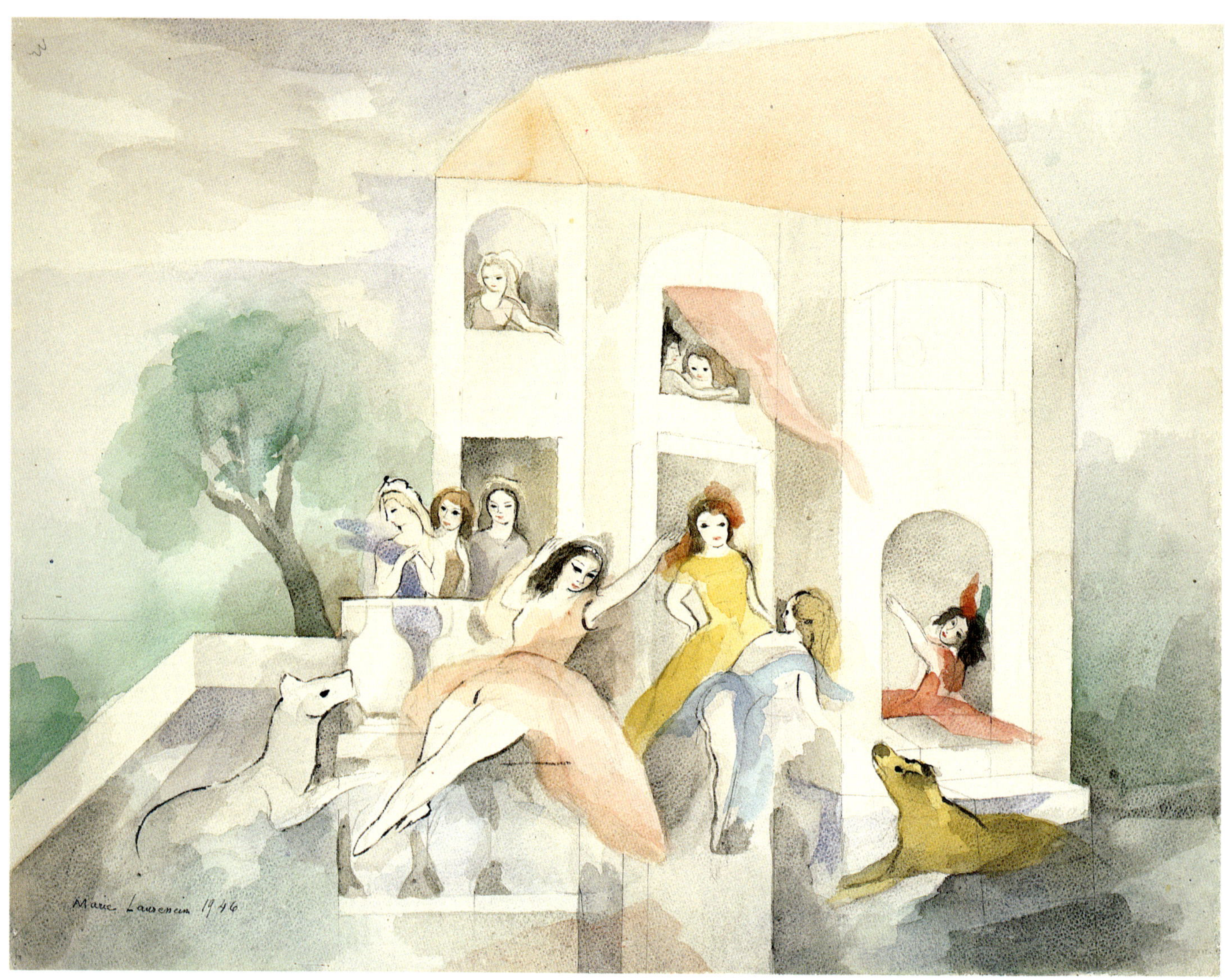

99
Femmes sur la terrasse
1946
Aquarelle sur papier
35,5 × 44,5 cm

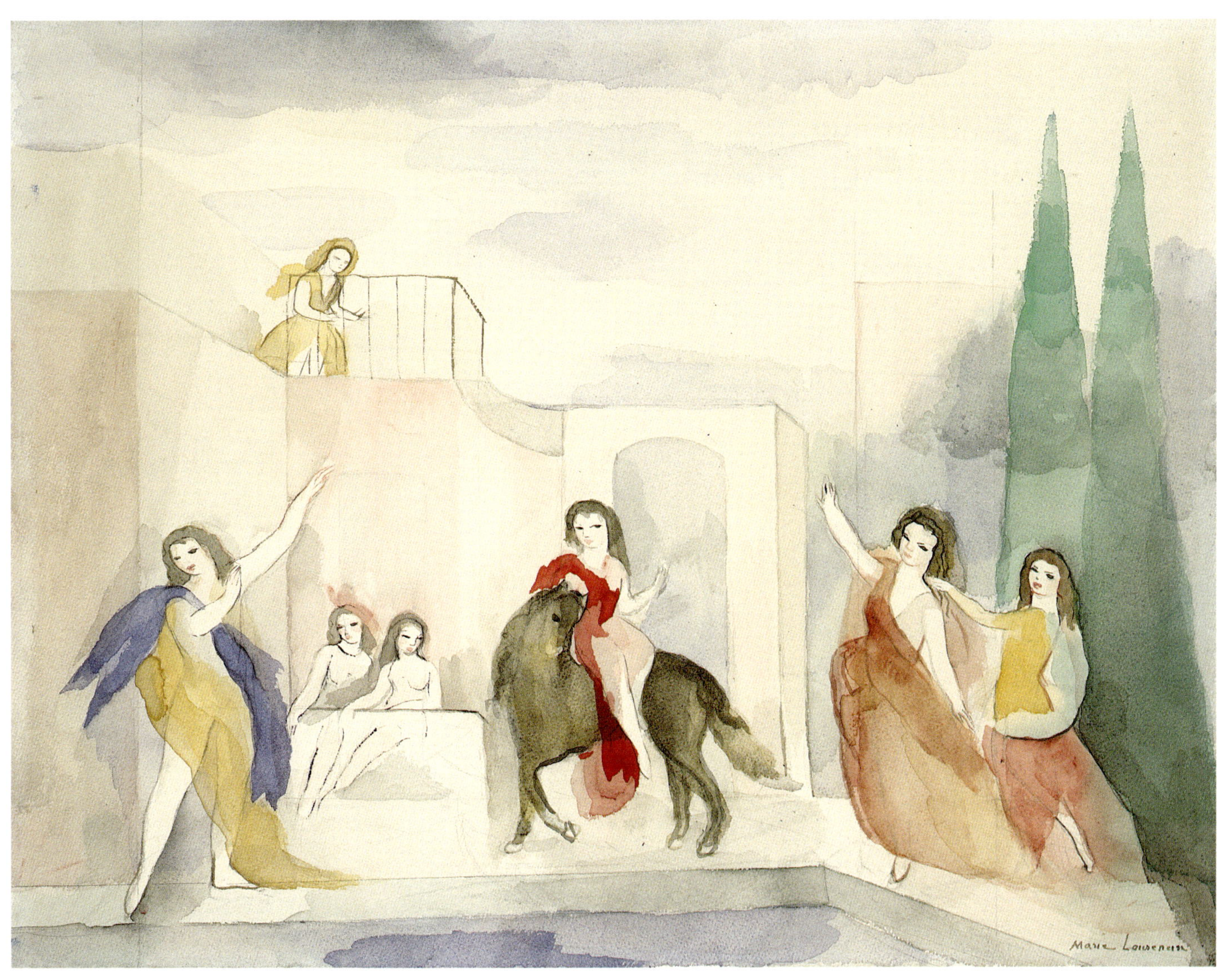

100
Jeunes filles au bord d'une piscine
vers 1946
Aquarelle sur papier
35 × 44 cm

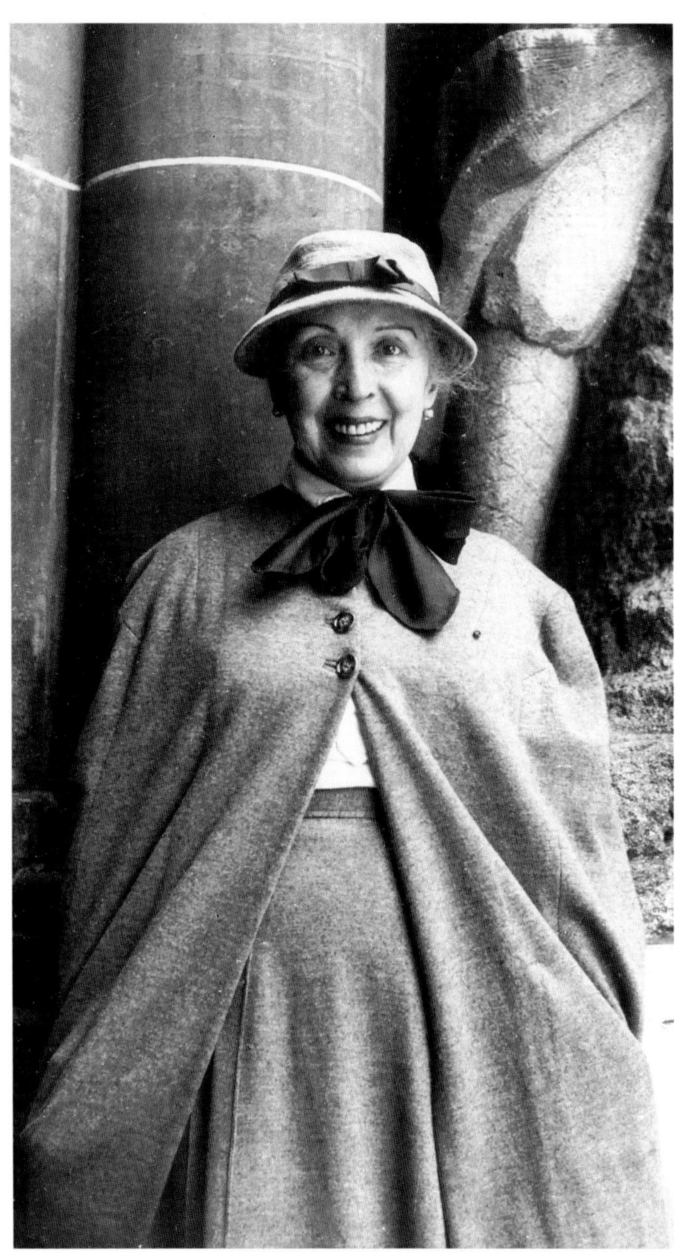

On racontera des choses sur elle
Mais on ne saura dire
Comme elle aimait le calme
La vie simple
Les portes fermées doucement
L'adresse, la rapidité
La lenteur aussi
Et les livres.
Ses maîtres, le hasard, le temps.
Laissez-moi mourir
O délices de ne pas être aimée...

Marie Laurencin
Carnets intimes, février 1956
(cité par Flora Groult, 1987)

Marie Laurencin succombera à une crise cardiaque le 8 juin 1956, quelques mois après avoir écrit ces derniers vers.

Marie Laurencin en 1952

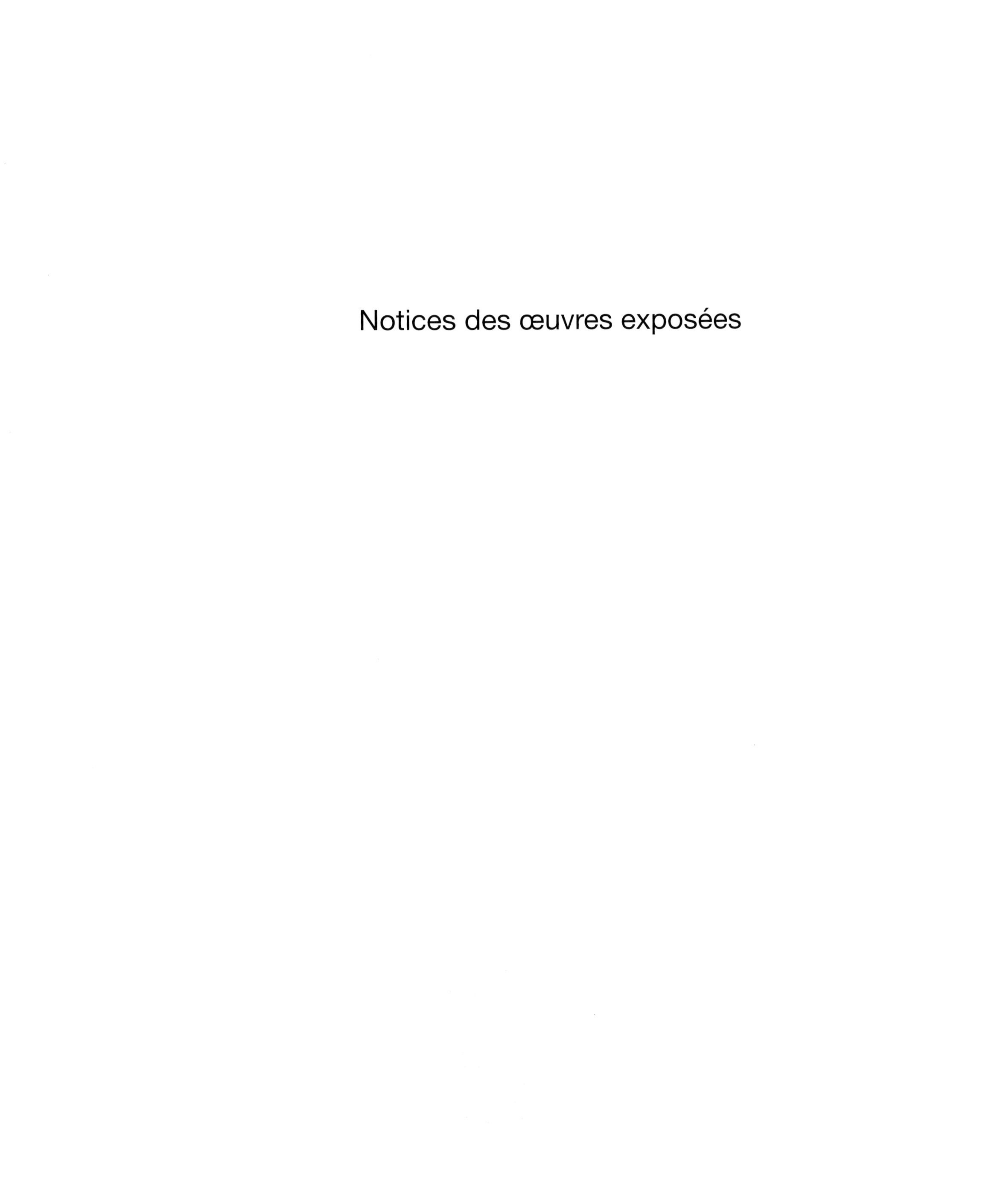

Notices des œuvres exposées

Avertissement:

Les indications des dimensions sont en centimètres, la hauteur précédant la largeur.
Dans la rubrique *Bibliographie*, la mention du *Catalogue Raisonné de l'Œuvre peint* – publié en 1986 par le Musée Marie Laurencin – a été indiquée en priorité, pour faciliter l'identification de l'œuvre.
Dans la rubrique *Expositions*, notamment pour les manifestations itinérantes japonaises, seuls figurent le titre de l'exposition, le nom de l'organisateur et le numéro du catalogue, pour ne pas alourdir inutilement les notices.
La liste complète des *Expositions*, pages 205-208, comporte toutes les précisions nécessaires complémentaires.

PEINTURES

1 Paysage

vers 1904-1905
Huile sur bois
26 × 40 cm
Signé en bas à droite

Historique:
Guillaume Apollinaire, Paris
Mme Jacqueline Guillaume Apollinaire, Paris
Vente, Hôtel Drouot, Paris, 10 décembre 1986, n° 95

Bibliographie:
Daniel Marchesseau, *Catalogue Raisonné de l'Œuvre peint de Marie Laurencin,* Editions du Musée Marie Laurencin, Japon, 1986, n° 8

2 Autoportrait

1904
Huile sur bois
40 × 30 cm
Signé et daté en bas à droite (signature et date ont été apposées par l'artiste après 1945)

Historique:
Henry Lapauze, Paris
Florence J. Gould, Paris - New York
Vente, Sotheby's, New York, 25 avril 1985, n° 128 (Collection Florence J. Gould)
Vente, Christie's, New York, 13 mai 1992, n° 209

Bibliographie:
Daniel Marchesseau, *Catalogue Raisonné de l'Œuvre peint de Marie Laurencin,* Editions du Musée Marie Laurencin, Japon, 1986, n° 7
Albert Flament, *Arabesques sur Marie Laurencin*, «La Renaissance de l'art français», Paris, septembre 1924, repr. p. 477

Expositions:
Marie Laurencin, Mainichi Shimbun, Japon, 1984-1985, n° 3
1987, *Picasso was once a child*, exposition itinérante, World Children's Art Museum, Okazaki, n° 6
Marie Laurencin, Yomiuri Shimbun, Japon, 1988, n° 2
Marie Laurencin, Chunichi Shimbun, Japon, 1989, n° 1
Marie Laurencin, Yomiuri Shimbun et KTS Kagoshima Television, Japon, 1989, n° 2
Marie Laurencin, Mainichi Shimbun, Japon, 1990, n° 1
Marie Laurencin, Chunichi Shimbun, Japon, 1992, n° 1

3 Autoportrait

vers 1905
Huile sur panneau
40 × 30 cm
Signé en bas à gauche

Historique:
José Théry, Paris
Vente, Londres, Sotheby's, 6 décembre 1973, n° 89
Dr B. J. Widman
Vente, Londres, Sotheby's, 6 avril 1978, n° 346
Galerie Paul Pétridès, Paris
Art Point Gallery, Tokyo

Bibliographie:
Daniel Marchesseau, *Catalogue Raisonné de l'Œuvre peint de Marie Laurencin,* Editions du Musée Marie Laurencin, Japon, 1986, n° 3
Flora Groult, *Marie Laurencin*, Tokyo, 1989, fig. n° 2

Expositions:
Peintres contemporains peints par eux-mêmes, Javal-Bourdeaux et Cie, Paris, février 1929
Marie Laurencin, Mainichi Shimbun et le Musée Marie Laurencin, Osaka, 1986, n° 2
Marie Laurencin, Yomiuri Shimbun, Japon, 1988, n° 3
Marie Laurencin, Mainichi Shimbun, Japon, 1990, n° 3
Marie Laurencin, Chunichi Shimbun, Japon, 1992, n° 3
Marie Laurencin, Yomiuri Shimbun, Japon, 1993, n° 2
Marie Laurencin, Ehime Shimbun, Japon, 1993, n° 3

4 Fleurs dans un vase

vers 1906-1907
Huile sur panneau
39,5 × 32 cm
Signé en bas à gauche

Historique:
Paul Guillaume, Paris (n° 719)
Galerie Hopkins-Thomas, Paris

Bibliographie:
Sera reproduit dans le Supplément du *Catalogue Raisonné de l'Œuvre peint de Marie Laurencin*, en préparation par Daniel Marchesseau

Expositions:
Marie Laurencin, Chunichi Shimbun, Japon, 1989, n° 3

Marie Laurencin, Yomiuri Shimbun et KTS Kagoshima Television, Japon, 1989, n° 3
Marie Laurencin, exposition itinérante organisée par la Fondation pour la santé publique, Préfecture de Hyogo, Kobe, Japon
Marie Laurencin, Mainichi Shimbun, Japon, 1990, n° 2
Marie Laurencin, Iwate Nipposha, Fukushima Minposha, 1991, n° 2
Marie Laurencin, Chunichi Shimbun, Japon, 1992, n° 4

5 Corbeille de fruits

vers 1907-1908
Huile sur toile
24 × 33 cm
Signé en bas à droite

Historique:
Galerie Alfred Flechtheim, Berlin - Düsseldorf, 1913
Galerie Alex Vömel, Düsseldorf
Collection particulière, Japon
Galerie Kamakura Art Service, Japon, 1984

Bibliographie:
Daniel Marchesseau, *Catalogue Raisonné de l'Œuvre peint de Marie Laurencin,* Editions du Musée Marie Laurencin, Japon, 1986, n° 27

Expositions:
Robert Delaunay - Marie Laurencin, Galerie Barbazanges, Paris, 1912
Marie Laurencin, Kunsthalle, Düsseldorf, 1957, n° 1
Marie Laurencin, Mainichi Shimbun et le Musée Marie Laurencin, Osaka, 1986, n° 3
Marie Laurencin, Yomiuri Shimbun, Japon, 1988, n° 4
Marie Laurencin, Chunichi Shimbun, Japon, 1989, n° 4
Marie Laurencin, Yomiuri Shimbun et KTS Kagoshima Television, Japon, 1989, n° 4
Marie Laurencin, Iwate Nipposha, Fukushima Minposha, 1991, n° 3
Marie Laurencin, Chunichi Shimbun, Japon, 1992, n° 5
Marie Laurencin, Yomiuri Shimbun, Japon, 1993, n° 5
Marie Laurencin, Ehime Shimbun, Japon, 1993, n° 5

6 Autoportrait

vers 1908
Huile sur bois
41 × 31 cm
Signé et annoté au dos par l'artiste: *tableau retouché, les cheveux, le fond, le 21 novembre 1950*
annoté au dos par Georges de Miré: *Marie Laurencin avait offert ce tableau à Roger de La Fresnaye en 1913 ou 1914*

Historique:
Roger de La Fresnaye
Georges de Miré
Vente, Versailles, Me Blache, 29 novembre 1981, n° 135

Bibliographie:
Daniel Marchesseau,*Catalogue Raisonné de l'Œuvre peint de Marie Laurencin,* Editions du Musée Marie Laurencin, Japon, 1986, n° 36

Expositions:
Marie Laurencin, Mainichi Shimbun, Japon, 1990, n° 5
Marie Laurencin, Iwate Nipposha, Fukushima Minposha, 1991, n° 1
Marie Laurencin, Yomiuri Shimbun, Japon, 1993, n° 7
Marie Laurencin, Ehime Shimbun, Japon, 1993, n° 7

7 Autoportrait

1908
Huile sur toile
40 × 32 cm
Signé et daté en bas à droite

Historique:
Vente, Paris, Hôtel Drouot, 18 mai 1928, n° 68
Vente, Paris, Hôtel Drouot, 2 avril 1929, n° 70 (repr.)
Galerie..., rue Bonaparte, Paris
Vente, New York, Sotheby's, 14 avril 1983, n° 22

Bibliographie:
Daniel Marchesseau, *Catalogue Raisonné de l'Œuvre peint de Marie Laurencin,* Editions du Musée Marie Laurencin, Japon, 1986, n° 39
Meot, La République de Corée, octobre 1984, p. 223
Motoo Ando, *L'éventail de Marie Laurencin*, Tokyo, 1985, n° 2
Le tour des peintres célèbres du monde entier, vol. 3, Asahi Shimbun, Tokyo, 1986, p. 123
Solange Thierry, *Le Musée Marie Laurencin*, L'Œil, Paris, janvier 1987, n° 12, p. 35
Flora Groult, *Marie Laurencin*, Tokyo, 1989, fig. 3

Expositions:
Marie Laurencin, Mainichi Shimbun et le Musée Marie Laurencin, Osaka, 1986, n° 4
Marie Laurencin, Yomiuri Shimbun, Japon, 1988, n° 6
Marie Laurencin, Chunichi Shimbun, Japon, 1989, n° 7
Marie Laurencin, Yomiuri Shimbun et KTS Kagoshima Television, Japon, 1989, n° 6
Marie Laurencin, Mainichi Shimbun, Japon, 1990, n° 4
Marie Laurencin, Chunichi Shimbun, Japon, 1992, n° 6

8 Jean Royère

1908
Huile sur bois
33 × 23,5 cm
Signé en haut à droite et titré en bas

Historique:
Jean Royère, Paris
Collection particulière, Paris
Vente, Londres, Sotheby's, 4 décembre 1985, n° 198

Bibliographie:
Daniel Marchesseau, *Catalogue Raisonné de l'Œuvre peint de Marie Laurencin,* Editions du Musée Marie Laurencin, Japon, 1986, n° 41
José Pierre, *Marie Laurencin*, Paris, 1988, p. 45
José Pierre, *Marie Laurencin*, Tokyo, 1991, n° 30

Expositions:
Marie Laurencin, Tokyo Shimbun, Japon, 1982, n° 6
Marie Laurencin, Mainichi Shimbun, Japon, 1984-1985, n° 11
Marie Laurencin, Mainichi Shimbun, Kintetsu, Osaka, 1986, n° 5
Marie Laurencin, Yomiuri Shimbun, Japon, 1988, n° 5
Marie Laurencin, Chunichi Shimbun, Japon, 1989, n° 6
Marie Laurencin, Yomiuri Shimbun et KTS Kagoshima Television, Japon, 1989, n° 5
Marie Laurencin, Mainichi Shimbun, Japon, 1990, n° 7
Marie Laurencin, Iwate Nipposha, Fukushima Minposha, 1991, n° 7
Marie Laurencin, Chunichi Shimbun, Japon, 1992, n° 8

9 André Salmon

vers 1908
Huile sur bois
35 × 25 cm
Monogrammé en bas à droite

Historique:
Guillaume Apollinaire, Paris
Jacqueline Guillaume Apollinaire, Paris
Vente, Paris, Hôtel Drouot, 10 décembre 1986, n° 93

Bibliographie:
Daniel Marchesseau, *Catalogue Raisonné de l'Œuvre peint de Marie Laurencin,* Editions du Musée Marie Laurencin, Japon, 1986, n° 42

Expositions:
Le Bateau-Lavoir, Mitsukoshi, Tokyo, 1977, n° 37
Le banquet du Douanier Rousseau, Isetan, Tokyo, 1985, n° 64
Marie Laurencin, Yomiuri Shimbun, Japon, 1988, n° 7
Marie Laurencin, Chunichi Shimbun, Japon, 1989, n° 5
Marie Laurencin, Yomiuri Shimbun et KTS Kagoshima Television, Japon, 1989, n° 7
Marie Laurencin, Mainichi Shimbun, Japon, 1990, n° 6
Marie Laurencin, Iwate Nipposha, Fukushima Minposha, 1991, n° 6
Marie Laurencin, Chunichi Shimbun, Japon, 1992, n° 7

10 Diane à la chasse

1908
Huile sur bois
20,5 × 28,3 cm
Signé en bas à gauche

Historique:
Guillaume Apollinaire, Paris
Jacqueline Guillaume Apollinaire, Paris
Vente, Paris, Hôtel Drouot, 30 avril 1993, n° 110

Bibliographie:
Daniel Marchesseau, *Catalogue Raisonné de l'Œuvre peint de Marie Laurencin,* Editions du Musée Marie Laurencin, Japon, 1986, n° 46
Guillaume Apollinaire, *Le Salon des Indépendants de 1908*, Revue des Lettres et des Arts, Paris, 1er mai 1908
Haruki Yaegashi, *Marie Laurencin*, Tokyo, 1985, n° 4
José Pierre, *Marie Laurencin*, Paris, 1988, p. 29
José Pierre, *Marie Laurencin*, Tokyo, 1991 n° 16

Expositions:
Salon des Indépendants, Paris, 1908, n° 3559
Guillaume Apollinaire, Bibliothèque Nationale, Paris, 1969
Marie Laurencin, Isetan, Tokyo, 1978, n° 5
Guillaume Apollinaire et ses amis peintres, Mitsukoshi, Tokyo, 1980, n° 40
Marie Laurencin, Mainichi Shimbun, Japon, 1984-1985, n° 8
Le banquet du Douanier Rousseau, Isetan, Tokyo, 1985, n° 65

11 Tête de jeune fille

vers 1908-1909
Huile sur toile
35 × 37 cm
Signé en haut à droite

Historique:
Guillaume Apollinaire, Paris
Jacqueline Guillaume Apollinaire, Paris
Vente, Paris, Hôtel Drouot, 30 avril 1993, n° 111

Bibliographie:
Sera reproduit dans le Supplément du *Catalogue Raisonné de l'Œuvre peint de Marie Laurencin*, en préparation par Daniel Marchesseau

12 La famille du poète

1909
Huile sur toile
63,5 × 79 cm
Signé en bas à droite

Historique:
Ce tableau est le portrait du poète Sadia Lévy entouré de sa femme Rachel et de leur fille Liliane, et non la famille du poète Maurice Cremnitz, dit Chevrier, comme on le pensait jusqu'alors. Sadia Lévy – dont Guillaume Apollinaire parle en 1915 à Madeleine Pagès – aurait offert ce tableau à Jean Royère, poète et éditeur de la revue de poésie *Les Marges.* (cf. cat. n° 8: *Portrait de Jean Royère*)
Vente, Paris, Hôtel Drouot, 29 avril 1927, n° 36 - collection Jean Royère (repr.)
Vente, Paris, Hôtel Drouot, 2 mars 1929, n° 72 (repr.)
Helena Rubinstein, Paris - New York
Vente, New York, Parke-Bernet, 20 avril 1966, n° 37 (Collection Helena Rubinstein)
R. Weill, New Orleans, USA
Vente, New York, Christie's, 16 mai 1990, n° 370

Bibliographie:
Daniel Marchesseau, *Catalogue Raisonné de l'Œuvre peint de Marie Laurencin,* Editions du Musée Marie Laurencin, Japon, 1986, n° 50
Janet Flanner, *La collection Helena Rubinstein*, L'Œil, Paris, n° 34, octobre 1957, p. 29
Daniel Marchesseau, *Marie Laurencin*, Tokyo, 1980 - Paris, 1981, n° 8
Haruki Yaegashi, *Marie Laurencin*, Tokyo, 1985, n° 6

Expositions:
1989, *Marie Laurencin,* Birmingham Museum of Art, Birmingham, USA, et Dixon Gallery, Memphis, USA, n° 33

Marie Laurencin, Iwate Nipposha, Fukushima Minposha, 1991, n° 4
Marie Laurencin, Chunichi Shimbun, Japon, 1992, n° 9

13 Portrait d'Alfred Flechtheim

vers 1910-1912
Huile sur toile
61 × 46,5 cm
Signé en bas à droite

Historique:
Alfred Flechtheim, Berlin - Düsseldorf
Collection particulière, Krefeld, vers 1920
Galerie Hopkins-Thomas, Paris
Galerie Deux, Tokyo

Bibliographie:
Sera reproduit dans le Supplément du *Catalogue Raisonné de l'Œuvre peint de Marie Laurencin*, en préparation par Daniel Marchesseau

Expositions:
Marie Laurencin, Iwate Nipposha, Fukushima Minposha, 1991, n° 8
Marie Laurencin, Chunichi Shimbun, Japon, 1992, n° 11

14 L'éventail

vers 1911
Huile sur carton parqueté
59 × 47 cm

Historique:
Galerie André Romanet, Paris
Mrs Algur H. Meadows, USA
Vente, New York, Christie's, 3 novembre 1982, n° 10
Kouros Gallery, New York
Vente, New York, Christie's, 16 mai 1985, n° 364

Bibliographie:
Daniel Marchesseau, *Catalogue Raisonné de l'Œuvre peint de Marie Laurencin,* Editions du Musée Marie Laurencin, Japon, 1986, n° 67

Expositions:
Cent tableaux de maîtres d'hier et de demain, Galerie Romanet Rive Droite, Paris, avril 1964, n° 46
Fauves et cubistes, Galerie Romanet Rive gauche, Paris, juin 1967, n° 47
Marie Laurencin, Mainichi Shimbun et le Musée Marie Laurencin, Osaka, 1986, n° 6
Marie Laurencin, Yomiuri Shimbun, Japon, 1988, n° 8
Marie Laurencin, Mainichi Shimbun, Japon, 1990, n° 8
Marie Laurencin, Chunichi Shimbun, Japon, 1992, n° 10

15 Tête de femme (Trumeau II pour la *Maison Cubiste*)

1912
Huile sur toile marouflée sur carton
39 × 30,5 cm
Monogrammé en bas à droite

Historique:
Vente, Londres, Sotheby's, 30 avril 1969, n° 106
Galerie Fabien Boulakia, Paris
Vente, Londres, Sotheby's, 23 mars 1983, n° 30

Bibliographie:
Daniel Marchesseau, *Catalogue Raisonné de l'Œuvre peint de Marie Laurencin,* Editions du Musée Marie Laurencin, Japon, 1986, n° 77
Marie-Noëlle Pradel, *La Maison Cubiste en 1912*, Art de France, Paris, 1961, t. I
Charlotte Gere, *Marie Laurencin*, Londres, 1977, p. 31

Expositions:
Marie Laurencin, Mainichi Shimbun et le Musée Marie Laurencin, Osaka, 1986, n° 7
Marie Laurencin, Yomiuri Shimbun, Japon, 1988, n° 10
Marie Laurencin, Chunichi Shimbun, Japon, 1989, n° 8
Marie Laurencin, Yomiuri Shimbun et KTS Kagoshima Television, Japon, 1989, n° 10

16 Tête de femme (Trumeau IV pour la *Maison Cubiste*)

1912
Huile sur toile marouflée sur carton
39 × 30,5 cm
Monogrammé en bas à droite

Historique:
Vente, Londres, Sotheby's, 30 avril 1969, n° 107
Galerie Fabien Boulakia, Paris
Vente, Londres, Sotheby's, 23 mars 1983, n° 31

Bibliographie:
Daniel Marchesseau, *Catalogue Raisonné de l'Œuvre peint de Marie Laurencin,* Editions du Musée Marie Laurencin, Japon, 1986, n° 79
Marie-Noëlle Pradel, *La Maison Cubiste en 1912*, Art de France, Paris, 1961, t. I
Charlotte Gere, *Marie Laurencin*, Londres, 1977, p. 31

Expositions:
Marie Laurencin, Mainichi Shimbun et le Musée Marie Laurencin, Osaka, 1986, n° 8
Marie Laurencin, Yomiuri Shimbun, Japon, 1988, n° 11
Marie Laurencin, Chunichi Shimbun, Japon, 1989, n° 9
Marie Laurencin, Yomiuri Shimbun et KTS Kagoshima Television, Japon, 1989, n° 11

17 Les deux sœurs au violoncelle

1913-1914
Huile sur toile
117 × 89 cm
Signé en bas à gauche – date apposée par l'artiste, probablement après 1925, en bas à gauche. L'œuvre date plus vraisemblablement de 1912

Historique:
Paul Rosenberg, Paris (n°s 131 et 2845)
Georges Bénard, Paris
Mme Antoine Villard, Paris

Galerie Marcel Bernheim, Paris
Helena Rubinstein, Paris - New York
Walter P. Chrysler Jr., USA
Knoedler & Co, New York (n° 4777)
Samuel S. Josefowitz, Lausanne
Vente, New York, Parke-Bernet, 15 octobre 1969, n° 50
Linoir M. Losey, Houston
Alan Kay, Washington
Vente, Londres, Christie's, 3 décembre 1990, n° 23

Bibliographie:
Daniel Marchesseau, *Catalogue Raisonné de l'Œuvre peint de Marie Laurencin,* Editions du Musée Marie Laurencin, Japon, 1986, n° 105
Roger Allard, *Marie Laurencin*, Paris, p. 21
Marcel Jouhandeau, *Marie Laurencin*, Paris, 1928, pl. 1
Connaissance des Arts, Paris, septembre 1961
Marie Laurencin, *Le carnet des nuits*, Tokyo, 1977, n° 3
Daniel Marchesseau, *Marie Laurencin*, Tokyo, 1980 - Paris, 1981, 25
José Pierre, *Marie Laurencin*, Paris, 1988, p. 57
José Pierre, *Marie Laurencin*, Tokyo, 1991, n° 37

Expositions:
Marie Laurencin, Galerie Paul Rosenberg, Paris, 1921, n° 14
Maîtres de l'art indépendant, Musée du Petit Palais, Paris, 1937, n° 6
Le cubisme, Musée national d'Art moderne, Paris, 1953, n° 133
Albert Gleizes et la Section d'or, Leonard Hutton Gallery, New York, 1964, n° 30
Painters of the Section d'or, Albright Knox Gallery, Buffalo, USA, 1967, n° 21 (exposition itinérante)
Marie Laurencin, Mainichi Shimbun, Japon, 1984-1985 HC (repr.)
Paris 1937 – L'art indépendant, Musée d'art moderne de la Ville de Paris, 1987, n° 97
Marie Laurencin, Chunichi Shimbun, Japon, 1992, n° 15

18 La maison meublée

1912
Huile sur toile
112 × 144 cm
Titré en haut et signé en bas à droite

Historique:
Armand Loewengard, Paris
Matthiesen Gallery, Londres,
Vente, Londres, Sotheby's, 28 juin 1972, n° 54
Motoaki Ishizuka, Tokyo
Vente, New York, Sotheby's, 20 octobre 1975, n° 131
Samuel S. Josefowitz, Lausanne

Bibliographie:
Daniel Marchesseau, *Catalogue Raisonné de l'Œuvre peint de Marie Laurencin,* Editions du Musée Marie Laurencin, Japon, 1986, n° 85
Gazette des Beaux Arts, Paris, 1935, n° 155
The Burlington Magazine, Londres, juin 1957
Daniel Marchesseau, *Marie Laurencin*, Tokyo, 1980 - Paris, 1981, n° 15
Haruki Yaegashi, *Marie Laurencin*, Tokyo, 1985, n° 11
Flora Groult, *Marie Laurencin*, Tokyo, 1989, fig. 5

Expositions:
Galerie de la Gazette des Beaux-Arts, Paris, 1935
Six Femmes Peintres, Asahi Shimbun, Japon, 1983, n° 91
Marie Laurencin, Mainichi Shimbun, Japon, 1984-1985, n° 16
Peintures françaises du demi-siècle, Asahi Shimbun, Japon, 1985-1986, n° 40
Marie Laurencin, Mainichi Shimbun et le Musée Marie Laurencin, Osaka, 1986, n° 7
Marie Laurencin, Yomiuri Shimbun, Japon, 1988, n° 9
Marie Laurencin, Chunichi Shimbun, Japon, 1989, n° 11
Marie Laurencin, Yomiuri Shimbun et KTS Kagoshima Television, Japon, 1989, n° 9
Marie Laurencin, Mainichi Shimbun, Japon, 1990, n° 10
Marie Laurencin, Iwate Nipposha, Fukushima Minposha, 1991, n° 10

19 Nils von Dardel

1913
Huile sur toile
92,5 × 73 cm
Signé en bas à droite

Historique:
Galerie Alfred Flechtheim, Berlin - Düsseldorf
Galerie Georges Moos, Genève
Vente, Londres, Christie's, 30 novembre 1976
Vente, Londres, Christie's, 4 avril 1978, n° 34
Tooth & Sons Gallery, Londres
Collection privée, Australie
Vente, Londres, Sotheby's, 26 mars 1986, n° 185

Bibliographie:
Daniel Marchesseau, *Catalogue Raisonné de l'Œuvre peint de Marie Laurencin,* Editions du Musée Marie Laurencin, Japon, 1986, n° 88
H. von Wedderkop, *Marie Laurencin*, 1921, n° 5
Daniel Marchesseau, *Marie Laurencin*, Tokyo, 1980 - Paris, 1981, n° 23
Haruki Yaegashi, *Marie Laurencin*, Tokyo, 1985, n° 15
José Pierre, *Marie Laurencin*, Paris, 1988, p. 61
José Pierre, *Marie Laurencin*, Tokyo, 1991 n° 34

Expositions:
Marie Laurencin, Mainichi Shimbun et le Musée Marie Laurencin, Osaka, 1986 n° 10
Marie Laurencin, Yomiuri Shimbun, Japon, 1988 n° 12
Marie Laurencin, Chunichi Shimbun, Japon, 1989 n° 13
Marie Laurencin, Yomiuri Shimbun et KTS Kagoshima Television n° 12
Marie Laurencin, Iwate Nipposha, Fukushima Minposha, 1991, n° 12
Marie Laurencin, Chunichi Shimbun, Japon, 1992, n° 12

20 La pianiste

1912
Huile sur carton
35 × 30 cm
Signé en bas à gauche

Historique:
Jacques Doucet, Paris
Mme Jacques Doucet, Neuilly
César de Haucke, Paris
Yvonne Guillou, France
Vente, Enghien, 24 mars 1984, n° 55

Bibliographie:
Daniel Marchesseau, *Catalogue Raisonné de l'Œuvre peint de Marie Laurencin,* Editions du Musée Marie Laurencin, Japon, 1986, n° 91
Les Soirées de Paris, décembre 1913, n° 19
Daniel Marchesseau, *Marie Laurencin*, Tokyo, 1980 - Paris, 1981, n° 21
Flora Groult, *Marie Laurencin*, Paris, 1987 p. 3

Expositions:
Les cubistes, Galerie Dalmau, Barcelone, avril-mai 1912, n° 32
Marie Laurencin, Tokyo Shimbun, Japon, 1982, n° 12
Marie Laurencin, Mainichi Shimbun, Japon, 1984-1985, n° 18
Marie Laurencin, Chunichi Shimbun, Japon, 1989, n° 10
Marie Laurencin, Yomiuri Shimbun et KTS Kagoshima Television, n° 8
Marie Laurencin, Mainichi Shimbun, Japon, 1990, n° 9
Marie Laurencin, Iwate Nipposha, Fukushima Minposha, 1991, n° 9

21 Le bal élégant ou La danse à la campagne

1912
Huile sur toile
112 × 144 cm
Signé en bas à droite

Historique:
Vente, Paris, Palais Galliéra, 14 décembre 1963, n° 62
Vente, Londres, Sotheby's, 29 novembre 1972, n° 52
Arthur Tooth & sons Gallery, Londres,
Vente, Tokyo, Christie's, Hôtel Okura, 14 février 1981, n° 30
Motoaki Ishizuka, Japon
Galerie Deux, Tokyo

Bibliographie:
Daniel Marchesseau, *Catalogue Raisonné de l'Œuvre peint de Marie Laurencin,* Editions du Musée Marie Laurencin, Japon, 1986, n° 97
L'art décoratif, Paris, 1913, t. XXX, p. 120
Gustave Coquiot, *Cubistes, futuristes, passéistes*, Paris, 1914
André Salmon, *L' art vivant*, Paris, 1920
Henri-Pierre Roché, *Marie Laurencin,* Les cahiers d'aujourd'hui, Paris, 1922, n° 10
Charlotte Gere, *Marie Laurencin*, Londres, 1977, p. 9
Solange Thierry, *Le Musée Marie Laurencin*, L'Œil, Paris, janvier 1987, n° 14, p. 38

Expositions:
Salon des Indépendants, Paris, 1913, n° 1770
Marie Laurencin, Tokyo Shimbun, Japon, 1982, n° 14
Marie Laurencin, Mainichi Shimbun et le Musée Marie Laurencin, Osaka, 1986, n° 11
Marie Laurencin, Yomiuri Shimbun, Japon, 1988, n° 14
Marie Laurencin, Mainichi Shimbun, Japon, 1990, n° 11
Marie Laurencin, Chunichi Shimbun, Japon, 1992, n° 13

22 Madame André Groult, née Nicole Poiret

vers 1913
Huile sur toile
110 × 70 cm
Signé en bas à gauche

Historique:
Nicole Groult, Paris
Flora Groult, Paris

Bibliographie:
Daniel Marchesseau, *Catalogue Raisonné de l'Œuvre Peint de Marie Laurencin*, Editions du Musée Marie Laurencin, Japon, 1986, n° 99
L'art d'aujourd'hui, Paris, hiver 1925, pl. LVII
The Connoisseur, Londres, 1957
Daniel Marchesseau, *Marie Laurencin*, Tokyo, 1980 - Paris, 1981, n° 20
Haruki Yaegashi, *Marie Laurencin*, Tokyo, 1985, n° 16
Flora Groult, *Marie Laurencin*, Tokyo, 1989, fig 6
José Pierre, *Marie Laurencin*, Paris, 1988, p. 60
José Pierre, *Marie Laurencin*, Tokyo, 1991, n° 14

Expositions:
Salon d'automne, Paris, 1913
Paris 09-29, Palais Galliera, Paris, 1957, n° 122
Marie Laurencin, Isetan, Tokyo, 1978, n° 6
Marie Laurencin, Tokyo Shimbun, Japon, 1982, n° 13
Marie Laurencin, Galerie Daniel Malingue, Paris, 1986, n° 3
Marie Laurencin, Yomiuri Shimbun, Japon, 1988, n° 15
Marie Laurencin, Chunichi Shimbun, Japon, 1989, n° 12
Marie Laurencin, Yomiuri Shimbun et KTS Kagoshima Television, Japon, 1989, n° 13
Marie Laurencin, Mainichi Shimbun, Japon, 1990, n° 12
Marie Laurencin, Iwate Nipposha, Fukushima Minposha, 1991, n° 13
Marie Laurencin, Chunichi Shimbun, Japon, 1992, n° 14

23 Fillette au chapeau bleu et noir

vers 1913-1914
Huile sur toile
72,7 × 60 cm
Signé en bas vers le centre à droite

Historique:
Sir William van Horne, Montréal
Vente, New York, Parke-Bernet, 24 janvier 1946, n° 5
Colonel C. Michael Paul, Palm Beach
Vente, New York, Sotheby's, 21 février 1985, n° 35

Bibliographie:
Daniel Marchesseau, *Catalogue Raisonné de l'Œuvre peint de Marie Laurencin,* Editions du Musée Marie Laurencin, Japon, 1986, n° 112
Shugeru Tuji, *Laurencin et Modigliani*, Hakugado Shuppan éd., Tokyo, 1993, n° 11

Expositions:
Marie Laurencin, Mainichi Shimbun et le Musée Marie Laurencin, Osaka, 1986, n° 13
Marie Laurencin, Mainichi Shimbun, Japon, 1990, n° 16
Marie Laurencin, Mainichi Shimbun, Japon, 1990, n° 14

24 La liseuse

vers 1913
Huile sur toile
91,5 × 72 cm
Signé en bas à droite

Historique:
Charles Stern, Paris
P. Bressy, Paris,
Collection particulière, Paris
Vente, Londres, Christie's, 30 juin 1987, n° 27

Bibliographie:
Daniel Marchesseau, *Catalogue Raisonné de l'Œuvre peint de Marie Laurencin,* Editions du Musée Marie Laurencin, Japon, 1986, n° 108
J. Badovici, Intérieurs de Süe et Mare, Paris, 1923, pl. 23.
Daniel Marchesseau, *Marie Laurencin*, Tokyo, 1980 - Paris, 1981, n° 26
Haruki Yaegashi, *Marie Laurencin*, Tokyo, 1985, n° 18
José Pierre, *Marie Laurencin*, Paris, 1988, p. 59
José Pierre, *Marie Laurencin*, Tokyo, 1991, n° 39

Expositions:
Cinquantenaire de l'exposition 1925, Musée des Arts Décoratifs, Paris, 1976-1977, n° 126
Marie Laurencin, Chunichi Shimbun, Japon, 1989, n° 14
Marie Laurencin, Yomiuri Shimbun et KTS Kagoshima Television, Japon, 1989, n° 14
Marie Laurencin, Mainichi Shimbun, Japon, 1990, n° 13
Marie Laurencin, Iwate Nipposha, Fukushima Minposha, 1991, n° 14
Marie Laurencin, Chunichi Shimbun, Japon, 1992, n° 16

25 Femme debout à la capeline

1913
Huile sur toile
81 × 65,5 cm
Signé en bas à droite

Historique:
Acheté par Paul Rosenberg en 1913
Galerie Paul Rosenberg, Paris (n° 474)
Paul et Marguerite Rosenberg, Paris - New York
Vente, New York, Sotheby's, 3 juillet 1979, n° 56
Vente, New York, Sotheby's, 21 mai 1982, n° 330
Mitsukoshi Asada, Osaka
Galerie Gekkoso, Tokyo

Bibliographie:
Daniel Marchesseau, *Catalogue Raisonné de l'Œuvre peint de Marie Laurencin,* Editions du Musée Marie Laurencin, Japon, 1986, n° 107
Tai Kanbara, *Marie Laurencin*, Tokyo, 1927, n° 28
José Pierre, *Marie Laurencin*, Paris, 1988, p. 87
José Pierre, *Marie Laurencin*, Tokyo, 1991, n° 56

Expositions:
Marie Laurencin, Galerie Paul Rosenberg & Co, New York, 1956, n° 1
Marie Laurencin, Mainichi Shimbun et le Musée Marie Laurencin, Osaka, 1986 n° 12
Marie Laurencin, Yomiuri Shimbun, Japon, 1988, n° 13
Marie Laurencin, Iwate Nipposha, Fukushima Minposha, 1991, n° 11

26 L'infante

Cecilia de Madrazo (?)
Madrid, 1915
Huile sur toile
73,7 × 60 cm
Signé en bas à gauche, titré au dos

Historique:
Offert par l'artiste à Jean Paulhan
Vente, New York, Christie's, 12 novembre 1992, n° 143

Bibliographie:
Daniel Marchesseau, *Catalogue Raisonné de l'Œuvre peint de Marie Laurencin,* Editions du Musée Marie Laurencin, Japon, 1986, n° 118
Daniel Marchesseau, *Marie Laurencin*, Tokyo, 1980 - Paris, 1981, n° 28
Haruki Yaegashi, *Marie Laurencin*, Tokyo, 1985, n° 32

Expositions:
La femme 1800-1930, Galerie Bernheim Jeune & Cie, Paris, avril-juin 1948, n° 50
Jean Paulhan à travers ses peintres, Grand Palais, Paris, février-avril 1974, n° 622
Marie Laurencin, Isetan, Tokyo, 1978, n° 10
Guillaume Apollinaire et ses amis peintres, Mitsukoshi, Tokyo, 1980, n° 15
Marie Laurencin, Tokyo Shimbun, Japon, 1982, n° 15

27 Jeune fille au chapeau noir avec une plume blanche

1915
Huile sur carton
54 × 40 cm
Signé en bas à droite à l'huile et daté dans un cercle au crayon en bas à droite

Historique:
Galerie Paul Rosenberg, Paris (n° 760)
Coll. Ransohoff.
Vente, New York, Parke-Bernet, 1er décembre 1967, n° 106
Coll. Heyman – Havas , Rincon de Arte, Caracas.
Vente, New York, Sotheby's, 19 novembre 1986, n° 176
Vente, Londres, Christie's, 27 novembre 1989, n° 68

Bibliographie:
Daniel Marchesseau, *Catalogue Raisonné de l'Œuvre peint de Marie Laurencin,* Editions du Musée Marie Laurencin, Japon, 1986, n° 120

Expositions:
Marie Laurencin, Iwate Nipposha, Fukushima Minposha, 1991, n° 15
Marie Laurencin, Chunichi Shimbun, Japon, 1992, n° 17

28 La jeune fille au palmier

vers 1915
Huile sur toile
100 × 67 cm
Signé en bas à droite

Historique:
Henri-Pierre Roché, Paris
John Quinn, New York
Vente, Paris, Hôtel Drouot, 22 octobre 1926 (repr.)
Vente, Paris, Hôtel Drouot, 22 mars 1930
Vente, Londres, Sotheby's, 31 mars 1977, n° 279
Galerie Nichido, Tokyo

Bibliographie:
Daniel Marchesseau, *Catalogue Raisonné de l'Œuvre peint de Marie Laurencin,* Editions du Musée Marie Laurencin, Japon, 1986, n° 121
Daniel Marchesseau, *Marie Laurencin*, Tokyo, 1980-Paris, 1981, n° 30
Haruki Yaegashi, *Marie Laurencin*, Tokyo, 1985, n° 29
Motoo Ando & autres, *L'éventail de Marie Laurencin*, Tokyo, 1985, p. 99
José Pierre, *Marie Laurencin*, Paris, 1988, p. 70
José Pierre, *Marie Laurencin*, Tokyo, 1991, n° 49

Expositions:
Marie Laurencin, Yomiuri Shimbun, Japon, 1979, n° 6
L'Ecole de Paris, Hiroshima Museum of Art, 1981, n° 52
Marie Laurencin, Tokyo Shimbun, Japon, 1982, n° 17
Renoir, Picasso, Marie Laurencin, Galerie Nichido, Tokyo, 1983, n° 46
Masterpieces of modern French paintings, Kasama Nichido Museum of Art, 1985, n° 35
Marie Laurencin, Mainichi Shimbun et le Musée Marie Laurencin, Osaka, 1986, n° 14
Hommage à la Catalogne et Barcelone, ville des arts, exposition itinérante, Hyogo Museum of Art – Kamakura Museum – Kitakyushu Museum – Gifu Museum of Fine Arts, 1987, n° 69
Marie Laurencin, Yomiuri Shimbun, Japon, 1988, n° 17
Modigliani et ses amis, Kasama Nichido Museum of Art, 1988, n° 21
Marie Laurencin, Chunichi Shimbun, Japon, 1989, n° 15
Marie Laurencin, Yomiuri Shimbun et KTS Kagoshima Television, Japon, 1989, n° 15
Marie Laurencin, Mainichi Shimbun, Japon, 1990, n° 15
Marie Laurencin, Iwate Nipposha, Fukushima Minposha, 1991, n° 16
Marie Laurencin, Chunichi Shimbun, Japon, 1992, n° 18

29 Nu au miroir

1916
Huile sur toile
55 × 46 cm
Signé en bas à droite

Historique:
Galerie Marcel Bernheim, Paris
Galerie Paul Pétridès, Paris

Bibliographie:
Daniel Marchesseau, *Catalogue Raisonné de l'Œuvre peint de Marie Laurencin,* Editions du Musée Marie Laurencin, Japon, 1986, n° 127
Vogue, 1923
Haruki Yaegashi, *Marie Laurencin*, Tokyo, 1985, n° 30
José Pierre, *Marie Laurencin*, Paris, 1988, p. 75
José Pierre, *Marie Laurencin*, Tokyo, 1991, n° 6

Expositions:
Marie Laurencin, Mainichi Shimbun et le Musée Marie Laurencin, Osaka, 1986, n° 15
Marie Laurencin, Yomiuri Shimbun, Japon, 1988, n° 18

30 Femme au chien et au chat

1916
Huile sur toile
100 × 73 cm
Signé en bas à droite

Historique:
Jacques Doucet, Paris
Mme Jacques Doucet, Neuilly
César de Haucke, Paris
Galerie Hector Brame, Paris
E. J. van Wisselingh & Co, Amsterdam
Mrs D. H. Vermeulen van Lutterveld, Hilversum
E. J. van Wisselingh & Co, Amsterdam
Knoedler & Co, New York
Collection privée, Paris
Galerie Paul Pétridès, Paris
Vente, Genève, Galerie Motte, 12 juin 1970, n° 87
Galerie Nichido, Tokyo
Collection particulière, Japon
Vente, Londres, Christie's, 2 décembre 1986, n° 1

Bibliographie:
Daniel Marchesseau, *Catalogue Raisonné de l'Œuvre peint de Marie Laurencin,* Editions du Musée Marie Laurencin, Japon, 1986, n° 131
André Joubin, *Le studio de Jacques Doucet*, L'Illustration, Paris, 3 mai 1930, pp. 19-20
Charlotte Gere, *Marie Laurencin*, Londres, 1977, p. 71
José Pierre, *Marie Laurencin*, Paris, 1988, p. 73
José Pierre, *Marie Laurencin*, Tokyo, 1991, n° 51

Expositions:
Paris 09-29, Palais Galliéra, Paris, 1957, n° 123
French paintings of the XIXth & XXth centuries, E. J. van Wisselingh & Co, Toronto, 1966, n° 14
Marie Laurencin, Yomiuri Shimbun, Japon, 1988, n° 19
Marie Laurencin, Chunichi Shimbun, Japon, 1989, n° 16
Marie Laurencin, Yomiuri Shimbun et KTS Kagoshima Television, Japon, 1989, n° 16
Marie Laurencin, Mainichi Shimbun, Japon, 1990, n° 16
Marie Laurencin, Iwate Nipposha, Fukushima Minposha, 1991, n° 17
Marie Laurencin, Chunichi Shimbun, Japon, 1992, n° 19

31 **La prisonnière (II)**
1917
Huile sur carton
18,5 × 12,5 cm
Cachet du monogramme en bas à droite
Historique:
Succession Suzanne Moreau-Laurencin
Vente, Paris, Hôtel Drouot, 16 mai 1979, n° 170
Alain Lesieutre, Paris
Vente, Paris, Hôtel Georges V, 13 décembre 1989, n° 189
Bibliographie:
Daniel Marchesseau, *Catalogue Raisonné de l'Œuvre peint de Marie Laurencin,* Editions du Musée Marie Laurencin, Japon, 1986, n° 137
Paul Morand, *Marie Laurencin*, Feuillets d'art, Paris, 1922, n° 8, pl. 67
Tai Kanbara, *Marie Laurencin*, Tokyo, 1927, en frontispice
Daniel Marchesseau, *Marie Laurencin*, Annuaire Connaissance des Arts, Paris, 1979
José Pierre, *Marie Laurencin*, Paris, 1988, p. 77
José Pierre, *Marie Laurencin*, Tokyo, 1991, n° 52
Expositions:
Marie Laurencin, Tokyo Shimbun, Japon, 1982, n° 18
Marie Laurencin, Iwate Nipposha, Fukushima Minposha, 1991,n° 18
Marie Laurencin, Chunichi Shimbun, Japon, 1992, n° 20

32 **La femme-cheval**
(Mon portrait en peintre avec une main qui tient le pinceau)
vers 1918
Huile sur toile
61,5 × 46,5 cm
Signé en bas à droite
Historique:
William Van Horne, Montréal
John Quinn, New York
Vente, Stuttgarter Kunstkabinett, 3/4 mai 1962, n° 241
Perls Galleries, New York
Galerie Hervé Odermatt, Paris
Vente, Enghien, 14 juin 1981 (H.C.)
Galerie Art Point, Tokyo
Bibliographie:
Daniel Marchesseau, *Catalogue Raisonné de l'Œuvre peint de Marie Laurencin,* Editions du Musée Marie Laurencin, Japon, 1986, n° 144
Helmut Kolle, *Marie Laurencin*, Die Dame, Berlin, 1921
Daniel Marchesseau, *Marie Laurencin*, Tokyo, 1980-Paris, 1981, fig.28
Solange Thierry, *Le Musée Marie Laurencin*, L'Œil, Paris, janvier 1987, n° 11, p. 36
José Pierre, *Marie Laurencin*, Paris, 1988, p. 61
Flora Groult, *Marie Laurencin*, Tokyo, 1989, fig. 7
José Pierre, *Marie Laurencin*, Tokyo, 1991, n° 16
Expositions:
Marie Laurencin, Mainichi Shimbun et le Musée Marie Laurencin, Osaka, 1986, n° 16
Marie Laurencin, Yomiuri Shimbun, Japon, 1988, n° 20
Marie Laurencin, Chunichi Shimbun, Japon, 1989, n° 17
Marie Laurencin, Yomiuri Shimbun et KTS Kagoshima Television, Japon, 1989, n° 17
Marie Laurencin, Iwate Nipposha, Fukushima Minposha, 1991, n° 19

33 **Fantaisie**
vers 1919
Huile sur toile
60 × 60 cm
Signé en bas à droite
Historique:
Vente, Paris, Palais Galliera, 5 juin 1974, n° 44
Galerie Hopkins-Thomas, Paris
Bibliographie:
Daniel Marchesseau, *Catalogue Raisonné de l'Œuvre peint de Marie Laurencin,* Editions du Musée Marie Laurencin, Japon, 1986, n° 23
Expositions:
Marie Laurencin, Iwate Nipposha, Fukushima Minposha, 1991, n° 17
Marie Laurencin, Chunichi Shimbun, Japon, 1992, n° 21

34 **La danse**
1919
Huile sur toile
147 × 92,4 cm
Traces de signature en bas à droite
Historique:
Galerie Paul Rosenberg, Paris (nos 136 et 3453)
Georges Bénard, Paris
Le Ray Berdeau, New York
Vente, New York, Parke-Bernet, 27 avril 1972, n° 85
Vente, New York, Sotheby's, 3 novembre 1978, n° 519
Bibliographie:
Daniel Marchesseau, *Catalogue Raisonné de l'Œuvre peint de Marie Laurencin,* Editions du Musée Marie Laurencin, Japon, 1986, n° 153
Marcel Jouhandeau, *Marie Laurencin*, Paris, 1928
George-Day, *Marie Laurencin*, Paris, 1947
Haruki Yaegashi, *Marie Laurencin*, Tokyo, 1985, n° 42
Solange Thierry, *Le Musée Marie Laurencin*, L'Œil, Paris, janvier 1987, n° 12, p. 37
Expositions:
Marie Laurencin, Yomiuri Shimbun, Japon, 1979, n° 37
Marie Laurencin, Mainichi Shimbun et le Musée Marie Laurencin, Osaka, 1986, n° 17
Marie Laurencin, Yomiuri Shimbun, Japon, 1988, n° 21
Exhibition for the family, Tokyo Metropolitan Culture Foundation, Teien Museum, Tokyo, 1988, n° 10 (exposition itinérante)
Marie Laurencin, Chunichi Shimbun, Japon, 1989, n° 18
Marie Laurencin, Yomiuri Shimbun et KTS Kagoshima Television, Japon, 1989, n° 18
Marie Laurencin, Iwate Nipposha, Fukushima Minposha, 1991, n° 2

35 **La femme aux chats** ou **Princesse P...** (putain)
1920
Huile sur toile
81,6 × 48,9 cm
Signé et daté en bas à droite

Historique:
Galerie Paul Rosenberg, Paris (n° 388)
John Quinn, New York
Vente, Paris, Hôtel Drouot, 22 octobre 1926
Frank Crowninshield, USA
Vente, New York, Parke-Bernet, 21 octobre 1943, n° 198
Vente, Versailles, 7 juin 1978, n° 75
Vente, New York, Sotheby's, 16 mai 1979, n° 254
Vente, New York, Christie's, 25 février 1981, n° 131
Galerie Gion, Kyoto
Collection particulière, Kobe
Galerie Art Point, Tokyo

Bibliographie:
Daniel Marchesseau, *Catalogue Raisonné de l'Œuvre peint de Marie Laurencin,* Editions du Musée Marie Laurencin, Japon, 1986, n° 160
Roger Allard, *Marie Laurencin*, Paris, 1921, n° 45
Daniel Marchesseau, *Marie Laurencin*, Tokyo, 1980-Paris, 1981, n° 37
Haruki Yaegashi, *Marie Laurencin*, Tokyo, 1985, n° 31

Expositions:
Marie Laurencin, Yomiuri Shimbun, Japon, 1979, n° 3
Marie Laurencin, Mainichi Shimbun et le Musée Marie Laurencin, Osaka, 1986 n° 18
Marie Laurencin, Yomiuri Shimbun, Japon, 1988, n° 23
Marie Laurencin, Iwate Nipposha, Fukushima Minposha, 1991, n° 22

36 **La barque**
vers 1920
Huile sur toile
71,8 × 90 cm
Signé en bas à droite

Historique:
Galerie Paul Rosenberg, Paris (nos 135 et 3449)
Katia Granoff, Paris, 1937
Vente, New York, Sotheby's, 11 mai 1987, n° 61

Bibliographie:
Daniel Marchesseau, *Catalogue Raisonné de l'Œuvre peint de Marie Laurencin,* Editions du Musée Marie Laurencin, Japon, 1986, n° 154
René Schwob, *Marie Laurencin*, L'amour de l'art, Paris, 1921, p. 252
Kōran (revue de poésie), Tokyo, 1923
Tan Kanbara, *Marie Laurencin*, Tokyo, 1927, n° 4

Expositions:
Paintings from Alumnae Collections, Smith College Museum of Art, Northampton, Mass., USA, 1959, n° 35
Marie Laurencin, Chunichi Shimbun, Japon, 1989, n° 19
Marie Laurencin, Yomiuri Shimbun et KTS Kagoshima Television, Japon, 1989, n° 19
Marie Laurencin, Mainichi Shimbun, 1990, n° 18
Marie Laurencin, Iwate Nipposha, Fukushima Minposha, 1991, n° 21
Marie Laurencin, Chunichi Shimbun, Japon, 1992, n° 22

37 **Jeune fille au fauteuil**
vers 1920
Huile sur toile
93 × 73,5 cm

Historique:
Nelly Harvey, Londres
Vente, Londres, Christie's, 27 juin 1989, n° 449

Bibliographie:
Sera reproduit dans le Supplément du *Catalogue Raisonné de l'Œuvre peint de Marie Laurencin*, en préparation par Daniel Marchesseau

Expositions:
Marie Laurencin, Iwate Nipposha, Fukushima Minposha, 1991, n° 24
Marie Laurencin, Chunichi Shimbun, Japon, 1992, n° 24

38 **Femme et enfant à la raquette**
1920
Huile sur toile
68 × 57 cm
Signé en bas à droite

Historique:
Galerie Paul Rosenberg, Paris (n° 420)
Mrs Charlotte H. Jordaan, Cleveland
Vente, New York, William Doyle Galleries, 19 mai 1983, n° 80

Bibliographie:
Daniel Marchesseau, *Catalogue Raisonné de l'Œuvre peint de Marie Laurencin,* Editions du Musée Marie Laurencin, Japon, 1986, n° 164
H. von Wedderkop, *Marie Laurencin*, Leipzig, 1921

Expositions:
Marie Laurencin, Galerie Paul Rosenberg, Paris, 1923, n° 16
Fifty years of French Art, The Cleveland Museum of Art, 1926
En dépôt au Fogg Art Museum, Cambridge, USA (1939-1941)
Marie Laurencin, Mainichi Shimbun et le Musée Marie Laurencin, Osaka, 1986, n° 19

39 **Arlequine à la guitare**
vers 1920-1922
Huile sur toile
65 × 55 cm
Signé en bas à gauche

Historique:
M. Schwarzenberg, Paris
Galerie d'art Le Centaure, Bruxelles
Vente, Londres, Christie's, 27 novembre 1989, n° 47

Bibliographie:
Sera reproduit dans le Supplément du *Catalogue Raisonné de l'Œuvre peint de Marie Laurencin*, en préparation par Daniel Marchesseau

Expositions:
Marie Laurencin, Iwate Nipposha, Fukushima Minposha, 1991, n° 25
Marie Laurencin, Chunichi Shimbun, Japon, 1992, n° 25

40 Jeune femme au chien

1921
Huile sur toile
64,5 × 50 cm
Signé et daté en haut à droite

Historique:
Paul Morand, Paris
Vente, Paris, Palais d'Orsay, 16/17 novembre 1977, n° 14 (Collection Paul Morand)
Alain Lesieutre, Paris
Vente, Paris, Hôtel Georges V, 13 décembre 1989, n° 190

Bibliographie:
Daniel Marchesseau, *Catalogue Raisonné de l'Œuvre peint de Marie Laurencin,* Editions du Musée Marie Laurencin, Japon, 1986, n° 168
Tai Kanbara, *Marie Laurencin*, Tokyo, 1927, n° 10
Daniel Marchesseau, *Marie Laurencin*, Tokyo, 1980-Paris, 1981, p. 135, fig. 3
José Pierre, *Marie Laurencin*, Paris, 1988, p. 82
José Pierre, *Marie Laurencin*, Tokyo, 1991, n° 57

Expositions:
Marie Laurencin, Durand-Ruel Galleries, New York, 1931, n° 5
Marie Laurencin, Tokyo Shimbun, Japon, 1982, n° 21
Marie Laurencin, Iwate Nipposha, Fukushima Minposha, 1991, n° 23
Marie Laurencin, Chunichi Shimbun, Japon, 1992, n° 23

41 Les trois grâces

1921
Huile sur toile
81 × 65 cm
Signé et daté en bas à droite

Historique:
Galerie Paul Rosenberg, Paris (n° 582)

Bibliographie:
Daniel Marchesseau, *Catalogue Raisonné de l'Œuvre peint de Marie Laurencin,* Editions du Musée Marie Laurencin, Japon, 1986, n° 186
Tai Kanbara, *Marie Laurencin*, Tokyo, 1927, n° 6

Expositions:
Marie Laurencin, Chunichi Shimbun, Japon, 1989, n° 21
Marie Laurencin, Yomiuri Shimbun et KTS Kagoshima Television, Japon, 1989, n° 20
Marie Laurencin, Mainichi Shimbun, Japon, 1990, n° 20
Marie Laurencin, Chunichi Shimbun, Japon, 1992, n° 26

42 Diane

1921
Huile sur toile
65 × 81 cm
Signé et daté en haut à droite

Historique:
Galerie Paul Rosenberg, Paris (n° 590)
Mrs J. Meyer Shine
Vente, New York, Sotheby's, 10 mai 1989, n° 360

Bibliographie:
Daniel Marchesseau, *Catalogue Raisonné de l'Œuvre peint de Marie Laurencin,* Editions du Musée Marie Laurencin, Japon, 1986, n° 188
Gabrielle Buffet-Picabia, *Marie Laurencin*, The Arts, Londres, juin 1923, p. 392
Tai Kanbara, *Marie Laurencin*, Tokyo, 1927

Expositions:
Marie Laurencin, Mainichi Shimbun, Japon, 1990, n° 21
Marie Laurencin, Iwate Nipposha, Fukushima Minposha, 1991, n° 26
Marie Laurencin, Chunichi Shimbun, Japon, 1992, n° 27
Marie Laurencin, Yomiuri Shimbun, Japon, 1993, n° 29
Marie Laurencin, Ehime Shimbun, Japon, 1993, n° 29

43 Femme au turban

1922
Huile sur toile
46 × 38 cm
Signé et daté en bas à droite

Historique:
Galerie Paul Rosenberg, Paris (n° 755)
Leicester Galleries, Londres
Anna Warren Ingersoll, Philadelphia
Don au Philadelphia Museum of Art, USA
Vente, New York, Sotheby's, 10 mai 1989, n° 359-A

Bibliographie:
Daniel Marchesseau, *Catalogue Raisonné de l'Œuvre peint de Marie Laurencin,* Editions du Musée Marie Laurencin, Japon, 1986, n° 226

Expositions:
Marie Laurencin, Leicester Galleries, Londres, 1924
Marie Laurencin, Mainichi Shimbun, Japon, 1990, n° 22
Marie Laurencin, Chunichi Shimbun, Japon, 1992, n° 28

44 Jeune fille au chapeau

vers 1923
Huile sur toile
46 × 38,5 cm
Signé en bas à droite

Historique:
Etienne Sassi, Paris
Vente, Londres, Christie's, 1er décembre 1981, n° 131
Vente, New York, Sotheby's, 17 novembre 1983, n° 166

Bibliographie:
Daniel Marchesseau, *Catalogue Raisonné de l'Œuvre peint de Marie Laurencin,* Editions du Musée Marie Laurencin, Japon, 1986, n° 279

Expositions:
Marie Laurencin, Mainichi Shimbun et le Musée Marie Laurencin, Osaka, 1986, n° 23
Marie Laurencin, Mainichi Shimbun, 1990, n° 24

45 **Mon portrait**

1924
Huile sur toile
65 × 54 cm
Signé en bas à gauche; inscription au dos: *Mon portrait, juin 1924, Marie Laurencin*

Historique:
Commandé à l'artiste par un collectionneur de Nantes
Vente, Paris, Palais Galliera, 17 mars 1971, n° 85
Galerie Yoshii, Tokyo
Galerie Daniel Malingue, Paris

Bibliographie:
Daniel Marchesseau, *Catalogue Raisonné de l'Œuvre peint de Marie Laurencin,* Editions du Musée Marie Laurencin, Japon, 1986, n° 288
Flora Groult, *Marie Laurencin*, Tokyo, 1989, fig. 1
José Pierre, *Marie Laurencin*, Paris, 1988, p. 98

Expositions:
Ecole de Paris, Mainichi Shimbun, Japon, 1984, n° 69
Marie Laurencin, Galerie Daniel Malingue, Paris, 1986, n° 7
Marie Laurencin, Yomiuri Shimbun, Japon, 1988, n° 25
Marie Laurencin, Chunichi Shimbun, Japon, 1989, n° 22
Marie Laurencin, Yomiuri Shimbun et KTS Kagoshima Television, Japon, 1989, n° 21
Marie Laurencin, Mainichi Shimbun, Japon, 1990, n° 23
Marie Laurencin, Iwate Nipposha, Fukushima Minposha, 1991, n° 29
Marie Laurencin, Chunichi Shimbun, Japon, 1992, n° 3

46 **Le cheval noir** ou **La promenade**

1924
Huile sur toile
98 × 79 cm
Signé et daté en bas à droite

Historique:
Galerie Paul Rosenberg, Paris (n° 932)
Vente, Paris, Palais Galliéra, 2 juin 1971, n° 68

Bibliographie:
Daniel Marchesseau, *Catalogue Raisonné de l'Œuvre peint de Marie Laurencin,* Editions du Musée Marie Laurencin, Japon, 1986, n° 293

Expositions:
Marie Laurencin, Isetan, Tokyo, 1978 (H.C.-repr.)
Marie Laurencin, Mainichi Shimbun et le Musée Marie Laurencin, Osaka, 1986, n° 22
Marie Laurencin, Yomiuri Shimbun, Japon, 1988, n° 27
Marie Laurencin, Mainichi Shimbun, Japon, 1990, n° 25
Marie Laurencin, Iwate Nipposha, Fukushima Minposha, 1991, n° 28

47 **La femme au chapeau à plumes** ou **Tillia** ou **Tania**

1924
Huile sur toile
63 × 52 cm
Signé et daté en bas à droite

Historique:
Galerie Paul Rosenberg, Paris (n° 933)
M. H. J. Laroche, Paris
Vente, Paris, Hôtel Drouot, *La Villa Sauge Pourprée*, 8 décembre 1928
Vente, New York, Parke-Bernet, coll. Brenner, 22 novembre 1944, n° 58
Paul Rosenberg & Co., New York (1961)
Stephen Haber Gallery, New York
The Hulsey Collection, Birmingham (Alabama), USA
Hirschl & Adler Galleries, New York

Bibliographie:
Daniel Marchesseau, *Catalogue Raisonné de l'Œuvre peint de Marie Laurencin,* Editions du Musée Marie Laurencin, Japon, 1986, n° 294
Albert Flament, *Arabesques sur Marie Laurencin*, La Renaissance de l'art français, Paris, 1924
François Fosca, *Marie Laurencin*, Art & Décoration, Paris, avril 1925, p. 122
The Hulsey collection, Birmingham, cat. n° 55
Haruki Yaegashi, *Marie Laurencin*, Tokyo, 1985, n° 64
Motoo Ando et autres, *Eventail de Marie Laurencin*, Tokyo, 1985, p. 92
Solange Thierry, *Le Musée Marie Laurencin*, L'Œil, Paris, janvier 1987, n° 15

Expositions:
Marie Laurencin, Mainichi Shimbun et le Musée Marie Laurencin, Osaka, 1986, n° 23
Marie Laurencin, Yomiuri Shimbun, Japon, 1988, n° 28
Marie Laurencin, Chunichi Shimbun, Japon, 1989, n° 24
Marie Laurencin, Yomiuri Shimbun et KTS Kagoshima Television, Japon, 1989, n° 23
Marie Laurencin, Iwate Nipposha, Fukushima Minposha, 1991, n° 30

48 **Léda et le cygne (I)**

vers 1925
Huile sur toile
54 × 44 cm
Signé en bas vers le centre à gauche

Historique:
Spencer Samuels Gallery, New York
Waddington Gallery, Londres
Alistair Mc Alpine, Londres
William Paul Gallery, New York
Vente, Londres, Sotheby's, 2 juillet 1975, n° 66
Galeria Maison Bernard, Caracas
Vente, New York, Christie's, 16 novembre 1989, n° 376

Bibliographie:
Daniel Marchesseau, *Catalogue Raisonné de l'Œuvre peint de Marie Laurencin,* Editions du Musée Marie Laurencin, Japon, 1986, n° 339

Expositions:
Marie Laurencin, Iwate Nipposha, Fukushima Minposha, 1991, n° 31
Marie Laurencin, Chunichi Shimbun, Japon, 1992, n° 31.

49 La vie au château

1925
Huile sur toile
114 × 160 cm
Signé en bas à droite

Historique:
Albert Kleinman, Paris
Walter P. Chrysler Jr., USA
Donation au Chrysler Museum, Norfolk, Virginia (1971-Inv. 71.670)
Vente, New York, Sotheby's, 9 mai 1989, n° 48 (Collection du Chrysler Museum)

Bibliographie:
Daniel Marchesseau, *Catalogue Raisonné de l'Œuvre peint de Marie Laurencin,* Editions du Musée Marie Laurencin, Japon, 1986, n° 355
François Mathey, *Six Femmes Peintres*, Paris, 1951, pl. XV

Expositions:
French paintings from the collection of Walter P. Chrysler Jr., Dayton Art Institute, 1960, n° 197, p. 138
French Masters of the 19th and 20th century, Finch College Museum of Art, New York, 1962, n° 26
Marie Laurencin, Mainichi Shimbun, Japon, 1990, n° 36
Marie Laurencin, Iwate Nipposha, Fukushima Minposha, 1991, n° 9
Marie Laurencin, Chunichi Shimbun, Japon, 1992, n° 33

50 Femme au cheval

vers 1925
Huile sur toile
107 × 50 cm
Signé en bas à gauche

Historique:
Jane Renouardt, Paris
Mme Blatas, Paris
Knoedler & Co, New York (n° CA 2940)
Hirschl & Adler Galleries, New York
Collection particulière, Japon

Bibliographie:
Daniel Marchesseau, *Catalogue Raisonné de l'Œuvre peint de Marie Laurencin,* Editions du Musée Marie Laurencin, Japon, 1986, n° 364
Apollo, Londres, mars 1971, p. 3

Expositions:
Marie Laurencin, Yomiuri Shimbun, Tokyo, 1971, n° 9
Marie Laurencin, Mainichi Shimbun et le Musée Marie Laurencin, Osaka, 1986, n° 24
Marie Laurencin, Yomiuri Shimbun, Japon, 1988, n° 29
Marie Laurencin, Mainichi Shimbun, Japon, 1990, n° 27
Marie Laurencin, Chunichi Shimbun, Japon, 1992, n° 30

51 Marie de Médicis

1926
Huile sur toile
93 × 74 cm
Signé et daté en bas au centre

Historique:
Galerie Paul Rosenberg, Paris (n° 1361)
Henry Ickelheimer, New York
Mrs Donald S. Stralem, New York
Vente, New York, Christie's, 15 novembre 1983, n° 80

Bibliographie:
Daniel Marchesseau, *Catalogue Raisonné de l'Œuvre peint de Marie Laurencin,* Editions du Musée Marie Laurencin, Japon, 1986, n° 382
Tai Kanbara, *Marie Laurencin*, Tokyo, 1927, n° 25
Marcel Jouhandeau, *Marie Laurencin*, Paris, 1928

Expositions:
Marie Laurencin, Mainichi Shimbun et le Musée Marie Laurencin, Osaka, 1986, n° 25
Marie Laurencin, Yomiuri Shimbun, Japon, 1988, n° 30
Marie Laurencin, Chunichi Shimbun, Japon, 1989, n° 28
Marie Laurencin, Yomiuri Shimbun et KTS Kagoshima Television, Japon, 1989, n° 24
Marie Laurencin, Iwate Nipposha, Fukushima Minposha, 1991, n° 32

52 Les acrobates ou Femmes de cirque

1927
Huile sur toile
44 × 53,5 cm
Signé et daté en bas à gauche

Historique:
Galerie Paul Rosenberg, Paris (n° 1669)
Galerie Drouant-David, Paris
Vente, New York, Christie's, 4 novembre 1982, n° 136

Bibliographie:
Daniel Marchesseau, *Catalogue Raisonné de l'Œuvre peint de Marie Laurencin,* Editions du Musée Marie Laurencin, Japon, 1986, n° 400

Expositions:
Marie Laurencin, Mainichi Shimbun et le Musée Marie Laurencin, Osaka, 1986, n° 26
Marie Laurencin, Yomiuri Shimbun, Japon, 1988, n° 31
Marie Laurencin, Mainichi Shimbun, Japon, 1990, n° 29
Marie Laurencin, Chunichi Shimbun, Japon, 1992, n° 35

53 Le baiser

vers 1927
Huile sur toile
79 × 63 cm
Signé en haut à droite

Historique:
Somerset Maugham, Villefranche-sur-Mer
Vente, Londres, Sotheby's, 10 avril 1962, n° 12 (collection Somerset Maugham)
Sam Spiegel, New York
Vente, New York, Sotheby's, 11 mai 1987, n° 13

Bibliographie:
Daniel Marchesseau, *Catalogue Raisonné de l'Œuvre peint de Marie Laurencin,* Editions du Musée Marie Laurencin, Japon, 1986, n° 432

Charlotte Gere, *Marie Laurencin*, Londres, 1977, p. 59

Expositions:
Marie Laurencin, Chunichi Shimbun, Japon, 1989, n° 30
Marie Laurencin, Yomiuri Shimbun et KTS Kagoshima Television, Japon, 1989, n° 26
Marie Laurencin, Mainichi Shimbun, Japon, 1990, n° 30
Marie Laurencin, Iwate Nipposha, Fukushima Minposha, 1991, n° 33
Marie Laurencin, Chunichi Shimbun, Japon, 1992, n° 36

54 Jeune femme en buste

vers 1927
Huile sur toile
59 × 45 cm
Signé en bas à gauche

Historique:
Librairie Castiglione, Paris
Vente, New York, Christie's, 17 mai 1984, n° 384
Art Point Gallery, Tokyo

Bibliographie:
Daniel Marchesseau, *Catalogue Raisonné de l'Œuvre peint de Marie Laurencin,* Editions du Musée Marie Laurencin, Japon, 1986, n° 438

Expositions:
Marie Laurencin, Mainichi Shimbun et le Musée Marie Laurencin, Osaka, 1986, n° 27
Marie Laurencin, Yomiuri Shimbun, Japon, 1988, n° 32
Marie Laurencin, Iwate Nipposha, Fukushima Minposha, 1991, n° 34

55 Autoportrait au chapeau

vers 1927
Huile sur toile
41,2 × 33,3 cm
Signé en bas à gauche

Historique:
Knoedler Gallery, Londres
Knoedler Gallery, New York
Charles S. Carstairs, New York
Josephine Hartford Bryce, USA
Vente, New York, Christie's, 12 novembre 1992, n° 216

Bibliographie:
Daniel Marchesseau, *Catalogue Raisonné de l'Œuvre peint de Marie Laurencin,* Editions du Musée Marie Laurencin, Japon, 1986, n° 435

56 Deux amies

vers 1928
Huile sur toile
35 × 47 cm
Signé en bas à droite

Historique:
Mme J. Bettelini, Lugano
Vente, Londres, Sotheby's, 29 novembre 1989, n° 165

Bibliographie:
Daniel Marchesseau, *Catalogue Raisonné de l'Œuvre peint de Marie Laurencin,* Editions du Musée Marie Laurencin, Japon, 1986, n° 460

Expositions:
Marie Laurencin, Iwate Nipposha, Fukushima Minposha, 1991, n° 35
Marie Laurencin, Chunichi Shimbun, Japon, 1992, n° 37

57 Femme à la rose

1930
Huile sur toile
38 × 46 cm
Signé et daté en haut à droite

Historique:
Galerie Paul Rosenberg, Paris (n° 2843)
Galerie Walter Klinkhoff, Montréal (Canada)
Collection particulière, Canada
Vente, New York, Sotheby's, 11 mai 1988, n° 375

Bibliographie:
Daniel Marchesseau, *Catalogue Raisonné de l'Œuvre peint de Marie Laurencin,* Editions du Musée Marie Laurencin, Japon, 1986, n° 527

Expositions:
Marie Laurencin, Galerie Paul Rosenberg, Paris, 1936
Marie Laurencin, Chunichi Shimbun, Japon, 1989, n° 32
Marie Laurencin, Yomiuri Shimbun et KTS Kagoshima Television, Japon, 1989, n° 28
Marie Laurencin, Mainichi Shimbun, Japon, 1990, n° 37
Marie Laurencin, Chunichi Shimbun, Japon, 1992, n° 39

58 Edward Wassermann

1935
Huile sur toile
65 × 54 cm
Signé et daté en haut à gauche

Historique:
Légué par M. Wassermann à sa sœur
Hoover Gallery, San Francisco
The Pomeroy Galleries, San Francisco
Mrs Pomeroy-Anderson, Southport (Conn.), USA
Vente, New York, Christie's, 14 novembre 1984, n° 600

Bibliographie:
Daniel Marchesseau, *Catalogue Raisonné de l'Œuvre peint de Marie Laurencin,* Editions du Musée Marie Laurencin, Japon, 1986, n° 591
Lucie Porquerol, *Les seuls hommes choisis par Marie Laurencin*, article paru vers 1939, Paris

Expositions:
Marie Laurencin, The Pomeroy Galleries, San Francisco, 1966
Marie Laurencin, Mainichi Shimbun et le Musée Marie Laurencin, Osaka, 1986, n° 31
Marie Laurencin, Yomiuri Shimbun, Japon, 1988, n° 45
Marie Laurencin, Chunichi Shimbun, Japon, 1989, n° 36

Marie Laurencin, Yomiuri Shimbun et KTS Kagoshima Television, Japon, 1989, n° 30
Marie Laurencin, Mainichi Shimbun, Japon, 1990, n° 35

59 Femme au collier

vers 1935
Huile sur toile
46,2 × 38,3 cm
Signé en haut à droite

Historique:
R. V., Paris
Galerie Daniel Malingue, Paris

Bibliographie:
Daniel Marchesseau, *Catalogue Raisonné de l'Œuvre peint de Marie Laurencin,* Editions du Musée Marie Laurencin, Japon, 1986, n° 607

Expositions:
Maîtres impressionnistes et modernes, Galerie Daniel Malingue, Paris, 1983
Marie Laurencin, Mainichi Shimbun et le Musée Marie Laurencin, Osaka, 1986, n° 32
Marie Laurencin, Yomiuri Shimbun, Japon, 1988, n° 35
Marie Laurencin, Mainichi Shimbun, Japon, 1990, n° 33

60 Mme André Groult née Nicole Poiret

1937
Huile sur toile
86 × 68 cm
Signé et daté en haut à droite

Historique:
M. et Mme André Groult
Vente, Galerie Charpentier, 21 juin 1960, n° 68
Vente, New York, Sotheby's, 12 novembre 1987, n° 433

Bibliographie:
Daniel Marchesseau, *Catalogue Raisonné de l'Œuvre peint de Marie Laurencin,* Editions du Musée Marie Laurencin, Japon, 1986, n° 664

Expositions:
Marie Laurencin, Chunichi Shimbun, Japon, 1989, n° 37
Marie Laurencin, Yomiuri Shimbun et KTS Kagoshima Television, Japon, 1989, n° 32
Marie Laurencin, Mainichi Shimbun, Japon, 1990, n° 36
Marie Laurencin, Iwate Nipposha, Fukushima Minposha, 1991, n° 38
Marie Laurencin, Chunichi Shimbun, Japon, 1992, n° 4

61 Mme Charlie Delmas

1938
Huile sur toile
100 × 73 cm
Signé et daté en haut à droite

Historique:
Collection particulière, France
Vente, Paris, Hôtel Drouot, 10 décembre 1986, n° 95
Vente, Paris, Hôtel Drouot, 22 novembre 1987, n° 411

Bibliographie:
Daniel Marchesseau, *Catalogue Raisonné de l'Œuvre peint de Marie Laurencin,* Editions du Musée Marie Laurencin, Japon, 1986, n° 710
Daniel Marchesseau, *Marie Laurencin*, Tokyo, 1980-Paris, 1981, n° 85
Haruki Yaegashi, *Marie Laurencin*, Tokyo, 1985, n° 58

Expositions:
Marie Laurencin, Isetan, Tokyo, 1978, n° 26
Marie Laurencin, Chunichi Shimbun, Japon, 1989, n° 40
Marie Laurencin, Yomiuri Shimbun et KTS Kagoshima Television, Japon, 1989, n° 33
Marie Laurencin, Mainichi Shimbun, Japon, 1990, n° 37
Marie Laurencin, Iwate Nipposha, Fukushima Minposha, 1991, n° 39
Marie Laurencin, Chunichi Shimbun, Japon, 1992, n° 41

62 Trois jeunes filles

1938
Huile sur toile
33 × 55 cm
Signé et daté en haut à droite

Historique:
Fujikawa Gallery, Tokyo

Bibliographie:
Daniel Marchesseau, *Catalogue Raisonné de l'Œuvre peint de Marie Laurencin,* Editions du Musée Marie Laurencin, Japon, 1986, n° 711

Expositions:
Marie Laurencin, Mainichi Shimbun et le Musée Marie Laurencin, Osaka, 1986, n° 33
Marie Laurencin, Chunichi Shimbun, Japon, 1989, n° 41
Marie Laurencin, Yomiuri Shimbun et KTS Kagoshima Television, Japon, 1989, n° 34
Marie Laurencin, Iwate Nipposha, Fukushima Minposha, 1991, n° 40

63 Bouquet de fleurs

1939
Huile sur toile
44,5 × 36,5 cm
Signé et daté en haut à droite

Historique:
Vente, Londres, Sotheby's, 2 décembre 1982, n° 444

Bibliographie:
Daniel Marchesseau, *Catalogue Raisonné de l'Œuvre peint de Marie Laurencin,* Editions du Musée Marie Laurencin, Japon, 1986, n° 736

Expositions:
Marie Laurencin, Mainichi Shimbun et le Musée Marie Laurencin, Osaka, 1986, n° 34
Marie Laurencin, Yomiuri Shimbun, Japon, 1988, n° 37
Marie Laurencin, Mainichi Shimbun, Japon, 1990, n° 38
Marie Laurencin, Iwate Nipposha, Fukushima Minposha, 1991, n° 41

64 Suzanne Moreau en bleu

1940
Huile sur toile
65 × 54 cm
Signé et daté en haut à droite

Historique:
Vente, New York, Parke-Bernet, 6 janvier 1949, n° 102
Richard Feigen, New York
Collection Umeda, Osaka
Collection particulière, Japon

Bibliographie:
Daniel Marchesseau, *Catalogue Raisonné de l'Œuvre peint de Marie Laurencin,* Editions du Musée Marie Laurencin, Japon, 1986, n° 760
George-Day, *Marie Laurencin*, Paris, 1947

Expositions:
Marie Laurencin, Yomiuri Shimbun, Japon, 1988, n° 39
Marie Laurencin, Chunichi Shimbun, Japon, 1989, n° 43
Marie Laurencin, Yomiuri Shimbun et KTS Kagoshima Television, Japon, 1989, n° 36
Marie Laurencin, Mainichi Shimbun, Japon, 1990, n° 39
Marie Laurencin, Iwate Nipposha, Fukushima Minposha, 1991, n° 42
Marie Laurencin, Chunichi Shimbun, Japon, 1992, n° 42

65 Femme à la guitare

1940
Huile sur toile
73 × 60 cm
Signé et daté en haut à droite

Historique:
Galerie Romanet, Paris
Vente, New York, Sotheby's, 21 février 1985, n° 55

Bibliographie:
Daniel Marchesseau, *Catalogue Raisonné de l'Œuvre peint de Marie Laurencin,* Editions du Musée Marie Laurencin, Japon, 1986, n° 766

Expositions:
Marie Laurencin, Mainichi Shimbun et le Musée Marie Laurencin, Osaka, 1986, n° 35
Marie Laurencin, Chunichi Shimbun, Japon, 1992, n° 44

66 Catherine Gide

1946
Huile sur toile
35 × 27 cm
Signé et daté en bas à droite

Historique:
Vente, Londres, Christie's, 30 novembre 1982, n° 336
Toho Art, Tokyo
Galerie Tamenaga, Tokyo

Bibliographie:
Daniel Marchesseau, *Catalogue Raisonné de l'Œuvre peint de Marie Laurencin,* Editions du Musée Marie Laurencin, Japon, 1986, n° 854

Expositions:
Marie Laurencin, Mainichi Shimbun et le Musée Marie Laurencin, Osaka, 1986, n° 40
Marie Laurencin, Yomiuri Shimbun, Japon, 1988, n° 42
Marie Laurencin, Chunichi Shimbun, Japon, 1989, n° 47
Marie Laurencin, Yomiuri Shimbun et KTS Kagoshima Television, Japon, 1989, n° 40
Marie Laurencin, Mainichi Shimbun, Japon, 1990, n° 43
Marie Laurencin, Iwate Nipposha, Fukushima Minposha, 1991, n° 26

67 Fleurs et colombes
Etude pour un tapis

vers 1935
Huile sur carton
105 × 125 cm

Historique:
Collection particulière, Paris

Bibliographie:
Sera reproduit dans le Supplément du *Catalogue Raisonné de l'Œuvre peint de Marie Laurencin*, en préparation par Daniel Marchesseau

Expositions:
Marie Laurencin, Chunichi Shimbun, Japon, 1989, n° 35
Marie Laurencin, Yomiuri Shimbun et KTS Kagoshima Television, Japon, 1989, n° 31
Marie Laurencin, Mainichi Shimbun, Japon, 1990, n° 34

68 Musique

vers 1944
Huile sur toile
65 × 54 cm
Signé en haut à droite

Historique:
Vente, New York, Sotheby's, 15 mai 1985, n° 387

Bibliographie:
Daniel Marchesseau, *Catalogue Raisonné de l'Œuvre peint de Marie Laurencin,* Editions du Musée Marie Laurencin, Japon, 1986, n° 1172
George-Day, *Marie Laurencin*, Paris, 1947

Expositions:
Marie Laurencin, Chunichi Shimbun, Japon, 1989, n° 45
Marie Laurencin, Yomiuri Shimbun et KTS Kagoshima Television, Japon, 1989, n° 38
Marie Laurencin, Mainichi Shimbun, Japon, 1990, n° 42

69 L'enfant à la trompette

vers 1950
Huile sur toile
46 × 55 cm
Signé en haut à droite

Historique:
Galerie Daniel Malingue, Paris

Bibliographie:
Daniel Marchesseau, *Catalogue Raisonné de l'Œuvre peint de Marie Laurencin,* Editions du Musée Marie Laurencin, Japon, 1986, n° 1049

Expositions:
Marie Laurencin, Tokyo Shimbun, Japon, 1982, n° 55
Marie Laurencin, Mainichi Shimbun et le Musée Marie Laurencin, Osaka, 1986, n° 42
Marie Laurencin, Chunichi Shimbun, Japon, 1989, n° 50
Marie Laurencin, Yomiuri Shimbun et KTS Kagoshima Television, Japon, 1989, n° 43
Marie Laurencin, Iwate Nipposha, Fukushima Minposha, 1991, n° 44

70 Vase de fleurs

vers 1950
Huile sur toile
49,5 × 35,5 cm
Signé en haut à gauche

Historique:
Vente, New York, Christie's, 11 novembre 1987, n° 326

Bibliographie:
Sera reproduit dans le Supplément du *Catalogue Raisonné de l'Œuvre peint de Marie Laurencin*, en préparation par Daniel Marchesseau

Expositions:
Marie Laurencin, Chunichi Shimbun, Japon, 1989, n° 49
Marie Laurencin, Yomiuri Shimbun et KTS Kagoshima Television, Japon, 1989, n° 42
Marie Laurencin, Mainichi Shimbun, Japon, 1990, n° 41

71 Trois jeunes femmes

vers 1953
Huile sur toile
97 × 131 cm
Signé en bas à gauche

Historique:
Galerie Paul Pétridès, Paris
Me Thesmar, Paris
Mitsukoshi, Tokyo

Bibliographie:
Daniel Marchesseau, *Catalogue Raisonné de l'Œuvre peint de Marie Laurencin,* Editions du Musée Marie Laurencin, Japon, 1986, n° 1310
Christian Mégret, *L'enchanteresse Marie Laurencin*, L'Aurore, Paris, 23 avril 1954
Photographies d'Alexander Liebermann, Time, New York, 18 octobre 1959
Meot, La République de Corée, octobre 1984, p. 222
Haruki Yaegashi, *Marie Laurencin*, Tokyo, 1985, n° 57
Solange Thierry, *Le Musée Marie Laurencin*, L'Œil, Paris, janvier 1987, n° 15
Flora Groult, *Marie Laurencin*, Tokyo, 1989, fig. 12

Expositions:
Marie Laurencin, Galerie Paul Pétridès, Paris, 1953
Marie Laurencin, Mainichi Shimbun et le Musée Marie Laurencin, Osaka, 1986, n° 45
Marie Laurencin, Chunichi Shimbun, Japon, 1989, n° 48
Marie Laurencin, Yomiuri Shimbun et KTS Kagoshima Television, Japon, 1989, n° 41
Marie Laurencin, Mainichi Shimbun, Japon, 1990, n° 45
Marie Laurencin, Iwate Nipposha, Fukushima Minposha, 1991, n° 45
Marie Laurencin, Chunichi Shimbun, Japon, 1992, n° 47

ŒUVRES SUR PAPIER

72 **Jeune femme pensive (Charlotte Renaudin)**
vers 1901-1902
Pastel sur papier
29,5 × 22,5 cm
Signé en bas à droite
Historique:
Charlotte Renaudin
M. Goujeon, Paris
Vente, Paris, Hôtel Drouot, 27 juin 1990, n° 8
Expositions:
Marie Laurencin, Yomiuri Shimbun, Japon, 1993, n° 68
Marie Laurencin, Ehime Shimbun, Japon, 1993, n° 68

73 **Autoportrait**
vers 1903-1904
Crayon sur papier
16,8 × 12,5 cm
initiales en bas à droite
Historique:
New York, Vente Sotheby's, 8 octobre 1986, n° 309 A
Expositions:
Marie Laurencin, Yomiuri Shimbun, Japon, 1988, n° D-5
Marie Laurencin, Chunichi Shimbun, Japon, 1989, n° 68
Marie Laurencin, Yomiuri Shimbun et KTS Kagoshima Television, Japon, 1989, n° D-3
Marie Laurencin, Iwate Nipposha, Fukushima Minposha, 1991, n° 68
Marie Laurencin, Chunichi Shimbun, Japon, 1992, n° 66
Marie Laurencin, Yomiuri Shimbun, Japon, 1993, n° 71
Marie Laurencin, Ehime Shimbun, Japon, 1993, n° 71

74 **Femme allongée (I)**
La mère de l'artiste
vers 1903
Crayon et encre sur papier
12,6 × 20 cm
Signé en bas à gauche
Historique:
Florence J. Gould, Paris
New York, Vente Sotheby's, 25 avril 1985, n° 129bis
Expositions:
Marie Laurencin, Mainichi Shimbun et le Musée Marie Laurencin, Osaka, 1986, n° 61
Marie Laurencin, Yomiuri Shimbun, Japon, 1988, n° D-1
Marie Laurencin, Chunichi Shimbun, Japon, 1989, n° 66
Marie Laurencin, Yomiuri Shimbun et KTS Kagoshima Television, Japon, 1989, n° D-1
Marie Laurencin, Iwate Nipposha, Fukushima Minposha, 1991, n° 61
Marie Laurencin, Yomiuri Shimbun, Japon, 1993, n° 69
Marie Laurencin, Ehime Shimbun, Japon, 1993, n° 69

75 **Femme allongée (II)**
La mère de l'artiste
vers 1903
Crayon et encre sur papier
12,6 × 20 cm
Signé en bas à gauche
Historique:
Florence J. Gould, Paris
New York, Vente Sotheby's, 25 avril 1985, n° 129bis
Expositions:
Marie Laurencin, Mainichi Shimbun et le Musée Marie Laurencin, Osaka, 1986, n° 62
Marie Laurencin, Yomiuri Shimbun, Japon, 1988, n° D-2
Marie Laurencin, Chunichi Shimbun, Japon, 1989, n° 67
Marie Laurencin, Yomiuri Shimbun et KTS Kagoshima Television, Japon, 1989, n° D-2
Marie Laurencin, Iwate Nipposha, Fukushima Minposha, 1991, n° 62
Marie Laurencin, Yomiuri Shimbun, Japon, 1993, n° 70
Marie Laurencin, Ehime Shimbun, Japon, 1993, n° 70

76 **Pauline-Mélanie Laurencin, mère de l'artiste**
1906
Encre sur papier
21 × 16,5 cm
Signé et daté en bas à droite
Historique:
Vente, Paris, Hôtel Drouot, 18 mars 1988, n° 17
Expositions:
Du dessin, Musée national d'Art moderne, Paris, n° 90
Marie Laurencin, Chunichi Shimbun, Japon, 1989, n° 69
Marie Laurencin, Yomiuri Shimbun et KTS Kagoshima Television, Japon, 1989, n° D-4

Marie Laurencin, Mainichi Shimbun, 1990, n° 62
Marie Laurencin, exposition itinérante organisée par la Fondation pour la santé publique, Préfecture de Hyogo, Kobe, Japon
Marie Laurencin, Chunichi Shimbun, Japon, 1992, n° 68
Marie Laurencin, Yomiuri Shimbun, Japon, 1993, n° 72
Marie Laurencin, Ehime Shimbun, Japon, 1993, n° 72

77 Autoportrait à la table

1906
Encre sur papier
20,5 × 16 cm
Signé et daté en bas à droite (probablement après 1950)

Historique:
John Quinn, New York
Londres, Vente Sotheby's, 2 février 1988, n° 136

Expositions:
Marie Laurencin, Mainichi Shimbun, Japon, 1990, n° 61
Marie Laurencin, Iwate Nipposha, Fukushima Minposha, 1991, n° 69
Marie Laurencin, Chunichi Shimbun, Japon, 1992, n° 67
Marie Laurencin, Yomiuri Shimbun, Japon, 1993, n° 93
Marie Laurencin, Ehime Shimbun, Japon, 1993, n° 93

78 Autoportrait, accoudée

1906
Encre sur papier
20,5 × 16 cm
Signé et daté en bas à droite (probablement après 1950)

Historique:
John Quinn, New York
Vente, Londres, Sotheby's, 2 février 1988, n° 138

Expositions:
Marie Laurencin, Mainichi Shimbun, Japon, 1990, n° 63
Marie Laurencin, Chunichi Shimbun, Japon, 1992, n° 69
Marie Laurencin, Yomiuri Shimbun, Japon, 1993, n° 74
Marie Laurencin, Ehime Shimbun, Japon, 1993, n° 74

79 Femme à la robe bleue

vers 1906-1907
Aquarelle sur papier
37,5 × 22 cm
Dédicacé en bas «à Monsieur Wilhem de Kostrowitzky»

Historique:
Guillaume Apollinaire, Paris
Jacqueline Guillaume Apollinaire, Paris
Vente, Paris, Hôtel Drouot, 27 novembre 1987, n° 19

Expositions:
Marie Laurencin, Chunichi Shimbun, Japon, 1989, n° 52
Marie Laurencin, Yomiuri Shimbun et KTS Kagoshima Television, Japon, 1989, n° A-1
Marie Laurencin, Mainichi Shimbun, 1990, Japon, n° 46
Marie Laurencin, Iwate Nipposha, Fukushima Minposha, 1991, n° 46
Marie Laurencin, Chunichi Shimbun, Japon, 1992, n° 48
Marie Laurencin, Yomiuri Shimbun, Japon, 1993, n° 48
Marie Laurencin, Ehime Shimbun, Japon, 1993, n° 48

80 Madame Pickaçoh (Portrait-charge de Fernande Olivier)

vers 1908
Aquarelle sur papier
22 × 18 cm
Titrée en haut à droite

Historique:
Guillaume Apollinaire, Paris
Vente, Paris, Hôtel Drouot, 30 avril 1993, n° 113

Bibliographie:
Charlotte Gere, *Marie Laurencin*, Londres, 1977,
Charlotte Gere, *Marie Laurencin*, Tokyo, 1980, p. 15
José Pierre, *Marie Laurencin*, Paris, 1988, p. 35
José Pierre, *Marie Laurencin*, Tokyo, 1991, n° 22

Expositions:
Le Bateau-Lavoir, Musée Jacquemart-André, Paris, 1975
Le Banquet du Douanier Rousseau, exposition itinérante, Yomiuri Shimbun, Japon, 1985-1986, n° 61

81 Pablo Picasso

vers 1908
Encre et crayon sur papier
26,5 × 20,4 cm
Signé en bas à gauche

Historique:
Guillaume Apollinaire, Paris
Vente, Londres, Christie's, 14 octobre 1992, n° 29

82 Autoportrait au chat

1912
Crayon et encre sur papier
20,3 × 13 cm
Initiales au crayon de couleur en bas à droite

Historique:
Gregoire Tarnopol, Los Angeles
Vente, New York, Christie's, 22 février 1985, n° 56

Bibliographie:
Flora Groult, *Marie Laurencin*, Tokyo, 1989, fig. 4

Expositions:
Marie Laurencin, Mainichi Shimbun et le Musée Marie Laurencin, Osaka, 1986, n° D-9
Marie Laurencin, Yomiuri Shimbun, Japon, 1988, n° D-9
Marie Laurencin, Chunichi Shimbun, Japon, 1989, n° 71
Marie Laurencin, Yomiuri Shimbun et KTS Kagoshima Television, Japon, 1989, n° D-6
Marie Laurencin, Mainichi Shimbun, 1990, Japon, n° 64
Marie Laurencin, Iwate Nipposha, Fukushima Minposha, 1991, n° 74
Marie Laurencin, Chunichi Shimbun, Japon, 1992, n° 71

83 **Autoportrait**
1912
Crayon sur papier
18,4 × 14,9 cm
Signé et daté en haut à gauche

Historique:
Vente, New York, Christie's, 12 février 1987, n° 69
Vente, New York, Sotheby's, 12 novembre 1988, n° 182 (succession de Mary B. Tarcher, Beverly Hills)

Bibliographie:
Shenji Kuroi, *Dialogue avec autoportrait*, Bungeishunju éd., Tokyo, 1992

Expositions:
Marie Laurencin, Mainichi Shimbun, Japon, 1990, n° 47
Marie Laurencin, Iwate Nipposha, Fukushima Minposha, 1991, n° 48
Marie Laurencin, Chunichi Shimbun, Japon, 1992, n° 50
Marie Laurencin, Yomiuri Shimbun, Japon, 1993, n° 50
Marie Laurencin, Ehime Shimbun, Japon, 1993, n° 50

84 **Femme à la corbeille de fruits**
vers 1912
Aquarelle sur papier
25 × 19,5 cm
Signé en bas à droite

Bibliographie:
Haruki Yaegashi, *Marie Laurencin*, Tokyo, 1985, p. 78

Expositions:
Marie Laurencin, Mainichi Shimbun et le Musée Marie Laurencin, Osaka, 1986, n° 47
Marie Laurencin, Yomiuri Shimbun, Japon, 1988, n° A-1
Marie Laurencin, Chunichi Shimbun, Japon, 1989, n° 53
Marie Laurencin, Yomiuri Shimbun et KTS Kagoshima Television, Japon, 1989, n° A-2
Marie Laurencin, Iwate Nipposha, Fukushima Minposha, 1991, n° 47
Marie Laurencin, Chunichi Shimbun, Japon, 1992, n° 49
Marie Laurencin, Yomiuri Shimbun, Japon, 1993, n° 49
Marie Laurencin, Ehime Shimbun, Japon, 1993, n° 49

85 **Autoportrait**
1912
Crayon rehaussé de couleurs sur papier
28 × 22,5 cm
Signé et daté en bas à droite et dédicacé «à Serge» en bas à gauche

Historique:
Serge Lifar, Paris
Galerie Hopkins-Thomas-Galerie de France, Paris

Expositions:
Marie Laurencin, Yomiuri Shimbun, Japon, 1988, n° D-8
Marie Laurencin, Chunichi Shimbun, Japon, 1989, n° 72
Marie Laurencin, Mainichi Shimbun, 1990, Japon, n° 65
Marie Laurencin, Iwate Nipposha, Fukushima Minposha, 1991, n° 75
Marie Laurencin, Chunichi Shimbun, Japon, 1992, n° 72
Marie Laurencin, Yomiuri Shimbun, Japon, 1993, n° 77

86 **La barque**
Thankmar von Munchhausen et Marie Laurencin (?)
v. 1912-1913
Aquarelle sur papier
10,5 × 14,6 cm
Signé en bas à droite

Historique:
Collection particulière, Allemagne
Vente, Londres, Christie's, 4 avril 1989, n° 345

Bibliographie:
Daniel Marchesseau, *Catalogue Raisonné de l'Œuvre peint de Marie Laurencin,* Editions du Musée Marie Laurencin, Japon, 1986, n° 82
Roger Allard, *Marie Laurencin*, Paris, N.R.F., 1921, p. 1
Koran, Tokyo, 1924

Expositions:
Marie Laurencin, Mainichi Shimbun, 1990, Japon, n° 48
Marie Laurencin, Chunichi Shimbun, Japon, 1992, n° 51
Marie Laurencin, Yomiuri Shimbun, Japon, 1993, n° 51
Marie Laurencin, Ehime Shimbun, Japon, 1993, n° 51

87 **Femme à l'éventail**
vers 1913
Aquarelle sur papier
28 × 21,5 cm
Signé en bas à droite

Historique:
Vente, Londres, Christie's, 4 avril 1989, n° 397

Expositions:
Marie Laurencin, Mainichi Shimbun, 1990, Japon, n° 60
Marie Laurencin, Chunichi Shimbun, Japon, 1992, n° 52
Marie Laurencin, Yomiuri Shimbun, Japon, 1993, n° 52
Marie Laurencin, Ehime Shimbun, Japon, 1993, n° 52

88 **Les trois danseuses**
Etude pour la gravure *Iphigénie*
vers 1913
Encre de Chine et aquarelle sur papier
36,5 × 36,5 cm
Signé en bas à droite

Historique:
Vente, Paris, Palais Galliera, 12 mars 1964
Galerie Romanet, Paris
Vente, Londres, Christie's, 3 décembre 1985, n° 428

Expositions:
Apollinaire et ses amis peintres, exposition itinérante, Mainichi Shimbun, Japon, 1980, n° 45
Marie Laurencin, Mainichi Shimbun et le Musée Marie Laurencin, Osaka, 1986, n° 48

Marie Laurencin, Yomiuri Shimbun, Japon, 1988, n° A-2
Marie Laurencin, Chunichi Shimbun, Japon, 1989, n° 54
Marie Laurencin, Yomiuri Shimbun et KTS Kagoshima Television, Japon, 1989, n° A-3
Marie Laurencin, Mainichi Shimbun, Japon, 1990, n° 49
Marie Laurencin, Iwate Nipposha, Fukushima Minposha, 1991, n° 49
Marie Laurencin, Chunichi Shimbun, Japon, 1992, n° 53
Marie Laurencin, Yomiuri Shimbun, Japon, 1993, n° 53
Marie Laurencin, Ehime Shimbun, Japon, 1993, n° 53

89 Les Biches: Esquisse

vers 1923
Plume et aquarelle sur papier de *Marie Laurencin*
sur un poème manuscrit de *Francis Carco*
(daté du 23 décembre 1930)
31 × 24 cm
Signée et dédicacée à Francis Carco en bas à gauche

Historique:
New York, Vente Sotheby's, 16 décembre 1983, n° 350

Expositions:
Marie Laurencin, Mainichi Shimbun et le Musée Marie Laurencin, Osaka, 1986, n° 50
Marie Laurencin, Yomiuri Shimbun, Japon, 1988, n° A-4
Marie Laurencin, Chunichi Shimbun, Japon, 1989, n° 56
Marie Laurencin, Yomiuri Shimbun et KTS Kagoshima Television, Japon, 1989, n° A-5
Marie Laurencin, Iwate Nipposha, Fukushima Minposha, 1991, n° 51
Marie Laurencin, Yomiuri Shimbun, Japon, 1993, n° 55
Marie Laurencin, Ehime Shimbun, Japon, 1993, n° 55

90 Trois jeunes filles et chevaux

vers 1925
Aquarelle sur papier
23 × 31 cm
Signé en haut à gauche

Historique:
New York, Vente Sotheby's, 16 décembre 1983, n° 84

Expositions:
Marie Laurencin, Mainichi Shimbun et le Musée Marie Laurencin, Osaka, 1986, n° 53
Marie Laurencin, Yomiuri Shimbun, Japon, 1988, n° A-6
Marie Laurencin, Chunichi Shimbun, Japon, 1989, n° 58
Marie Laurencin, Yomiuri Shimbun et KTS Kagoshima Television, Japon, 1989, n° A-7
Marie Laurencin, Iwate Nipposha, Fukushima Minposha, 1991, n° 53
Marie Laurencin, Yomiuri Shimbun, Japon, 1993, n° 56
Marie Laurencin, Ehime Shimbun, Japon, 1993, n° 53

91 Fête champêtre

1928
Aquarelle sur papier
23,7 × 71 cm

Historique:
Londres, Vente Sotheby's, 1er décembre 1982, n° 169

Bibliographie:
Haruki Yaegashi, *Marie Laurencin*, Tokyo, 1985, n° 54, p. 63
Motoo Ando, *L'éventail de Marie Laurencin*, Tokyo, 1985, p. 68

Expositions:
Marie Laurencin, Mainichi Shimbun et le Musée Marie Laurencin, Osaka, 1986, n° 51
Marie Laurencin, Yomiuri Shimbun, Japon, 1988, n° A-8
Marie Laurencin, Chunichi Shimbun, Japon, 1989, n° 59
Marie Laurencin, Yomiuri Shimbun et KTS Kagoshima Television, Japon, 1989, n° A-8
Marie Laurencin, Mainichi Shimbun, Japon, 1990, n° 51
Marie Laurencin, Iwate Nipposha, Fukushima Minposha, 1991, n° 56
Marie Laurencin, Chunichi Shimbun, Japon, 1992, n° 57
Marie Laurencin, Yomiuri Shimbun, Japon, 1993, n° 60
Marie Laurencin, Ehime Shimbun, Japon, 1993, n° 60

92 Décor de théâtre

1928
Aquarelle sur papier
34 × 88 cm

Historique:
Londres, Vente Sotheby's, 30 septembre 1983, n° 169

Bibliographie:
Haruki Yaegashi, *Marie Laurencin*, Tokyo, 1985, n° 53
Motoo Ando, *L'éventail de Marie Laurencin*, Tokyo, 1985, p. 72

Expositions:
Marie Laurencin, Mainichi Shimbun et le Musée Marie Laurencin, Osaka, 1986, n° 52
Marie Laurencin, Yomiuri Shimbun, Japon, 1988, n° A-7
Marie Laurencin, Chunichi Shimbun, Japon, 1989, n° 60
Marie Laurencin, Yomiuri Shimbun et KTS Kagoshima Television, Japon, 1989, n° A-9
Marie Laurencin, Iwate Nipposha, Fukushima Minposha, 1991, n° 57
Marie Laurencin, Chunichi Shimbun, Japon, 1992, n° 58
Marie Laurencin, Yomiuri Shimbun, Japon, 1993, n° 61
Marie Laurencin, Ehime Shimbun, Japon, 1993, n° 61

93 Jeunes femmes à la guitare

vers 1928
Aquarelle sur papier
44,8 × 35,9 cm
Signé en bas à droite

Historique:
New York, Vente Christie's, 15 novembre 1989, n° 49

Expositions:
Marie Laurencin, Iwate Nipposha, Fukushima Minposha, 1991, n° 54
Marie Laurencin, Chunichi Shimbun, Japon, 1992, n° 55
Marie Laurencin, Yomiuri Shimbun, Japon, 1993, n° 58
Marie Laurencin, Ehime Shimbun, Japon, 1993, n° 58

94 Deux jeunes filles avec un chien

vers 1928
Aquarelle sur papier
44,8 × 35,9 cm
Signé en bas à gauche

Historique:
New York, Vente Christie's, 15 novembre 1989, n° 52

Expositions:
Marie Laurencin, Iwate Nipposha, Fukushima Minposha, 1991, n° 55
Marie Laurencin, Chunichi Shimbun, Japon, 1992, n° 56
Marie Laurencin, Yomiuri Shimbun, Japon, 1993, n° 59
Marie Laurencin, Ehime Shimbun, Japon, 1993, n° 59

95 Portrait de jeune fille (Etude pour *L'adroite princesse* ou *Les aventures de Finette*)

1928
Crayons de couleurs
31 × 25 cm
Signé en bas à gauche

Historique:
Vente, Enghien, 19 mars 1988, n° 27

Expositions:
Marie Laurencin, Chunichi Shimbun, Japon, 1989, n° 73
Marie Laurencin, Mainichi Shimbun, Japon, 1990, n° 66

96 Double portrait de femmes

vers 1930-1932
Crayon sur papier
18,5 × 23,5 cm
Signé en bas à droite

Historique:
Vente, Paris, Hôtel Drouot, 1985
M. Takahashi, Paris

Expositions:
Marie Laurencin, Mainichi Shimbun et le Musée Marie Laurencin, Osaka, 1986, n° 67
Marie Laurencin, Yomiuri Shimbun, Japon, 1988, n° D-10
Marie Laurencin, Iwate Nipposha, Fukushima Minposha, 1991, n° 114

97 Jeune fille

vers 1930
Aquarelle sur papier
29,5 × 24,5 cm
Signé en haut à droite

Historique:
Vente, Londres, Sotheby's, 23 mars 1983, n° 167

Bibliographie:
Haruki Yaegashi, *Marie Laurencin*, Tokyo, 1985, n° 52

Expositions:
Marie Laurencin, Mainichi Shimbun et le Musée Marie Laurencin, Osaka, 1986, n° 55
Marie Laurencin, Yomiuri Shimbun, Japon, 1988, n° A-9
Marie Laurencin, Mainichi Shimbun, Japon, 1990, n° 52
Marie Laurencin, Yomiuri Shimbun, Japon, 1993, n° 63

98 Paysage au chien

vers 1940
Aquarelle sur papier
18,4 × 23,5 cm
Signé en haut à droite

Historique:
Vente, Londres, Sotheby's, 1er décembre 1982, n° 209

Expositions:
Marie Laurencin, Mainichi Shimbun et le Musée Marie Laurencin, Osaka, 1986, n° 58
Marie Laurencin, Yomiuri Shimbun, Japon, 1988, n° A-11
Marie Laurencin, Iwate Nipposha, Fukushima Minposha, 1991, n° 60

99 Femmes sur la terrasse

1946
Aquarelle sur papier
35,5 × 44,5 cm
Signé et daté en bas à gauche

Expositions:
Marie Laurencin, Yomiuri Shimbun, Japon, 1988, n° A-15
Marie Laurencin, Chunichi Shimbun, Japon, 1989, n° 63
Marie Laurencin, Yomiuri Shimbun et KTS Kagoshima Television, Japon, 1989, n° A-12
Marie Laurencin, Mainichi Shimbun, Japon, 1990, n° 58
Marie Laurencin, Chunichi Shimbun, Japon, 1992, n° 63
Marie Laurencin, Yomiuri Shimbun, Japon, 1993, n° 65
Marie Laurencin, Ehime Shimbun, Japon, 1993, n° 65

100 Jeunes filles au bord d'une piscine

vers 1946
Aquarelle sur papier
35 × 44 cm
Signé en bas à droite

Historique:
Vente, Londres, Sotheby's, 1er juillet 1987, n° 550

Expositions:
Marie Laurencin, Chunichi Shimbun, Japon, 1989, n° 64
Marie Laurencin, Yomiuri Shimbun et KTS Kagoshima Television, Japon, 1989, n° A-13
Marie Laurencin, Mainichi Shimbun, Japon, 1990, n° 57
Marie Laurencin, Iwate Nipposha, Fukushima Minposha, 1991, n° 61
Marie Laurencin, Chunichi Shimbun, Japon, 1992, n° 64
Marie Laurencin, Yomiuri Shimbun, Japon, 1993, n° 66
Marie Laurencin, Ehime Shimbun, Japon, 1993, n° 66

Marie Laurencin et son temps

Biographie

1883
Naissance de Marie Mélanie Laurencin le 31 octobre à Paris, dans un appartement près de la Gare de l'Est, 63, rue de Chabrol entre la rue d'Hauteville et la rue Lafayette.
Elle est la fille illégitime d'Alfred Stanislas Toulet (1839-1905), âgé de 45 ans – d'origine picarde, contrôleur principal des contributions directes à Paris, qui deviendra député de Péronne (Somme) –, et de Pauline Mélanie Laurencin (1861-1913), âgée de 22 ans et de 23 ans sa cadette, d'origine normande, fille de forgerons de Vaudreville (Manche), employée (de maison?) puis couturière.
Selon l'acte de naissance, l'enfant ne sera d'abord pas reconnue par sa mère, et son père ne sera jamais dénommé.
Marie Laurencin ne verra que très rarement son père durant son enfance et n'apprendra son identité – officieusement – qu'en 1913, plusieurs années après sa mort.

Elle est née en 1883, mais tous les livres indiquent 1885. Quand on lui demande son âge, elle dit «Je suis une fille naturelle, alors c'est toujours mystérieux l'âge d'un enfant naturel, ce n'est ni dans la réalité, ni dans le rêve, ça ne se détermine pas par une date.» (Cité par René Gimpel, *Journal d'un collectionneur*)
Les Laurencin étaient des gens curieux. Originaires de la Savoie, ils étaient à la fois raffinés et brutaux, mais aucunement sociables. Toute la douceur de ma mère venait de ma grand-mère, une Normande, fille de pêcheurs, pure et croyante (...). Mon père était Picard. (Marie Laurencin, *Le carnet des nuits*)

1893
S'installe avec sa mère dans un appartement, 51, boulevard de la Chapelle, Paris.
Entre au Lycée Lamartine.

Je dépends d'une enfance sévère mais harmonieuse. Mon père, pris de passion pour la langue française, me faisait lire Racine à haute voix (...)
Marie avait neuf ans. Une mère lointaine et charmante qui parlait très peu et chantait fort bien, et un père qui, de temps en temps, par plaisir, aimait instruire sa fille et s'occuper de ses études.
Ma première leçon d'histoire, qui avait trait aux Francs, a été l'un des moments les plus douloureux. Fort heureusement, ce chapitre prit fin et la première reine, Sainte Clotilde, fit son apparition. On était sauvé. Je découvris les reines et les héroïnes de l'histoire de France. Il n'y avait qu'elles qui m'intéressaient et je recherchais leurs portraits.

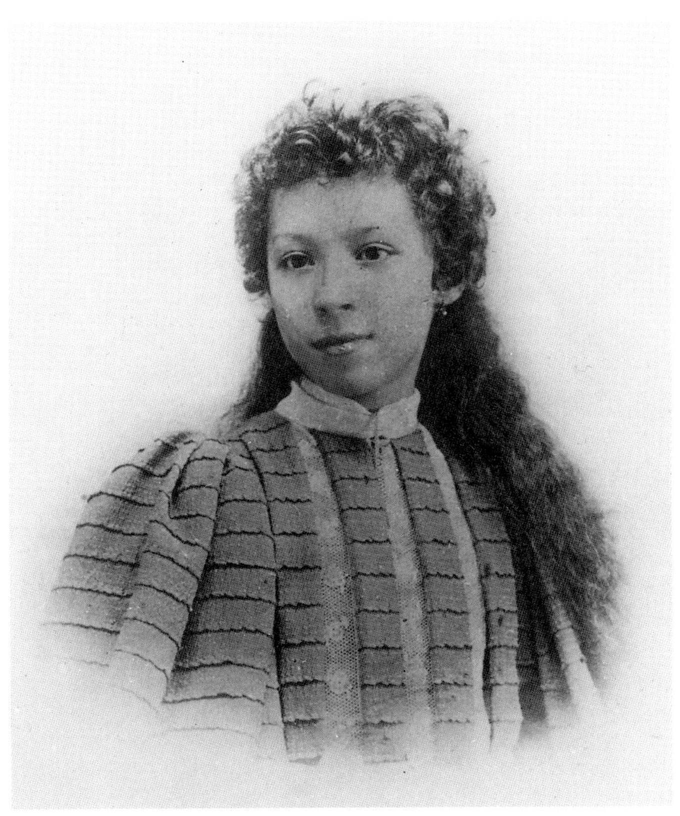

Marie Laurencin enfant, vers 1893

Un mot qui me fit bien rêver fut le mot «Favorites». Les «Favorites». Je crus d'abord que c'étaient des personnes inexistantes – et si belles. (Marie Laurencin)

1901-1903
Et tout à coup nous eûmes quinze ans, c'est-à-dire que nous commençâmes à nous regarder. Ghirlandajo et Botticelli étaient nos peintres favoris. Quelques visages de mes compagnes, dans leurs grâces d'adolescentes, étaient les modèles de cette école italienne. Les mâchoires minces, les longs cheveux et les yeux sous les sourcils naturels faisaient oublier les vêtements qui n'étaient pas

beaux. On nous emmenait aux Champs-Elysées et, le jeudi, dans les musées. Les jours de fêtes, nous enlaidissions tellement que nos soirées se passaient à pleurer. Nous nous sentions entourées de secrets: Alfred de Musset, les Courtisanes. Nous continuions de retrouver, fugitives, nos compagnes dans les sculptures de Jean Goujon et même dans les anges de Léonard de Vinci; et, puisqu'il fallait agir aux yeux des parents, nous copiions inlassablement au crayon et au fusain le portrait de Mme Vigée-Lebrun et sa fille. Les collerettes, les fichus, tout le voyage sentimental: la gantière, la modiste. (Marie Laurencin)

Etudie le dessin et la peinture sur porcelaine à Sèvres.
Suit des cours de dessin et reçoit des conseils du peintre Jouas-Poutrel.

Dans ma jeunesse, on apprenait à peindre comme on apprenait à chanter. Moi, je dessinais tout le temps. Un jour, ma mère m'a demandé de décorer une tasse à thé. J'ai peint pour la première fois avec des couleurs vitrifiables Lacroix. Je réussis et j'allai dans une école de dessin, une école de la ville de Paris. J'eus pour premier maître Guignolot, le professeur de Braque aussi. (...) J'ai eu encore pour professeur Madeleine Lemaire qui peignait des fleurs à la grosse, même la nuit, sous un abat-jour poussiéreux. Je faisais aussi des dessins sur des soieries que je brodais. Picasso a gardé une de ces étoffes. (Marie Laurencin à Robert de Naud)

1904
Entre à l'Académie de peinture Humbert, où enseigne Guignolot. Elle a pour condisciples Georges Braque et Georges Lepape.

Braque me disait de Marie Laurencin: Je l'ai connue à Montmartre avec la natte dans le dos. (René Gimpel)
Quelque temps, j'allai dans une académie. Les professeurs qui lui donnaient leur nom y passaient une demi-heure chaque semaine, faisaient un petit discours et s'en allaient. (Marie Laurencin)
Presque tous les jours je retourne à l'atelier aux séances de croquis, de cinq à sept. Peu de camarades du matin, mais des inconnus qui viennent deux ou trois fois de suite et qu'on ne revoit plus. Les femmes, l'après-midi, sont admises (...).
Un jour, je remarque une jeune fille qui vient pour la première fois. Sa mise est stricte, simple, sans souci d'élégance, son teint est sans poudre ni rouge aux joues, ses cheveux bruns, un peu crépus, nattés dans un chignon sur la nuque. Pour travailler, elle porte un pince-nez retenu par un fil qui passe sur l'oreille. Elle achève chaque dessin sans effort apparent. Un dessin sûr, puissant et sensible en même temps... C'est prodigieux. Je n'ai jamais constaté une telle maîtrise!
Me sachant prompt à l'enthousiasme, je doute de la valeur de mon appréciation. Le lendemain matin, je conte à Braque ma découverte et l'engage à venir le soir à la séance de croquis. Il jugera. Braque est ébloui lui aussi par ce phénomène. (...)
Au bout de quelques jours, la glace est rompue. Son nom: Marie Laurencin, «mais, dit-elle, chez moi on m'appelle Coco...».
Coco est gaie, spirituelle, ironique, mordante, exclusive, fantasque et charmante...Nous la prions de nous montrer d'autres études. Le lendemain, elle nous apporte ses cartons, des cartons pleins de dessins, d'aquarelles, d'esquisses et de croquis merveilleux. Des compositions d'imagination aussi, ornées d'étranges animaux: des biches au pelage parsemé de petites fleurs, des chevaux à col de cygne et chevauchés par de frêles jeunes filles nues. Coco sollicite des avis, des critiques. Elle n'y croit pas, dit-elle. Nous, nous y croyons. (Georges Lepape)

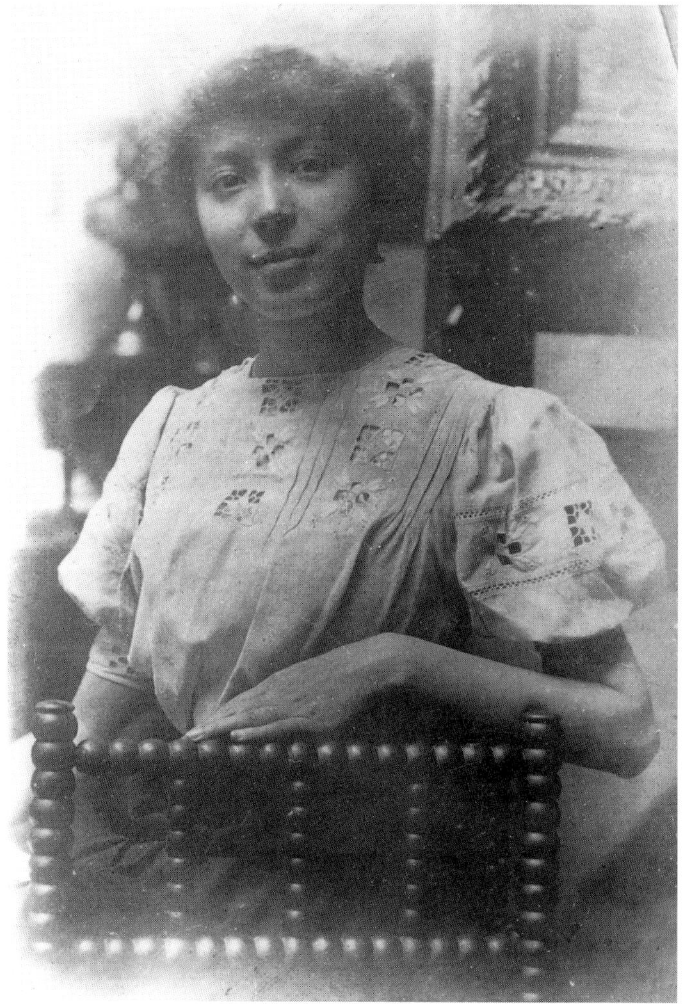
Vers 1907

Première rencontre avec Henri-Pierre Roché qui sera, un temps, son amant, puis son mentor.
Passe l'été en Seine-et-Marne à May-en-Multien près de Meaux.
Nombreux carnets de croquis (autoportraits, portraits de sa mère, scènes domestiques).

1905
Premiers autoportraits à l'huile. Petits paysages. Premières gravures. Visite le Louvre. S'intéresse aux vases grecs, à l'art italien, aux miniatures persanes.

Mon papa toujours pareil, toujours malade – ma mère toujours rebelle à mes pratiques d'art – mais au fond passive – et c'est tout ce qu'il me faut. (Lettre de Marie Laurencin à Georges Lepape, 22 août 1905)

Mort de son père à Vichy.
Naissance à Saint-Pierre-des-Champs (Oise) de Suzanne Lucienne Moreau qui entrera en 1925 au service de Marie Laurencin et sera sa servante-maîtresse, avant de devenir sa fille adoptive et son héritière.

1907
Participe pour la première fois au Salon des Indépendants.
Rencontre, au mois de mai, à la Galerie Clovis Sagot, 46, rue Laffitte, Pablo Picasso qui la présente à Wilhem de Kostrowitzky (Guillaume Apollinaire), de trois ans son aîné, également né de père inconnu. Apollinaire devait l'immortaliser sous le nom de *Tristouse Ballerinette* dans *Le poète assassiné.*
Fréquente alors le Bateau-Lavoir, rue Ravignan, et Montparnasse où elle rencontre Fernande Olivier, Max Jacob, André Salmon, Maurice Raynal, Maurice Cremnitz, Gertrude Stein, Jean Royère, Paul Fort, André Derain...

Le peu que j'ai appris m'a été enseigné par ceux que j'appelle les grands peintres, Matisse, Derain, Picasso, Braque. (Marie Laurencin)

Pauvre biche
Prise au piège
Entre les Fauves
Et les Cubistes
(Jean Cocteau)

Sa mère brode quelques coussins sur des cartons de Marie Laurencin, notamment pour Guillaume Apollinaire.

(En 1938, à Paris) *Marie Laurencin nous conduit à travers son appartement. Elle nous fait admirer des panneaux brodés à la main et nous dit: «C'est par ma mère.» Je réplique «Mais ce sont vos dessins.» «Oui, j'avais dessiné les modèles, mais je n'avais pas voulu les agrandir sur soie. Alors ma mère y a mis son dessin. Vous y voyez le portrait d'Apollinaire soufflant du cor.»* (René Gimpel)

1908
Banquet du Douanier Rousseau dans l'atelier de Picasso.
Pauline Laurencin et sa fille quittent le boulevard de la Chapelle pour le 32, rue La-Fontaine, à Passy
Première version d'*Apollinaire et ses amis* (Musée de Baltimore) achetée alors par Gertrude Stein (cf. p. 20)

1909
Marie Laurencin et Guillaume Apollinaire posent pour le Douanier Rousseau: *La muse inspirant le poète* (1re version «aux œillets de poète» au Kunstmuseum de Bâle, 2e version «aux giroflées» au Musée Pouchkine à Moscou). (cf. photo)
Deuxième version d'*Apollinaire et ses amis* que Guillaume Apollinaire gardera dans son appartement, 202, boulevard Saint-Germain (toile appartenant aujourd'hui au Musée national d'Art moderne, en dépôt au Musée Picasso, Paris). (cf. p. 21)

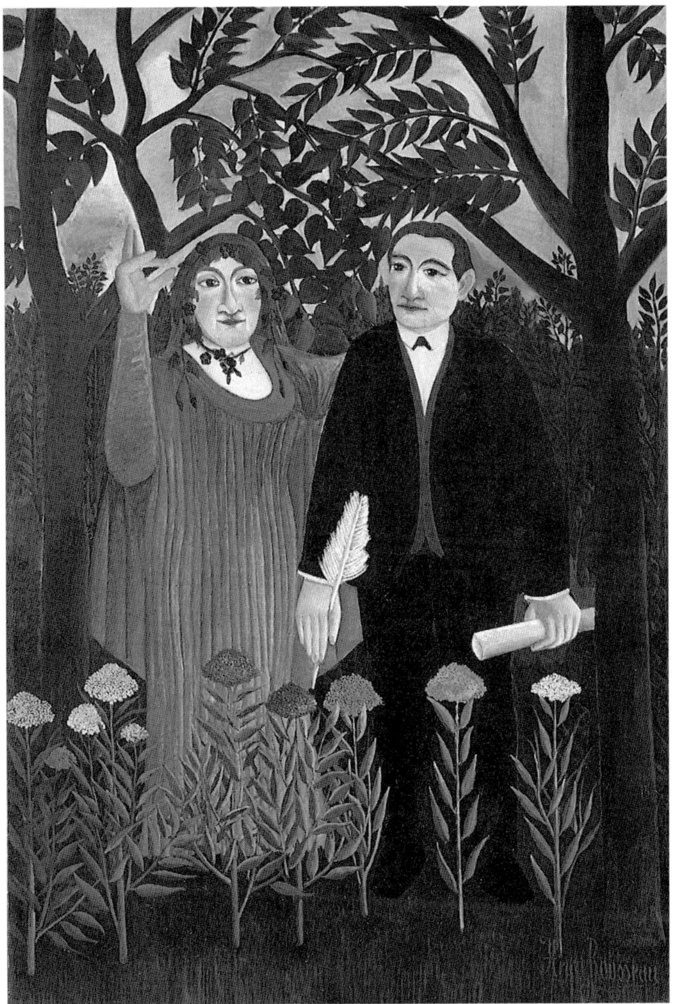

Henri Rousseau: La Muse inspirant le poète. *1909. Huile sur toile. 146 × 97 cm. Kunstmuseum, Bâle*

Chez l'oiseau du Bénin (Apollinaire) *on buvait ferme, et les manifestations d'après le Perschot* (sic) *n'étaient pas exemptes d'une certaine brutalité. J'ai vu Marie Laurencin pleurer sur le bord du trottoir, les pieds dans le ruisseau. Apollinaire, quand il lui proposa le mariage, fut reçu par ces mots: «Tu as trop mauvais caractère!» C'était beaucoup dire en peu de mots.* (Lettre de Max Jacob à Jacques Doucet, 31 mars 1917)

1911
Henri-Pierre Roché présente Marie Laurencin à la sœur du couturier Paul Poiret, Nicole Groult, femme du décorateur André Groult, qui deviendra son amie intime.
Séjour en Provence et rencontre de l'entomologiste Fabre et de l'écrivain allemand Hans Heinz Ewers qui lui dédiera plus tard sa pièce *La Berlinoise aux prodiges*, signée du pseudonyme *Le mouton carnivore.*

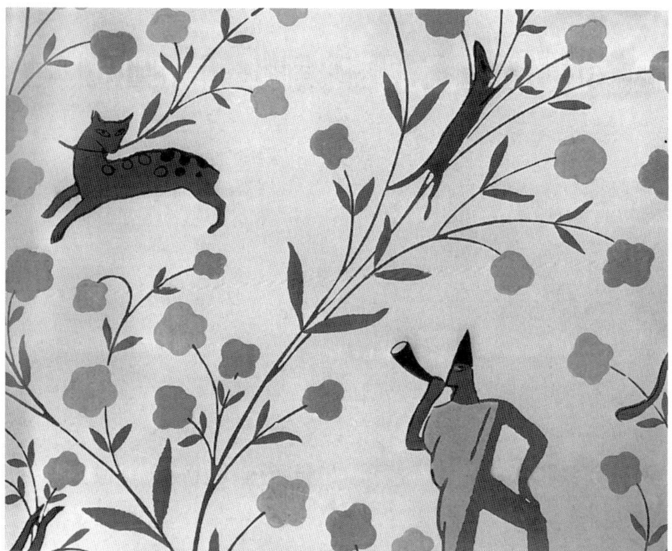

Marie Laurencin: Guillaume Apollinaire jouant du cor. *Modèle de papier peint (échantillon). Vers 1910, commandé par André Groult*

Dans ce milieu cosmopolite et francophile des nombreux étrangers vivant alors à Paris, elle rencontre, par l'intermédiaire de H.-P. Roché, les marchands allemands Jos Hessel et Wilhem Uhde:

Ma deuxième exposition après Rousseau, je la fis de Marie Laurencin. Elle n'était alors pas du tout connue, sauf d'un petit cercle d'amis. Elle avait grand besoin d'argent et suppliait que j'achète; mais je ne pouvais pas à ce moment. J'achetais quand même une grande composition, à mon avis une des plus belles. J'étais décidé à faire avec ce tableau sa réputation et sa gloire (...) La plupart des collectionneurs se détournaient en souriant quand je disais le prix de 4000 francs-or. Un jour, Rolf de Maré, qui sera l'un des animateurs et commanditaires des Ballets Suédois, vint et crut d'abord que je plaisantais. Mais, peu à peu, saisi par la beauté du tableau, l'acheta. En huit jours, tout Paris parlait de cette affaire et, quinze jours plus tard, Marie Laurencin avait son contrat avec Paul Rosenberg. (Wilhem Uhde) – Le tableau *Les Jeunes filles* a été donné en 1966 par Rolf de Maré au Moderna Museet de Stockholm.

1912

Première exposition personnelle, avec Robert Delaunay, Galerie Barbazanges, Paris. Y rencontre le graveur Jean-Emile Laboureur avec lequel elle aura une courte liaison avant de nouer des liens d'amitié plus durables et entamer une fructueuse collaboration, qui devait durer plus de vingt-cinq ans, pour la réalisation de ses eaux-fortes.

Participe à la décoration de *La Maison Cubiste* au Salon d'Automne, et au Salon de la *Section d'Or*.

En juin, rupture avec Guillaume Apollinaire. Séjourne à Dinard.

Rencontre le couturier Jacques Doucet – qui lui achètera deux toiles (cf. cat. n° 20), et un jeune étudiant allemand, Thankmar von Münchhausen, jeune cousin de son futur mari.

1913

Publication par Guillaume Apollinaire du recueil de poèmes *Alcools* et des chroniques *Méditations esthétiques: Les peintres cubistes.* Marie Laurencin y est souvent évoquée.

Mort de Pauline Laurencin le 11 mai à Paris. Elle est incinérée.

La maladie de Mme Laurencin, venant après la mort du père de Pablo (Picasso), nous a fait une impression profonde et pénible. Fais mes amitiés à ma pauvre chère amie Marie et dis-lui que je ne puis que partager son souci et son chagrin. (Lettre de Max Jacob à Guillaume Apollinaire, quelques jours avant la mort de Pauline Laurencin)

Double contrat signé avec Paul Rosenberg, marchand à Paris, et Alfred Flechtheim, marchand à Berlin et Düsseldorf.

Flechtheim lui achète une grande toile, *La toilette des jeunes filles*, pour 300 francs-or: *Mais vous allez vous ruiner, Monsieur !*

Court voyage à Londres avec Yvonne Crotti, en juin.

Court voyage à Villequier organisé en septembre par Louise Faure-Favier et André Billy pour tenter une ultime réconciliation avec Guillaume Apollinaire.

Rencontre, par l'intermédiaire de H.-P. Roché et Jos Hessel, le cousin de Thankmar von Münchhausen, Otto Christian Heinrich von Wätjen – dont la mère d'origine franco-suisse était la fille du peintre vaudois Benjamin Vautier –, baron allemand et dilettante francophile, travaillant à Paris.

Le deuxième homme important dans sa vie après Apollinaire fut Otto: don Juan, peintre, grand philosophe en actes, fantaisiste et noceur, et dont l'esprit vif, intense, mena contre Marie Laurencin un assaut inlassable qui fut, pendant des années, à diverses

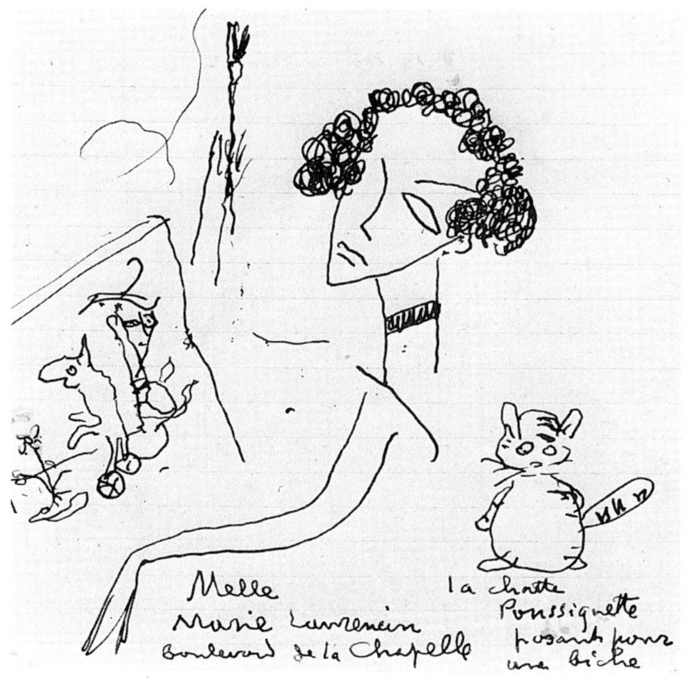

André Salmon: portrait charge de Marie Laurencin, vers 1913

reprises, leur principale raison d'être. Je ne connais pas d'amour plus singulier, prenant et comme indirect (...) Ils eurent d'emblée le coup de foudre, devinrent amants, papillons idylliques puis passionnés, se marièrent comme désincarnés. (H.-P. Roché)

De deux ans son aîné (né en 1881), il devait mourir en 1942. Participe à l'exposition du Valet de Carreau à Moscou, au Strum à Berlin, à l'Armory Show à New York et Chicago. Chtchoukine et Morozov, à Moscou, achètent deux œuvres.

1914

Marie Laurencin épouse à Paris, le 22 juin, Otto von Wätjen. Les témoins sont Eugène Montfort, l'éditeur de la revue *Les Marges,* Henri Marais, universitaire, le beau-frère d'Otto, le sculpteur zurichois Hermann Haller et l'écrivain allemand Rudolf Tewes.
Le couple – Marie Laurencin était devenue Allemande par mariage – doit interrompre sa lune de miel sur la côte atlantique pour se réfugier, lors de la déclaration de guerre, à Madrid, en août.

Séparée d'Apollinaire, Marie avait épousé un de nos camarades parisiens, gentilhomme rhénan, le peintre et graveur – meilleur graveur que peintre – Otto von Wätjen, vidame de l'église de Cologne.
Au tocsin d'août 1914, les deux jeunes époux se trouvaient sur une plage entre Arcachon et Biarritz. Avec son Allemand, Marie a fui sous les huées et sous les pierres.
Réfugié en Espagne, notre camarade Otto ne tenta rien pour regagner son pays et prendre dans l'armée impériale sa place d'officier. Otto aimait Marie et la France. (André Salmon)

Son appartement et ses biens à Paris sont placés sous séquestre.

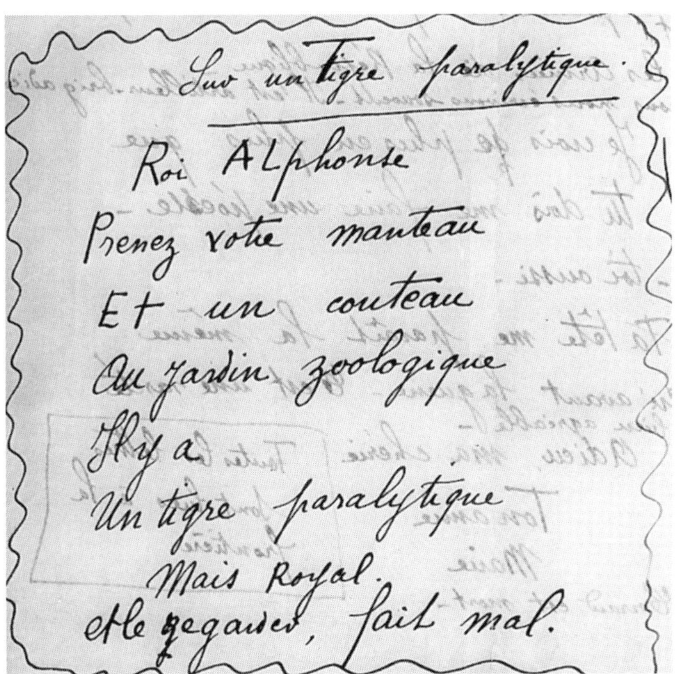

Sur un tigre paralytique.

Roi Alphonse
Prenez votre manteau
Et un couteau
Au jardin zoologique
Il y a
Un tigre paralytique
Mais Royal.
et le regarder, fait mal.

Lettre à Nicole Groult, 1915

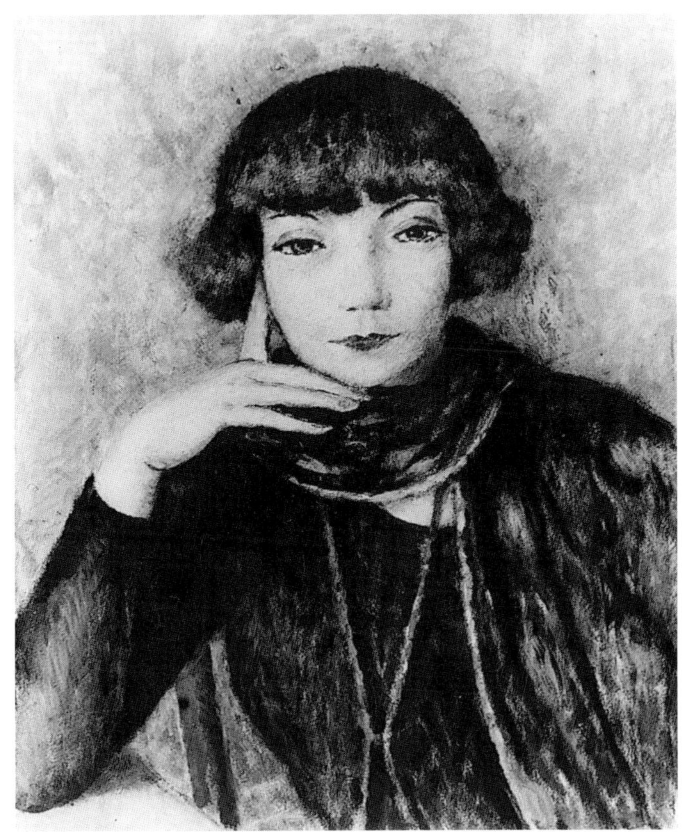

Portrait de Marie Laurencin par Otto von Wätjen.
Pastel et craie sur papier avec légers rehauts de gouache, ni signé, ni daté. Coll. Kunstmuseum, Düsseldorf

1915

L'exil de Marie Laurencin en Espagne va durer jusqu'en 1919.
Début d'une importante correspondance avec Nicole Groult.
Rencontre à Madrid, par l'intermédiaire de Nicole Groult, la jeune Cecilia, marquise de Madrazo. Nombreuses visites au Musée du Prado. Vélasquez et surtout Goya la marquent profondément.

La seule influence que j'ai ressentie dans ma vie est celle de Goya. J'ai beaucoup vécu avec lui pendant mes cinq années d'exil en Espagne. Ah! j'ai beaucoup souffert en Espagne et je n'y ai peint que quatre tableaux. Souffrir, c'est être possédé par la maladie; alors, comment peindre quand on est malade? (René Gimpel)

Séjour à Málaga. Rencontre les Albert Gleizes et les Robert Delaunay.
Voyage avec Nicole Groult en Espagne.
Retrouve Rolf de Maré et Nils von Dardel avec les Ballets Suédois (cat. n° 19).

1916

Marie Laurencin s'installe à Barcelone.
Rencontre Francis Picabia et sa femme Gabrielle Buffet, Valéry Larbaud.

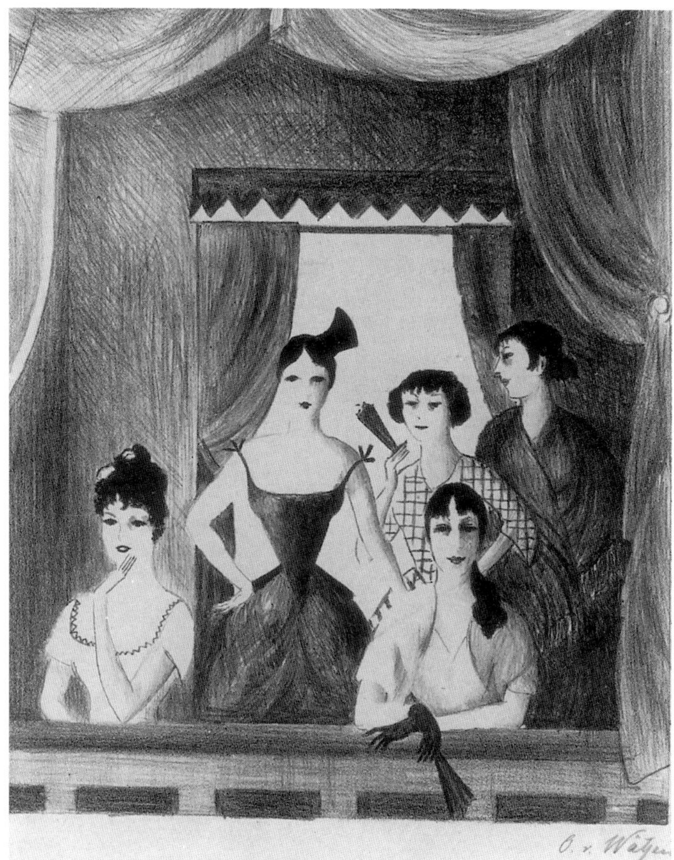

Otto von Wätjen (mari de Marie Laurencin): Les Espagnoles, litho, la femme à l'éventail au fond est Marie Laurencin, vers 1916.

Guillaume Apollinaire est sérieusement blessé.

Palais du soir
   Air ravissant
Une ingratitude noire
Est tout ce que je ressens
   (Marie Laurencin)

Publication du *Poète assassiné* (Marie Laurencin est l'héroïne de «Tristouse Ballerinette»)
Ramon Gomez de la Serna, poète admirateur d'Apollinaire, écrit sur sa peinture.
Ne crois pas Nicole
Que le Zèbre soit un animal
Comme le Cheval
Le Zèbre est un danseur espagnol
Dont je raffole
(Marie Laurencin à Nicole Groult)

1917
Participe à la revue de Picabia, *391*, publiée à Barcelone par Picabia et Arthur Cravan.

Le 391 qui paraissait à New York reparaît à Barcelone dans des conditions qui ne nous plaisent pas. (Lettre de Max Jacob à Jacques Doucet, 7 mars 1917)

Echange de lettres avec André Breton.
Participe à une exposition de dessins à la Modern Gallery à New York, organisée par Picabia, pour Marius de Zayas.
Participe à une exposition collective Galeria Dalmau, à Barcelone.

1918
Marie Laurencin retourne à Madrid.
Mort de Guillaume Apollinaire, le 9 novembre, à Paris.

1919
Marie Laurencin et Otto von Wätjen s'embarquent pour Gênes en novembre. Après quelques jours à Milan, séjournent en Suisse.

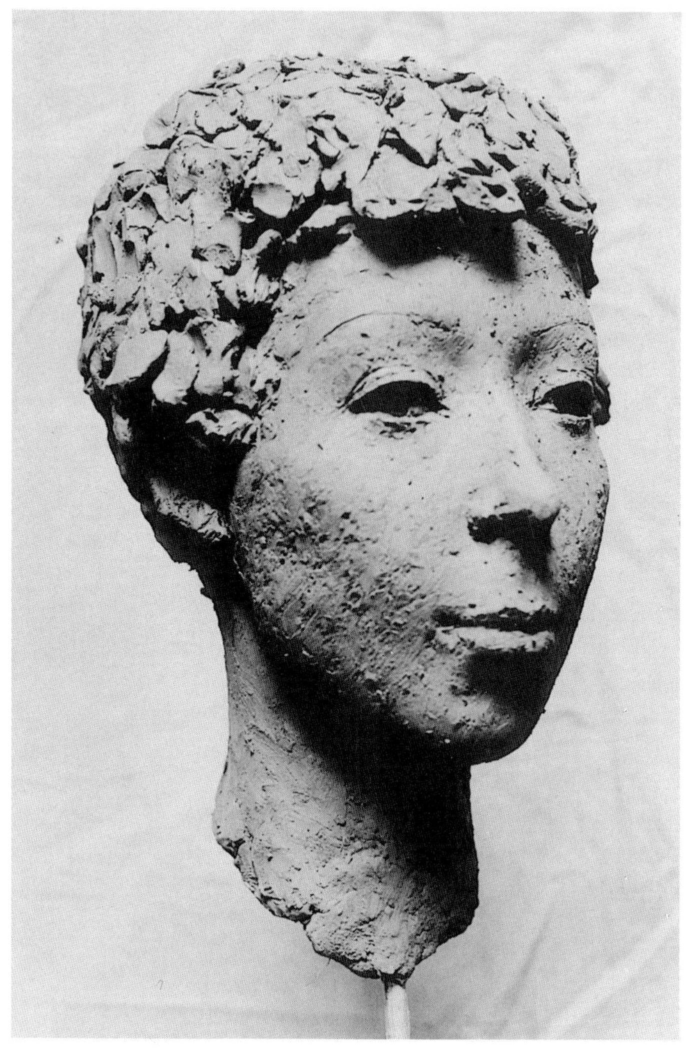

Hermann Haller: Marie Laurencin vue par son beau-frère, terre cuite, 1920. (2e version, "aux cheveux")
Collection Atelier Hermann Haller, Zurich

Francis Picabia
Portrait de Marie Laurencin, Four in hand
aquarelle
56 × 46 cm
Musée National d'Art moderne, Centre Georges Pompidou, Paris (Donation Jean Alvarez de Toledo, 1990)

Selon Maria Lluisa Borras, Francis Picabia pratique ici encore le procédé mis au point en 1914, consistant à chercher des phrases «trouvées» dans les pages roses du Petit Larousse:
p. 1078: Four in hand: Quatre en main
p. 1094: Sub tegmine fagi: A l'ombre d'un hêtre
p. 1077: Fidus Achates: La fidèle Achate
p. 1085: Non licet omnibus adire Corintum: Il n'est pas donné à tous d'aller à Corinthe

Four in hand est une allusion aux jeux de casino que pratiquaient de temps en temps Picabia et Laurencin à Barcelone. *Le fidèle Coco* évoque le chien de Marie – qui se faisait également appeler *Coco* en famille, de même que Francis Picabia – et *A l'ombre d'un boche* souligne naturellement l'exil du couple von Wätjen.
Picabia a rapporté d'Espagne un portrait de Marie Laurencin sous forme de ventilateur: Marie Laurencin lui a fait avant tout une impression de fraîcheur. Cette impression, rien ne la provoque mieux qu'un ventilateur; alors pour faire un portrait ressemblant de Marie Laurencin, il faut peindre un ventilateur.

Lettre de Chantre à André Mare, 1918

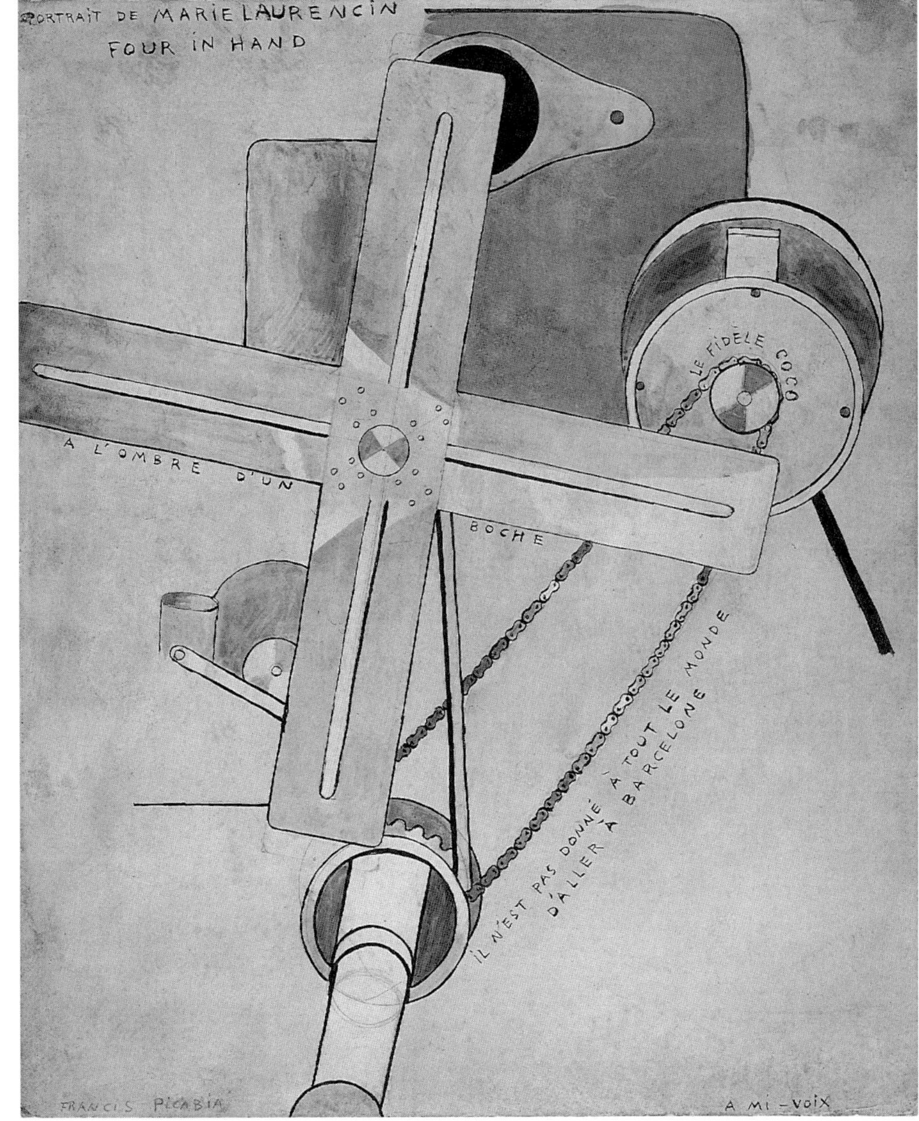

A Zurich, le sculpteur Hermann Haller, beau-frère d'Otto von Wätjen, exécute deux portraits – terre cuite – de Marie Laurencin. Rencontre le sculpteur Archipenko et le poète Rainer Maria Rilke.

J'étais une fois à Zurich, je laisse tomber mon sac, un homme le ramasse, c'était Rainer Maria Rilke. (René Gimpel)

Ses biens, sous séquestre à Paris en raison de sa nationalité allemande, sont vendus.

1920

Rentre avec son mari, via Bâle, dans la famille von Wätjen, à Düsseldorf, puis à Baden-Baden et à Altenrode.
Troubles spartakistes. Effondrement de la monnaie.
Voyage seule en Allemagne avec Thankmar von Münchhausen, puis avec Yvonne Crotti.
Bref séjour à Paris à l'occasion de la naissance de sa filleule Rosie-Benoîte Groult.
Séjour sur le Rhin à Mayence avec les André Fernet.
Henri-Pierre Roché vend six œuvres de Marie Laurencin à John Quinn, parmi lesquelles *La femme-cheval* (cat. n° 32) et *Princesse P...* (cat. n° 36).

1921

Retour définitif à Paris. Séparation et divorce d'Otto von Wätjen.

De retour à Paris, Marie signifia à Otto son congé. Acceptant le divorce, Otto retourna auprès des siens à Düsseldorf. Il vint souvent à Paris, rien que pour rendre visite à Marie qui le recevait peu. (André Salmon, *Souvenirs sans fin*)

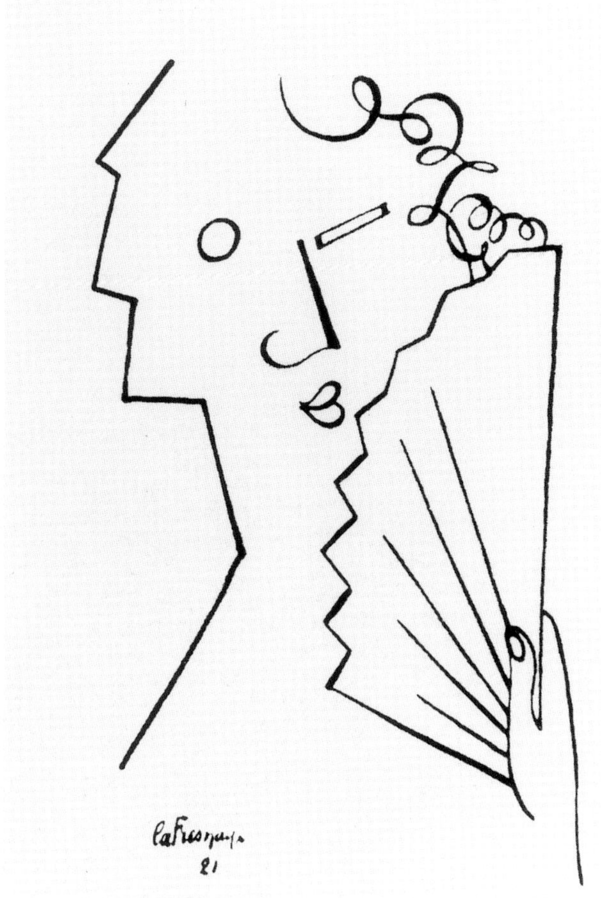

Roger de La Fresnaye: portrait-charge de Marie Laurencin, 1921, encre de Chine

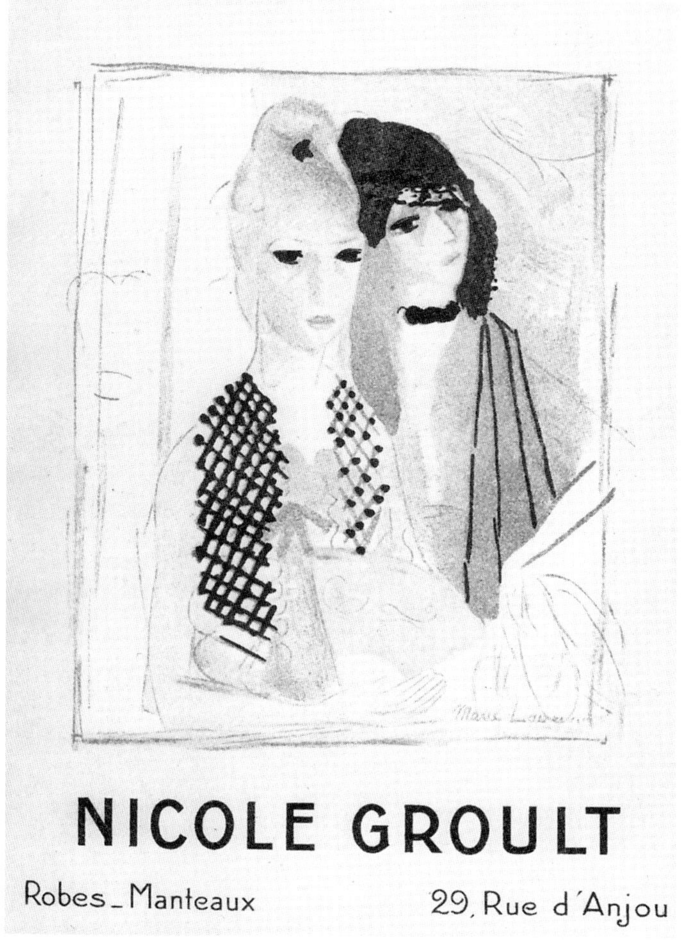

Carton d'invitation pour Nicole Groult d'après une aquarelle exécutée en Espagne. Paris, vers 1922

J'ai épousé un Allemand, ce qui m'a valu six ans d'exil. Je suis divorcée.
Parce qu'il était Allemand? demande ma femme.
Non, parce qu'il était alcoolique, ce qui est pire. Maintenant, je ne me remarierai plus. Lui a perdu son argent. Toute sa famille est ruinée. C'est une famille noble. J'étais baronne. Tout ça, titre et argent, c'est parti, et ça ne me fait rien. (René Gimpel)

Refuse d'entrer à la Galerie Paul Guillaume et à la Galerie Bernheim.
Première grande exposition personnelle à Paris, chez Paul Rosenberg, rue La-Boétie.
S'installe 19, rue de Penthièvre, dans un petit appartement, précédemment occupé par J.-E. Laboureur, et que lui décore André Groult.

A son retour d'Espagne, Marie s'est installée dans le quartier de l'Elysée. Un logis de midinette ambitieuse. Le décor du Bonhomme Jadis *de Murger, tranche de vie de bohème aux lumières de la Comédie-Française. Elle y reçoit notre ami Philippe Berthelot, ambassadeur de France, secrétaire général du Quai d'Orsay.* (André Salmon)

Se lie avec Gaston Gallimard, Jean Giraudoux, Paul Morand, Alexis Léger (Saint-John Perse), Georges Bénard, Jean Cocteau...
Première monographie sur Marie Laurencin par Roger Allard.

1922
Gaston Gallimard publie *L'éventail de Marie Laurencin*.
Brève liaison avec Alexis Léger, puis avec Philippe Berthelot, secrétaire général aux Affaires étrangères.
Rencontre Marcel Jouhandeau et Armand Loewengard , Misia Sert.
Subit une importante opération chirurgicale.

Elle nous parle beaucoup de ses amis: André Gide, Jean Giraudoux, Paul Morand qu'elle ne voit pas beaucoup. (Cité par René Gimpel)

1923
S'installe rue José-Maria-de-Heredia à Paris
Premiers succès de Marie Laurencin comme portraitiste *(Baronne Gourgaud, Coco Chanel, Mme Paul Guillaume, Lady Cunard ...).*
Serge de Diaghilev lui commande pour les Ballets Russes les maquettes du décor et des costumes du ballet de Francis Poulenc *Les Biches.* Elle y travaillera l'été, dans le Midi et à Venise. Le décor sera agrandi par le prince Schervanidzé.
Participe aux déjeuners de la princesse Bassiano, de la princesse Murat. Rencontre Paul Valéry, le Groupe des Six.

«Parfois je lis des vers, ils passent comme une chanson. Les vers de mon ami Valéry me plaisent.»
Vingt livres de la Bibliothèque rose. Elle m'apprendra tout à l'heure que ce ne sont pas là ses livres de petite fille, mais de femme, car elle avoue avec grâce que ce sont les seuls qu'elle puisse lire parce qu'elle est si bête: Giraudoux, Suarès, elle n'y comprend rien ! (René Gimpel)

1924
Représentations triomphales du ballet *Les Biches* à Monte-Carlo, puis au Théâtre des Champs-Elysées à Paris, sur une chorégraphie de Nijinska.

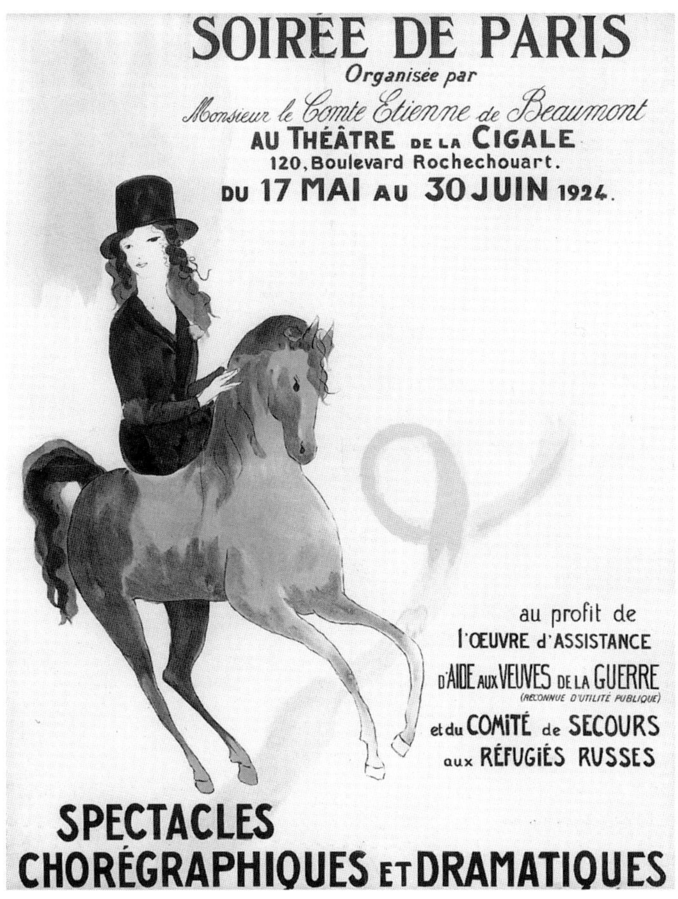

Affiche de Marie Laurencin pour Etienne de Beaumont, Paris, 1924

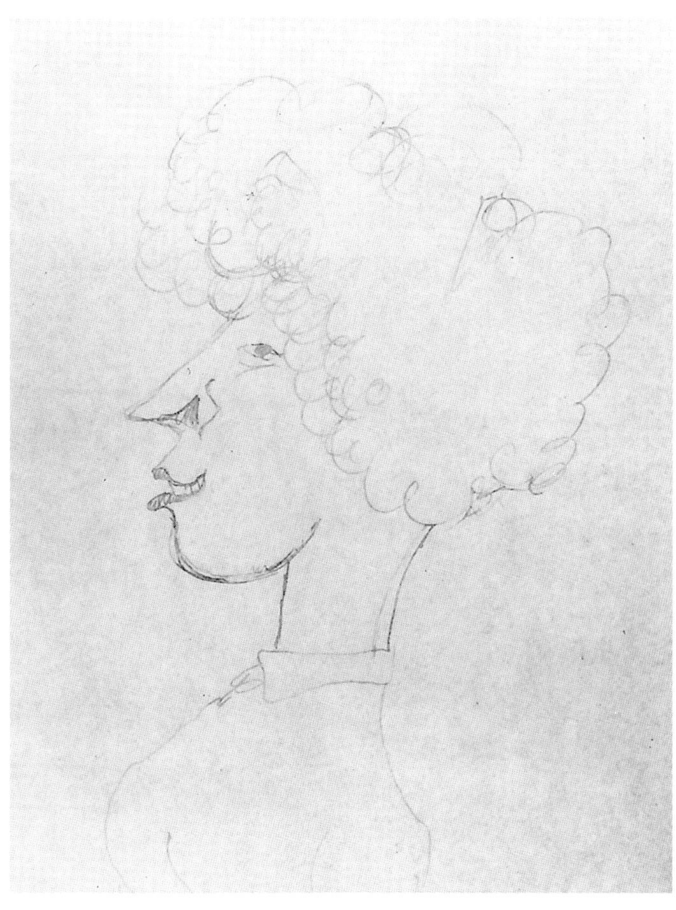
Jean Cocteau: portrait-charge de Marie Laurencin, vers 1923

Le comte Etienne de Beaumont lui commande décor et costumes pour *Les Roses*, ballet d'Henri Sauguet, présenté par les Soirées de Paris au Théâtre de la Cigale, à Paris.
Expositions à la Galerie Paul Rosenberg, à Paris, et à la Leicester Gallery, à Londres.

1925
Suzanne Moreau, très jeune, fille d'une ancienne domestique de Marie Laurencin, entre à son service.
Marie Laurencin achète une petite maison de campagne à Champrosay, proche de celle qu'occupait Eugène Delacroix, dans la forêt de Sénart, près de Paris.

La princesse Murat me demande si j'ai vu la maison que Marie Laurencin a achetée, que c'est affreux, mais que Marie est si myope qu'elle la trouve délicieuse, que d'ailleurs avec son goût elle parviendra peut-être à la rendre délicieuse. (...) Je comprends que c'est pour la fille de sa bonne qu'elle a acheté cette maison, et la princesse, comme une grande dame qui seule peut pardonner une telle faiblesse, ajoute: «Elle est délicieuse dans la vie de Marie Laurencin, l'histoire de la fille de la bonne.» (René Gimpel)

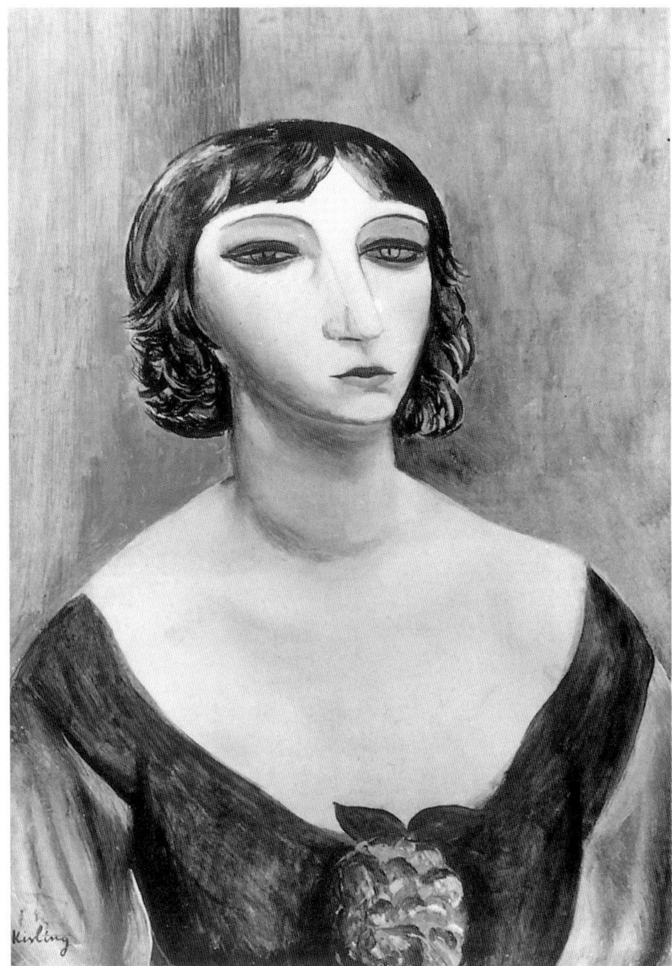

Moïse Kisling: portrait de Marie Laurencin, 55 × 38 cm, huile sur toile, vers 1925
Musée du Petit Palais, Genève

Brève liaison avec Georges Denis, journaliste sportif à *L'Intransigeant*.
Collabore avec André Groult pour la *Chambre de Madame* à l'Exposition Internationale des Arts Décoratifs.
Daniel-Henry Kahnweiler (Galerie Simon, Paris) publie *Brigitte ou La belle au bois dormant* de Marcel Jouhandeau avec quatre lithographies de Marie Laurencin.

1927
Décorations pour le restaurant Boulestin's à Londres d'après deux aquarelles de Marie Laurencin.
S'installe 116, rue de Vaugirard, à Paris.

J'aime la société des femmes parce qu'elles aiment parler et qu'on n'a pas besoin de leur répondre. Ce qu'il y a d'ennuyeux avec les hommes, c'est qu'ils veulent toujours qu'on les écoute. (René Gimpel)

1928
Marcel Jouhandeau publie une monographie sur Marie Laurencin.
Costumes et décor pour *A quoi rêvent les jeunes filles* d'Alfred de Musset à la Comédie-Française (avec les jeunes comédiennes Marie Bell et Madeleine Renaud).
Costumes pour le ballet d'Henri Sauguet commandé par Jeanne Dubost: *L'Eventail de Jeanne* (représentations privées).
Séjour en Italie avec Armand Loewengard, son chevalier servant.
Quitte le 116, rue de Vaugirard, et achète un grand appartement près du Champ-de-Mars à Paris, 1, rue Savorgnan-de-Brazza.

Elle ne comprend que les poètes et les peintres. Ou plutôt, elle ne comprend pas qu'autre chose existe. Etre marchand, elle ne comprend pas ça. C'est la dernière chose au monde. Elle les excuse en disant: «Il en faut.»
Elle aime les princes et s'en défend. Elle a déjeuné avec le roi des Belges et la reine, mais elle a été désillusionnée sur eux quand elle a appris que la Belgique était si petite. (René Gimpel)

1929-1930
Crise économique.
Exposition à la Galerie Paul Rosenberg avec Braque, Matisse, Picasso.

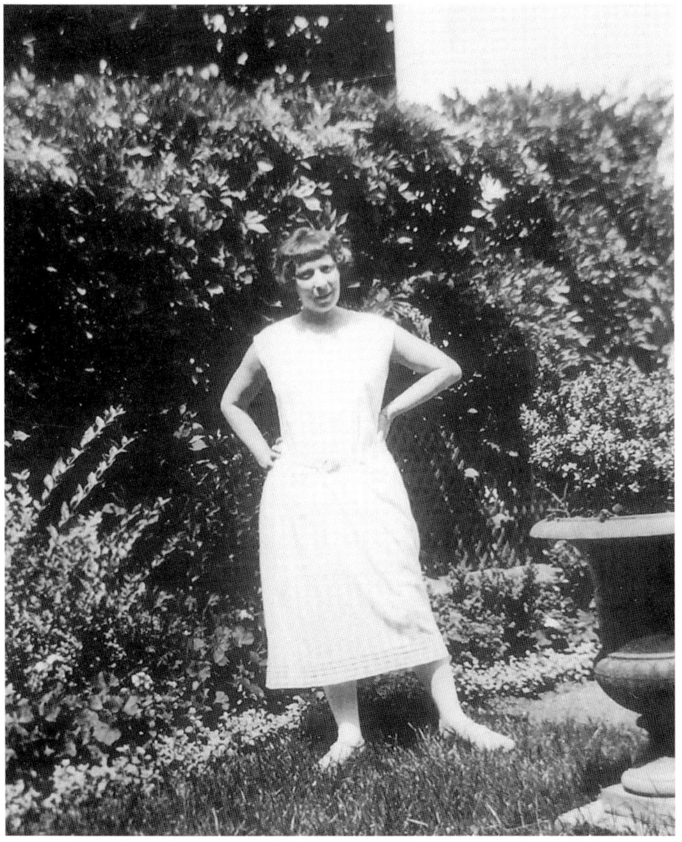

Marie Laurencin à Champrosay, vers 1928

Marie a dit à Armand (Loewengard): *«J'ai une grande nouvelle à vous annoncer: j'aime le blanc.» Sa peinture va s'en ressentir. Elle s'est déjà habillée de blanc.* (René Gimpel)

Séjourne l'été à Bagnoles-de-l'Orne (1929) et en Normandie (1930).

L'écrivain Albert Flament a invité quatre femmes à déjeuner pour demain, quatre reines: celle de la peinture, Marie Laurencin; celle des lettres: Colette; celle du théâtre, Valentine Tessier; celle de la couture: Chanel. Quatre femmes qui ne déjeunent jamais en ville. Mais Colette a dit «Je viens pour Marie Laurencin»; Marie Laurencin a dit «Je viens pour Colette»; Tessier et Chanel ont dit chacune: «Je viens pour les trois.» (René Gimpel)

1931
Exposition Durand Ruel Galleries à New York.

1932-1935
Marie Laurencin enseigne à l'Académie du XVIe, Villa Malakoff, 30, avenue Malakoff, fondée par Jean-Emile Laboureur, où enseigne également la femme peintre Mlle Philippe de Villeneuve.

J'ouvre cet atelier avec Mlle de Villeneuve-Esclapon – vous savez les Bonaparte, la princesse Marie de Grâce, Philippe de Bourbon – heureusement, je connais le lignage – qui est un professeur remarquable, et Jean Laboureur qui, outre son talent, pourra conduire plus d'une élève vers l'art susceptible de la gravure.
Toutes les reines de France ont peint: Marie Leczinska, Marie-Antoinette qui eut pour maître Redouté...
Déjà, Misia (Misia qui fut Mme Natanson, puis la femme d'Edwards, et celle de Sert, le peintre espagnol) m'a demandé d'être mon élève. Vous savez la place influente qu'elle tient auprès de Chanel. (Marie Laurencin à Robert de Naud)
Seul Anatole France eût pu décrire les cours de Marie Laurencin et expliquer comment, avec sa grâce, ses idées, sa conversation, parfois à l'autre bout de l'art, elle peut enseigner à ces jeunes filles mille fois plus que ne l'eût fait Ingres. Pas de formules, pas de métaphysique, nulle théorie, juste de l'imprévu démailloté d'entre des chiffons. (René Gimpel)

Exécute quelques rares portraits d'homme: (Somerset Maugham, Albert Flament, Edward Wassermann (cat. n° 58)...

Les écrivains l'adorent. Elle dînait l'autre jour chez Giraudoux avec pas mal d'auteurs, Gallimard, Valentine Tessier... L'écrivain irlandais Joyce vient chez elle. (Cité par René Gimpel)

Rencontre Rose Adler chez René Gimpel (1934).
Exposition de tableaux de fleurs à la Mayor Gallery de Londres (cadres de Rose Adler, préface de Somerset Maugham).

Elle adore l'artificiel. Elle aime même les fleurs artificielles. Elle ne peut souffrir les plantes parfumées. C'est pourquoi je lui ai envoyé une demi-douzaine de plantes vertes. Elle y verra une forêt, des décors, et mille autres choses que nous ne pouvons imaginer. D'ailleurs, quand elle peint des fleurs, elle ne peint qu'une fleur et, en la répétant vingt fois, en fait un bouquet. (René Gimpel)

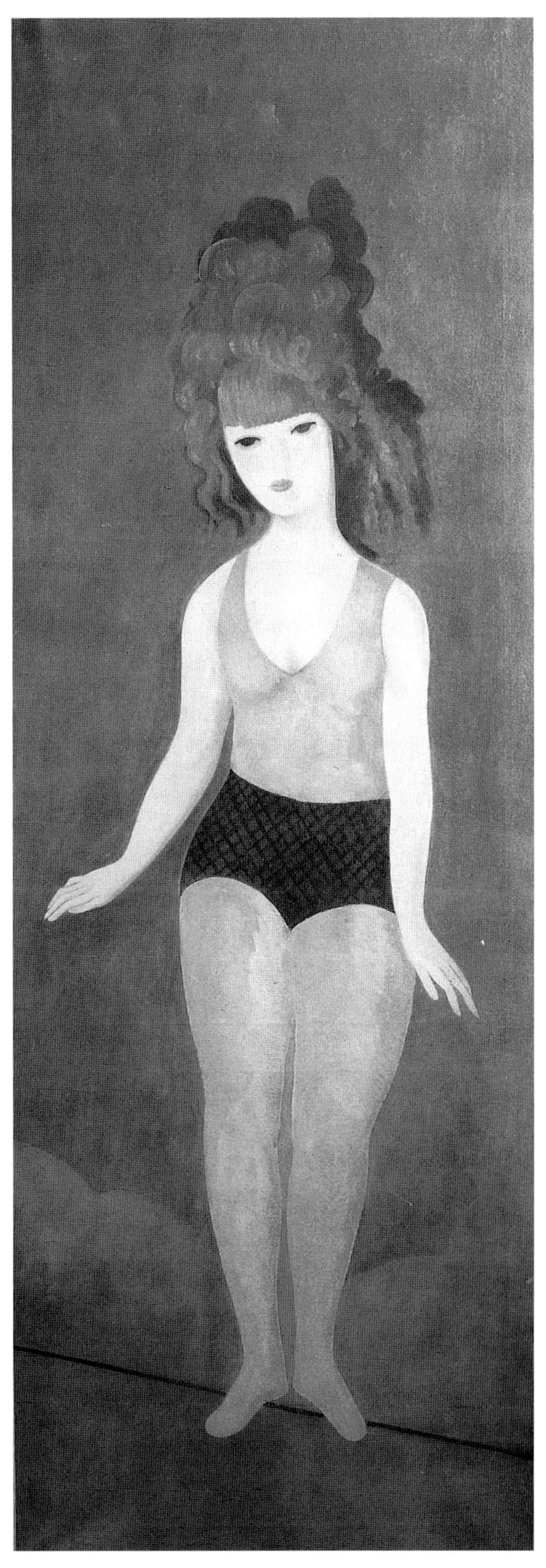

Huile sur toile: La Funambule, *209 × 74 cm, vers 1926. Peinture exécutée d'après une maquette de Marie Laurencin pour la décoration du restaurant Boulestin's, Londres. 1926. Coll. Musée du Petit Palais, Genève.*

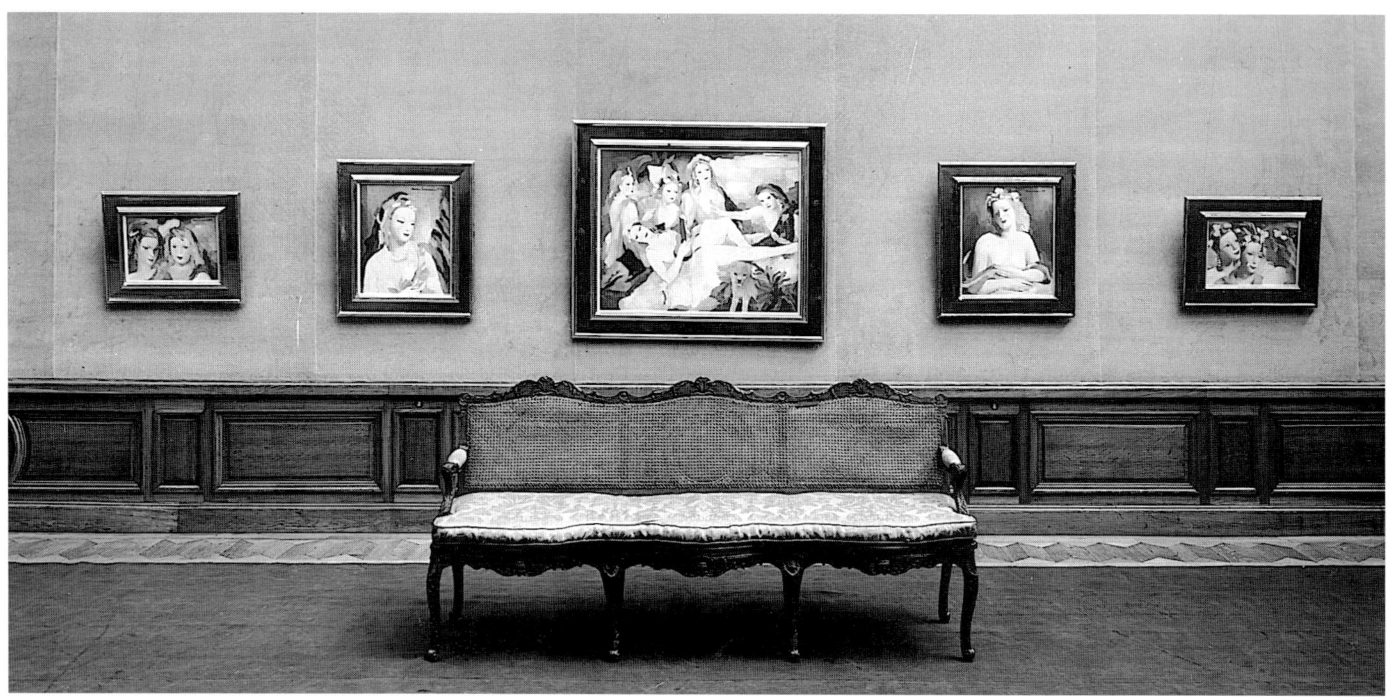

Exposition Marie Laurencin à la Galerie Paul Rosenberg, Paris, 1936

1936
Exposition: *Œuvres de 1929 à 1936*, Galerie Paul Rosenberg, à Paris.

Il y avait toujours un fond de rose qui devait paraître très commun aux personnes distinguées et m'enchantait.
Ce rose n'a pas été perdu.
Au revoir 1900, je t'embrasse pour ce rose
(Cité par Georges Pillement)

Expositions Agnews Gallery et Tooth Gallery, Londres

1937
Participe à la grande exposition des *Maîtres de l'art indépendant*, au Musée du Petit Palais, lors de l'exposition internationale de 1937, avec 16 œuvres.
Marie Laurencin est nommée chevalier de la Légion d'Honneur.
L'Etat français acquiert *La répétition* (Musée national d'Art moderne, Paris) et lui commande une gravure, *Les Fêtes de la danse*, pour la Chalcographie du Louvre.
Quitte sa maison de campagne de Champrosay (qu'elle vendra en 1938).
Expositions chez Rosenberg & Helft Gallery, Londres, Pierre Matisse Gallery, New York, Paul Rosenberg Gallery, New York, Findlay Gallery, New York.

Marie a encore, dans son art, des sursauts. Elle a un nouveau modèle et Marie inspirée vient de faire quelques toiles où on retrouve le talent qu'elle avait encore il y a quelques années. (René Gimpel)

1939
Déclaration de guerre pendant qu'elle séjourne à Bagnoles-de-l'Orne; retourne à la mi-septembre à Paris, accompagnée de Suzanne Moreau:

Une novice, accompagnée d'une nonne plus âgée. (André Salmon)

1940-1941
Séjourne près de Nantes, à Moustiers-en-Retz, au couvent des sœurs de Saint-Vincent-de-Paul. Rentre à Paris en août, après l'armistice.
Petits paysages et portraits d'amis (écrivains).
Costumes pour le ballet *Un jour d'été* à l'Opéra-Comique, Paris (avec Jean Babilée).

1942
Première publication de ses souvenirs, *Le carnet des nuits*.
Exposition Leicester Gallery, Londres.
Mort de son ancien mari, Otto von Wätjen, en Allemagne.

1944
Mort d'Armand Loewengard à New York.
L'appartement de la rue Savorgnan-de-Brazza, trop grand pour n'être occupé que par deux femmes, est réquisitionné par les autorités. Marie Laurencin s'installe dans un petit pavillon mis à sa disposition par le comte et la comtesse Etienne de Beaumont, attenant à leur hôtel particulier, 11, rue Masseran.

Cette petite maison est une demeure de poète (...). Elle est charmante, comme une maison de poupée, toute en escaliers et en recoins. Elle donne sur une cour où il y a des arbres. Marie, à la fois lasse et soulagée, entreprend son déménagement. Toujours aussi révoltée par la façon dont elle a été traitée, elle s'accommodera très bien du petit pavillon. (Flora Groult)

Sa chambre est verte.

Des glaces. Le portrait de sa mère. Une petite guitare donnée par la mère de Guillaume.

Une mappemonde à la tête de son lit.

«Je n'aime que la géographie et les livres. J'aime savoir où je suis.»

(Henri Calet)

Loue un atelier, 15, rue Vaneau, à proximité.

O l'atelier, avec ses marronniers en frondaison – sur les jardins de l'Hôtel Matignon – *son ciel, ses meubles laids, quel repos.* (Cité par Flora Groult)

Exposition d'œuvres sur papier, Galerie Clovis Sagot, Paris.

ASSOCIATION POUR LA DIFFUSION DES ARTS GRAPHIQUES ET PLASTIQUES
POUR LA DÉFENSE DES INTÉRÊTS ARTISTIQUES ET LA PERCEPTION DES DROITS
association déclarée, régie par la loi du 1er juillet 1901
9 ET 11 RUE BERRYER, PARIS VIIIe - WAG. 03-87

21 Septembre 1964

J'atteste que Mademoiselle Suzanne MOREAU-LAURENCIN est adhérente de notre Association depuis le 16 octobre 1956 en qualité de fille adoptive de Marie LAURENCIN, et qu'elle touche à ce titre des droits d'auteur. Il lui appartient ainsi que l'Association qu'elle représente de défendre le droit moral de l'Artiste pré-citée.

LA SECRETAIRE ADMINISTRATIVE

A. D. A. G. P.
ASSOCIATION POUR LA DIFFUSION DES ARTS GRAPHIQUES ET PLASTIQUES
POUR LA DÉFENSE DES INTÉRÊTS ARTISTIQUES ET LA PERCEPTION DES DROITS
association déclarée, régie par la loi du 1er juillet 1901
9 et 11, RUE BERRYER, PARIS VIIIe - WAG. 03-87

CARTE DE MEMBRE ACTIF

Nom : MOREAU-LAURENCIN
Prénom : Suzanne
~~*Profession :*~~ en qualité d'héritière de Marie LAURENCIN
Adresse : 1, rue Savorgnan de Brazza

Le Président, Le Titulaire,

1945
Décor et costumes pour *Le déjeuner sur l'herbe*, créé sur une musique de Joseph Lanner par les Ballets des Champs-Elysées de Roland Petit, avec Jeanine Charrat.
Marie Laurencin se tourne de plus en plus vers la religion.

1946
Exposition chez Paul Rosenberg & Co., New York.
Commande du décor pour le ballet *La Belle au bois dormant*, créé par les Ballets de Monte-Carlo

1947
Bref séjour chez les bénédictines de l'Abbaye de Limon en Seine-et-Oise.

1948
Bref séjour au couvent des sœurs de Saint-Vincent-de-Paul à Moustiers-en-Retz

1949
Exposition *Trente portraits d'amis*, Librairie Paul Morihien, Paris (Paul Eluard, André Salmon, Jacques de Lacretelle, Jean Cocteau, Dr Lemasle, Marcel Herrand, Etienne de Beaumont, Jean Paulhan, Marcel Jouhandeau, Léon-Paul Fargue, Marcel Arland...).

Avec Berthe Morisot, Marie Laurencin est une preuve de cette marge exquise où se meuvent les femmes, autour du travail des hommes. Tandis que Matisse, Picasso, Braque, Apollinaire, Max Jacob, créaient un monde, Marie les accompagnait et mettait en liberté une foule de jeunes filles qui relèvent des Demoiselles d'Avignon de Picasso et des Petites Filles Modèles de Mme de Ségur-Rostopchine.
Ces jeunes filles aux visages triangulaires de plâtre et de clair de lune, tenant des éventails pareils aux jalousies, regardant, d'un grand œil noir, s'ébattre et se câbrer chiens qui pourraient être biches ou licornes ou n'importe quel animal de la fable... (Jean Cocteau)

1951
Long procès pour pouvoir regagner son appartement rue Savorgnan-de-Brazza.
Costumes pour le ballet *Dominique et Dominique*, argument de Jean Davray, par la Compagnie des Champs-Elysées.

Marie Laurencin, c'est une dame! (Henri Matisse à Paul Morand)

1952
Séjour à Saint-Benoît-sur-Loire. Rencontre Mère Geneviève Gallois, peintre.
Signe un contrat avec Paul Pétridès à Paris pour deux ans.
Expositions *Marie Laurencin: Œuvres de jeunesse*, Galerie André Weil, Paris, et *Marie Laurencin, Œuvres récentes*, Galerie Paul Pétridès, Paris.

1953
Exposition Galerie Georges Moos, Genève.

1954
Marie Laurencin adopte officiellement Suzanne Moreau devant le Tribunal de la Seine, le 2 juin.

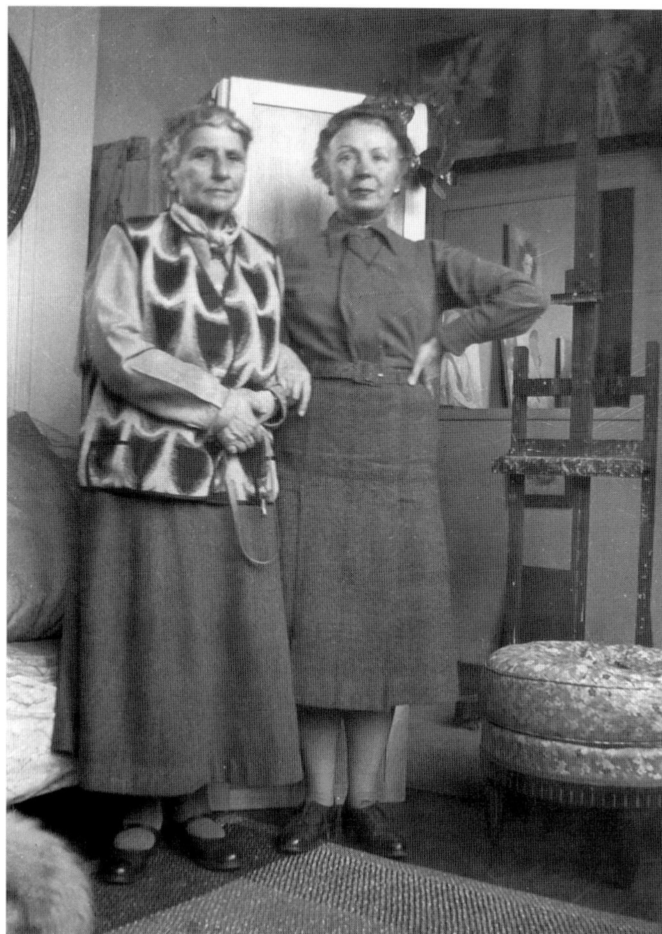

Gertrude Stein et Marie Laurencin dans l'atelier, vers 1950

1955
Marie Laurencin retrouve, après onze ans et un interminable procès qu'elle a enfin gagné, son appartement de la rue Savorgnan-de-Brazza et quitte la rue Masseran.

1956
Marie Laurencin meurt d'une crise cardiaque dans son appartement à Paris dans la nuit du 8 juin. Après une cérémonie religieuse à l'église Saint-Pierre-du-Gros-Caillou, elle est inhumée au cimetière du Père-Lachaise, selon son vœu, vêtue de blanc, une rose à la main, les lettres de Guillaume Apollinaire sur son cœur.

Jean Denoël me conta qu'un jour Marie Laurencin lui avait montré une grande boîte en carton sur laquelle étaient écrits ces mots «Musique pour Marie». Elle l'ouvrit et à son étonnement Jean ne vit que des billets de banque: «C'est, lui confia Marie, l'argent que je mets de côté pour payer mon enterrement. Je veux que l'on me chante, ce jour-là, un Dies Irae *de première classe.»*

Quand il nous arrivait à Marie et à moi de songer aux fins dernières: «Pour moi, Marcel, me disait-elle, je n'ai pas eu le temps de penser beaucoup à l'autre monde. Le moment venu de quitter celui-ci, je m'en rapporterai et m'en remettrai de tout à la Tradition.» C'est ce qu'elle a fait avec sagesse et dignité. (Marcel Jouhandeau, *Arts-Spectacles*, 13 juin 1956)

Sa bibliothèque (environ 5000 volumes) est vendue à l'Hôtel Drouot à Paris au profit de l'Œuvre des Sœurs de Villepinte.
On y retrouve les ouvrages de ses amis écrivains français, une abondante section de littérature étrangère, et – comme elle s'en était toujours inspirée – de très nombreux livres illustrés du XIXe siècle – sources de loisirs autant que d'inspiration: tous les albums de Kate Greenaway, des keepsakes français et anglais, des albums illustrés pour enfants de l'époque romantique et du Second Empire, sans oublier *Le Magasin des demoiselles*, *Le Journal des Femmes*, *Le journal des jeunes personnes*, *Le Moniteur de la mode*, *Le Royal Lady's magazine*, des albums de costumes, etc.

Va t'en va t'en mon arc-en-ciel
Allez-vous-en couleurs charmantes
Cet exil t'est essentiel
Infante aux écharpes changeantes
(Guillaume Apollinaire, *Calligrammes*)

Nouvelle édition du *Carnet des nuits* à Genève (Cailler éd.).
Exposition commémorative, chez Paul Rosenberg & Co., New York

1957
Rétrospective à la Kunsthalle de Düsseldorf.

1976
Décès de Suzanne Moreau-Laurencin, le 13 décembre à Paris dans l'appartement de la rue Savorgnan-de-Brazza

1979-1980
La succession Suzanne Moreau-Laurencin est vendue à l'Hôtel Drouot, Etude Ader–Picard–Tajan, (quatre ventes) au profit de l'Association des Orphelins Apprentis d'Auteuil.

1983
A l'occasion du centenaire de la naissance de l'artiste, inauguration du Musée Marie Laurencin, fondé par M. Masahiro Takano, à Tateshina-Chino, province de Nagano-Ken, Japon.

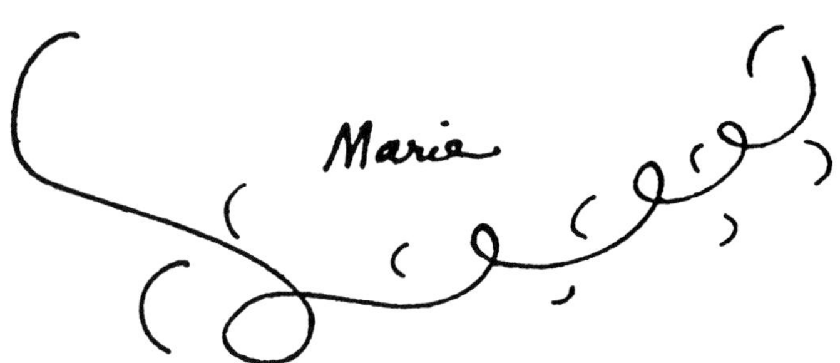

Bibliographie

Ouvrages consacrés à Marie Laurencin

Roger Allard, *Marie Laurencin*, Collection «Les peintres français nouveaux», n° 9, N.R.F. éd., Paris, 1921

H. von Wedderkop, *Marie Laurencin*, Klinkhardt & Bierman éd., Collection «Junge Kunst» n° 22, Leipzig, 1921

Tai Kanbara, *Marie Laurencin*, Atorie-sha éd., Tokyo, 1927

Marcel Jouhandeau, *Marie Laurencin*, éd. des Quatre Chemins, Paris, 1928

George-Day, *Marie Laurencin*, éd. du Dauphin, Paris, 1947

François Mathey, *Six Femmes Peintres: Berthe Morisot, Eva Gonzalès, Séraphine Louis, Suzanne Valadon, Maria Blanchard, Marie Laurencin*, Editions du Chêne, Paris, 1951

George-Day, *Marie Laurencin*, Collection «Médecine & Peinture», n° 65, Laboratoires Chantereau-Innothéra éd., Paris, juin 1952

Daniel Marchesseau, *Marie Laurencin illustrateur,* suivi du *Catalogue des livres illustrés*, Bulletin du Bibliophile, Paris, 1971, vol. III

Charlotte Gere, *Marie Laurencin*, Academy Editions, Londres – Flammarion éd., Paris – Rizzoli éd., New York, 1977

Tatuo Oshima, *Le carnet des nuits*, Roko-Shuppan éd., Tokyo, 1977

Daniel Marchesseau, *Marie Laurencin*, avec une introduction de Yoshio Abe, Kyuryudo éd., Tokyo, 1980, édition bilingue

Josette Vessat-Grunspan, *L'art de Marie Laurencin avant 1914*, Université de Paris IV, octobre 1980 (mémoire de maîtrise dactylographié)

Charlotte Gere, *Marie Laurencin*, Nobel éd., Tokyo, 1980

Daniel Marchesseau, *Marie Laurencin*, Hazan éd., Paris, 1981

Daniel Marchesseau, *Catalogue Raisonné de l'Œuvre Gravé de Marie Laurencin*, avec une postface de Yoshio Abe, Kyuryudo éd., Tokyo, 1981(notices bilingues)

Musée Marie Laurencin, *Catalogue des collections* (1re édition) avec un essai de Tetsuko Kuroyanagi, Tokyo, 1983

Haruki Yaegashi, *Marie Laurencin*, Collection «Art Gallery», Shuei-sha éd., Tokyo, 1985

Motoo Ando, *Eventail de Marie Laurencin*, Shuei-sha éd., Tokyo, 1985

Daniel Marchesseau, *Catalogue Raisonné de l'Œuvre Peint de Marie Laurencin*, Musée Marie Laurencin éd., Japon, 1986

Musée Marie Laurencin, *Catalogue des collections* (2e édition) avec deux essais de Yoshio Abe et de Shinichiro Nakamura, Tokyo, 1986

Flora Groult, *Marie Laurencin*, Mercure de France éd., Paris, 1987

José Pierre, *Marie Laurencin*, Somogy éd., Paris, 1988. Ouvrage réédité la même année par France-Loisirs, Paris

Flora Groult, *Marie Laurencin*, avec une introduction de Yoko Kudo, Shincho-sha éd., Tokyo, 1989

Douglas K. S. Hyland & Heather Mc Pherson, *Marie Laurencin: Artist and Muse*, Birmingham Museum of Art, Birmingham (Alabama), 1989

Musée Marie Laurencin, *Catalogue des collections* (3e édition) avec deux essais de Shinichiro Nakamura et Misako Honda, Tokyo, 1990

José Pierre, *Marie Laurencin*, avec une introduction de Yoshio Abe, Bijyutsukoron-sha éd., Tokyo, 1991

Senji Kuroi, *Marie Laurencin, Dialogue avec un autoportrait*, Bungeishunjyu éd., Tokyo, 1992

Shigeru Tuji, *Laurencin et Modigliani*, Hakugado-shuppan éd., Tokyo, 1992

Daniel Marchesseau, *Cent œuvres des collections du Musée Marie Laurencin*, Fondation Pierre Gianadda éd., Suisse, 1993

Sélection d'ouvrages généraux traitant de Marie Laurencin

Guillaume Apollinaire, *Les peintres cubistes – Méditations esthétiques*, Figuière éd., Paris, 1913

Gustave Coquiot, *Cubistes, futuristes, passéistes*, Paris, 1914

André Salmon, *L'art vivant*, Crès éd., Paris, 1920

Wilhem Uhde, *Die Freude, Blätter einer neuen Gesinnung*, Burg Lauenstein ober Francken, 1920

L'Eventail de Marie Laurencin, poésies de Roger Allard, André Breton, Francis Carco, André Salmon, Jean Cocteau... éd. de la N.R.F., Paris, 1922 (cf. cat. livres illustrés, p. 209)

Emil Szittya, Malerschicksale. *Die Spielereien der Marie Laurencin*, Johannes Asmus Verlag, Hambourg, 1925

Marianna, pensées, remarques et réflexions de Marie Laurencin, recueillies et préfacées par Albert Flament, La Typographie éd., Paris, 1932

Fernande Olivier, *Picasso et ses amis*, Stock éd., Paris, 1933

Gertrude Stein, *Autobiographie d'Alice B. Toklas*, Gallimard éd., Paris, 1934

Madeleine Bunoust, *Quelques femmes peintres*, Stock éd., Paris, 1935

Francis Carco, *L'ami des peintres*, éditions du Milieu du monde, Genève, 1944

Louise Faure-Favier, *Souvenirs sur Guillaume Apollinaire*, Grasset éd., Paris, 1945

André Billy, *Apollinaire*, Seghers éd., Paris, 1945

Albert Gleizes & Jean Metzinger, *Du Cubisme*, Cie des Arts Graphiques éd., 1947

Paul Léautaud, *Journal Littéraire*, Mercure de France éd., Paris (20 volumes)

Robert Mallet, *Entretiens avec Paul Léautaud*, Gallimard éd., Paris, 1951

C. de Acevedo, *Dibutade, ou La représentation picturale des formes*, Fayard éd., Paris, 1951

Michel Georges-Michel, *De Renoir à Picasso, les peintres que j'ai connus*, Fayard éd., Paris, 1954

André Salmon, *Souvenirs sans fin*, Gallimard éd., Paris, 1955-1961 (3 volumes)

Gabrielle Buffet-Picabia, *Aires abstraites*, Cailler éd., Genève, 1957

Guillaume Apollinaire, *Chroniques d'art*, textes réunis et annotés par Leroy C. Breunig, Gallimard éd., Paris, 1961 (plusieurs rééditions mises à jour depuis)

René Gimpel, *Journal d'un collectionneur marchand de tableaux*, Calmann-Lévy éd., Paris, 1963

Pierre Cabanne, *L'épopée du cubisme*, La Table Ronde éd., Paris, 1963

William H. Hulsey, *The Hulsey Collection*, Birmingham (Alabama), USA, 1964

Pierre-Marcel Adéma, *Guillaume Apollinaire*, La Table Ronde éd., Paris, 1968

Catalogue *Apollinaire*, Bibliothèque Nationale, Paris, 1969

Winthrop and Frances Neilson, *7 women – great painters*, Chilton Books éd., Philadelphie, 1969

Guillaume Apollinaire, *Œuvres complètes*, collection La Pléiade, Gallimard éd., Paris, 1971

Pierre-Marcel Adéma et Michel Décaudin, *Album Apollinaire*, collection La Pléiade, Gallimard éd., Paris, 1971

Poiret le Magnifique, catalogue, Musée Jacquemart-André, Paris, 1974

Jeanine Warnod, *Le Bateau-Lavoir*, Presses de la Connaissance éd., Paris, 1975

Jean-Paul Crespelle, *La vie quotidienne à Montmartre au temps de Picasso, 1900-1910*, Hachette éd., Paris, 1978

Francis Picabia, *Ecrits*, Pierre Belfond éd., Paris, 1978

Centenaire de Guillaume Apollinaire, Grand Palais, Paris, 1980

Claude Lepape et Thierry Defert, *Georges Lepape ou L'élégance illustrée*, Herscher éd., Paris, 1983

Maria Lluisa Borras, *Picabia*, Albin Michel éd., Paris, 1985

Michel Hoog, *Catalogue de la collection Walter-Guillaume*, Musée de l'Orangerie, Réunion des Musées Nationaux éd., Paris, 1986

Guillaume Garnier, *Paul Poiret et Nicole Groult, maîtres de la mode art déco*, Musée de la Mode et du Costume, Palais Galliéra, Paris, 1986

Alfred Flechtheim Sammler – Kunsthändler – Verleger, catalogue, Kunstmuseum, Düsseldorf, et Westfälisches Landesmuseum, Münster, 1987-1988

Catalogue *Apollinaire*, Bibliothèque historique de la Ville de Paris, 1991

Picasso – Apollinaire, *Correspondance*, édition de Pierre Caizergues et Hélène Seckel, Gallimard / Réunion des Musées Nationaux éd., Paris, 1992

Catalogue *Apollinaire*, Pavillon des Arts, Paris-Musées éd., Paris, 1993

Sélection d'articles sur Marie Laurencin

André Salmon, *Marie Laurencin*, L'art décoratif, Paris, 1913

Arthur Cravan, *Le Salon des Indépendants*, Maintenant, n° 4, Paris, mars-avril 1914

Roger Bissière, *Marie Laurencin*, L'Opinion, n° 16, Paris, 15 avril 1916

André Breton, *Madame Marie Laurencin*, Le carnet critique n° 2-3, Paris, décembre 1917 - janvier 1918

P. G. Van Hecke, *L'Œuvre de Marie Laurencin*, Sélection, n° 4, Bruxelles, 15 novembre 1920

Caryathis, *Marie Laurencin et la danse*, Catalogue de la Librairie Trémois, n° 1, Paris, mars 1922

Henri-Pierre Roché, *Marie Laurencin – Portrait plaisant,* Les cahiers d'aujourd'hui, Paris, 1922, n° 10

Paul Morand, *Accueil de Marie Laurencin*, Feuillets d'art, Lucien Vogel éd., Paris, juin-juillet 1922

Albert Flament, *Arabesques sur Marie Laurencin*, La Renaissance éd., Paris, septembre 1924

Marie Laurencin, textes choisis, Intentions, Paris, décembre 1924

Françoise X., *Chez Marie Laurencin,* L'art vivant, 1er février 1925

François Fosca, *Marie Laurencin*, Arts Décoratifs, Paris, 1925

Marie Laurencin, Vanity Fair, New York, mai 1929

Dr Fernand Vallon, *Marie Laurencin*, Paris, vers 1930

Robert de Naud, *Marie Laurencin prend des élèves*, L'Intransigeant, Paris, 18 novembre 1932

Marie Laurencin, *Mes confidences sur les portraits – Promenade dans son atelier*, Conferencia, Journal de l'Université des Annales, vol. XVII, Paris, 15 août 1934

Marie Laurencin, *Hommage à René Crevel*, Marianne, Paris, 26 juin 1935

Adrienne Monnier, *Marie Laurencin*, Le Navire d'argent, Paris, vers 1935

Marie Laurencin, *My model*, The Listener, Londres, 8 septembre 1937

Un quart d'heure avec les femmes qui font Paris, Soir Express, s.d.

Marie Laurencin, Lectures, Paris, 15 juin 1941

Marie Laurencin, Album de la mode du Figaro, Paris, vers 1945

Christine Deniau, *Un quart d'heure avec Marie Laurencin*, Revue de l'Alliance Française, décembre 1947

Kenneth Anthony, *Profile in two parts: Marie Laurencin*, Continental Daily Mail, Londres, juin 1949

Dominique Fabre, *Entretien avec Marie Laurencin*, Le Journal de Genève, 1950

Marie Laurencin, *Thoughts of a famous woman painter*, Continental Daily Mail, Londres, 30 mars 1950

Marie Laurencin et ses amis, entretien avec André Parinaud, André Salomon, André Billy, Marcel Arland, Jean Denoël, Opéra, Paris, vers 1952

Marie Laurencin, *Le génie de l'homme m'intimide*, Arts, Paris, 24 fuillet 1952

Diablo Conjuelo, *Marie Laurencin*, El Nacional, Caracas, mars 1954

Maurice Tillier, *Marie Laurencin expose...*, Paris-Jour, 3 juillet 1952

Anita, *Besuch bei Marie Laurencin*, article allemand, vers 1952

Pierre Imbourg, *Marie Laurencin*, Journal de l'Amateur d'Art, Paris, 10 mai 1955

Henri Calet, *Notes inédites pour un portrait de Marie Laurencin,* Le Figaro Littéraire, Paris, 13 juillet 1955

Gérard Bauer, *Marie Laurencin est morte hier*, Le Figaro, Paris, 9 juin 1956

Marcel Jouhandeau, *Musique pour Marie Laurencin*, Arts Spectacles n° 572, Paris, 13 juin 1956

Marcel Arland, *Marie Laurencin*, La Gazette Littéraire de Lausanne, 4-5 août 1956

Madge Garland, *The world of Marie Laurencin*, The Saturday Book, n° 23, Londres, 1963

Marcel Jouhandeau, *En hommage à Marie*, Bulletin du Bibliophile, vol III, Librairie Giraud Badin éd., Paris, 1971

Daniel Marchesseau, *Marie Laurencin illustrateur* suivi du *Catalogue des livres illustrés par Marie Laurencin*, Bulletin du Bibliophile, vol III, pp. 248-273, Librairie Giraud Badin éd., Paris, 1971

Renée Sandell, *Marie Laurencin: cubist muse or more?*, Woman's Art Journal, vol. 1, n° 1, USA, 1980

Eberhard Leube, *Apollinaire, Marie Laurencin und der Baron von Münchhausen*, Bonner Universitätsblatter, Bonn, 1980

Albert Henry, *Sur la Chanson liminaire d'Anabase*, Cahiers Saint-John Perse, n° 7, Université d'Aix-en-Provence, printemps 1984

Solange Thierry, *Le Musée Marie Laurencin*, L'Œil, Paris, janvier 1987

Julia Fagan-King, *United on the threshhold of the 20th century mystical ideas: Marie Laurencin's integral involvement with Guillaume Apollinaire and the inmates of the Bateau Lavoir*, Art History, vol. 11, n° 1, mars 1988

Musées et collections publiques internationales

Allemagne:
Saarland Museum, Sarrebruck
Staatsgalerie, Stuttgart

Australie:
The Art Gallery of South Australia, Adelaïde

Belgique:
Musées Royaux des Beaux-Arts de Belgique, Bruxelles
Musée du Parc de la Boverie, Liège

Canada:
University of New Brunswick, Fredericton (New Brunswick)
Art Gallery of Ontario, Toronto (Ontario)

Etats-Unis:
Baltimore Museum of Art, Baltimore (Maryland)
Birmingham Museum of Art, Birmingham (Alabama)
Indiana University Art Museum, Bloomington (Indiana)
Museum of Fine Arts, Boston (Massachusetts)
Cincinnati Art Museum, Cincinnati (Ohio)
Dallas Museum of Art, Dallas (Texas)
Denver Art Museum, Denver (Colorado)
Detroit Institute of Art, Detroit (Ohio)
University of Iowa Museum of Art, Iowa City (Iowa)
William Rockhill Nelson Gallery of Art & Mary Atkins Museum of Fine Arts, Kansas City (Missouri)
Los Angeles County Museum of Art, Los Angeles (Californie)
Barnes Foundation, Merion (Pennsylvanie)
Yale University Art Gallery, New Haven (Connecticut)
Helena Rubinstein Foundation, New York
The Museum of Modern Art, New York
Vassar College Art Gallery, Poughkeepsie (New York)
Philadelphia Museum of Art, Philadelphie (Pennsylvanie)
Museum of Art, Carnegie Institute, Pittsburgh (Pennsylvanie)
Museum of Art, Rhode Island School of Design, Providence (Rhode Island)
Washington University Gallery of Art, Saint Louis (Missouri)
Marion Koogler Mc Nay Art Institute, San Antonio (Texas)
Museum of Fine Arts, Springfield (Massachusetts)
Haggin Museum, Stockton (Californie)
Toledo Museum of Art, Toledo (Ohio)
National Gallery of Art, Washington (D.C.)
Colby College Museum of Art, Waterville (Maine)
Norton Gallery & School of Art, West Palm Beach (Floride)

Finlande:
Sara Hilden Art Museum, Tampere

France:
Musée Calvet, Avignon
Musée des Beaux-Arts, Bordeaux
Musée Victor Charreton, Bourgoin-Jallieu
Château-Musée, Cagnes-sur-Mer
Musée de Peinture et de Sculpture, Grenoble
Musée des Beaux-Arts, Lille
Musée des Beaux-Arts, Nantes
Musée des Beaux-Arts Jules Chéret, Nice
Musée des Beaux-Arts, Orléans
Musée d'Art Moderne de la Ville de Paris
Musée National d'Art Moderne, Centre Georges Pompidou, Paris
Musée de l'Orangerie, Donation Walter-Guillaume, Paris
Musée Picasso, Paris
Musée d'Art Moderne, Strasbourg
Musée des Beaux-Arts, Tours

Grande-Bretagne:
Aberdeen Art Gallery & Museums, Aberdeen
Tate Gallery, Londres
Ashmolean Museum, Oxford

Israël:
Tel Aviv University & Museum

Japon:
Musée Marie Laurencin, Tateshina, Chino (Nagano-Ken)
The Museum of Fine Arts, Gifu
Hiroshima Museum of Art, Hiroshima
Kasama Nichido Museum of Art, Ibaragi
Nagashima Museum, Kagoshima
Kawamura Memorial Museum of Art
Ishibashi Museum of Art, Kurume
Nagoya City Art Museum, Nagoya
Otani Memorial Art Museum, Nishinomiya
Hokkaido Museum of Modern Art, Sapporo

Gunma Prefectural Museum of Modern Art, Takasaki
Bridgestone Museum of Art, Ishibashi Foundation, Tokyo
Fuji Art Museum, Tokyo
Matsuoka Museum of Art, Tokyo
Morauchi Art Museum, Tokyo
New Otani Art Museum, Tokyo
Yamagata Museum of Art, Yamagata-Ken

Pays-Bas:
Rijksmuseum Kröller-Müller, Otterlo

Suède:
Moderna Museet, Stockholm

Suisse:
Musée des Beaux-Arts, Bâle
Musée du Petit Palais, Genève

Tchécoslovaquie:
Narodni Galerie, Prague

Fédération de Russie:
Musée de l'Ermitage, Saint-Pétersbourg

Venezuela:
Museo de Bellas Artes, Caracas

Musée Marie Laurencin, Tateshina – vue d'une des salles

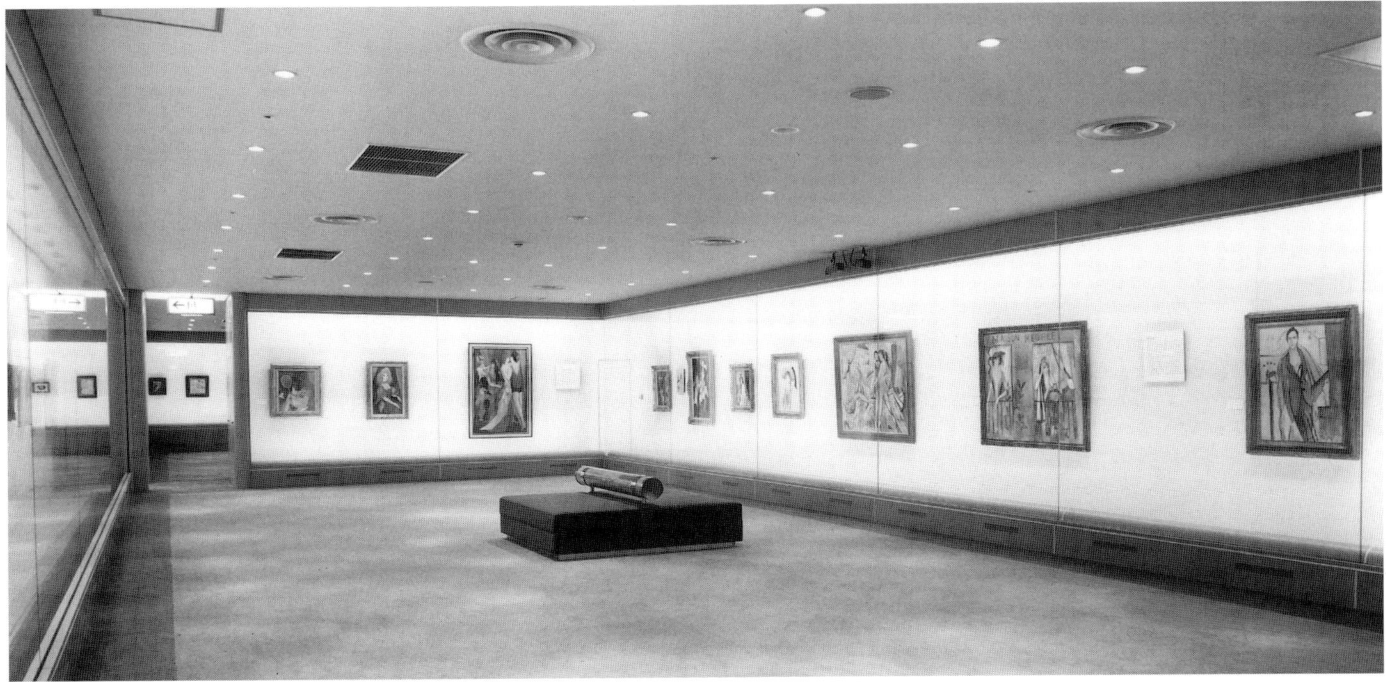

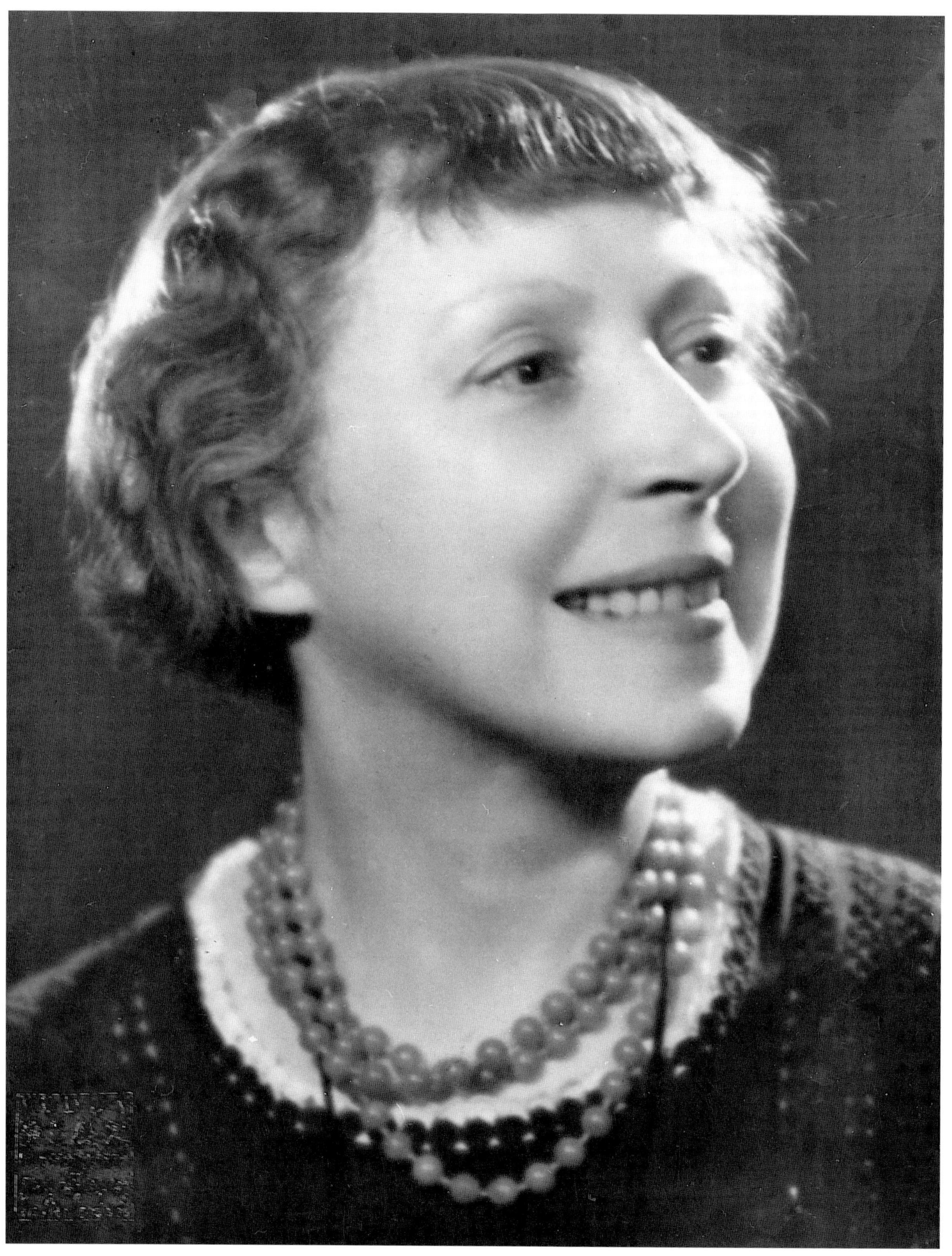

Vers 1925

Expositions personnelles

1912
Marie Laurencin – Robert Delaunay, Galerie Barbazanges, Paris, catalogue, préface de Fernand Fleuret

1917
Marie Laurencin, Modern Art Gallery, New York

1921
Marie Laurencin, Galerie Paul Rosenberg, Paris, catalogue

1924
Marie Laurencin, Galerie Paul Rosenberg, Paris
Marie Laurencin, The Leicester Gallery, Londres, catalogue, préface de R.-H. Wilenski

1925
Marie Laurencin et Hermine David, Librairie Trémois, Paris
Marie Laurencin et Renée Sintenis, Galerie Flechtheim, Düsseldorf, catalogue, préface de R.-H. Ruppel

1931
Marie Laurencin, Durand-Ruel Gallery, New York, catalogue

1934
Marie Laurencin Flower paintings, The Mayor Gallery, Londres, catalogue, préface de Somerset Maugham

1936
Marie Laurencin, Agnews Gallery, Londres
Marie Laurencin, Tooth Gallery, Londres
Marie Laurencin, Œuvres de 1929 à 1936, Galerie Paul Rosenberg, Paris, catalogue

1937
Marie Laurencin, Rosenberg & Helft Gallery, Londres, catalogue
Marie Laurencin, Pierre Matisse Gallery, New York, catalogue
Marie Laurencin, Paul Rosenberg Gallery, New York, catalogue

1943
Marie Laurencin, The Leicester Gallery, Londres

1944
Marie Laurencin, Aquarelles et dessins, Galerie Clovis Sagot, Paris, préface d'André Salmon

1947
Marie Laurencin, Peintures et aquarelles, Paul Rosenberg & Co., New York, catalogue
Marie Laurencin, Paintings, Gimpel Fils Gallery, Londres, catalogue

INVITATION

LES
PEINTRES

R. DELAUNAY
MARIE LAURENCIN
PARIS

EXPOSITION
du Mercredi 28 Février au Mercredi 13 Mars 1912

Galerie **BARBAZANGES**
N° 109, Faubourg St.-Honoré

Première exposition personnelle de Marie Laurencin, Galerie Barbazanges, Paris (Couverture du catalogue)

1948
Marie Laurencin, Quinze œuvres de différentes périodes, Galerie du Vert Galant – H.L. Tronche, Paris

1949
Trente portraits d'amis par Marie Laurencin, Librairie Paul Morihien, Paris, préface de Jean Paulhan

GALERIE GEORGES MOOS

12, RUE DIDAY GENÈVE

EXPOSITION

MARIE

LAURENCIN

SOUS LE GRACIEUX PATRONAGE
DE MONSIEUR XAVIER DE GAULLE
CONSUL GÉNÉRAL DE FRANCE

DU 29 MAI AU 30 JUIN 1953, DE 9 A 12 ET DE 14 A 18 H. 30. L'EXPOSITION SERA VISIBLE LE DIMANCHE 31 MAI, DE 10 H. 30 A 12 H. 30

1950

Poèmes de Sapho, Librairie P. A. Nicaise, Paris

1952

Marie Laurencin, Œuvres de jeunesse, Galerie André Weil, Paris, préface d'Henri-Pierre Roché

Marie Laurencin, Œuvres récentes, Galerie Paul Pétridès

1953

Marie Laurencin, Galerie Georges Moos, Genève

1956

In Memoriam Marie Laurencin, 41e exposition de la Société des Peintres Graveurs Français, Bibliothèque Nationale, Paris

Peintures par Marie Laurencin, Paul Rosenberg & Co., New York, catalogue, préface de Paul Rosenberg

1956-1957

Marie Laurencin, rétrospective, Kunstverein für die Rheinlande und Westfalen, Kunsthalle, Düsseldorf, catalogue

1962

Marie Laurencin, Galerie 65, Cannes, préface d'Henri-Pierre Roché

1963

Marie Laurencin, Peintures – Aquarelles, Galerie M. Bénézit, Paris, préface de Claude Roger-Marx

1966

Marie Laurencin, The Pomeroy Gallery, catalogue

1967

Marie Laurencin, Union des Femmes peintres, sculpteurs, graveurs, décorateurs, Musée d'Art moderne de la Ville de Paris, catalogue, préface de Georges Pillement

1968

Marie Laurencin, Dessins 1905-1912, Galerie 3 + 3, Paris, préface d'Henri-Pierre Roché

1969

Marie Laurencin, Seibu Gallery, Shibuya, Tokyo, catalogue

1971

Marie Laurencin, exposition itinérante organisée par le Yomiuri Shimbun, Tokyo: Isetan, Tokyo; Musée municipal, Kyoto, catalogue

Marie Laurencin, Œuvres de jeunesse, Esther Robles Gallery, Los Angeles

1978

Marie Laurencin, Isetan, Tokyo, catalogue de Daniel Marchesseau, préface de Jacques Lassaigne

1979-1980

Marie Laurencin, exposition itinérante organisée par le Yomiuri Shimbun: Takashimaya, Nihonbashi-Tokyo; Izutsuya, Fukuoka; Meitetsu, Nagoya; Takashimaya Tamagawa-Tokyo; Galerie municipale, Sendaï; Hokkaido Museum of Modern Art, Sapporo; Nagasaki; Takashimaya, Kyoto; catalogue, préfaces de Daniel Marchesseau et Jean-Louis Picard

1980

Marie Laurencin, Dessins, Galerie Vendôme, Paris

Marie Laurencin, Œuvres diverses, Galerie Le Bateau-Lavoir, Paris

1981

Marie Laurencin, Galerie F., Cologne

1982

Marie Laurencin, exposition «du centenaire» itinérante organisée par le Tokyo Shimbun: Tokyu, Tokyo; Ehime Prefectural Art Museum, Ehime; Hiroshima Museum of Modern Art; Hanshin (Umeda), Osaka; Seibu-Asahikawa, Hokkaido; Toyohashi City Art Museum. Catalogue par Daniel Marchesseau

1983

Renoir – Picasso – Laurencin, Galerie Nichido, Tokyo. Catalogue

Six Femmes Peintres: Berthe Morisot, Mary Cassatt, Marie Laurencin, Eva Gonzalès, Suzanne Valadon, Nathalie Gontcharova, exposition itinérante organisée par le Asahi Shimbun. Catalogue

1984-1985

Marie Laurencin, exposition itinérante organisée par le Mainichi Shimbun: Daimaru, Osaka; salle d'exposition municipale, Aomori; Oita Prefectural Art Center; Aichi Art Gall., Nagoya; Mitsukoshi, Tokyo. Catalogue par Daniel Marchesseau

1986

Marie Laurencin, Galerie Daniel Malingue, Paris. Catalogue. Avant-propos de Flora Groult

Marie Laurencin, exposition organisée par le Mainichi Shimbun et le Musée Marie Laurencin, Kintetsu, Osaka, Japon. Catalogue

1988

Marie Laurencin, exposition itinérante organisée par le Yomiuri Shimbun, Japon: Kumamoto Prefectural Museum of Art, Kumamoto; Kitakyushu Municipal Museum of Art, Kitakyushu; Takashimaya, Kyoto. Catalogue

1989

Marie Laurencin: Artist and Muse, Birmingham Museum of Art (Alabama) et Dixon Gallery and Gardens, Memphis (Tennessee), USA. Catalogue par Douglas K. S. Hyland et Heather McPherson

Marie Laurencin, Bibliothèque Municipale Valéry Larbaud, Vichy. Catalogue par Monique Kuntz

Marie Laurencin, exposition itinérante organisée par le Chunichi Shimbun, Japon: Hamamatsu, Entetsu ; Nagoya, Matsuzakaya; Tokushima Kyodo Bunka Kaïkan. Catalogue

Marie Laurencin, exposition organisée par le Yomiuri Shimbun et KTS Kagoshima Television, Kagoshima City Museum of Art. Catalogue

1990

Marie Laurencin, exposition organisée par la Fondation de la Santé Publique des écoles de la préfecture de Hyogo, Art Hall, Kobe. Catalogue

Marie Laurencin, exposition itinérante organisée par le Mainichi Shimbun, Fuji Art Museum, Niigata Niposha, Japon: The Museum of Art, Kintetsu, Osaka; Fuji Art Museum, Shizuoka; Nagaoka Municipal Art Center, Nagaoka. Catalogue

1991

Marie Laurencin, exposition itinérante organisée par le Iwate Nipposha, Fukushima Minposha, et le Yamagata Museum of Art, Japon: The Iwate Prefectural Hall, Morioka; Koriyama Cultural Center, Koriyama; Yamagata Museum of Art, Yamagata. Catalogue

1992

Marie Laurencin, exposition itinérante organisée par le Chunichi Shimbun, Japon: Ishibashi Museum of Art, Kurume; Kariya City Museum, Kariya; Fukuyama Museum of Art, Fukuyama; Himeji City Museum of Art, Himeji. Catalogue

1993

Marie Laurencin, exposition itinérante organisée par le Yomiuri Shimbun, Japon: Ishikawa Prefectural Museum of Art, Ishikawa; The Museum of Modern Art, Gunma. Catalogue

Marie Laurencin, exposition organisée par le Ehime Shimbun, Japon: Imabari-shi Bijutsukan, Ehime. Catalogue

1993-1994

Marie Laurencin, Cent œuvres des collections du Musée Marie Laurencin au Japon, Fondation Pierre Gianadda, Martigny, Suisse. Catalogue

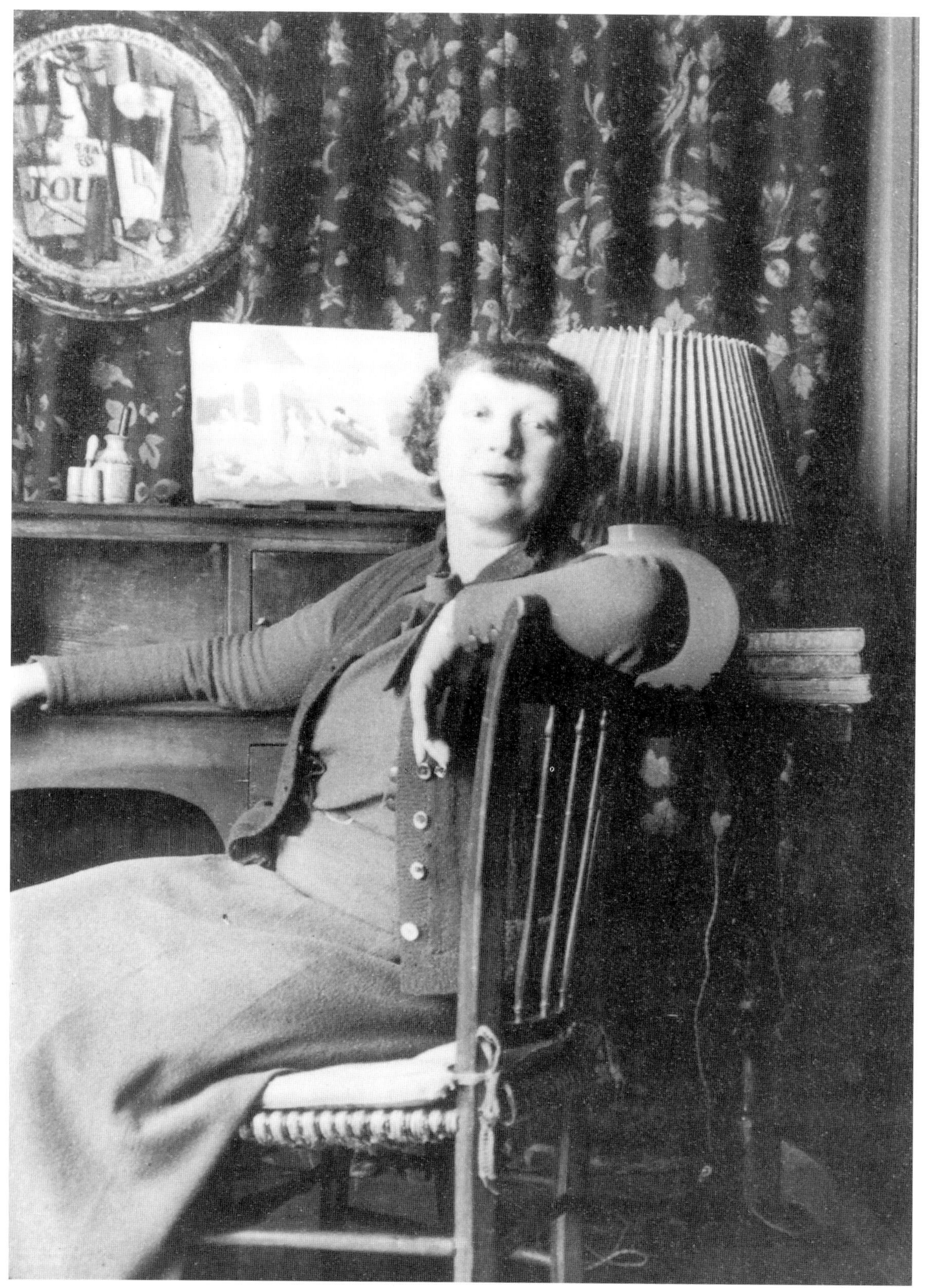

Marie Laurencin chez elle à Paris, vers 1935. Sur le mur, une nature morte cubiste de Georges Braque (aujourd'hui collection Pedro Vallenilla Echeverria, Caracas)

Catalogue des livres illustrés par Marie Laurencin

1911
Un petit bréviaire d'amour, poèmes de Pierre de Ronsard, aquarelles de Marie Laurencin, Figuière éd., Paris

1912
Un petit bréviaire de la vie, par Eugène Figuière, aquarelles de Marie Laurencin, Figuière éd., Paris

1913
Un petit bréviaire du bonheur, aquarelles de Marie Laurencin, Figuière éd., Paris

1914
Zone, par Guillaume Apollinaire, dessin de Marie Laurencin en couverture, A.-R. Meyer éd., Berlin

1917
391, n° 1, 25 janvier 1917, et n° 4, 25 mars 1917, dessins de Marie Laurencin, Galerie Dalmau éd., Barcelone

1919
Ces choses qui seront vieilles, par Louise Faure-Favier, avec treize dessins de Marie Laurencin, La Renaissance du Livre éd., Paris

1920
Sommer, poèmes de René Schickeke, avec une préface d'André Salmon sur l'artiste et un avant-propos d'Adolf von Hatzfeld, avec quatre lithographies de Marie Laurencin, Galerie Flechtheim éd., Berlin-Düsseldorf

The new keepsake for the year 1921, gravures sur cuivre et sur bois de Bonfils, Galanis, Gromaire, Laboureur, Marie Laurencin, Dunoyer de Segonzac et Tytgat, X. M. Boulestin éd., Londres et J. E. Laboureur éd., Paris, chez Camille Bloch, Paris

1921
Architectures, avec une gravure sur bois de Jules Germain d'après Marie Laurencin, tome I, N.R.F. éd., Paris

La muse aux bésicles, par André Billy, dessin de Marie Laurencin en couverture, La Renaissance du Livre éd., Paris

L'âge de l'humanité, poèmes d'André Salmon, avec un portrait de l'auteur par Marie Laurencin en frontispice, Coll. «Une œuvre, un portrait», N.R.F. éd., Paris

La tentative amoureuse ou *Le traité du vain désir*, par André Gide, avec neuf aquarelles de Marie Laurencin gravées sur bois par J. Germain et L. Petitbarat, N.R.F. éd., Paris

Marie Laurencin, par Roger Allard, avec une gravure sur bois d'après un dessin de Marie Laurencin, gravé par Louis Dumser, Collection «Les Peintres nouveaux n° 9, 1re série, N.R.F. éd., Paris

1922
L'éventail de Marie Laurencin, album de dix eaux-fortes de Marie Laurencin, accompagnées de poésies nouvelles de Jean Moréas, Roger Allard, André Breton, Francis Carco, Maurice Cremnitz – dit Chevrier –, Louis Codet, Fernand Fleuret, Georges Gabory, Max Jacob, Valéry Larbaud, Jean Pellerin, Jean cocteau et André Salmon, N.R.F. éd., Paris

Les poésies d'André Walter, par André Gide, avec un portrait de l'auteur en frontispice par Marie Laurencin, Collection «Une œuvre, un portrait», N.R.F. éd., Paris

1923
La mort d'Hippolyte, par Jacques de Lacretelle, avec un portrait de l'auteur en frontispice par Marie Laurencin, Collection «Une œuvre, un portrait», 2e série, N.R.F. éd., Paris

Les petites filles, album de reproductions d'aquarelles et dessins en fac-similé, Daniel Jacomet imprimeur, Paul Rosenberg éd., Paris

La rose de François, par Jean Cocteau, avec un portrait de l'auteur par Marie Laurencin sur la couverture en lithophotographie, Collection «Alter Ego» n° 5, François Bernouard éd., Paris

1924
Les Biches, Théâtre de Serge de Diaghilev, direction artistique Boris Kochno: ballet de Diaghilev avec chant en un acte sur une musique de Francis Poulenc et un argument de Jean Cocteau, dans une chorégraphie de Nijinska, avec des décors et costumes de Marie Laurencin, éd. des Quatre Chemins, Paris (2 vol.)

L'art d'aujourd'hui, une lithographie pour les exemplaires de tête, n° 8, 2e année, Albert Morancé éd., Paris

1925
Brigitte ou La Belle au bois dormant, par Marcel Jouhandeau, avec quatre lithographies de Marie Laurencin, Galerie Simon éd., Paris

Portefeuille des peintres graveurs indépendants, avec une lithographie de Marie Laurencin, Albert Morancé éd., Paris

Le nouveau langage des fleurs, avec trois eaux-fortes en noir et trois eaux-fortes en couleurs par Marie Laurencin, éd. de l'Etoile, Paris

1926

La Vie de château, suite de six lithographies en couleurs par Marie Laurencin, collection de l'estampe originale de l'art contemporain, éd. des Quatre Chemins, Paris

Les Lettres espagnoles, par Jacques de Lacretelle, avec onze eaux-fortes par Marie Laurencin, Société d'édition Le Livre, Paris

Dix filles dans un pré, ballet imaginaire de Jean-Richard Bloch, avec quatre gravures à l'eau-forte de Marie Laurencin, Au Sans-Pareil éd., Paris

Le petit bestiaire, par Marie Laurencin, poèmes inédits illustrés de deux lithographies, François Bernouard éd., Paris

Changer d'étoile, par Marcelle Auclair, avec une préface de Valéry Larbaud et un portrait de l'auteur par Marie Laurencin gravé sur bois par Georges Aubert, Collection «Une œuvre, un portrait», N.R.F. éd., Paris.

En suivant la Seine... par Gustave Coquiot, avec des dessins inédits de Bonnard, Bottini, Chagall, Delcourt, Derain, Dufy, Epstein, Othon-Friesz, Laprade, Marie Laurencin, Luce, Manguin, Moreau, Marquet, Picasso, Valadon, Van Dongen, Vlaminck, Utrillo. André Delpeuch éd., Paris

Belles à table, suivi du *Coup du milieu*, par Maurice des Ombeaux, avec une gravure à l'eau-forte de Marie Laurencin, Jean Budry éd., Paris

1927

Le chien de pique, anthologie de l'estampe moderne, avec une lithographie de Marie Laurencin, Au Sans-Pareil éd., Paris

Tableaux de Paris, ouvrage comprenant des textes inédits de Paul Valéry, Roger Allard, Francis Carco, Colette, Georges Duhamel, Jean-Louis Vaudoyer, Charles Vildrac, André Warnod, Raymond Escholier, Jean Cocteau, Tristan Derême, André Suarès, Max Jacob, Edmond Jaloux, Jacques de Lacretelle, Paul Morand, André Salmon, Jean Giraudoux, Valéry Larbaud, Pierre Mac Orlan, et contenant vingt tableaux des points les plus pittoresques de Paris par Bonnard, Céria, Daragnès, Foujita, Chas-Laborde, C. Martin, Hermine David, Falké, une eau-forte de Marie Laurencin, Matisse, L.A. Moreau, Marquet, Pascin, Rouault, Oberlé, Dunoyer de Segonzac, Utrillo, Van Dongen, Vlaminck, Waroquier. Emile-Paul Frères éd., Paris

1928

Album Marie Laurencin, avec une préface de Marcel Jouhandeau, avec une eau-forte de Marie Laurencin, Collection de l'art contemporain, éd. des Quatre Chemins, Paris

Les Contes, par Charles Perrault, édition du Tricentenaire dite «des 33 graveurs» avec une eau-forte de Marie Laurencin, Au Sans-Pareil et René Hilsum & Cie éd., Paris

Album Marie Laurencin, avec six reproductions d'aquarelles en fac-similé, Jacomet imprimeur, éd. des Quatre Chemins, Paris

L'adroite princesse ou *Les aventures de Finette*, conte de fées issu des «Œuvres mêlées» de Marie-Jeanne L'Héritier de Villandon, nièce de Charles Perrault, avec un dessin de couverture et cinq lithographies d'après des dessins originaux de Marie Laurencin, M.P. Trémois éd., Paris

Nœuds coulants, par Paul Morand, avec un portrait de l'auteur par Marie Laurencin gravé par Gorvel, collection Les Panathénées n° 11, éd. Lapina & Fils, Paris

1929

Lettres à..., (1902-1918), par Paul Léautaud, avec un portrait de l'auteur en lithographie par Marie Laurencin, La collection originale n° 22, éd. Mornay, Paris

1930

Décors de théâtre, par Raymond Cogniat, avec des reproductions de dessins de Marie Laurencin, éd. des Chroniques du jour, Paris

Pressentiments, par Jacques de Lacretelle, avec six lithographies de Marie Laurencin, éd. des Quatre chemins, Paris

Les sœurs Brontë ou *Les filles du vent*, par René Crevel, avec cinq lithographies de Marie Laurencin, éd. des Quatre Chemins, Paris

Alice in wonderland, par Lewis Carroll, avec six lithographies de Marie Laurencin, The Black Sun Press éd., Paris

D'Ariane à Zoé, alphabet galant et sentimental agrémenté de vers, de prose et de lithographies par vingt-six écrivains et autant d'artistes, avec une lithographie de Marie Laurencin, Librairie de France éd., Paris

1931

Luce ou *L'enfance d'une courtisane*, par Jacques de Lacretelle, avec six illustrations par Marie Laurencin, collection «La Galerie des grandes courtisanes», M.P. Trémois éd., Paris

1932

Marianna, pensées, remarques et réflexions recueillies et préfacées par Albert Flament, avec quatre lithographies de Marie Laurencin, François Bernouard éd., Paris

1934

V. C. G., par Henry de Montherlant, avec un portrait au crayon de Ventura García Calderón par Marie Laurencin en frontispice, Excelsior éd., Paris

1937

Les jeunes filles, par Henry de Montherlant, avec quatre lithographies par Marie Laurencin, tome III des *Œuvres illustrées* d'Henry de Montherlant, faisant partie des *Œuvres Complètes* (vol. 10), Bibliothèque Grasset éd., Paris

Paris 1937, avec soixante-deux illustrations originales dont une eau-forte de Marie Laurencin, Municipalité de Paris éd.

Camille, traduction anglaise de *La dame aux camélias*, avec douze aquarelles de Marie Laurencin, The Limited Editions Club éd., Londres

Exposition Internationale Paris 1937, avec une lithographie de Marie Laurencin

1938

Pour endormir l'enfant, quatre berceuses de Marceline Desbordes-Valmore, sur une musique de Marguerite Canal, avec des illustrations de Marie Laurencin, Laboratoire de la Passiflorine éd.

1939

The Garden Party and other stories, par Katherine Mansfield, avec seize lithographies par Marie Laurencin, The Verona Press éd., Londres

1942

Le carnet des nuits, par Marie Laurencin – textes et illustrations –, Collection «L'amour des livres» n° 2, La Nouvelle Revue de Belgique éd., Bruxelles

Minos et moi ou *Le carnet du chat*, par Marcel Jouhandeau, avec un portrait de l'auteur par Marie Laurencin en frontispice, Collection «L'amour des livres» n° 3, La Nouvelle Revue de Belgique éd., Bruxelles

Aytré qui perd l'habitude, par Jean Paulhan, avec un portrait de l'auteur par Marie Laurencin en frontispice, Collection «L'amour des livres» n° 4, La Nouvelle Revue de Belgique éd., Bruxelles

Les petites filles, neuf poèmes de Renée de Brimont, avec une aquarelle et huit dessins de Marie Laurencin, La Nouvelle Revue de Belgique éd., Bruxelles

1943

Sonnets d'amour, avec une eau-forte de Marie Laurencin pour accompagner un sonnet d'Alfred de Musset, Cie des Arts Graphiques éd., Paris

Le petit ami, par Paul Léautaud, réédition publiée clandestinement sous l'occupation allemande à Amsterdam, avec un portrait de l'auteur par Marie Laurencin d'après la lithographie de l'artiste contenue dans *Lettres à...* en 1929, Ed. de la Bête noire

Anthologie poétique, album de poésies réunies par Renée Garcia, avec douze reproductions d'aquarelles dont une de Marie Laurencin, M.P. Trémois éd., Paris

1944

Antarès, par Marcel Arland, avec cinq eaux-fortes de Marie Laurencin, éd. Le Pavois, Paris

Le Petit Bestiaire, par Marcel Jouhandeau, avec huit eaux-fortes originales de Marie Laurencin, N.R.F. éd., Paris

La soirée de l'absent, textes de Georges Duhamel, François Mauriac et Paul Valéry, avec un dessin de Marie Laurencin, Théâtre de l'Opéra, Paris

Les Fêtes Galantes, poèmes de Paul Verlaine, avec dix eaux-fortes de Marie Laurencin, Albert Messein éd., Paris, publié à l'occasion du centenaire de la naissance de l'écrivain. Cet ouvrage sera reproduit en fac-similé en 1971, Collection «Les peintres de livres», Livre club du libraire éd., Paris

1945

Le livre et ses amis, n° 1, avec une eau-forte de Marie Laurencin, Paris

Le Bouquet de la mariée, par G.-J. Gros, avec trente gravures dont une eau-forte de Marie Laurencin, illustrant le texte de Thierry Maulnier, Albert Sautier éd., Paris

1946

Alternance, textes inédits de seize écrivains, illustrés par autant d'artistes, avec une eau-forte de Marie Laurencin, Le Gerbier éd., Paris

Sainte-Catherine, textes d'Elsa Triolet, Louis Aragon et Paul Eluard, Programme d'une soirée de gala au profit de la Maison de la midinette, illustrations de Maurice Bérard, Henri Matisse, Pablo Picasso et Marie Laurencin, Imprimerie Mourlot, Pierre Bérès éd., Paris

1947

Horsmoons, par Simone Michels, avec un dessin de Marie Laurencin en couverture, Corrêa éd., Paris

La maison de Sylvie, suite de dix odes par Théophile de Viau, avec seize compositions par Marie Laurencin, François Bernouard éd., Paris

Du Cubisme, par Albert Gleizes et Jean Metzinger, avec une gravure de Marie Laurencin, Cie des arts graphiques éd., Paris

La Princesse de Clèves, par Mme Marie Madeleine, comtesse de Lafayette, avec dix eaux-fortes de Marie Laurencin, Laffont éd., Paris

1949

Dialogues sur la danse, par Pierre Louÿs, suivis d'un commentaire par Serge Lifar, avec dix aquarelles de Marie Laurencin gravées en couleurs à l'aquatinte par Louis Maccard, Georges Guillot éd., Paris

1950

Estampes..., avec une introduction de Robert Rey, avec une illustration de Marie Laurencin gravée sur bois en couleurs par Gérard Angliolini, A l'image littéraire éd., Paris et R. Finelli-Feugère éd., New York

Poèmes de Sapho, traduits par Edith de Beaumont, avec vingt-trois eaux-fortes de Marie Laurencin, Cie des arts graphiques éd., Paris

1951

Visages de la Seine, par Louise Faure-Favier, avec neuf illustrations de Marie Laurencin (réédition de neuf des treize illustrations de *Ces choses qui seront vieilles,* Paris, 1919), Points et Contrepoints éd., Paris

OP 10, par Alain Borne, «minuscule» avec une arabesque de Marie Laurencin en frontispice, P.A.B. éd., Alès

1953

Suite à moi-même, poèmes de George-Day, avec un dessin de Marie Laurencin, éd. du Dauphin, Paris

Déclin, par Man'ha Garreau-Dombasle, «minuscule» avec un dessin de Marie Laurencin, P.A.B. éd., Alès

Antarès, par Marcel Arland, avec huit dessins de Marie Laurencin – inédits, préparatoires aux eaux-fortes de l'édition française de 1944 –, La Petite Ourse éd., Lausanne

1956

Le carnet des nuits, par Marie Laurencin, collection «Ecrits et Documents de peintres» n° 12, avec trois dessins de Marie Laurencin, Pierre Cailler éd., Genève

Allocution de M. Albert Rheinwald

au vernissage de la seule exposition Marie Laurencin présentée en Suisse, à la Galerie Georges Moos, Genève, le 29 mai 1953, en présence de M. Xavier de Gaulle, Consul général de France

Monsieur le Consul général,
Mesdames, Messieurs,

Ce peintre, parce qu'il manie le blanc avec une aisance d'autant plus admirable que le blanc est une couleur difficile, me donne un judicieux conseil: c'est d'entrer dans mon sujet de but en blanc. Imaginez donc un tableau qui représentait une chambre tendue de blanc, et où tables, tapis, fauteuils, tout était blanc sauf, près du plafond, la place et les lamelles d'un ventilateur. Ce tableau, que l'on attribuait à Picasso, s'intitulait *Portrait de Marie Laurencin*.

– Eh! quoi, demandait-on à Picasso, que signifie ce rébus?

– Eh! quoi, répliquait Picasso, une chambre toute tendue de blanc, avec un ventilateur, voilà, pour moi, l'impression de fraîcheur que me donne Marie Laurencin.

Vous objecterez que l'art ainsi conçu n'est pas loin de ressembler à une mystification. Peut-être vous paraîtra-t-il que, sans exclure le ventilateur, un portrait peut, sans mentir à son titre, prendre la forme d'un visage où des yeux largement ouverts et l'éclosion des lèvres, sans oublier celle des oreilles, expriment la surprise ingénue qu'aujourd'hui Marie Laurencin marque dans presque tous ses tableaux. Et, parce que Marie Laurencin est un peintre toujours en quête de ce qui pourrait flatter son regard, on peut mettre en fait qu'elle vit dans une attente perpétuelle. Faites le tour de cette galerie, et dites-moi si les visages de la cimaise ne représentent pas les phases mêmes de l'attente. Inquiétude, confiance, tristesse, défi, mauvaise humeur, tendresse, candeur, voilà ce qu'expriment tous ces visages. Autant dire qu'ils ne sont là que pour marquer sous ses divers aspects la pensée même de Marie Laurencin.

Dès lors, on s'explique pourquoi toutes ces figures ne créent jamais l'espace, repliées qu'elles sont toujours dans un espace imaginaire. Et la lumière qui les entoure ne tombe jamais du ciel, elle vient du jour que nous imaginons dans un rêve éveillé. On s'explique aussi pourquoi toutes ces figures qui respirent la jeunesse ont l'air de n'avoir ni passé ni avenir. Ce sont des éphémères, des phosphorescences, des phosphènes, des feux follets.

Au surplus, la technique de Marie Laurencin est plus remarquable par ses heureuses timidités que par des hardiesses volontaires. J'ajoute qu'elle peint à l'huile comme elle peint à l'aquarelle, sans faire grande différence entre les deux procédés. Un mince coloris hésitant sur un dessin assez ferme, ou un coloris assez ferme sur un dessin hésitant, voilà ce qu'elle affectionne tour à tour, et sans doute est-ce là le secret qui lui permet de se montrer toujours ingénue à souhait. Ainsi, veut-elle suggérer le mouvement? Il lui suffit d'un ruban qui vole ou d'une arabesque volubile...

Cette exposition, où l'on peut admirer un des aspects les plus gracieux de l'art français d'aujourd'hui, nous l'inaugurons sous le patronage d'un Consul général qui a été pour nous, depuis huit ans, un des visages de la France, et la France elle-même dans ce qu'elle a de plus vrai et de plus solide: la France de la Résistance, la France de toujours.

J'ai eu l'honneur de rencontrer pour la première fois M. Xavier de Gaulle à une conférence de Jean Lurçat sur la tapisserie française et, depuis lors, ici ou là, souvent, la place, comme aurait dit Molière, la place me fut heureuse à vous y rencontrer. Et d'abord, quelle surprise! Cet homme qui reçoit tant de personnages officiels et qui prononce tant de discours, jamais je n'ai surpris sur ses lèvres une de ces phrases toutes faites et que l'on articule quand on a dessein de parler pour ne rien dire. M. Xavier de Gaulle désire le plus simplement du monde qu'il y ait entre la pensée et son expression un rapport direct et spontané. Lucidité que l'on retrouve dans les jugements précis que vous portez sur les hommes. Et certes, on ne peut pas dire que vous nourrissiez sur eux beaucoup d'illusions. Mais il en est de vous comme de tous les bons Français que j'ai connus: le regard positif qu'ils jettent sur la vie ne paralyse jamais ce ferme ou joyeux consentement qu'il s'agit de donner malgré tout à la vie.

Tout cela, encore une fois, avec une discrétion qui est tantôt la politesse du cœur, tantôt la malice de la bonté, sans oublier les grandes heures où M. de Gaulle ne connaît pas de plus grande joie que de faire le don de son amitié à celui que lui désigne une certaine parenté d'esprit. A vrai dire, seule, dans un homme, peut réconcilier de la sorte les contraires une distinction qu'il importe de définir. Car en fait, la distinction d'un homme ne lui vient pas seulement de la connaissance des usages auxquels il est séant de se conformer, mais encore, et surtout, de ce qu'il sait créer à chaque instant, en sa personne comme autour de lui, un ordre qui se manifeste par une attitude, des paroles ou des gestes toujours appropriés aux circonstances. Et puisque nous sommes dans une belle galerie de peintures, volontiers je dirais que, de tous les peintres, celui qui me paraît avoir le mieux attrapé et rendu visible cet art de vivre, qui est à lui seul un chef-d'œuvre, c'est Vélasquez. Dans le musée imaginaire que chacun porte en soi, je vois un Vélasquez représentant M. Xavier de Gaulle.

Dirai-je tout ce que nous vous devons, outre les expositions que vous avez bien voulu patronner? Dans cette voie, je ne sache pas que l'on vous ait précédé, depuis les temps lointains où la France avait auprès de la République de Genève un résident. Je songe aux délicieux concerts de musique du Théâtre de la Cour Saint-Pierre et qui nous ont donné l'occasion d'entendre les jeunes lauréats du Conservatoire de Paris. Qui donnait le signal des applaudissements? C'était M. Xavier de Gaulle, le visage éclairé d'un large sourire comme d'un rayon de soleil. Et voilà que vous nous quittez! Un grand ami va s'éloigner de nous, et sans doute il nous reviendra, nous le reverrons. Nous garderons, en vous attendant, une image parfaite de ce que peut être un homme qui assume hors de son pays la charge magnifique d'en être le témoin. Que demande-t-on à un témoin, si ce n'est d'avoir le sentiment de sa mission? Or, le témoin peut aller dans ce sentiment-là jusqu'à s'identifier à ce qu'il aime le plus au monde et qui lui tient lieu de guide ou de modèle. Vous nous laisserez, Monsieur le Consul général, un souvenir vraiment digne de la France telle que nous l'aimons.

Archives

Bibliothèque Littéraire Jacques Doucet, (Fonds Marie Laurencin), Paris

Musée National d'Art Moderne, Centre Georges Pompidou, Paris

The Witt Library, The Courtauld Institute, Londres

The Hulsey Collection, Birmingham Museum of Art, Birmingham (Alabama), USA

Fonds André Billy, Fontainebleau

Fonds Valéry Larbaud, Bibliothèque Municipale, Vichy

Archives Saint-John Perse, Université d'Aix-en-Provence

Bibliothèque Nationale, Cabinet des Estampes, Paris

Parcours

Le Musée Marie Laurencin a son siège administratif à Tokyo:

Musée Marie Laurencin
Green Cap Corp.
Nitchu Building
3-15-1 Toyama
Shinjuku-Ku
Tokyo 162
Tél. (03) 32 02 32 74
Télécopie: (03) 32 03 16 21

Les collections sont présentées au:

Musée Marie Laurencin
4035 Tateshina-Kogen
Chino-Shi
Nagano-Ken 391-03
Tél. (0266) 67 26 26
Télécopie: (0266) 67 26 32

Pour s'y rendre:

Par la route depuis Tokyo:
Autoroute Chuo-Doh, sortie Suwa
puis environ 17 km

Par le train, depuis Tokyo:
Shinjuku Station: Chuo Line
Descendre à Chino
Depuis la gare, prendre un autobus ou un taxi
Ouvert tous les jours de 9 h à 19 h

Table des matières

Commissaire de l'exposition

Daniel Marchesseau

Organisation de l'exposition

Daniel Marchesseau
Hirohisa Takano-Yoshizawa
Léonard Gianadda

Crédits photographiques

Musée Marie Laurencin, Japon
Archives Daniel Marchesseau, Paris
Fonds Marie Laurencin, Bibliothèque littéraire
Jacques Doucet, Paris
Réunion des Musées Nationaux (Musée Picasso)
Kunstmuseum, Bâle
© Pro Litteris, Zurich/Man Ray Trust, Paris
Atelier Hermann Haller, Zurich

Catalogue

Réalisation:	Daniel Marchesseau
Editeur:	Fondation Pierre Gianadda, 1920 Martigny, Suisse Tél. 026 22 39 78 Fax 026 22 31 63
Maquette:	Louis Veith, Lausanne
Composition, photolitho et impression:	IRL Imprimeries Réunies Lausanne s.a., 1993

Edités par la Fondation Pierre Gianadda, Martigny

Paul Klee, 1980, par André Kuenzi (épuisé)
Picasso, estampes 1904-1972, 1981, par André Kuenzi (épuisé)
Art japonais dans les collections suisses, 1982, par E. Kondo et J.-M. Gard (épuisé)
Goya dans les collections suisses, 1982, par Pierre Gassier (épuisé)
Manguin parmi les Fauves, 1983, par Pierre Gassier
La Fondation Pierre Gianadda, 1983, par C. de Ceballos et F. Wiblé
Rodin, 1984, par Pierre Gassier
Bernard Cathelin, 1985, par Sylvio Acatos (épuisé)
Paul Klee, 1985, par André Kuenzi
Isabelle Tabin-Darbellay, 1985 (épuisé)
Alberto Giacometti, 1986, par André Kuenzi
Alberto Giacometti, 1986, photographies Marcel Imsand, texte Pierre Schneider
Egon Schiele, 1986, par Serge Sabarsky (épuisé)
Gustav Klimt, 1986, par Serge Sabarsky (épuisé)
Serge Poliakoff, 1987, par Dora Vallier
Toulouse-Lautrec, 1987, par Pierre Gassier
Paul Delvaux, 1987
Trésors du Musée de São Paulo, 1988:
  Ire partie: *de Raphaël à Corot,* par Ettore Camesasca
  IIe partie: *de Manet à Picasso,* par Ettore Camesasca
Le Musée de l'automobile de la Fondation Pierre Gianadda, 1988, par Ernest Schmid
Jules Bissier, 1989, par André Kuenzi
Hans Erni, 1989
Henry Moore, 1989, par David Mitchinson
Louis Soutter, 1990, par André Kuenzi et Annette Ferrari (épuisé)
Fernando Botero, 1990
Modigliani, 1990, par Daniel Marchesseau
Camille Claudel, 1990, par Nicole Barbier
Chagall en Russie, 1991, par Christina Burrus
Sculpture suisse en plein air, 1991, par André Kuenzi, Annette Ferrari et Marcel Joray
Hodler, peintre de l'histoire suisse, 1991, par Jura Brüschweiler
Mizette Putallaz, 1991
Franco Franchi, 1991
De Goya à Matisse, estampes du Fonds Jacques Doucet, 1992, par Pierre Gassier
Georges Braque, 1992, par Jean-Louis Prat
Ben Nicholson, 1992, par Jeremy Lewison
Georges Borgeaud, 1993
Jean Dubuffet, 1993, par Daniel Marchesseau
Edgar Degas, 1993, par Ronald Pickvance
Marie Laurencin, 1993, par Daniel Marchesseau

Coédités par la Fondation Pierre Gianadda

Ferdinand Hodler, élève de Ferdinand Sommer, 1983, par Jura Brüschweiler (épuisé)
Gaston Chaissac, 1986
Picasso linograveur, 1988, par Danièle Giraudy
Le peintre et l'affiche, 1989, par Jean-Louis Capitaine
Calima, Colombie précolombienne, 1991, par Marie-Claude Morand (épuisé)

A paraître

Rodin, dessins et aquarelles, 1994, par Claudie Judrin
De Matisse à Picasso, Collection Jacques et Natasha Gelman, 1994
Albert Chavaz, 1994, par Marie-Claude Morand
Nicolas de Staël, 1995, par Jean-Louis Prat